D1100883

Das Buch

»Ich bin im Grunde kein Einsiedler, obwohl ich mich jedesmal, wenn man Bilder von mir in Zeitungen sieht, vor Paparazzi abschirme oder jemanden verklage.« Woody Allens Scheu vor der Öffentlichkeit ist wohlbekannt. Um so interessanter sind die zahlreichen Gespräche, die der Autor Eric Lax, der den Künstler seit über 20 Jahren kennt, mit ihm führen konnte. Und diese Gespräche über seine Filme und seine Schauspieler, über seine Frauen und seine Familie, über seine Kindheit in Brooklyn und seine Pläne für die Zukunft bilden die Grundlage für die vorliegende Biographie. Es entstand ein Buch, das Woody Allens künstlerische Entwicklung in enger Verbindung mit seinen Lebensstationen zeigt – angefangen bei dem Schuljungen, der oft die Schule schwänzte und statt dessen die großen New Yorker Filmpaläste besuchte.

Eric Lax konnte dem Künstler für dieses Buch fast vier Jahre lang – während der Arbeit an fünf Filmen – über die Schulter blicken. Den Blickwinkel des aufmerksamen Beobachters bei einem der größten Filmemacher unserer Zeit vermittelt er dem Leser.

Der Autor

Eric Lax, 1944 in British Columbia geboren, schrieb bereits 1975 ein Buch über Woody Allen (*Woody Allen and Comedy*; deutsch 1982 *Woody Allen: Wie ernst es ist, komisch zu sein*). Er lebt mit seiner Familie in Beverly Hills.

ERIC LAX

WOODY ALLEN

Eine Biographie

Aus dem Englischen
von Bernd Rullkötter

WILHELM HEYNE VERLAG
MÜNCHEN

HEYNE ALLGEMEINE REIHE
Nr. 01/8841

Titel der Originalausgabe
WOODY ALLEN. A Biography
erschienen im Verlag Alfred A. Knopf, New York 1991

ISBN: 3-453-07137-9

Inhalt

Vorbemerkung des Autors

Als ich Woody Allen im Jahre 1971 zum erstenmal für einen Artikel in *The New York Times Magazine* interviewte, lautete seine kürzeste Antwort »Ja«, was nicht so schlimm gewesen wäre, wenn seine längste Antwort nicht »Nein« gelautet hätte. Seitdem geht er viel stärker aus sich heraus. Mein Buch *On Being Funny: Woody Allen and Comedy* (1975; dt. *Woody Allen: Wie ernst es ist, komisch zu sein,* 1982) war der Versuch, das Thema Humor zu behandeln, indem ich einen Komiker bei der Arbeit zeigte, und nachdem es veröffentlicht worden war, erwartete ich, daß ich nie wieder über ihn schreiben würde.

Im Laufe der Jahre bereitete er mir immer wieder einen herzlichen Empfang, wenn ich an seinen Drehorten oder in seinem Schneideraum war, wo wir über seine laufenden Arbeiten sprechen. Obwohl es keinen besonderen Grund dafür gab, tat ich das, was Autoren eben tun: Ich machte mir Notizen. Gelegentlich schrieb ich einen Artikel über eines seiner neuen Bücher oder einen seiner Filme. Meistens jedoch schlug ich die Bitten von Verlegern aus, die um eine Geschichte über Woody nachsuchten, ebenso wie alle Angebote, *On Being Funny* auf den neuesten Stand zu bringen. Aber im Jahre 1987 schien mir, daß sich seit der Veröffentlichung des Buches soviel geändert hatte und ich die Sache vielleicht nochmals überdenken sollte. Woody hatte so häufig und so offen mit mir gesprochen, daß mir klar wurde, wie nachdrücklich ich seine Verwandlung von einem Bühnenkomiker über einen Komödienregisseur und dann in eine bedeutende Gestalt der Filmindustrie miterlebt hatte. Er war auf zu vielen Gebieten zu erfolgreich gewesen, als daß es genügt hätte, meine frühere Arbeit einfach auf den neuesten Stand zu bringen« (ich verwende etwa fünfundzwanzig Seiten daraus). Doch ich hatte den Eindruck, daß sich ein einzigartiges Buch ergeben könnte, wenn ich die Entwicklung eines Künstlers aus der Perspektive des ihm über die Schulter blickenden Beobachters nachzeichnen würde.

Woody war einverstanden. Fast vier Jahre lang – während der

Arbeit an fünf Filmen – ließ er mich an allen Seiten seines Schaffens teilhaben: vom Keim einer Idee zum ersten Entwurf des Drehbuches, von der Auswahl der Schauspieler und des Ortes für Außenaufnahmen bis hin zum Drehen und Schneiden, zum Umschreiben und zu den Nachaufnahmen. Daneben erzählte er mir ausführlich über seine Kindheit und sein Leben als Erwachsener. Unsere Vereinbarung war einfach: Ich würde die Fakten mit ihm abklären, aber er würde keine Kontrolle über den Text und kein Genehmigungsrecht haben. Er wirkte bei diesem Buch mit, doch er autorisierte es nicht, denn sonst wäre es nicht meine, sondern seine Arbeit. Außerdem erklärte er seinen Freunden und Mitarbeitern, die sehr beschützerisch sind, sie könnten ungehemmt mit mir sprechen – allerdings nur, wenn ihnen der Sinn danach stehe. Niemand wies meine Bitte um ein Interview zurück.

Gewiß ist dieses Buch eine Biographie, doch eine von besonderer Art – schon deshalb, weil die Person, die in ihrem Mittelpunkt steht, noch immer schöpferisch tätig ist. Ich habe stets versucht, nicht bloß ein Leben zu schildern, doch benutze ich biographische Details, um die Geschichte zu erzählen. Ich hoffe, daß ich auf diese Weise den schöpferischen Prozeß eines Mannes und die Bedeutung seiner Lebensumstände darstellen konnte. Bei Woody Allen gibt es zwischen beiden Faktoren eine starke Wechselwirkung. Wo sich Künstler und Kunst überschneiden, offenbart sich der Mensch.

Einführung:
Die Arbeitsbiene auf Urlaub

Woody Allen lag auf einem Doppelbett im Grand Hotel in Stockholm und war dabei, ein Drehbuch zu verfassen. Dies war nicht außergewöhnlich. Er schreibt viele seiner Drehbücher ausgestreckt auf dem großen Messingbett in einem Gästezimmer seiner zweistöckigen Penthousewohnung an der New Yorker Fifth Avenue. Aber nun machte er Urlaub – dies *war* außergewöhnlich –, und sein Gesicht war kaum weiter von einem Stück Hotelbriefpapier entfernt als sein Stift. Während er, allein im Zimmer, intensiv kritzelte, genossen Mia Farrow und die sieben Kinder, die sie auf dieser Reise im Sommer 1988 begleiteten, draußen den Morgen.

Er hatte nicht vorgehabt, unterwegs etwas zu schreiben; vielmehr hatte er ein sauberes Exemplar der ersten dreißig Seiten seines Drehbuches neben der mechanischen Reiseschreibmaschine in seinem Arbeitszimmer, das auf den Central Park hinausblickt, zurückgelassen. Zudem war ihm am Tag vor der Abreise aus New York die Idee zu einem anderen, möglicherweise reizvolleren Film gekommen, und er beabsichtigte, sie zu prüfen. Er verbrachte den vorletzten Morgen damit, in seinem Apartment auf und ab zu gehen und über die Möglichkeiten der neuen Geschichte zu grübeln.

Morgens sah er sich mehrere mögliche Trailer für *Another Woman (Eine andere Frau)* an und machte den Schnittplan von *Oedipus Wrecks (Ödipus ratlos)*, seinem Beitrag zu den *New York Stories (New Yorker Geschichten)* – diese beiden Arbeiten sollten innerhalb der nächsten Monate ihre Premiere erleben –, verbrachte den Nachmittag mit einem Bekannten und ging spazieren – durch die Straßen (stets auf der schattigen Seite, um die gefürchtete Sonne zu vermeiden) in den East Sixties und Seventies, wobei er laut über die neue Idee nachdachte. Bis zum Tagesende hatte er ihre Mängel entdeckt, doch sie gefiel ihm noch immer. Weil er sich unsicher war, welche Geschichte er verfilmen sollte, beschloß er, zunächst an keiner der beiden weiterzuarbeiten, sondern abzuwarten, bis sie sich während der Reise geklärt hatten. Aber da ein Urlaub ohne Arbeit für ihn ein Urlaub ohne Vergnügen ist, wollte er unterwegs einen Essay über Ingmar Bergmans Autobiographie *Mein Leben* schreiben, den er der *New York Times Book Review* versprochen hatte.

Die Touristen flogen von New York nach Norwegen. In Bergen machten sie eine Bootsfahrt durch die Fjorde und besuchten Edvard Griegs Geburtshaus. Dann fuhren sie zu einem Hotel auf dem Lande. Dies nahm wegen Woodys Klaustrophobie zwei zusätzliche Stunden in Anspruch, weil sie das Küstengebirge umrunden mußten, statt den einige Kilometer langen Tunnel durch die Berge hindurch zu benutzen. In Helsinki hielten sie sich einige Stunden im Park auf, damit die Kinder (zwischen acht Monate und fünfzehn Jahre alt) spielen konnten. Finnland war ihr Tor zur Sowjetunion – ein Ziel, dem sie gespannt entgegensahen; sie hatten sogar eine Tasche voll Kostbarkeiten, wie Zigaretten und Baseballkarten von dem Film *Bull Durham (Annies Männer)*, bei sich, die sie während ihres für mehrere Tage geplanten Aufenthalts verschenken wollten.

Aber nach ihrer Ankunft in Rußland wurde die Vorfreude rasch zur Enttäuschung, und die Enttäuschung verwandelte sich sehr schnell in den Wunsch zu fliehen. Obwohl Leningrad nach Woodys Meinung keiner Stadt der Welt an Schönheit nachstand, gefiel ihm nichts am Hotel Pribaltijskaja: weder die Zimmer noch der Service noch das Schlangestehen am Frühstücksbüfett, nicht einmal das Foyer, das ihn an einen alten, höhlenartigen Flughafen erinnerte. Von den Beschränkungen des Hotels abgesehen, mußte auch der beschränkende Charakter der Sowjetgesellschaft überwunden werden.

»Ich muß meinen Paß zurückhaben«, hörte er einen anderen Gast zu einem Hotelangestellten sagen.

»Wir öffnen den Safe nicht vor 2 Uhr«, antwortete der Angestellte.

»Aber mein Bus fährt ab. Ich *muß* ihn unbedingt haben«, flehte der Mann.

Für jemanden, der selbst unter den besten Umständen wenig von Urlaub hält, waren dies Schreckgespenster, die reine Panik auslösten. Nur Stunden nach ihrer Ankunft standen Woody und Jane Martin, seine Assistentin, am Kundendienstschalter des Hotels, um sich nach allen Flügen, ungeachtet des Ziels, zu erkundigen, die am nächsten Tag abgehen sollten. Da Plätze für so viele Personen gebucht werden mußten, war er nicht besonders wählerisch. Er wäre am liebsten nach Paris geflogen, aber sie hatten sich die damals erforderlichen Visa nicht besorgt. Immerhin gab es einen Flug nach Stockholm, der verfügbar schien. Dies war zwar keine für ihre Reise vorgesehene Zwischenstation, doch es ist eine von Woodys Lieblingsstädten. Aus bürokratischen Gründen konnte die Schalterangestellte ihre Buchungen nicht bestätigen, weshalb Jane um 2 Uhr morgens (Leningrader Zeit) ihren Reisebüroinhaber in seinem Sommerhaus in Long Island anrief und ihn inständig beschwor, sie alle sofort aus Rußland herauszuholen – was erklären könnte, wieso ihr Anruf mitten in einem Fluch abgebrochen wurde und weshalb alle Versuche, den Kontakt mit Hilfe der Telefonzentrale des Hotels zu erneuern, ergebnislos blieben.

Um 6 Uhr morgens stand Woody vor Janes Tür – er konnte die Fahrt zum Flughafen nicht mehr abwarten. Dort erfuhren sie vom Erfolg ihres Reisebüroinhabers aus dem Munde einer mürrischen Aeroflot-Angestellten, die wütend war, weil sie zehn Tickets umschreiben mußte. Sie schien wenig beeindruckt von dem Gedanken, daß das Flugzeug, da sie eineinviertel Stunden für ihre Arbeit brauchte, starten könnte, bevor sie fertig war, wonach sie die Tickets noch einmal hätte umschreiben müssen. Schließlich erreichten sie die Maschine ein paar Minuten vor dem Abflug. Dreiundzwanzig Stunden nachdem sie in der Sowjetunion eingetroffen waren, reisten sie bereits wieder ab.

In Stockholm bezogen sie das Grand Hotel, das seinem Namen alle Ehre machte. Woody empfindet Stockholm stets als eine herrliche Stadt, voll von sympathischen Menschen. Überhaupt fühlt er sich in Skandinavien wohl: Die Lebensqualität, die Landschaft und die Offenheit der Menschen – all das sagt ihm zu. Ein zusätzlicher Vorteil dieses Zwischenaufenthalts bestand darin, daß er Gelegenheit hatte, Sven Nykvist zu besuchen, der bei den beiden letzten Woody-Allen-Filmen die Kamera geführt hatte und auch am nächsten mitarbeiten würde.

Woody hatte vor dem Abflug aus New York angenommen, daß die Reise ihn von seinen beiden Drehbuchideen ablenken würde, doch das war nicht der Fall. Er konnte die Idee, zu der bereits dreißig Seiten vorlagen, nicht völlig verdrängen, und ihm wurde klar, daß dies die Geschichte war, für die er sich entscheiden mußte. Seine Umgebung gab ihm wahrscheinlich einen weiteren Anstoß. Seine Filmidee warf die verschiedensten Fragen auf, die der Meßbarkeit von Erfolg, die des Glaubens und der moralischen Verantwortung vor einem abwesenden oder schweigenden Gott, die immer wieder in den Werken der von ihm geschätzten skandinavischen Künstler – wie Bergman, Ibsen und Strindberg – behandelt werden. Der Aufenthalt im Zentrum ihrer Kultur brachte ihm stets diese Probleme in Erinnerung.

Es bereitete ihm keine Schwierigkeit, daß er die bereits fertigen Seiten nicht mitgenommen hatte, denn sie waren ihm frisch im Gedächtnis geblieben. Also sagte er den anderen nach dem Frühstück, er werde sich ihnen in ein, zwei Stunden anschließen. Dann machte er sich auf dem Bett an die Arbeit. Seine sonst großzügige und gerundete Schrift wurde zu winzigen, kritzligen, doch deutlichen Buchstaben auf jedem gerade verfügbaren Papier verkleinert. Wenn er fertig war, faltete er die verschieden großen Seiten doppelt, schob sie in die Brusttasche seiner Jacke und ging hinaus, um die anderen zu treffen.

Die Städte wechselten, nicht jedoch seine Arbeitsweise. Schnappschüsse beweisen, daß Woody an Familienausflügen teilnahm, doch während alle anderen stets lächeln, ist sein Blick mißtrauisch, und seine Lippen sind geschürzt. Aber er beteuert, daß die Reise ihm, dem Anschein zum Trotz, Spaß gemacht habe. »Gott, ich sehe aus wie eine trübe Tasse«, sagte er nach seiner Rückkehr und zeigte lachend auf ein Foto, das ihn mit gestreiftem Schlips, Jackett und gerunzelter Stirn neben der strahlenden Mia Farrow in einer venezianischen Gondel zeigt. Die Passagiere eines Touristenbusses, die auf einer nahegelegenen Brücke standen, hatten die beiden gerade entdeckt und versuchten, Bilder von ihnen zu machen. Doch Woodys verdrießliches Aussehen rührte eher daher, daß er in einem Boot war, als daher, daß man ihn angaffte. Dies aber geschieht, besonders in Europa, dauernd. Ein Freund, der einmal mit ihm eine Europareise machte, sagt, man betrachte Woody so, als sei er die Freiheitsstatue, die plötzlich durch die Straßen wandele.

Im Laufe der Reise wurde das skizzenblockgroße Papier des Grand Hotels mit den langen, rechteckigen Blättern der Villa d'Este am Comer See zusammengefaltet; mit dem breiten, blütenweißen, goldgeprägten Briefpapier des Gritti Palace in Venedig; dem kleineren, fast ungeprägten Papier des Hotels Hassler in Rom; verschiedenen Telexformularen; und mehreren Blättern linierten Papiers, das aus einem in Kopenhagen gekauften Schulheft herausgerissen wurde. Zu dem Zeitpunkt, als sie London erreichten, war seine Innentasche so ausgebeult, als habe er einen Laib Brot darin. Schließlich überredete Jane Martin ihn, seine Notizen im Safe des Hotels zu verwahren, statt sie weiterhin mit sich herumzuschleppen – schon deshalb, damit er nicht in einem Restaurant Suppe daraufkleckerte. Danach wurden täglich Stücke des kleinen, eleganten, blauen Briefpapiers von Claridges in der Mitte gefaltet, auf den Stapel gelegt und weggeschlossen, bevor er hinausging, um durch die Straßen zu spazieren oder in einem der Parks mit den Kindern zu spielen.

Als die zehn das Hotel verließen, um nach New York zurückzukehren, war der Bergman-Essay immer noch ungeschrieben, doch Woody hatte den ersten Entwurf von *Crimes and Misdemeanors* *(Verbrechen und andere Kleinigkeiten)* fertiggestellt; es war ein dramatisches und komisches, romanartiges, dichtstrukturiertes Skript – unter anderem – darüber, wie man intellektuell, moralisch und auch, sofern man nicht verdächtigt wird, persönlich nach einem Mord ungeschoren davonkommt. In den folgenden Monaten nahm er noch viele Verfeinerungen vor, aber dies war die Vorlage für den neunzehnten Film, den Woody Allen innerhalb von zwanzig Jahren geschrieben und inszeniert hatte. Die Themen dieses Films – und die entschlossene, konzentrierte Art, in der Woody sie niederschrieb – liefern auch den Schlüssel für ein Verständnis seiner persönlichen und künstlerischen Komplexität.

Erster Teil:
Ins Netz gegangen

»Verzeihen Sie, wenn ich schwärme. Mein altes Wohnviertel war nicht immer so stürmisch und regnerisch, aber genauso sieht es in meiner Erinnerung aus.«

Radio Days

Woody Allen wurde im Frühjahr 1952 in Brooklyn geboren, als Allan Stewart Konigsberg, der am 1. Dezember 1935 in der Bronx zur Welt gekommen war, diesen Namen als Pseudonym wählte. Allan, der in Brooklyn aufgewachsen war, beschloß in jenem Frühjahr, Komödien zu schreiben, und er schickte Witze und Einzeiler an mehrere Klatschkolumnisten der New Yorker Zeitungen, deren Beiträge für Millionen von Lesern eine tägliche Lektüre waren. Schüchtern, wie er war, wollte Allan vermeiden, daß seine Klassenkameraden seinen Namen in der Zeitung sahen. Außerdem war er der Meinung, daß jeder im Showbusineß seinen Namen ändere; dies sei ein Teil des Mythos, ein Teil des Glamour. Und Allan Konigsberg ist kein Name für einen Komiker. Deshalb suchte er nach einem passenden Ersatz.

Allan gefiel ihm, und er hielt die häufigere Variante Allen für einen guten Familiennamen. Aber was war mit dem Vornamen? Er dachte an Max, nach dem Schriftsteller Max Shulman, einem seiner Idole. Er dachte an Mel, doch Mel Allen war der Rundfunksprecher der New York Yankees. Schließlich fiel ihm Woody ein, und dabei blieb er, denn der Name hat, wie er sagt, »einen komischen Beiklang und ist nicht völlig verschroben«. Diese Wahl ist, wie er betont, keine Hommage an einen Musiker, sondern ganz willkürlich gewesen und hat nicht das geringste mit Woody Herman, Woody Guthrie, Woody Woodpecker oder gar Woodrow Wilson zu tun.

Willkürlich wie die Entscheidung war, begann sie einen in der Bühnenwelt üblichen Prozeß der »Eigenerfindung«: Hier werden Namen traditionsgemäß geändert, entweder um verräterische Zeichen ethnischer Herkunft zu tilgen oder einfach aus Gründen des Wohlklangs. Der Gedanke, daß das Publikum mehr Sympathie für einen Woody Allen als für einen Allan Konigsberg (oder etwa für einen Gary Grant anstelle eines Archie Leach) aufbringt, ist unter Künstlern und Produzenten verbreitet. Sie meinen, daß das Publikum jemanden mit einem »normalen« Namen eher akzeptiert.

Was sich in einem neuen Namen verbirgt, ist jedoch weniger

bedeutsam als der Akt, sich einen neuen Namen zu geben. Befreit, wenn auch nur unterbewußt, von seiner durch die Geburt vorgegebenen Identität, kann ein Künstler in einen anderen Charakter hineinwachsen, der besser zu seiner Arbeit paßt. Doch in Woody Allens Fall waren zunächst seine Witze und später seine Auftritte so persönlich und typisch, daß der Mensch und seine Bühnenidentität zu verschmelzen schienen. Woody Allen, der Bühnenkomiker und Filmstar – ein tapferer Stümper, der eher ein Spielball des Zufalls und ein wandelnder Komposthaufen aus Neurosen ist als der gewitzte Bursche und Sexbandit, für den er sich hält –, scheint auf der Bühne oder auf der Leinwand nicht anders zu sein als im täglichen Leben.

Dies liegt zum Teil ganz einfach an seiner Kleidung. Charlie Chaplin hatte sein Vagabundenkostüm, Groucho Marx seinen breiten aufgeschminkten Schnurrbart und seinen Frack. Sie benötigten bestimmte Kostüme, um ihren Charakteren gerecht zu werden, und das Publikum erwartete nicht, sie in diesem Aufzug auf der Straße zu sehen; man wußte, daß zumindest ein gewisser Unterschied zwischen der künstlerischen Identität und der Person bestand. Aber Woody Allen trägt auf der Bühne und im täglichen Leben dieselbe unförmige Cordhose, denselben ausgefransten Pullover, dieselbe schwarze Hornbrille und dieselben derben Schuhe. Er hält seine Filmgarderobe für perfekt, wenn er morgens aufstehen, irgendwelche gerade verfügbaren Kleidungsstücke anziehen, zum Drehort fahren und dann einfach vor die Kamera treten kann, wann immer er an der Reihe ist – gewöhnlich, ohne auch nur das Hemd zu wechseln, von Schminke gar nicht zu reden. Mag es auch den Anschein haben, als seien Woody Allen und der Mann, den er spielt, identisch, in Wirklichkeit müssen Schein und Tatsachen auseinandergehalten werden. Man kann die Bühnengestalt und den Künstler nur dann verstehen, wenn man sie voneinander trennt. Dies gilt natürlich für viele Künstler, aber nur wenige sind in den Augen ihres Publikums so nahtlos zusammengeschweißt.

Der Pechvogel, der die Woody-Allen-Identität ausmacht – früher ein ungeschickter Bursche mit zweifelhaften Fähigkeiten, von denen keine zur Bewältigung des Alltagslebens beiträgt, und in neuerer Zeit ein unerschütterlich vernünftiger Eigenbrötler, der trotz seiner Ängste und Neurosen nicht von seinem Weg abweicht –, ist eine Schöpfung, die aus maßlos übertriebenen persönlichen

Verhältnissen hervorgeht. Diese Gestalt ist so gut gezeichnet, daß allein der Gedanke an sie lächeln macht. Aber der Filmemacher, Musiker und Vater, der den wirklichen Woody Allen ausmacht, betrachtet mit dem gleichen Ernst die anderen Seiten seines Lebens wie seine Dramatik und seine Komik. Während die Bühnengestalt über das, was ihr zustößt, fast keine Kontrolle hat, besitzt der reale Woody Allen eine nahezu umfassende Kontrolle über das, was er tut. Man nehme die einzigartigen Konditionen, die ihm die Geldgeber und die Verleiher all seiner Filme eingeräumt haben: solange er innerhalb eines gewissen Budgets bleibt, hat er volle künstlerische Freiheit. Punktum. Drehbuch, Besetzung, Regie, Schnitt, Musik – *alles* hängt von seiner Billigung ab. Eine künstlerische Freiheit, die niemand sonst in der Filmwelt hat, und die er nicht leicht nimmt. Selbstbewußt und strikt übt er Kontrolle aus, wobei er häufig nicht weniger als fünfzig Prozent des ursprünglichen Drehbuches umschreibt oder neu aufnimmt. Die Direktoren aller Gesellschaften, die ihn finanzierten und finanzieren – seit 1980 ist es die Orion Pictures Corporation –, bekamen zunächst selten – und inzwischen niemals – Versionen seiner Drehbücher zu Gesicht. Im Grunde wissen sie fast nichts über seine jeweiligen Arbeiten, bis er ihnen den Film kurz vor der Premiere zeigt. Dies ist kaum zu glauben, wenn man einzig die Charaktere kennt, die er spielt. Danny Rose, um ein beliebiges Beispiel zu nennen, der grenzenlos loyale, doch ständig im Stich gelassene Manager erfolgloser Künstler, oder Leonard Zelig, der so unsicher ist, daß er stets den Charakter der ihm nächsten Person übernimmt, sind so wenig identisch mit dem wirklichen Woody Allen wie Daffy Duck mit Bugs Bunny.

Fast jeder Betrachter verbindet Woody Allens Kindheit mit Brooklyn und seine Filme mit New York City. Auch wenn diese Orte zweifellos der Schauplatz seiner Sketche und Geschichten sind und er wahrscheinlich *der* Chronist des amerikanischen Großstadtlebens gegen Ende des zwanzigsten Jahrhunderts ist, so sind die Einflüsse, die ihn prägten, doch eine Mischung aus altem Europa und New York.

Genau wie die Kindheit von Millionen von Nachkommen New Yorker Einwandererfamilien war seine Kindheit viel stärker auf Europa als auf Amerika ausgerichtet. Die Familie seiner Mutter war um die Jahrhundertwende aus Wien gekommen und die seines

Vaters ungefähr zur selben Zeit aus Rußland. Seine Mutter, Nettie Cherry, die ebenso wie sein Vater, Martin Konigsberg, in der Lower East Side von Manhattan geboren wurde und aufwuchs, wurde dennoch ihr ganzes Leben von dem *shtetl* beherrscht, aus dem ihre Eltern geflohen waren, dessen Lebensformen sie jedoch weiterhin anhingen.

Sarah und Leon Cherry sprachen Jiddisch und Deutsch. Dies war auch die Muttersprache von Nettie – sie wurde am 6. November 1908 geboren – und ihren sechs älteren Brüdern und Schwestern. Nettie verbrachte den größten Teil ihrer Kindheit in einem fünfstöckigen Wohnhaus in der 125 East Fourth Street, einem beengten, doch freundlichen Arbeiterviertel unweit der Second Avenue. Auf jedem Stockwerk wohnten mehrere Familien, die einander kannten und deren Kinder miteinander spielten. Wenn die Frauen keine Hausarbeit machten oder sich um die Kinder kümmerten, saßen sie oft am Fenster und unterhielten sich über den Hof hinweg. Nettie, ein aufgewecktes Kind, hätte auf eine besonders gute Schule gehen sollen, doch ihre Mutter wollte nicht, daß sie sich von den anderen Kindern unterschied. So besuchte sie zunächst die örtliche Grundschule und die dann damals ausschließlich Mädchen vorbehaltene Washington Irving High School in der East Sixteenth Street. Die Cherrys betrieben eine kleine Imbißstube in der Nähe ihrer Wohnung, wo Leon den ganzen Tag arbeitete.

Sarah half ihm zwischen Mittag und 15 Uhr, der geschäftigsten Zeit des Tages; daneben versorgte sie die Wohnung und die Familie. Die Kinder kamen zum Lunch von der Schule nach Hause, und die älteren kümmerten sich in Abwesenheit ihrer Mutter um die jüngeren. Sarah war streng und tüchtig, ohne ihre Kinder jemals zu schlagen.

Leon hatte einen Platz in der Synagoge, die er jeden Samstag besuchte. Er und Sarah waren sehr fromm. Im Haus der Cherrys wurde jeder jüdische Feiertag und jeder Seder eingehalten.

Isaac und Sarah Konigsberg waren ebenfalls religiös, doch nicht in so hohem Maße wie die Cherrys. Auch wenn bei ihnen in der Familie Jiddisch gesprochen wurde, so war Isaac doch eher ein Vertreter der modernen Welt als die Großeltern mütterlicherseits. Er trug elegante Kleidung und hatte eine Loge in der Metropolitan Opera. Er war der erste jüdische Handelsvertreter einer Kaffeefirma und fuhr oft aus geschäftlichen Gründen mit dem Schiff nach Europa. Mit der Zeit wurde er so erfolgreich, daß er manchmal nicht mehr zu Geschäften nach Europa fuhr, sondern um Pferderennen zu besuchen. Bald gehörten ihm eine Taxikolonne und mehrere Filmtheater in Brooklyn. Er hatte wenig Interesse an seiner Tochter und seinem jüngeren Sohn, war aber vernarrt in Martin, der am 25. Dezember 1900 geboren wurde. Er schaffte es, daß die Brooklyn Dodgers seinen Liebling zu ihrem Maskottchen machten, und er schenkte ihm einen Viertausenddollar-Kissel-Roadster. Im Börsenkrach von 1929 verlor Isaac alles. Sein anderer Sohn, Leo, war gezwungen, an Straßenecken Zeitungen zu verkaufen, während Isaac sich einen etwas besseren, wenn auch immer noch kargen Lebensunterhalt auf dem Butter- und Eiermarkt in Brooklyn verdiente, wo Martin mit ihm zusammenarbeitete. Wenn Isaac auch weiterhin piekfeine Kleidung trug, so war er jedoch in Allans Kindheit ein armer Mann, der mit Sarah in einem engen und dunklen Apartment im Hinterhaus in der Coney Island Avenue, einer lauten Geschäftsstraße, wohnte. Trotzdem besuchte Allan sie als Kind sehr gern, denn Sarah schüttelte ihm immer die Hand, wenn er eintraf, und steckte ihm ein paar der Zuckerwürfel zu, die sie stets griffbereit hatte.

Martin und Nettie lernten einander zu Beginn der Depression auf dem Butter- und Eiermarkt an der Greenwich Street in Brooklyn kennen. Nettie, ein schlankes, rothaariges Mädchen, arbeitete dort als Buchhalterin, und Isaac stellte sie Martin vor, der starke Ähnlichkeit mit dem amerikanischen Schauspieler George Raft, vor allem aber mit dem französischen Schauspieler Fernandel hatte. Nettie hielt Isaac für sympathisch und war von Martins Aufmerksamkeit geschmeichelt. »Das war der eigentliche Grund, weshalb ich oft mit ihm ausging, denn er war sehr freundlich und sehr aufmerksam zu mir«, erinnerte sie sich viele Jahre später. »Er hatte Stil. Er nahm mich mit in die Tavern on the Green«, ein Luxusrestaurant in Manhattan.

Zu dieser Zeit wohnten Nettie und ihre Familie nördlich von Manhattan in der Bronx, einem Stadtteil New Yorks, der, wie Brooklyn, damals noch überwiegend ländlich war. Nachdem sie und Martin 1931 geheiratet hatten, mieteten sie eine Einzimmerwohnung in Brooklyn. Bald zog Netties Familie nach, da sie immer eng beieinander wohnten und sich umeinander kümmerten. Die gesamte Familie lebte in einem Radius von fünf oder sechs Häuserblocks. Während Allans gesamter Kindheit teilten sich gewöhnlich seine Eltern, auch die eine oder andere Tante und ihre Familie ein Apartment.

Zur Zeit von Allans Geburt waren dies seine Tante mütterlicherseits und ihr Mann Abe Cohen, die sich mit den Konigsbergs ein Sechszimmerapartment teilten, das die obere Etage eines recht kleinen Zweifamilien-Holzhauses an der 968 East Fourteenth Street in Brooklyn Flatbush einnahm. Die sieben Jahre, die er dort verbrachte, waren die bei weitem längste Periode, die er in einer einzigen Wohnung verlebte. Im Laufe seiner Kindheit zogen die Konigsbergs etwa ein Dutzendmal um. Meistens wohnten sie mit Ceil und Abe oder mit Sadie, einer weiteren von Netties Schwestern, und deren Mann Joe Wishnick (eigentlich Wischnezki), einem Schneider, der kurz zuvor aus Rußland emigriert war, zusammen. Im Grunde spielte es keine allzu große Rolle, wer bei wem untergebracht war, da beide Großelternpaare und viele ihrer Kinder nur ein paar Blocks voneinander entfernt wohnten. Während des Zweiten Weltkriegs trafen andere Verwandte, die vor den Nazis flüchteten, aus Europa ein. Auch sie wurden aufgenommen oder wohnten in der Nähe. Nettie, ihre Schwestern und ihre Familien sahen sich täglich.

Allans Erfahrungen waren nicht ungewöhnlich in einem Viertel, in dem die meisten Kinder Amerikaner der zweiten Generation waren, die mit ihren Eltern und häufig auch mit ihren aus Europa emigrierten Großeltern zusammenwohnten, die Englisch nur mit starkem Akzent sprachen. Als Woody Allen als Erwachsener zum ersten Mal Wien besuchte, hatte er zunächst den Eindruck, in die Umgebung seiner Kindheit zurückzukehren. Die Straßenbahnen, die Etagenwohnungen, die Menschen, die an heißen Tagen auf dem Bürgersteig saßen – das alles war ein vertrauter Anblick. Die Kaffeehauskultur erinnerte ihn an die Bäckereien im Brooklyn seiner Kindheit und an den Embassy Tea Room, einen Salon im Wiener Stil mit weißem Fliesenfußboden, wo es Strudel und anderes Gebäck gab.

Die ersten Jahre nach Allans Geburt waren finanziell sehr schwierig für alle Konigsbergs. Seit dem Verlust von Isaacs Geschäft und Vermögen hatten Martin und er sich mehr schlecht als recht durchgeschlagen. Isaacs Butter- und Eierhandel brachte gerade genug für ihn und Sarah ein, doch Martin konnte seine wachsende Familie mit den Einkünften seines kleinen Ladens nicht ernähren; deshalb versuchte er sich in einer Vielzahl von Berufen und Arbeiten. So brachte er eine Zeitlang für ein Paar in der Gegend bekannte Gangster Wetteinsätze nach Norden zur Rennbahn in Saratoga – eine Arbeit, die ihm gefiel, weil sie gut und täglich bezahlt wurde und weil sie eine gewisse Romantik hatte. Aber Isaac flehte ihn an, die Sache aufzugeben, bevor er sich so sehr in die Geschäfte der Gangster verstricke, daß er nicht mehr gefahrlos aufhören könne. Während Allans Kindheit ließ Martin sich ständig auf neue Unternehmungen ein. Zum Beispiel verkaufte er Schmuck per Postversand. Nettie half ihm, die vielen Werbebriefe zu tippen. Aber auch dieses Geschäft versandete, und schließlich blieb nichts anderes von ihm übrig als ein Haufen unbenutzter Samtschatullen.

Es gab noch andere Beschäftigungen. Martin arbeitete in einer Billardhalle, die er hätte kaufen können, was er jedoch – fälschlich, wie sich erwies – für keine gute Investition hielt. Außerdem arbeitete er – nicht unbedingt in dieser Reihenfolge – als Eierdurchleuchter, Taxifahrer, Barkeeper, Schmuckgraveur und Kellner in »Sammy's Bowery Follies«, einem Touristenrestaurant im unteren Manhattan.

Die Versorgung von zwei Personen hatte die Finanzen der Familie strapaziert; deshalb nahm Nettie, als Allan ungefähr ein Jahr alt war, ihre Arbeit als Buchhalterin wieder auf. Allans erstes Kindermädchen war Mrs. Wolf, die mit Leon Cherrys Bruder und dessen Frau aus Deutschland geflüchtet war. Sie sprach Deutsch mit Allan. Heute beherrscht Woody diese Sprache nicht mehr.

Danach wurde Allan zumeist in die Obhut einer Reihe ungebildeter und unqualifizierter Frauen gegeben, die Stundenlohn erhielten und häufig nach ein, zwei Wochen kündigten oder hinausgeworfen wurden. Die Mängel der Frauen reichten von Passivität (wenn sie ihn zum Beispiel allein auf der Straße spielen ließen) über Kriminalität (wenn sie ihm zum Beispiel Kleidung stahlen) bis hin zu psychopathischem Verhalten. Eines Tages, als Allan drei Jahre alt war, trat das amtierende Kindermädchen an sein Bett, zog ihm die Decken über den Kopf und wickelte ihn so fest ein, daß er nicht mehr atmen konnte, und sagte: »Siehst du? Ich könnte dich jetzt ersticken und auf den Müll werfen, und niemand würde es rauskriegen.« Und dann – so nüchtern, wie er das Ereignis fünfzig Jahre später schilderte – ließ sie ihn los. Er erzählte seinen Eltern nie, wie er um Haaresbreite dem Erstickungstod entkommen war, und nachdem die Frau ihn losgelassen hatte, widmete er sich ohne erkennbares Trauma seinen Spielen.

Nicht alle wechselnden Kindermädchen waren furchtbar. Gelegentlich stellte sich eine nette und fähige Frau ein, die jedoch gewöhnlich bald in die Ehe oder in eine ständige Beschäftigung entschwand. Selbst wenn die Kindermädchen freundlich waren, war dies eine schwierige Zeit für Allan, der weinte, sobald seine Mutter zur Arbeit ging. Noch schlimmer für ihn war, als sie versuchte, ihn mit vier Jahren in ein Tagesheim zu schicken: Er wollte zu Hause bleiben.

Sein Elternhaus barg jedoch Gefahren, die nichts mit wahnsinnigen Kindermädchen zu tun hatten. Die Ehe seiner Eltern, die er als »eine ganz und gar zänkische Beziehung« beschreibt, verstärkte sein Unglück noch. »Sie machten nur davor halt, mit Pistolen aufeinander loszugehen.« Alles und jedes konnte Anlaß zu einem Streit zwischen seiner Mutter und seinem Vater sein. Geld war ein offenkundiges und ständiges Problem, da Martin großzügig damit umging und Nettie sparsam war. Er arbeitete immer sehr hart und verdiente genug, um zurechtzukommen. Aber er zögerte nie, sein ganzes Geld auszugeben – entweder für seine eigene Kleidung oder zur Vergrößerung des Inhalts von Allans Spielzeugtruhe oder, später, für Taschengeld. Für Nettie, die den Haushalt durch Knauserigkeit zu retten suchte, war dies unerträglich. Die beiden waren wie Hund und Katze.

Allan, der ständige Zeuge dieser häuslichen Explosionen, war zu jung, um allen Einzelheiten folgen zu können. Die Auseinandersetzungen waren allgemeiner Art: Es ging um Geld, darum, ob man umziehen sollte, oder wenn ja, wohin; um Martins Faible für neue Kleidungsstücke; um neue Geschäftsideen. Diese Streitigkeiten folgten einem bestimmten Muster und hatten begrenzte, sich wiederholende Themen.

»Ihre Konflikte betrafen nie eine andere Frau oder einen anderen Mann, und mein Vater trank nie – nichts dergleichen«, berichtet Woody. »Sein einziges Laster war, viele Kleidungsstücke zu kaufen. Aber jede Kleinigkeit wuchs sich zu einem Streit aus. Wenn mein Vater ein neues Hemd anzog und meine Mutter eine Melone anschnitt und vielleicht ein Tropfen auf das Hemd spritzte, wollten sie einander innerhalb von fünf Minuten die Kehle durchschneiden.«

Viele von Woody Allens humoristischen Arbeiten schildern häuslichen Zwist. In einer Geschichte mit dem Titel »Die Vergeltung« schreibt er: »Im Grunde war ich wenig angetan vom Äußeren meiner Familie, denn meine Verwandten mütterlicherseits ließen sich höchstens mit dem Inhalt einer Petrischale vergleichen. Ich machte meiner Familie keine Zugeständnisse, und wir neckten einander ständig und stritten uns dauernd, aber wir hingen sehr aneinander. Wirklich, nie ging einem Familienmitglied ein Kompliment über die Lippen, jedenfalls nicht zu meinen Lebzeiten, und wohl auch nicht, seit Gott den Bund mit Abraham schloß.«

Die Streitsucht seiner Eltern scheint die beste Erklärung für Woodys Temperament oder, besser gesagt, seinen Mangel daran zu liefern; er verliert die Beherrschung nur ein wenig häufiger, als die Sonne unterzugehen versäumt. Fast nie hebt er die Stimme, weder am Drehort noch zu Hause; Schauspieler werden nie gescholten, weil sie ihren Text zum achtenmal verpatzt haben; Techniker werden nie angebrüllt, weil sie für eine Neuaufnahme verantwortlich sind. Woodys seltene Ausbrüche bei der Arbeit – sie ereignen sich alle paar Jahre einmal – sind fast immer das Ergebnis von Frustration. Als er eines Tages eine Szene aus dem Film *Another Woman (Eine andere Frau)* schnitt, mußte er erkennen, daß eine Szene, die er bei den Aufnahmen für gelungen gehalten hatte, sich schlecht montieren ließ. Nachdem er sie zweimal betrachtet hatte, hämmerte er mit der Faust auf den Schneidetisch und vergrub sein Gesicht in den Händen. »Verdammt. Ich möchte mich am liebsten umbringen«, sagte er. »Dies ist so prosaisch, verglichen mit der Aufnahme, die ich machen wollte. Sie sollte den träumerischen Charakter der meisten anderen Szenen des Films haben. Nun ist es zu spät. Der Schauspieler tritt in einem Stück in Philadelphia auf, und außerdem gibt es keine Blätter mehr.« Aber innerhalb von Sekunden hatte er sich beruhigt und war wieder an der Arbeit.

»Ab und zu haben Mia und ich Streit, aber nicht oft, nicht heftig«, erklärt er. »Ich kann nicht streiten. Ich glaube nicht, daß es Kindern gefällt, ihre Eltern streiten zu sehen. Es kann einen erschrecken oder deprimieren. Ich würde mich nie mit Mia vor den Kindern streiten. Aber ich bin kein großer Streithahn. Streiten lohnt sich nicht. Meine Wut äußert sich gewöhnlich Gegenständen gegenüber. Wenn der Toaster morgens nicht funktioniert oder wenn sich die Kühlschranktür nicht schließen läßt, werde ich irgendwann wütend und knalle sie zu. Mehr nicht.«

In einer Umgebung, wo der tägliche Existenzkampf fast jede Familie in Anspruch nahm, gehörten Furcht und Streit bei vielen zum normalen Leben. Als Allan älter wurde, stritten sich die Eltern einiger seiner Freunde auf so erbitterte Weise, daß die Polizei gerufen werden mußte – etwas, das in seiner Familie nie geschah. Die Wirkung der ständigen Streitereien auf einen so sensiblen Jungen war dennoch erheblich.

Um seinen fünften Geburtstag herum ereigneten sich zwei Dinge, die sein Leben beeinflußten, aber wie sie sich auf seine Arbeit auswirkten, ist weniger eindeutig zu bestimmen. Das erste Ereignis läßt sich nicht einmal klar definieren; es handelte sich um einen Wandel seiner Haltung und Persönlichkeit, der sich allmählich vollzog und keinen nachweisbaren Grund hatte.

»Meine Mutter sagt immer, ich sei in meinen ersten Jahren ein glückliches Kind gewesen, und dann, als ich ungefähr fünf war, sei etwas geschehen, das mich ihrer Meinung nach verbitterte«, berichtete Woody eines Tages, als er über seine Kindheit sprach. »Ich erinnere mich nicht an ein solches Ereignis oder etwas Traumatisches. Also weiß ich den Grund nicht. Ich *war* schon sehr früh ein Einzelgänger. Ich entsinne mich, daß mich Schulkameraden in der sechsten Klasse amateurhaft psychoanalysierten; sie meinten: ›Na, habt ihr gemerkt, daß er auf dem Schulweg immer durch die Seitenstraßen geht?‹ Was stimmte. Ich ging oft den Block runter und bog nach links ab, um den Weg abzukürzen. Sie sagten: ›Das liegt daran, daß er nichts mit Menschen zu ̓un haben will.‹ Und das könnte kaum wahrer sein, obwohl ich's mir damals nicht völlig bewußt machte. Meine Familie war nicht so. Sie waren laut und überschwenglich, aber ich bin wirklich nie gesellig gewesen. Es ist paradox.«

Einige ins Auge fallende und recht oberflächliche denkbare Ursachen können auf seine Erfahrungen mit den Babysittern und das extreme Unbehagen zurückgeführt werden, das er verspürte, wenn seine Eltern einander anbrüllten. Zudem hatte er eine gemischte Beziehung zu seinen Eltern.

Er war keineswegs ein mißhandeltes oder ungeliebtes Kind, und er selbst liebte seine Eltern durchaus. Aber er unterschied sich – fast von Anfang an – ganz einfach von seiner Familie, und diese hatte eben deshalb Mühe, richtig mit ihm umzugehen.

»Er war ein außergewöhnliches Kind«, sagt seine Schwester Letty Aronson (neben der er keine Geschwister hat), die geboren wurde, als Allan acht Jahre alt war. Sie arbeitet heute mit seelisch gestörten Kindern. »Er war kein durchschnittliches Kind, und unser gesamtes System, ob in der Schule oder sonstwo, ist auf das durchschnittliche Kind abgestimmt. Deshalb klappte in seinem Fall nichts.«

In einem Interview mit seiner Mutter für die Arbeit an einem Dokumentarfilm mit dem Titel *Two Mothers* (die andere Mutter in dem Film ist Maureen O'Sullivan, Mias Mutter) kommt es zu folgendem Austausch zwischen Mutter und Sohn:

Er: »Hast du mich geschlagen?«

Sie: »Du mußt mir schon verzeihen. Ich habe dich versohlt. Es war keine Mißhandlung, nein. Aber ich habe dich versohlt... ich habe dich manchmal geschlagen, ja. Ich habe dich manchmal versohlt.«

»Ich erinnere mich, daß du mich jeden Tag geschlagen hast, als ich ein Kind war.«

(verwirrt) »Wie denn? Habe ich dich verprügelt?«

»Nein, aber du hast mir dauernd Ohrfeigen gegeben.«

»Du warst ein lebhaftes Kind, hast früh zu sprechen angefangen... du warst sehr aufgeweckt, und du bist herumgerannt und gesprungen. Ich wußte nicht, was ich mit so einem Kind machen sollte. Du warst zu lebhaft für mich und hast mir sehr zu schaffen gemacht. Ich bin nicht besonders gut zu dir gewesen, denn ich war zu streng, was ich bedaure. Denn wenn ich nicht so streng gewesen wäre, wärst du vielleicht eher ein nicht so ungeduldiger... du wärest vielleicht – was soll ich sagen? Nicht besser. Du bist ein guter Mensch. Aber du hättest, äh, vielleicht sanfter, vielleicht herzlicher werden können. Das ist das Wort, das ich haben will, aber es war schwer für mich, mit dir fertig zu werden. Ich war viel netter zu Letty als zu dir.«

Das andere, leichter zu bestimmende und wahrscheinlich wichtigere Ergebnis war, daß er damals auf die Brooklyner Public School 99 kam – eine Schule, in der er später amateurhaft psychoanalysiert wurde und auf die schon sein Vater gegangen war. Er hätte statt dessen in die Hunter College Elementary School in Manhattan gehen können, die Spezialkurse für besonders intelligente Schüler anbot. Allan erzielte bei der Einschulung ein sehr gutes Ergebnis in einem Intelligenz-Test, und Nettie sah dies vielleicht als eine Gelegenheit für ihren Sohn, das zu bekommen, was ihr entgangen war. Aber die Schule war eine lange U-Bahn-fahrt von Brooklyn entfernt, und es wäre zu mühsam für sie gewesen, diese Strecke viermal am Tag zurückzulegen.

»Wenn ich damals so klug gewesen wäre wie heute«, sagt Nettie, »hätte ich alles eingepackt und wäre nach Manhattan umgezogen. Aber ich tat es nicht, sondern kam zu dem Schluß: ›Gut, er geht in die Schule um die Ecke.‹« Und so wurde er in der P. S. 99, die nur ein paar Schritte von seiner Wohnung entfernt war, angemeldet.

»Was ich im Rückblick am meisten bedauere, ist, daß meine Eltern nicht in Manhattan wohnten«, sagte Woody eines Tages, als sein Chauffeur ihn nach einem Besuch in der alten Umgebung – eine sentimentale Reise, die er alle paar Jahre unternimmt – nach Manhattan zurückfuhr. »Ich bedauere es so sehr. Sie meinten, das Richtige zu tun, und glaubten wahrscheinlich, daß sie sich einen Umzug nicht leisten konnten. In gewisser Weise – wenn man berücksichtigt, wer meine Eltern waren und wie wenig Geld sie hatten – war es annehmbar, in Brooklyn zu wohnen. Die Wahrheit aber ist, daß ich, wenn sie ein bißchen aufgeklärter gewesen wären, im Manhattan der späten dreißiger und der vierziger Jahre hätte aufwachsen können. Das hätte ich großartig gefunden.« Mit einem kurzen Lachen fuhr er fort: »Heute ist die Stadt natürlich, wenn man mir den Ausdruck verzeiht, ein viel größeres Drecksloch als damals. Ich liebe sie, wie ein Junge einen Vater liebt, der vielleicht ein Alkoholiker oder Dieb ist. Aber wenn ich mir vorstelle, daß es Kinder gab, die in den Dreißigern und Vierzigern in der Park Avenue und der Fifth Avenue aufwuchsen und daß damals keine nennenswerte Kriminalität herrschte – was für ein Paradies!« Ihm schien nicht klar zu sein, daß seine Wahrnehmung Manhattans eine völlige andere wäre, wenn er als Kind dort gewohnt hätte. Statt des Wunderlandes am anderen Flußufer wäre es einfach nur seine gewohnte Umgebung gewesen.

Allan Konigsberg war ein aufmerksamer Junge mit einem regen Gedächtnis. Die Ereignisse aus der Grundschule, Gesichter von Klassenkameraden, der Geruch der Orte, die er besuchte, das alles ist in Woody Allens Bewußtsein klar und lebendig geblieben – fast, als seien es Filmausschnitte. »Ich achtete auf alles, nur nicht auf die Lehrer«, sagte er eines Tages. »Als ich älter wurde, hat mein Leben von meiner Kindheit her eine Kontinuität entwickelt, die greifbarer ist als die der meisten Menschen. In meiner Vorstellung war es erst gestern, daß ich in einer Schlange vor dem Schulgebäude stand. Ich habe es nicht bloß so in Erinnerung, als wäre es gestern gewesen, sondern ich habe ein Gefühl dafür. Es ist ganz und gar keine alte Geschichte. Mir scheint, daß ich immer noch von diesen Erfahrungen zehre.« Ein entscheidender Teil jener Kindheitserfahrung war sein erster Besuch in Manhattan. Das war der Moment, in dem seine Liebesbeziehung zu New York begann, und seine Herrlichkeiten werden in seinen Filmen in mancher Weise mit den Augen eines Sechsjährigen gesehen. In einem Woody-Allen-Film ist New York nie schmutzig oder verfallen. Es funkelt und schwingt sich empor, es bewegt sich mit erfrischendem, rasantem Tempo und wirkt wie die Apotheose des großstädtischen Lebens. Wie Woody mit Hilfe von George Gershwins Musik in *Manhattan* zeigte, ist New York für ihn eine Rhapsodie.

»1941 kam ich mit meinem Vater zum erstenmal in die Stadt, und ich verliebte mich, in dem Moment als ich aus der U-Bahn auf den Times Square trat. Man kann kaum glauben, was es bedeutete, plötzlich aufzublicken und die Stadt zu sehen – nicht zu vergessen, das war ja, bevor sie herunterkam. Alle sieben Meter gab es eine glänzende Markise mit einem Kino dahinter. In meiner Gegend gab es ein Kino und dann drei Blocks weiter noch eins und drei Blocks weiter noch eins, und das war eine *Menge*. Hier auf dem Broadway gab es zwanzig rechts und zwanzig links von mir, und ich bog in die Forty-second Street ein, und da waren zwanzig auf dieser Seite und zwanzig auf der anderen. Ich konnte es nicht fassen. Keine Schundfilm- oder Pornokinos wie heute. Dort wurden gerade erst in den Verleih gekommene Filme gezeigt. Nichts als Humphrey Bogart und Clark Gable und Jimmy Cagney, und da waren Papayastände und Männer mit scheinbar fadenlosen Tanzpuppen. Es verblüffte mich immer wieder, wenn sie die Dinger auf einem Koffer tanzen ließen. Ich konnte nie herauskriegen, wie sie das machten. Und Schießbuden: Damals konnte man mit echten Gewehren schießen. *Ich* nicht, denn man mußte sechzehn sein, aber mein Vater schoß jedesmal.

Ich war einfach *überwältigt* von alledem. Wir kamen immer an der Forty-second Street aus der U-Bahn und gingen den Broadway rauf. In der Fifty-second Street war Lindy's (ein berühmtes Broadway-Restaurant, in dem sich Leute aus dem Showgeschäft, prominente Sportler und Gangster aufhielten), dann, sofort hinter Lindy's, der Circle Magic Shop – wundervoll. Es war einfach ungeheuer. Als ich zum erstenmal die Schule schwänzte und ins Paramount ging, wurden die Lichter plötzlich am Ende des Films angemacht, und Duke Ellingtons Band tauchte aus dem Orchestergraben auf und spielte ›Take The »A« Train‹ Ich konnte es nicht fassen. Es haute mich um.

Seit meiner ersten Erinnerung war ich nicht nur total in Manhattan verliebt, sondern liebte auch jeden Film, dessen Schauplatz New York war, jeden Film, der hoch über der New Yorker Skyline begann und dann näherrückte. Jeden Krimi, jede romantische Komödie, jeden Film über Nachtklubs oder über Penthouses in New York. Bis heute kann ich mich für neunundneunzig Prozent der Filme nicht begeistern, die nichts mit der Stadt zu tun haben, die sich in ländlicher Atmosphäre abspielen. Sie müssen wirklich etwas ganz Besonderes sein. Aber ich liebe alle alten Filme, die in New York City beginnen oder deren Handlungen dort stattfinden.

Ich hatte den Eindruck, daß Menschen, die in Manhattan wohnten, von der Copa ins Quartier Latin gingen; Jazz in der Innenstadt hörten, sich nach Harlem aufmachten, bis 4 Uhr morgens bei Lindy's saßen. Dann kehrten sie heim und fuhren mit dem Lift zu ihrem Apartment, und ihre Apartments waren nicht so klein wie unseres in Brooklyn, wo sechs Millionen Menschen wohnten. Nein, sie kehrten in Apartments zurück, die oft zweistöckig waren. Es war einfach erstaunlich. Und es war auch so verführerisch, daß ich mich nie wirklich davon erholt habe. Deshalb hab ich mir in meinem Leben viele dieser Dinge zugelegt.«

Eines dieser Dinge ist ein Penthouse, mit rustikalen französischen Möbeln eingerichtet. Ein Ausblick von fast 360 Grad durch deckenhohe Panoramafenster läßt die Stadtlandschaft gleichsam zu einem Teil der Wohnung werden. Er machte den Fehler, sich ein wenig Zeit zu nehmen, um über den Preis nachzudenken, nachdem er das Apartment im Jahre 1970 besichtigt hatte, und als er erfuhr, daß es verkauft worden war, bot er dem neuen Besitzer sofort einen fünfundzwanzig Prozent höheren Preis an. Innerhalb einer Woche gehörte das Apartment ihm.

Die vielen Erinnerungen an Filme und an Kinos sind nicht überraschend für jemanden, dessen Arbeit so sehr vom Film beherrscht wird. Der Zauber der Filmwelt kann sehr betörend sein, vor allem für einen jungen Menschen. Und für manche ist er mehr als nur betörend.

Allan Konigsberg hatte in frühem Alter ein revolutionäres Erlebnis. Als er drei Jahre alt war, nahm seine Mutter ihn mit, um *Schneewittchen* zu sehen. Es war sein erster Film. Er saß still auf dem roten Samtsessel, während die Lichter erloschen. Dann begann der Film, und Personen erschienen auf der Leinwand und: bewegten sich! Fasziniert von diesem Wunder, lief er nach vorn, um sie zu berühren. Seine Mutter mußte ihn von der Leinwand fortzerren.

Allan teilte seine Begeisterung für das Kino mit seiner fünf Jahre älteren Cousine Rita. Aber während Allan sich für Filme interessierte, verehrte sie Filmstars.

Wenn Rita und ihre Eltern nicht mit den Konigsbergs zusammenwohnten, waren sie ein, zwei Häuserblocks entfernt, und Allan besuchte sie häufig. Vor allem aber war er oft in Ritas Zimmer, dessen Wände mit Fotos von Filmstars, die sie aus *Modern Screen* und anderen Fan-Zeitschriften ausgeschnitten hatte, vollgeklebt waren. Zu Beginn seiner Karriere als Kinogänger unterrichtete sie ihn über die Schauspieler und begleitete ihn, wenn er ins Kino ging. Als er sieben Jahre alt war, gab es kaum einen Schauspieler, den er nicht kannte, und es schien ihm unbegreiflich, wenn ein Kind in der Schule keine Ahnung hatte, wer Jennifer Jones oder Dennis Morgan oder Caesar Romero waren. Er konnte sich nicht vorstellen, daß diese Gesichter auf der Leinwand, die ihm beinahe so vertraut waren wie sein eigenes, im Leben anderer Menschen keine Bedeutung hatten. Später würden zehn- oder zwölfjährige Freunde manchmal sagen: »Oh, wir sahen diesen Kerl, der so witzig ist; er hat einen Schnurrbart und eine Zigarre und geht gebeugt«, und er würde bei sich denken: »Du machst dich wohl über mich lustig. Das ist Groucho Marx. Hast du das nicht schon mit drei Jahren gewußt?«

Es war interessant, die Stars zu kennen, aber noch mehr wurde er durch die Geschichten auf der Leinwand angezogen. Nicht auf rationale Weise, sondern geradezu durch Osmose lernte er, wie

Filme hergestellt wurden. Bereits mit acht Jahren dachte er von Tyrone Powers *The Black Swan (Der Seeräuber)* – dem Inbegriff eines säbelrasselnden Piratenfilms: »He, das könnte ich auch.« Es war keine Offenbarung, die ihn veranlaßte, nach einer Filmkamera zu suchen, doch es war eine vage Ahnung, daß er auf diese Weise eine Geschichte erzählen konnte. Das Säbelrasseln mochte anderen vorbehalten bleiben.

Allan konnte so viele Filme sehen, weil es in der Nähe zahlreiche Kinos gab: etwa zwei Dutzend mehr oder weniger in Gehweite der elterlichen Wohnung. Die meisten gehörten Century. Eines der besten war das Midwood, genau um die Ecke an der Avenue J. Wie der Zufall (und das verlorene Vermögen) es wollten, hatte das Kino vor der Depression Isaac Konigsberg gehört (und wie die Ironie es wollte, würden *Annie Hall (Der Stadtneurotiker)* und andere Woody-Allen-Filme dort gezeigt werden. Damals war es ein Glied in der Century-Kette: ein rund sechshundert Plätze umfassendes Kino mit einem Hauptsaal und einer Galerie; seine imposante Einrichtung bestand aus roten Vorhängen, Kronleuchtern und Messingbeschlägen, üppigen roten Teppichen und weichen Samtsesseln. Das Theater war in der Mitte des Häuserblocks; eine Gasse führte an ihm vorbei. In dieser Gasse befand sich die Rückseite der Wohnung der Konigsbergs. Als der siebenjährige Allan eines Tages nach einer Kinovorstellung heimkehrte, fand er neben den Abfalleimern des Kinos einen von dem Hauptfilm abgerissenen 35-mm-Streifen mit einem halben Dutzend Bildern aus dem Film *Four Jills in a Jeep* mit Phil Silvers und Carmen Miranda. Er war wie hypnotisiert vom Anblick der Gestalten, und er hielt den Zelluloidstreifen immer wieder dem Sonnenlicht entgegen, bevor er ihn mit nach Hause nahm.

Dieser kleine Zelluloidschnipsel fesselte ihn sehr, aber im Laufe desselben Jahres sollte er etwas noch Faszinierenderes sehen. Nettie ging mit ihm ins Midwood, wo sie sich Bob Hope und Bing Crosby in *The Road to Morocco (Der Weg nach Marokko)* anschauten. Während Hope und Crosby auf Kamelen ritten und »I'm Morocco Bound« sangen, wußte er plötzlich ganz genau, »was ich werden wollte«. Bob Hope war eine Offenbarung für Allan. Die Gestalt, die er spielt, ist »eitel, ein Frauenheld, ein ausgemachter Feigling, aber immer brillant«, sagte Woody in *My Favorite Comedian*, einem Tribut an Hope, der bei den New Yorker Filmfestspielen von 1979 gezeigt wurde. »Die hinterhältige Konkurrenz zwischen den beiden und ihre großartigen Improvisationen und Dialoge erreichten einen Grad eleganter Spontaneität, wie er im Film selten ist.«

Hopes Gewandtheit und seine Texte, die eher Gesprächen als Drehbüchern zu entstammen scheinen, hinterließen einen bleibenden Eindruck. Der Einfluß von Bob Hopes Filmen der vierziger und fünfziger Jahre ist in den frühen Woody-Allen-Werken unverkennbar, allerdings nur dann, wenn der Betrachter versteht, danach Ausschau zu halten. Eine Szene, in der Hope Rendezvous mit mehreren Frauen vereinbart, wird in *Love and Death (Die letzte Nacht des Boris Gruschenko)* nachgeahmt. Boris ist ein unfreiwilliger, von Woody gespielter Kriegsheld, der die Aufmerksamkeit einer schönen Gräfin erregt.

»Hope war immer ein Super-Blödian. Aber er wirkt weniger wie ein Blödian als ich«, sagte Woody, während er *Sleeper (Der Schläfer)* im Jahre 1973 drehte. »Ich sehe eher wie ein Blödian aus, auf intellektuellere Art. Aber wir beziehen beide unseren Humor aus genau der gleichen Quelle. Es gibt bestimmte Momente in seinen älteren Filmen, da meine ich, nie etwas Besseres als ihn gesehen zu haben. Manchmal kann ich ihn nur noch nicht imitieren. Es ist schwer zu erkennen, wenn ich's tue, weil mein Äußeres und mein Tonfall so ganz anders sind, aber sobald man weiß, daß ich's tue, ist es einfach nicht zu übersehen.«

Allen ging in alle Hope-Filme, sobald sie im Kino waren. Überhaupt sah er sich fast jeden Film an, der gezeigt wurde. Allerdings gingen die meisten Menschen in dieser Zeit wenigstens einmal pro Woche ins Kino. Friseure und chemische Reinigungen und andere Geschäfte hatten Kinoprogramme im Fenster, und Century schickte zweimal im Monat eine blaue Broschüre mit den laufenden Filmen an sämtliche Haushalte in Brooklyn. Die meisten Kinos waren so groß und bequem wie das Midwood, und sie hatten einladende Namen: Vogue, Elm, Triangle und Avalon waren nur ein paar von denen in Allans Gegend.

Filmtheater wurden sein zweites Zuhause. Unter seinen Lieblingskinos war das Kent, »einer der großen, bedeutungsvollen Orte meiner Kindheit«. Kurz bevor es abgerissen wurde, drehte Woody dort einen Teil von *The Purple Rose of Cairo*. »Das Kent war der letzte Außenposten«, sagte er nicht lange danach. »Wenn ein Film im Kent lief, hatte er ausgedient, und man kam für zwölf Cent rein. Es stand direkt neben einer Güterzugbrücke, so daß man ab und zu während des Films hörte, wie die Züge vorbeiratterten. Es war toll. Es gab ein Doppelprogramm, und man sah Filme, die einen heute sieben Dollar kosten würden, für zwölf Cent. Das Kent war bloß ein paar Schritte von meiner Wohnung entfernt, und ich habe dort eine Unmenge wunderbarer Filme gesehen. Man wußte, wenn ein Film noch nicht im Kent gelaufen war, dann hatte er noch eine letzte Station, bevor der Verleih ihn zurückzog.«

Allan ging sicherlich häufiger ins Kino als seine Freunde, aber fast jeder, den er kannte, sah sich samstags einen Film an. Alle waren vom Zauber und der Rätselhaftigkeit der Filmwelt gebannt, und alle hatten unterschiedliche Erklärungen dafür, wie, beispielsweise, die Bilder von der Leinwand eingefangen und reflektiert wurden. Einer von Allans Freunden erklärte im Brustton der Überzeugung, er habe von jemandem gehört, der ein feuchtes Papierkügelchen gegen die Leinwand geworfen habe, worauf das Kügelchen in Flammen aufgegangen sei. Das schien Allan plausibel – oder wenigstens so plausibel wie jede andere Theorie. Aber wichtiger als der Versuch, das Mysterium des Kinos zu begreifen, war es, sich dem Zauber auszuliefern.

»Ich erinnere mich, wie oft ich Samstag morgens als erster in der Schlange stand«, sagte Woody einmal, als er am früheren Midwood vorbeiging. »Ich war immer um elf Uhr da, und das Kino öffnete um zwölf. Es war schon erleuchtet, und man fühlte sich großartig, denn damals war das Kino einfach wunderschön – die Teppiche und das Messing und alles. In der ersten Vorstellung tauchte nicht unbedingt eine Menge Kinder auf. Zuerst wurde eine Schallplatte gespielt – man wollte Zeit gewinnen, während die Leute sich auf ihren Plätzen einfanden und Popcorn kauften. Manchmal gab es Wettbewerbe, zum Beispiel Serienwagenrennen auf Film. Du kriegtest eine Nummer, wenn du reinkamst. Wenn dein Auto gewann, gingst du zum Büro des Geschäftsführers, um dir einen Preis abzuholen. Einmal habe ich auch gewonnen: ein Flohhüpfspiel. Das ist mir im Gedächtnis geblieben, weil es mir soviel bedeutete. Eine weißhaarige ältere Frau in einem weißen Kostüm und mit einer Taschenlampe kümmerte sich um die Kinderabteilung. Deine Mutter konnte dich also zu deinem Sitz bringen und dann weggehen. Vier Stunden später wurde dir dann auf die Schulter geklopft, und sie war da, um dich abzuholen. Und du riefst: ›Ich will nicht weg! Ich will nicht weg!‹«

Dieser Widerwillen gegen die Realität nach einer stundenlangen vergnüglichen Flucht ist »die schlimmste Erfahrung der Welt«. »Du gingst an einem heißen Sommertag um zwölf Uhr ins Kino, und du sahst dir *The Scarlet Pimpernel (Das scharlachrote Siegel)* und *The Return of the Scarlet Pimpernel (Die Rückkehr des scharlachroten Siegels)* an, und da war nichts als das reine Vergnügen, während du drei oder vier Stunden lang deine Schokoladenrosinen aßt. Dann kamst du um drei Uhr nachmittags raus und ließt die Welt der schönen Frauen und der Musik, der Tapferkeit und der Penthouses hinter dir. Und plötzlich warst du draußen auf der Coney Island Avenue in Brooklyn, und die Sonne blendete, und es gab keine Klimaanlage mehr. Ich erinnere mich an dieses Gefühl, ins häßliche Licht zu treten, als ich nach *Always Leave Them Laughing (Tritt ab, wenn sie lachen)* mit Milton Berle und nach *The Secret Life of Walter Mitty (Das Doppelleben des Herrn Mitty)* hinausging. Eigentlich immer wenn man das Kino verließ.«

Woody hat versucht, dieses Gefühl in einigen seiner Filme wiederzugeben, ohne es je vollständig einfangen zu können. Einer der Versuche kommt in *The Purple Rose of Cairo* vor, wo der Unterschied zwischen Fantasie und Realität eine wichtige Rolle spielt. Abgesehen von Woodys Unzufriedenheit, was die Vermittlung dieses Gefühls betrifft, ist *The Purple Rose* jedoch bisher sein Lieblingsfilm. Cecilia, gespielt von Mia Farrow, hat einen primitiven Mann und eine schlechte Arbeit. Bei jeder Gelegenheit flüchtet sie sich ins Kino. Eines Tages dreht sich der Hauptdarsteller auf der Leinwand um und spricht sie an. (»Ich bin gerade einem wunderbaren Mann begegnet«, erzählt sie ihrer Schwester später. »Er ist erfunden, aber man kann ja nicht alles haben.«) Bald tritt er aus dem Film in ihr Leben. Am Ende muß sie sich, wie es die Realität verlangt, mit ihrem eigenen Leben zufriedengeben. (Nachdem Woody den Orion-Direktoren den Film gezeigt hatte, wurde er höflich gefragt, ob er auf dem Ende bestehe; ein Happy-End sei an den Kinokassen zusätzliche Millionen wert. »Das Ende war der Grund dafür, daß ich den Film gemacht habe«, entgegnete Woody.)

Die Schwierigkeiten, die es Woody bereitete, die Verzagtheit darzustellen, die durch das Heraustreten in das Sonnenlicht und in die reale Welt entsteht, ergeben sich daraus, daß Cecilias Lebensumstände so schrecklich sind. Das Publikum ist sich dieser Situation so bewußt, daß das helle Tageslicht, in das sie aus dem Kino hinaustritt, kaum wahrgenommen wird. Diese subtile und zugleich fürchterliche Erfahrung läßt sich jedoch durch eine weniger gewichtige Situation – zum Beispiel im Falle eines Kindes, das aus einem Traum erwacht, in dem der Sommer vor ihm liegt, nur um dann zu begreifen, daß der erste Schultag angebrochen ist – wesentlich besser verdeutlichen.

In *Crimes and Misdemeanors (Verbrechen und andere Kleinigkeiten)* unternahm er einen zweiten, jetzt eher humorvollen Versuch, dieses Gefühl darzustellen. Woodys erster Auftritt in dem Film folgt auf eine dramatische Auseinandersetzung zwischen einem Mann und seiner Geliebten; der Streit wiederholt sich in lächerlicher Weise in einem Filmausschnitt aus Alfred Hitchcocks Komödie *Mr. and Mrs. Smith (Mr. und Mrs. Smith)*, die sich der von Woody gespielte Cliff und dessen Nichte Jenny anschauen. Im Drehbuch heißt es:

> Schwenk zu einer Filmleinwand. Ein Unterhaltungsfilm der Vierziger. Er sollte die Szene widerspiegeln, die gerade bei uns mit Judah und Del stattgefunden hat, aber es ist die geglättete Komödienfassung.
>
> Schwenk zu mir mit einer vierzehnjährigen Nichte im Publikum.
>
> Schwenk zu uns, während wir in das Gleißen des Tages mit all seinem Lärm und Schrecken hinausgehen.
>
> CLIFF
> O Gott, Sonnenlicht... Verkehr...

Diese Szene war zwar so konzipiert, wurde aber nicht so gedreht. Als Woody und Kameramann Sven Nykvist die Szene besprachen, kamen beide zu dem Schluß, daß die Pointe sich nicht klarstellen ließe. Was der Zuschauer hätte sehen können, wären die bleichen und schattigen Aufnahmen gewesen, die Folge von Dreharbeiten im Sonnenlicht sind. Woody dreht nur selten – und dann ganz bewußt – eine Szene in der grellen Sonne. Man ließ es also dem Publikum zuliebe regnen, weil man dann wenigstens eine hübsche Beleuchtung hatte. Trotzdem drehte Woody die Szene fünfzehnmal, jedesmal anders. Cliff und Jenny kommen aus einem Kino, sie gehen die Straße entlang; sie sprechen mit einem Bettler, sie sprechen mit einem Eisverkäufer; es regnet, es regnet nicht. Am Ende fiel die

Textzeile jedoch aus dem Film. »Ich kriege diesen Film nicht in den Griff«, klagte Woody eines Tages, als der Regen von ganz allein niederprasselte und das Budget anschwoll, während Woody eine weitere Neuaufnahme versuchte. »Vielleicht ist er zu realistisch oder zu atheistisch. Wahrscheinlich gibt's doch einen Gott, der diesen Film nicht gedreht sehen will. Jedenfalls nicht zu diesem Preis.« Die Cecilia in *The Purple Rose of Cairo* hat nach Woody vieles von seiner Cousine Rita im Mädchenalter an sich. Sie gleicht aber auch Allan Konigsberg; sie und Eve, die gehemmte, kühle und perfektionistische Mutter in *Interiors (Innenleben)* sowie Marion, die verschlossene Philosophieprofessorin in *Eine andere Frau*, die im Alter von fünfzig Jahren gezwungen ist, sich ihrer Vergangenheit zu stellen, kommen Woodys Persönlichkeit so nahe wie keine der anderen Gestalten, die er geschaffen hat, und es sind die drei, mit denen er sich am stärksten identifiziert.

Ähnlich wie Cecilia wuchs er in einer Zeit auf, die von Kontrasten geprägt war. Der Unterschied zwischen sechs Zimmern in Brooklyn, in denen zwei Familien lebten, und den Penthouses der Filme war offensichtlich; ebenso offensichtlich ist es, was ein Kind unter diesen Umständen am Kino fasziniert und warum es dort so viel Zeit wie möglich verbringen wollte.

»Ich bin in einer Zeit herangewachsen, in der selbst kleine Filme mit Fred Astaire oder Humphrey Bogart besetzt waren; mit wunderbaren, überlebensgroßen Personen also«, erzählte Woody. »Im Film waren diese Jahre so bezaubernd und der Kontrast zum Leben draußen war so groß, daß die Welt außerhalb des Kinos unerträglich schien. Ich habe bleibende Erinnerungen an die Freuden eines Kinobesuchs: an dreistündigen gnadenlosen Zuckerverzehr; an große Apartments und weiße Telefone und Menschen, deren Hauptsorge war: ›Mit wem gehst du zur Osterparade?‹ Du wurdest nach Arabien befördert, nach Paris im achtzehnten Jahrhundert oder – am allerbesten – in ein Manhattan, das voll von Gangstern und Showgirls war. Wenn du dann über den tiefen roten Teppich hinausgingst, lief noch die Musik des Abspanns oder schon die des nächsten Films. Dann öffneten sich die Türen, und du warst wieder im grellen Licht, zwischen Fleischhändlern und hupenden Lastwagen und vorbeieilenden Menschen. Dann mußtest du noch eine Stunde bis zum Essen totschlagen; und wenn du Glück hattest, gab's ein Baseballspiel, das im Radio übertragen wurde.«

Im Jahre 1944 zogen die Konigsbergs ein paar Blocks weiter in die 1216 East Twelfth Street, wieder in die obere Etage eines zweistöckigen Holzhauses. Die größte der fünf Wohnungen, die sie in dieser Gegend mit bescheidenen Zweifamilienhäusern, an die hübschere Einfamilienhäuser angrenzten, haben würden. Vierzig Jahre später stand Woody vor dem Haus und beschrieb ausführlich ein Dutzend Kindheitsereignisse. Er weiß immer noch, wo im Haus er sich aufhielt, als er die Radiomeldungen über den Tod von zwei berühmten Männern hörte: Vom Tod Präsident Franklin D. Roosevelts hörte er auf der Veranda; und im Falle des Gangsters Louis (Lepke) Buchalter, die die Killerorganisation Murder Incorporated gegründet und nun auf dem elektrischen Stuhl sein Ende gefunden hatte, war er in seinem Schlafzimmer.

Die P. S. 99, ein dreistöckiges, von Bäumen eingefaßtes Gebäude aus roten Ziegeln zwischen der Eigtth und der Ninth Street, war zu Fuß zehn bis fünfzehn Minuten entfernt. Er ging immer zu Fuß, weil er Fahrräder haßte, Teil einer »angeborenen Aversion gegen *Dinge*. Ich möchte kein Auto fahren, ich möchte nicht radfahren. Ich hasse Apparate: Kameras, Tonbandgeräte, Flugzeuge. Es gibt gewisse Dinge im Leben, die einem nicht bloß gleichgültig, sondern geradezu widerwärtig sind. Wenn ich ein Geschäft betrete und Rockmusik gespielt wird, möchte ich sofort wieder rausgehen. Es stört mich wirklich und ist wie eine Art Strafe.«

Die P. S. 99 galt als Modellschule, aber für Allan war sie »ein Ort des Grauens. Ich haßte sie stärker als Rattengift. Ich haßte die Idee der Schule auf jede denkbare Art, denn ich war gefühlsmäßig nicht auf Anpassung vorbereitet.« Zu Hause ließ man ihm Freiheit – was wie ein Wunder anmutet, wenn man bedenkt, welch ein Problemkind er sein konnte und wie unnachgiebig Eltern aus der Schicht der Konigsbergs gewöhnlich mit ihren Kindern umgingen, weil sie »etwas Besseres« werden sollten. Die Schule dagegen war »ein Höchstmaß an Disziplin und Bevormundung: ein humorloser, freudloser, bildungsloser Ort voller boshafter und unsympathischer Lehrer«. An manchen Tagen versuchte er das Unvermeidliche hinauszuzögern. Alle Direktoren und Lehrer in seinen Filmen sind strenge, unangenehme Gestalten. »Hör nicht auf das, was deine Lehrer dir sagen«, rät Cliff Jenny in *Verbrechen und andere Kleinigkeiten*. »Achte nicht darauf. Guck dir nur an, wie sie aussehen – so erfährst du, wie das Leben wirklich sein wird.«

Zu beiden Seiten des Eingangs war ein Garten, wo Schüler die Strafe für schulische Verbrechen und andere Kleinigkeiten abarbeiteten. An der Seite des quadratischen Gebäudes waren zwei kleine Schulhöfe, wo man die Male für Schlagballspiele an die Wände gemalt hatte. Allan war ein ausgezeichneter Spieler, der zahlreiche Home Runs schaffte. Die Pause war eine Gnadenfrist und der einzige Trost, den die Schule zu bieten hatte. Der Verlauf des Tages war vom Augenblick der Ankunft an festgelegt, sogar von dem Moment an, da man sich anzog. An trockenen Tagen bezog der erste Schüler, der aus jeder Klasse eintraf, knapp einen Meter von der Wand entfernt, Position, die anderen stellten sich dahinter auf. Vertrauensschüler, die Woody mit Aufsehern in Gefangenenlagern vergleicht, beaufsichtigten die Ausrichtung der Reihen, an deren Spitzen die Lehrer standen. Im Winter versammelte man sich im Erdgeschoß; »der Zeitpunkt der Verdammnis rückte näher. Wir standen sinnlos in einer Reihe, während es mehr Spaß gemacht hätte, herumzubummeln oder mit Freunden zu schwatzen«. Immer wieder beschwört Woody die Rituale seiner Schulzeit:

»Es war eine ekelhafte Pflicht. An einem kalten, feuchten Wintermorgen aus dem Haus zu gehen, sich auf den Schulweg zu machen und die Behaglichkeit deines Betts und dein Radio und die anderen schönen Dinge hinter dir zu lassen, das war fürchterlich. Und dann in die Schule zu kommen, wo es, schon in der ersten Klasse, nichts als Feindseligkeit und Probleme gab. Du betratst das Gebäude und stelltest dich in die Reihe, und dann durftest du nicht mehr sprechen. Wenn du dich, bei wärmerem Wetter, draußen auf dem Schulhof aufstelltest, durftest du sprechen, bis man dir befahl, die letzten zehn Minuten oder so still zu sein. Aber im Inneren mußtest du schweigen, sobald du eingetreten warst. Dann wurden Reihen gebildet, Jungen in einer Reihe, Mädchen in einer. Lauter Kinder, von denen ich eines war. Und du hattest deinen schrecklichen Plaidmantel oder deine Matrosenjacke und deine Mütze mit den Laschen an, die nach unten gefaltet und dann unter dem Kinn zusammengebunden werden. Du warst durchnäßt, oder wenigstens roch es dauernd nach nasser Wolle. Die Jungen standen in ihrer Reihe – vor dir war der Dicke, den du nicht leiden konntest, und hinter dir der mit der laufenden Nase –, und die jämmerlichen kleinen Mädchen standen in der anderen Reihe. Und alle hatten Angst, weil sie in ein paar Minuten in die Klasse marschieren und

Stunden der Langeweile und der Einschüchterung ertragen mußten. Noch heute erinnere ich mich oft daran, wie ich in der Reihe
stand, bevor ich hinaufgehen mußte und in die Klauen dieser
blauhaarigen Lehrerinnen geriet. Es war ein bodenloser Horror.«

Seine Erinnerungen mögen übertrieben scheinen. Produkt seiner lebhaften Fantasie, doch andere aus seiner Klasse bestätigen
sie. Zu den Grausamkeiten kam ein mehr oder weniger ausgeprägter Antisemitismus, den die zumeist irischen Lehrer ihren überwiegend jüdischen Schülern gegenüber an den Tag legten. Es kam vor,
daß nichtjüdische Jungen am Ende des Tages früher nach Hause
gehen durften als jüdische, womit man bewirken wollte, daß die
letzteren sich zur Chederschule verspäteten.

Seinen Abscheu vor der Schule demonstrierte er auf ganz klassische Weise. Zu Beginn seiner Schulzeit steckte man ihn in eine
Klasse für überdurchschnittlich begabte Schüler. Da jedoch seine
Fantasie und sein Charakter durch den Unterricht zu stark eingeengt wurden, entwickelte er sich zum Störenfried. Und man nahm
ihn aus der Klasse. Je älter er wurde, desto stärker wurde sein Hang
zur Rebellion. Er schwänzte die Schule, machte seine Hausaufgaben nicht, störte den Unterricht zuweilen und war unverschämt zu
seinen Lehrern, die deshalb seine Noten senkten. Seine Abneigung
galt der Autorität der Schule, nicht seinen Mitschülern. Öfter als
andere geriet er in Schwierigkeiten, und seine Mutter wurde wegen
seines Benehmens so häufig in die Schule bestellt, daß mittlerweile
erwachsene Klassenkameraden, die Nettie von ihren Besuchen im
Klassenzimmer her kannten, sie noch Jahre später auf der Straße
oder in Geschäften grüßten.

Midwood war ein fast rein jüdisches Stadtviertel, besonders
dort, wo Ärzte, Anwälte und andere Freiberufler in geräumigen
Einfamilienhäusern wohnten. Die Unterschiede zwischen sephardischen oder aschkenasischen Juden waren die einzigen, die hier
existierten. In den kleineren Häusern der Nichtakademiker jedoch
kam es zu einem gewissen Austausch zwischen den Nationalitäten. An einer Ecke der East Fifteenth Street wohnte eine italienische
Familie, mit deren Sohn Allan befreundet war und deren häuslichen Frieden er beneidete. In seinem Haus auf der anderen Seite
der Straße wohnten russische Juden, die Kommunisten waren. Sie
schockierten die Nachbarn dadurch, indem sie die jüdischen Feiertage schamlos mißachteten; eine abgeschwächte Version der Fami

lie erscheint in *Radio Days*. Ihr Sohn war eng mit Allan befreundet, doch Woody bezeichnet sie als »zornige Russen. Sie waren entwurzelt worden und in die Vereinigten Staaten gekommen, und das gefiel ihnen nicht. Sie waren üble Miesepeter, die auf der Veranda saßen und Kinder wegjagten.«

Der Schulweg über die Avenue K oder L war ein angenehmer Spaziergang durch baumbestandene Straßen. Zu einigen der Häuser gehörten in den dreißiger Jahren und sogar in die vierziger Jahre hinein immer noch Hühnerställe, und hier und dort wurde Gemüse angebaut. Jeden Morgen hörte Allan das rhythmische Scheppern des von einem Pferd gezogenen Milchwagens, während der Kutscher ihn am Bock vorbeilenkte, um die üblichen zwei Flaschen pro Haushalt abzuliefern. An Frühlings- und Sommernachmittagen kamen die Menschen nach der Arbeit heraus, um den Rasen zu sprengen und um sich ihre Lieblingssendungen im Rundfunk anzuhören, am besten Übertragungen der Baseballspiele zwischen den beiden großen Rivalen, den Brooklyn Dodgers und den New York Giants. Fast alle Anwohner gehörten der unteren Mittelschicht an. Es gab kaum Kriminalität, und die Menschen sprachen nicht mit dem stereotypen Brooklyner Akzent (»deeze« und »dem« und »doze« statt »these«, »them«, »those«).

Wenn Allan in die Coney Island Avenue einbog, hatte er zahlreiche Süßwarengeschäfte und Spielwarenhandlungen vor sich, wo er etwas von dem Taschengeld ausgeben konnte, das sein Vater und seine Tanten ihm stets zusteckten. Allan war der einzige Junge einer verzweigten jüdischen Familie und stand deshalb im Mittelpunkt, so daß er trotz der finanziellen Probleme, die alle hatten, immer kleine Geschenke erhielt. Von seinem siebenten Lebensjahr an gaben seine unverheirateten Tanten ihm fünfundzwanzig Cent pro Woche, und die Summe wurde mit jedem Schuljahr um fünf Cent erhöht. Ergänzt wurden seine Einkünfte durch das elterliche Taschengeld und die gelegentliche Arbeit als Laufbursche, so daß er gewöhnlich den Preis für eine Kinokarte aufbringen konnte. Das Eintrittsgeld betrug elf Cent für zwei Hauptfilme und einen Trickfilm, einen Comic und ein Pappspielzeug.

Während er die Schule so selten wie möglich und ohne Begeisterung besuchte, ging er so oft wie möglich und mit größtem Vergnügen ins Kino. Bis zu seiner Bar-Mizwa-Feier mit dreizehn Jahren mußte er nach der Schule zum Cheder gehen. Freitag nachmittags fand kein Hebräischunterricht statt und an manchen anderen Tagen schwänzte er einfach, um ins Elm zu gehen, das sich am besten für Besuche nach der Schule eignete, weil er es gerade rechtzeitig erreichen konnte, um die letzten Nachmittagsfilme zu sehen, in die Kinder unter sechzehn ohne Begleitung von Erwachsenen gehen durften. Verspätungen waren im Grunde kein Hindernis. Er fragte einfach irgendeinen Fremden, ob er sich ihm anschließen durfte, und wurde nie abgewiesen. Häufig war es dunkel, wenn die Vorführung zu Ende war, und er beeilte sich auf dem nun unheimlichen Nachhauseweg. Doch selbst in solchen Augenblicken war er am liebsten allein.

Seine Eltern zeigten sich sehr großzügig, was sein Kommen und Gehen betraf. Manchmal sagte er ihnen, daß er nach der Schule in das Kino gehen wollte, aber oft verzichtete er darauf. Er brauchte seine Unternehmungen nie zu verbergen; solange er keine familiären Verpflichtungen hatte, konnte er tun und lassen, was er wollte, und seine Eltern, die ihm vertrauten, kümmerten sich nicht darum, wie er seine Zeit verbrachte. (»Sie wußten, daß ich keine Bank überfallen würde.«) Wenn er sich keine Filme ansah, verbrachte er die Nachmittage wie die meisten Jungen: auf dem Schulhof oder bei einem Freund.

Es erstaunte ihn, daß seine Freunde eine Erlaubnis brauchten, wenn sie etwas außer Haus unternehmen wollten. Er selbst stand einfach auf, ging hinaus und blieb – mit Ausnahme der Mahlzeiten – bis zu seiner »Sperrstunde« um 21 Uhr fort. Wenn er sich über die Grenzen Brooklyns hinausbewegte – etwa, um sich ein Spiel der Giants auf dem Polo-Grounds im nördlichen Manhattan anzusehen –, teilte er seiner Mutter sein Ziel mit, und sie schien nie Einwände zu haben. An heißen Sommertagen ging er, normalerweise von einem Freund begleitet, fortwährend ins Kino. Den Eltern des betreffenden Jungen gefiel dies häufig nicht, denn sie wollten meist, daß ihr Kind am Strand in der frischen Luft und an der Sonne spielte, wo es, wie Woody sagt, »all die krebserregenden Strahlen aufnehmen konnte«. Es machte Allen nichts aus, wenn diese Eltern sich durchsetzten, da es für ihn eine Wonne war, allein zu sein. Es machte ihm Spaß, sich alleine unterschiedliche Rollen und Identitäten, meist diebischen Charakters, auszudenken.

Eine war die eines »Dreidel-Profis«. Er stellte sich vor, wie er mit seinem kleinen, mit einem hebräischen Buchstaben verzierten Bleikreisel so lange üben würde, bis er nach einer gewissen Zeit fähig wäre, das Erscheinen der Buchstaben zu beeinflussen. Er sah sich selbst als einen jungen Legs Diamond, die Taschen voller Gewinne, mit seinem besten Kreisel in einem eleganten Kästchen, das er bei sich trug, wenn er in Luxuszügen von Stadt zu Stadt zog, und seine kostbare Kreiselhand würde, wie er sich ausmalte, perfekt manikürt sein, während er cool 100 000 Dollar pro Spiel einsetzte.

Die ersten acht Jahre von Allans Leben boten physische Stabilität, wenngleich die häuslichen Verhältnisse ihn verwirrten. Die Familie zog nur einmal um, und dann nur ein paar Blocks weiter. Aber zwischen dem achten und dem zwölften Lebensjahr waren seine täglichen Gewohnheiten und seine physische Umgebung einem ständigen Wandel unterworfen. Die Änderungen begannen mit der Geburt seiner Schwester Letty, als er acht Jahre alt war. Äußerlich fiel ihre Verwandtschaft stets ins Auge. Lettys Haar ist etwas roter als seines, ihr Gesicht ein bißchen runder, sie ist sehr hübsch – und sie konnten einander in einer Menge mühelos zugeordnet werden.

Der Achtjährige muß es als Überraschung empfunden haben, plötzlich nicht mehr das einzige Kind und nicht mehr das »Baby« zu sein, aber Woody meint: »Letty und ich hatten einfach Glück. Ich mochte sie vom ersten Moment an.« Und sie sagt: »Der wichtige Faktor in meiner Erziehung ist, daß ich ihn hatte. Wir hingen sehr aneinander.«

Es war auch für seine Erziehung ein wichtiger Faktor, ebenso wie für sein späteres Leben. Woodys engste Vertraute sind Frauen, und seine Wesensverwandtschaft mit ihnen kommt in seiner Arbeit zum Ausdruck. Die Frauenrollen in seinen Filmen sind besonders gehaltvoll. In seinen frühesten Filmen setzte er Frauen so ein, wie es klassische Komiker von Chaplin bis Hope getan hatten: Sie waren Gegenstände des Begehrens, die man beeindrucken mußte, und während sie das Herz des Komikers zum Flattern brachten, führten sie ihn in gefährliche Situationen. Doch zur Zeit von *Der Schläfer* war Diane Keaton die klügere der beiden Gestalten, die aggressivere und entschlußkräftigere. Sie glich eher einer Heldin in einem Buster-Keaton-Film. Seit *Der Stadtneurotiker* sind seine Frauen starke, dreidimensionale Gestalten, die viele Filme beherrschen, in Fällen wie *Hannah and her Sisters (Hannah und ihre Schwestern)* und

Alice bereits im Titel. Obwohl Woody einige Männer zu Freunden hat, gelten seine Sympathien eindeutig den Frauen. »Sie sind loyal und treu«, sagte er einmal. »Sie sind solidere Bürger. Das wurde durch meine Schwester bestätigt, zu der ich eine großartige Beziehung hatte.« Das führt dazu, daß Woody, wie einst George Cukor, ein ausgezeichneter »Frauenregisseur« ist, der Schauspielerinnen zu überragenden Leistungen verhelfen kann.

Seit sie laufen konnte, nahm er Letty praktisch überallhin mit, und sie stehen sich auch heute noch nahe. Sein Interesse an ihr war uneingeschränkt und, wie er sagt, frei von Eifersucht (jedenfalls ließ er nie etwas derartiges erkennen); offenbar handelte es sich um einen einzigartigen Fall von Geschwisterliebe. Doch obwohl Letty ihn verehrt – und trotz seiner und Mia Farrows gegenteiliger Überzeugung –, hat ihre Ausbildung in Kinderpsychologie sie zu der Meinung bewogen, daß ihre Geburt für ihn nicht so problemlos war, wie es scheint.

»Hier haben wir einen Jungen, der acht Jahre lang ein Einzelkind war«, erläutert sie. »Im Guten wie im Bösen, alles konzentriert sich auf ihn. Dann erscheint dieses Baby, das noch dazu ein Mädchen ist – und leichter zu behandeln, gefügiger, wie auch immer. Ich behaupte nicht, daß er sich dessen bewußt war, denn dies war eindeutig nicht der Fall. Aber man kann auf zweifache Art darauf reagieren. Man kann diese neue Person hassen, wodurch man eine gewisse Entfremdung von sich selbst bewirkt, denn natürlich wollten die Eltern noch ein Kind haben, wenn es nach acht Jahren plötzlich erschien. Oder es ist eine Frage von ›Mach das Beste daraus‹, so daß man eine besondere Position bezieht: ›Dies ist meine Schwester. Ich *liebe* meine Schwester. Dies ist fantastisch!‹ Und dann sagen alle: ›Was für ein Bruder! Seht euch das an! Er ist toll! Habt ihr je so eine Beziehung erlebt? Er ist einfach wunderbar! Wie fabelhaft er sie behandelt!‹ Wodurch all die negativen Dinge vermieden werden, die sonst geschehen könnten.

Also, Tatsache ist, daß er es zu seinem Vorteil nutzte. Wenn mehr Kinder dies im Unterbewußtsein tun könnten, würden sie viel besser miteinander auskommen. Und deshalb war er so gut zu mir. Ich vergötterte ihn absolut. Es gab nie einen Konflikt zwischen uns. Meine Eltern brauchten ihm nie vorzuhalten: ›Sieh an, wie du sie behandelst.‹ Er wurde nie dafür getadelt, wie er mit mir umging, sondern ständig gelobt. Wir entwickelten eine sehr gute

Beziehung, die nicht, wie bei vielen Geschwistern, warten mußte, bis sie älter sind und all den Schrott hinter sich lassen können. All der Schrott existierte gar nicht. Durch ihn hatte ich einen enormen Vorteil, den er nie genoß. Dadurch wurde die Herrschaft meiner Eltern abgeschwächt.« Die beiden waren, wie viele Eltern, geneigt, ihre Tochter allzusehr von der Welt abzuschirmen. Allan war eine Stimme des Liberalismus, und er wirkte als Puffer. »In gewissem Sinne war das, was ich hatte und was ihm fehlte, freundliche Vernachlässigung. Im wesentlichen war es so, daß meine Mutter arbeitete und mein Vater arbeitete, und ich hatte meinen Bruder. Dies wirkte sich zu unserem Vorteil aus.«

Letty hatte aber eine engere Beziehung zu ihrer Mutter als Allan, schon deshalb, weil sie die zwischen Mutter und Tochter üblichen Dinge tun konnten: nach Manhattan fahren, um sich samstags eine Show anzusehen, bei Shraft's Mittag essen, einkaufen gehen. Allan ging gelegentlich mit seiner Mutter ins Kino, und obwohl ihm die Filme Spaß machten, waren ihre Kommentare nicht immer angenehm für ihn. Nachdem sie sich Roddy McDowall angeschaut hatten, der einen höflichen und unternehmungslustigen jungen Burschen in *The White Cliffs of Dover* spielt, zerrte Nettie Allan an der Hand durch den Gang und fragte mit lauter Stimme: »Warum kannst du nicht ein bißchen mehr so sein wie Roddy McDowall?« (Die beiden Männer sind einander seitdem begegnet und haben über die Geschichte lachen müssen.) Außerdem teilte Allan nicht das Interesse seiner Mutter an dem, was sie »einen guten Liebesfilm« nennt; schon allein, weil ihr gemeinsames Interesse sich in Grenzen hält, besuchte er nur ein paar Filme mit ihr, fast alle vor Lettys Geburt, und noch weniger mit seinem Vater.

Kurz vor dem Ende von *Radio Days* gibt es eine Szene, in welcher der Darsteller des jungen Woody Allen von seinem Vater gejagt wird; dieser will ihn mit einem Gürtel verprügeln, weil er den Mantel seiner Mutter bei einem Experiment mit seinem neuen Chemiekasten purpurn gefärbt hat. Sekunden nachdem der Vater ihn erwischt und den Jungen über das Knie legt, um ihn zu züchtigen, wird das im Hintergrund spielende Rundfunkprogramm von einer Nachrichtenmeldung über ein kleines Mädchen unterbrochen, das in einen Brunnen gefallen ist. Jegliche Tätigkeit wird eingestellt, während die Familie der Beschreibung des Rettungsversuches lauscht, der nun auf der Leinwand gezeigt wird.

Als der Film ins Wohnzimmer der Familie zurückkehrt, hat sich der Junge in den Schoß des Vaters geschmiegt, und dieser umarmt ihn, während sie zuhören, wie sich dieses Drama, Hunderte von Meilen entfernt, entfaltet. Wenigstens für kurze Zeit herrscht Frieden in der Familie. Vielleicht ließ die stürmische Ehe seiner Eltern jede mit ihnen verbrachte Minute für ihn zu etwas Besonderem werden, aber was auch Jahrzehnte später der Grund sein mag, die wenigen Filme, die er sich entweder mit einem von ihnen oder beiden ansah, sind Woody deutlich im Gedächtnis geblieben. Von den Ausnahmen abgesehen, wenn seine Mutter sich wünschte, daß er sich jemanden aus dem betreffenden Film zum Vorbild nahm, waren es sehr glückliche Ereignisse. Woody schaute sich als Kind Tausende von Filmen an, doch an ein paar erinnert er sich besonders:

»Meine Mutter nahm mich mit zu *Pinocchio*, als der Film herauskam. Ich entsinne mich an den Tag. Ich weiß noch, daß ich in der Nacht davor nicht schlafen konnte, weil ich so aufgeregt war. Wir haben zusammen den Film mit Irving Berlin, *This is the Army* gesehen. Mein Vater liebte Western. Wir gingen zusammen in den Film mit all den geächteten Cowboys, *City of Bad Men (Die Geier von Carson City)*. Alle hatten sich zusammengetan: Jesse James und die Brüder Younger und die Daltons. Wir sahen *Beau Geste (Drei Fremdenlegionäre)*. Sie nahmen mich mit in den Film, wo Gary Cooper einen Arzt auf der Insel Java spielt, *The Story of Doctor Wassel (Dr. Wassels Flucht nach Java)*, und in den, *Salute to the Marines*, wo Wallace Beery einen Marineinfanteristen spielt, der die Menschen einer Insel gegen die japanischen Eroberer anführt. Mein Vater ging mit mir, auf mein Drängen hin, in *The Babe Ruth Story*. Ich kann mich an alle erinnern. Alle waren herausragende Ereignisse. Die anderen Filme sah ich mit Freunden oder mit meiner Cousine Rita oder für mich allein.«

Inbegriff für den Film seiner Kindheit ist ihm *Double Indemnity (Die Frau ohne Gewissen)*. »Ich liebe ihn. Er hat alle Merkmale der klassischen Filme aus den vierziger Jahren, wie ich sie sehe. Er ist schwarzweiß, hat rasche Wortgeplänkel, ist sehr witzig – eine Geschichte aus dem großen Zeitalter. Edward G. Robinson und Barbara Stanwyck und Phil MacMurray treten in ihm auf, und man hört eine harte Erzählerstimme. Er hat brillant geschriebene Dialoge und die perfekte Musik von Miklos Rozsa. Es ist Billy Wilders bester Film – aber praktisch der beste Film überhaupt.«

Während Letty aufwuchs, teilten Rita, ihre Schwester und ihre Eltern das Apartment der Konigsbergs in dem Zweifamilienhaus in der 1144 East Fifteenth Street. Wie immer waren andere Verwandte nicht fern, und die Wohnverhältnisse änderten sich von Zeit zu Zeit. Da waren Tante Anna und Tante Molly, Tante Ceil und Onkel Abe und ihre beiden Kinder, und da waren die Großeltern. Allan gefiel das Arrangement, oder wenigstens mißfiel es ihm nicht, denn in den Zwischenzeiten, wenn er mit seinen Eltern allein war, schien ihm die Wohnung ein bißchen zu still. Und selbst wenn Letty oder er Vorbehalte gegen die Gemeinschaft mit so vielen Verwandten gehabt hätten, wäre dies belanglos gewesen, denn Nettie und Martin waren stolz auf ihr »offenes Haus«, einen Zufluchtsort für Verwandte ebenso wie für die Freunde ihrer Kinder.

»Sie hatten dauernd Gesellschaft, sie luden ständig Leute zum Essen ein«, berichtet Letty. »Wir konnten vier Freunde mitbringen und sagen: ›Die bleiben zum Abendessen‹, und es gab genug zu essen und niemand hatte Einwände. Es gab immer ›heimatlose‹ Erwachsene – Menschen, die unsere Eltern aufgelesen hatten und die unverheiratet oder unglücklich oder sonst was waren und sich der Gruppe anschlossen. Einmal hatten wir eine Reinmachefrau, die freitags kam. Das war der Abend, an dem meine Mutter das Essen machte.« Martin war jedoch gewöhnlich an der Arbeit. »Die Reinmachefrau stammte aus Haiti und sprach etwas Englisch, aber nicht viel. Sie ging immer ans Telefon und fragte: ›Kommen Sie heute zum Abendessen? Sagen Sie mir nur Ihren Namen.‹«

Wenn sie keine Gästen hatten, aß die Familie nicht gemeinsam, sondern nacheinander. Martin arbeitete häufig am Abend, deshalb aß er schon früher. Nettie fütterte Letty mehrere Jahre lang. Allan nahm seine Mahlzeit meist allein im Keller zu sich. Zuweilen war dies eine Bestrafung für irgendein Vergehen in der Schule, aber in der Regel bevorzugte er es einfach, in Ruhe zu essen und dabei einen Comic zu lesen.

Von Lettys Geburt bis zum Umzug in die Fifteenth Street – damals war Allan zwölf oder dreizehn Jahre alt –, wechselten die Konigsbergs unablässig die Wohnung. Anfangs hatte Allan Gefallen an der Abwechslung, doch am Ende nicht mehr.

Es begann mit dem Umzug in ein Apartment für den Sommer in Long Beach, knapp jenseits des Ostendes von Brooklyn auf Long

Island. (In Far Rockaway, zwischen Brooklyn und Long Beach, wurden viele der Außenaufnahmen für *Radio Days* gemacht. Es ist schwierig, den einen Ort vom anderen zu unterscheiden.) Es war kein großartiges Strandhaus, sondern eine kleine, ungeheizte Wohnung. Aber am Ende des Sommers 1945 konnten Martin und Nettie, die das Apartment an der Twelfth Street aufgegeben hatten, keine erschwingliche Wohnung in derselben Gegend finden. Deshalb verbrachten sie mit Abe und Ceil und deren Töchtern Jane und Marjorie (sechs bzw. acht Jahre jünger als Allan) den gesamten Winter in dem Apartment auf Long Island. Als es Sommer wurde, blieben sie weiterhin dort. Allan besuchte die nahegelegene Schule, für ihn eine willkommene Abwechslung von der P. S. 99, denn »es war leichter. Die Kinder waren dümmer«.

Er fährt fort: »Ich wohnte sehr gern dort. Der Frühling kam nach Long Beach, und es war wunderbar. Nach der Schule konnte ich unten am Wasser spielen und allein am Meer spazierengehen. Das tat ich sehr gern bei grauem Himmel.« Woodys Erzählung in *Radio Days* spielt auf seine »stürmische und regnerische« Umgebung an, begleitet von Bildern des donnernden Meeres, das vor Häuserreihen auf den Strand kracht. »Dann kam der Sommer, und das Meer und die Bucht waren direkt vor deiner Tür, und du konntest schwimmen oder angeln gehen. Für mich war es fabelhaft, in einer Strandgemeinde zu wohnen, fabelhaft.«

Bald kam es zu einem weiteren, für Allan schlimmeren Umzug. Ceil und Abe mieteten das Obergeschoß eines Zweifamilienhauses in Port Chester, etwa fünfundzwanzig Meilen nördlich von Manhattan, und die Konigsbergs zogen für rund sechs Monate zu ihnen, während sie weiterhin nach einer neuen Unterkunft in Brooklyn Ausschau hielten.

»Ich bin entzweit mit der Natur«, schrieb Woody Allen zu Beginn seiner Karriere. Wenn Woody heute aus seinem Apartment über den Central Park hinwegblickt, ist damit sein Bedarf an Natur gedeckt. Er ist bereit, Mias Landhaus in Connecticut zu besuchen, doch nur für begrenzte Zeit.

»Woody hat nichts für ländliche Gegenden übrig«, sagt sie. »Innerhalb einer halben Stunde nach seiner Ankunft hat er den See umrundet und möchte am liebsten nach Hause zurückkehren. Es wird ihm sehr langweilig. Er schwört, daß er einmal von einer Zecke erwischt wurde, als er an der Haustür stand. Er war der einzige, der eine Zecke hatte. Ich selbst habe das anstößige Tier nicht einmal gesehen. Er entdeckte es nach der Rückkehr nach New York. Vermutlich hat er recht, obwohl er nicht viel von Ungeziefer versteht. Manchmal sieht man ihn mit einem Imkerhut an meinem Haus, wenn Mückenzeit ist. Er setzt ihn auf und schreitet würdevoll am See entlang. Natürlich geht er *nie* in den See. Nichts wäre ihm ferner. ›Darin sind *lebende Dinge*‹, erklärte er.« (Allerdings stellt er sich an den Rand des Sees, um auf seiner Klarinette zu üben – ungefähr das einzige, was er dort tun kann.) Woodys Scheu vor ländlichem Gewässer geht soweit, daß er sich für eine Szene in *A Midsummer Night's Sex Comedy (Eine Sommernachts-Sexkomödie)*, in der Mia und er in einen See fallen, mit Mineralwasser befeuchten ließ, statt sich mit Seewasser zu durchnässen.

Während die meisten also von der vorstädtischen Atmosphäre und dem Hauch von Landleben in Port Chester angetan waren, haßte Allan es aus genau diesen Gründen. Es war entsetzlich für ihn, überall Gras und fast nirgends Straßen zu sehen. Die Schule war ihm zuwider. Kurz, er konnte all das, was in Port Chester ein Entrinnen vor dem Stadtleben bedeutete, nicht ausstehen, und er sehnte sich danach, in die Stadt zurückzukehren. Er fühlte sich so elend, daß ihm seine Eltern nach zwei leidvollen Monaten gestatteten, zu seinen Großeltern mütterlicherseits in Brooklyn zu ziehen.

Allan und sein Großvater hatten ein gutes Verhältnis zueinander, und Nettie, die ihren Vater sehr liebte, wünschte sich, daß Leons Wertvorstellungen auf Allan abfärbten. Sie wollte einen Sohn aufziehen, mit dem er zufrieden war, und sie hoffte, daß er Allan seinen Glauben und seine Hingabe zum Judentum vermitteln würde; ihrem Vater zuliebe legte sie Wert darauf, daß Allan Hebräisch lernte und die Gebete sprach. Aber obwohl er den Cheder, wie ihm geheißen, besuchte und mit seinem Großvater in die Synagoge ging (Nettie erschien nur gelegentlich dort und Martin noch seltener), hielt er sämtliche organisierten Glaubensbekenntnisse für gleichermaßen sinnlos.

»Die Synagoge ließ mich kalt. Ich war nicht am Seder interessiert, ich war nicht am Cheder interessiert, ich war nicht am Judentum interessiert«, sagt Woody. »Es bedeutete mir einfach nichts. Weder schämte ich mich dessen, noch war ich stolz darauf. Es war mir gleichgültig. Ich machte mir nichts daraus. Es war einfach nicht mein Interessengebiet. Ich machte mir etwas aus

Baseball und aus Filmen. Jude zu sein war nichts, das mir das Gefühl gab: ›O Gott, welch ein Glück‹, oder: ›Mann, wenn ich bloß was anderes wäre.‹ Mit Sicherheit hatte ich auch kein Interesse am Katholizismus oder an irgendeiner der anderen nichtjüdischen Religionen.« Der Gedanke läßt ihn auflachen. »Mir schien, daß die Kinder in der katholischen Schule, die bestimmte Filme nicht sehen durften, weil die Legion of Decency (›Anstandslegion‹) es nicht gestattete, oder die ihren Katechismus aufsagten, unglaublich albern waren. Ich dachte: ›Was für eine Zeitverschwendung.‹ Und das gleiche Gefühl hatte ich in der Chederschule, wo ich aus dem Fenster schaute und nichts lernte, sondern nur die Minuten zählte, bis es vorbei war.«

Heutzutage beschäftigt sich Woody jedoch mit Fragen der Eschatologie und der Existenz eines barmherzigen Gottes; mit Fragen nach Moral und einer Gerechtigkeit, die Gott entweder nicht zu berühren scheinen oder ihm gleichgültig sein mögen, weil er nicht ins weltliche Leben eingreift. Das sind auch die zentralen Fragen zweier Filme, die im Abstand von fünfzehn Jahren gedreht wurden: von *Verbrechen und anderen Kleinigkeiten*, wo ein Mann seine Geliebte ermorden läßt, weil sie droht, ihre Affäre und seine finanziellen Machenschaften zu enthüllen; und, auf absurde Weise, von *Die letzte Nacht des Boris Gruschenko*, wo die von Woody und Diane Keaton gespielten Gestalten – Boris und seine Cousine Sonja – die Möglichkeit haben, Napoleon umzubringen, und wie zwei Philosophiestudenten über die moralische Rechtschaffenheit ihres Handelns oder Nichthandelns diskutieren.

Bei all seiner Suche und all seiner Seelenangst ist Woody Allen ein widerwilliger – er hofft, daß es einen Gott gibt –, wenn auch pessimistischer – er bezweifelt, daß es ihn gibt – Agnostiker, der sich wünscht, mit einer religiösen Überzeugung geboren worden zu sein, und der meint, daß es, selbst wenn Gott nicht existiert, wichtig ist, ein ehrliches und verantwortungsvolles Leben zu führen. Seine Wahrnehmungen und Scherze über Gott und die Religion machen ihn zu einem von Theologen bevorzugten Künstler. Doch Allan Konigsberg war, wie er behauptet, »amoralisch. Wenn ich amoralisch sage, denke ich an einen Vorfall mit meinem Großvater, einem gütigen und lieben Mann, den ich sehr gern mochte. Ich war ungefähr elf Jahre alt, als ich auf der Straße einen gefälschten Nickel fand. Er war eindeutig gefälscht. Aber ich hatte vor, ihn meinem Großvater anzudrehen, der alt war und nichts merken würde. Also, das ist eine amoralische Handlung. Meine Mutter ertappte mich später und fragte: ›Wie konntest du nur um fünf Pennies für einen gefälschten Nickel bitten? Das ist fürchterlich.‹ Und ich war ungerührt. Die Konsequenzen oder die Moral der Sache gingen mir keine Sekunde lang durch den Kopf.«

Er macht seinen Vater für diese Haltung verantwortlich. Religiöser Glaube und religiöse Traditionen berührten ihn nicht, doch dies galt nicht für die rauhe, unsichere Welt, in der Martin lebte.

»Ich eignete mir die vulgäre, mißtrauische, rücksichtslose Haltung meines Vaters in jeder Hinsicht an«, sagte Woody Jahre später, wobei er über sich selbst lachte. »Er konnte sich nicht in ein Auto setzen, ohne in einen Streit mit einem anderen Fahrer verwickelt zu werden. Er war eben schwierig und immer bereit, andere um ihr Geld zu bringen. Solange ich ihn beobachtete, wußte ich nicht, daß Menschen je nett zueinander sind.« Er lachte wieder. »Erst viel später erfuhr ich, daß man fünf Dollar, die man in einer fremden Wohnung hinter dem Sofa findet, zurückgeben muß. Das wußte ich nicht. Es fiel mir nie ein. Bei uns war so etwas nicht üblich. So, wie ich erzogen wurde, war die Tatsache, daß ich als Teenager mit einem Päckchen Spielkarten umgehen konnte, bereits eine Einladung, ein unehrliches Leben zu führen. In der High School brachte ich Millionen von Kindern um ihr Geld, durch Kartenspiele und alle möglichen Betrügereien. Ich teilte falsch aus und machte sonstige Schiebungen – ich hatte vor, Falschspieler zu werden, denn dies folgte aus den Werten, die man mir beigebracht hatte. Ich dachte, daß man so mit der Welt fertig wird. Bei uns zu Hause herrschte soviel Aggressivität, und alle waren mächtig hinterm Geld her, besonders mein Vater. Ihm war jede Masche recht. Wahrscheinlich mußte er so sein, um unseren Lebensunterhalt zu verdienen.« Heute hat er das nicht mehr nötig. Martin und Nettie wohnen in Woodys Nähe in einem Apartment, das er ihnen vor ungefähr zwanzig Jahren kaufte. Daneben haben sie ein Winterhaus in Florida, das ihr Sohn ihnen gleichfalls schenkte. Aber »noch heute«, fuhr Woody fort, »ist er imstande, einem Golfpartner, mit dem er in Miami um zwei Dollar spielt, einen Trickball zu geben, der nicht geradeaus rollt«.

Ungeachtet seiner zunehmend asozialen Ansichten und Gewohnheiten lebte Allan vier oder fünf Monate lang recht angenehm bei seinen Großeltern, bis Nettie und Martin direkt um die Ecke das Haus in der 1144 Fifteenth Street fanden.

»Wenn ich darüber nachdenke, ist es eigentlich klar, warum ich so neurotisch bin und ein so neurotisches Leben geführt habe«, bemerkte Woody einmal, während er die Umzüge seiner Kindheit schilderte. »Man braucht sich nur zu überlegen, wie oft ich die Schule wechselte und umzog. Nachdem ich mich an neue Freunde und die neue Schule gewöhnt hatte und sie entweder mochte oder haßte – gewöhnlich haßte ich sie –, mußte ich mich wieder an einen anderen Ort aufmachen, mich an eine neue Chederschule und eine neue Schule gewöhnen, und so weiter, und so weiter. Selbst wenn man in der Gegend umzog, selbst wenn man weiterhin in dieselbe Schule ging, war es eine Entwurzelung, denn man sah all die Kinder aus dem Häuserblock nie wieder. Gewöhnlich hatte man zwei Gruppen von Freunden – Schulfreunde und Freunde aus der Nachbarschaft, und es waren immer sehr klar umrissene Gruppen. Die Kinder aus der Nachbarschaft hatten nichts mit den Schulfreunden zu tun, denn sie konnten beliebigen Alters sein – drei Jahre jünger oder fünf Jahre älter als man selbst –, und es gab eine Hierarchie. Die Schulfreunde dagegen waren alle in derselben Klasse und wohnten zwanzig Blocks entfernt, in beiden Richtungen.

Außerdem waren da die ständigen Streitereien meiner Eltern während meiner ganzen Kindheit. Es ist ein Wunder, daß sie bald ihren zweiundsechzigsten Hochzeitstag haben werden. An jedem Abend der ersten dreißig Jahre – oder wenigstens der ersten zwanzig – standen sie wahrscheinlich kurz davor, sich zu trennen«, sagte er lachend. »Es war *unglaublich*. Wenn ich morgens zur Schule ging, wußte ich also nie, ob ich bei meiner Rückkehr beide vorfinden würde.«

Das Haus in der Fifteenth Street war die Stätte seines Heranwachsens. Es war ein kleines, hölzernes Zweifamilienhaus mit vier Zementstufen davor, auf denen Allan und seine Freunde saßen und »zahllose Pläne, meist über eingebildete sexuelle Abenteuer« ausbrüteten. Die Familie wohnte wieder im Obergeschoß. Es gab drei Schlafzimmer. Nettie, Martin und Letty hatten das vordere, Ritas Eltern das hintere, und Allan und Rita teilten sich den Raum in der Mitte. Rita war für Allan in vieler Hinsicht wie eine Schwester, und deshalb teilten sich die beiden, an entgegengesetzten

Enden ihrer Teenagerzeit, das Zimmer ohne Unbehagen; zudem waren sie durch Vertrautheit und Tabus geschützt.

»Ich hatte eine sehr gute Beziehung zu ihr«, berichtet Woody. »Sie war sehr nett und lebhaft, sie mochte mich, und ich mochte sie, und wir spielten dauernd Karten miteinander und lachten über die gleichen Dinge. Sie war wie eine große Freundin.« Mit elf oder zwölf Jahren war er alt genug, um ein ungezwungener Gefährte für sie zu sein. Sie unterhielten sich oft, und er stellte ihr viele Fragen. Beide mochten dieselben Rundfunkprogramme – »Your Hit Parade«, »Make Believe Ballroom«, »The Jack Benny Program«, »Lux Radio Theatre« –. Es gab keine »Gebietskonflikte«, da sie fünf Jahre älter war und ihren eigenen Freundeskreis hatte; zudem bezog sie Allan häufig in ihre Unternehmungen ein. Ihre Freunde und Freundinnen mochten ihn ebenfalls, und die Jungen luden ihn oft ein, Ballspiele mit ihnen zu machen. Das Zusammenleben eines zwölfjährigen Jungen und eines siebzehnjährigen Mädchens hätte Anlaß zu Scham, physischer oder sexueller Neugier geben können, doch dies war bei ihnen nie der Fall, denn, wie Woody sagt, »sie war eine sehr enge Verwandte, und alles von der Art wäre undenkbar gewesen«.

In *Verbrechen und andere Kleinigkeiten* kehrt Judah, gespielt von Martin Landau, während einer emotionellen und moralischen Krise zu dem Haus seiner Jugend zurück. Die Frau, die nun dort wohnt, läßt den Fremden ein und gestattet ihm, allein durch die Räume zu gehen. Im Eßzimmer verfolgt er einen Seder, an dem seine Eltern und Verwandten – und er selbst als Junge – teilnehmen. Es ist eine meisterhafte Szene, in der die Erwachsenen über Mord und den Glauben an Gott sprechen, und sie stellt den ethischen Kern des Films dar.

Es ist leicht für Filmgestalten, einen Fremden um Einlaß zu bitten, doch es ist nicht so leicht für den Mann, der diese Szenen verfaßt, die gleiche Frage zu stellen. »Ich würde das Haus sehr gern einmal betreten«, sagte Woody eines Tages, als er vor seinem alten Heim stand. »Aber ich habe ein wenig Angst davor, an die Tür zu gehen und zu sagen: ›Ich habe früher hier gewohnt‹, denn das ist so aufdringlich. Die Frau könnte mich entweder erkennen und erwidern: ›Oh, tatsächlich?‹, und mich reinlassen. Oder sie könnte fragen: ›Machen Sie etwa Witze?‹«

Eine Wetterfahne, die sein Vater an der Garage anbrachte, ist immer noch dort. Ebenso wie viele Erinnerungen. »Ich könnte Ihnen all die Zimmer zeigen, wo wir dies und jenes taten«, fuhr er fort. »Wo ich den Pelzmantel meiner Mutter – wie in *Radio Days* – bei einem chemischen Experiment verfärbte. Mein Vater schenkte mir einen Lionel-Chemiekasten, als ich zu Allergietests, die ich im Grunde gar nicht benötigte, im Krankenhaus war. Es war gräßlich für mich, und ich tat ihm so leid, daß er mir zum Trost diesen Kasten für fünfundvierzig Dollar kaufte, was damals eine Menge Geld war. Es war eine Riesenkiste, der größte Chemiekasten von Lionel. Ich war begeistert.«

Eine ähnlich enge Beziehung wie zu Rita hatte Allan auch zu Sadie, der Schwester seiner Mutter, und zu Joe, ihrem Mann, – zum Glück, denn er verbrachte einen so großen Teil seiner Kindheit mit ihnen. Joe war ein Musterbeispiel für die Werte der Alten Welt im Rahmen der Neuen Welt. Er war ein störrischer, doch sympathischer Mann, der durch und durch europäisch wirkte. »Er saß da und sagte manchmal mit starkem Akzent: ›*Dies ist kein Schneesturm*...‹, und er verstand sich aufs Ringen und solche Dinge. Europäische Sportarten. Konnte ums Verrecken keinen Ball werfen. Er war keineswegs gebildet, aber er hatte typisch russische Gefühle, das heißt Ehrfurcht vor der jüdischen Religion und ernster Kultur.«

Ungeachtet seines schlechten Benehmens in der Schule und seiner Altklugheit war Allan beliebt, wenn nicht stets aufgrund seiner eigenen Persönlichkeit, dann aufgrund seiner Beziehungen; einmal wurde er sogar zum Klassensprecher gewählt. Er mochte ein schlechter Schüler gewesen sein, aber er war mit den gescheiten Jungen der Klasse, aber auch mit den gutaussehenden und beliebten befreundet. Diese Freundschaften brachten ihn dem Kreis der umschwärmten Mädchen nahe. Eine von ihnen war Irene Weinstein; sie hatte, zusammen mit ihrer gleichermaßen hübschen Freundin Stephanie Grinell, eine Gefolgschaft von Jungen, die nach der Schule herüberkamen, um zum Beispiel in der Anfahrt Stoopball, eine Art Baseball zu spielen. Irene liebte die P. S. 99 so sehr, wie Allan sie haßte. Trotzdem hoffte er in der fünften Klasse, daß sie seine Freundin werden würde, aber er verfügte einfach über zu viele unkonventionelle Eigenschaften: Er hatte keinen Respekt vor der Autorität und nahm nicht an schulischen Veranstaltungen teil; er war ein wenig klein, und seine Züge waren ein bißchen zu eckig; insgesamt sah er nicht schlecht aus, aber auch nicht sehr gut. Und er hatte eine rauhe Schale. Er war nett, aber er lud nicht zu Umarmungen ein; er schien nicht sensibel genug, obwohl er ihr anvertraute, wie unglücklich er über seine Bestrafungen zu Hause war, wofür sie Mitgefühl zeigte. Von seiner Unkonventionalität abgesehen, fand er viel Sympathie bei Irene und ihrem Kreis, und er war seinerseits ein treuer Freund, der zu Albernheiten neigte und stets einen Scherz auf den Lippen hatte.

Trotzdem war er von der Aura eines Einzelgängers umgeben, die sich mit der Zeit verstärkt hat. Während Woody in Gesellschaft seiner engsten Freunde gesprächig und amüsant ist, fühlt er sich anderen Menschen gegenüber zumeist unbehaglich. Bei seinen Filmaufnahmen herrscht keine fröhliche Ausgelassenheit, doch es gibt eine Atmosphäre des Vertrauens und einer gewissen Frivolität. Woody ist besonders eng mit Maskenbildner Jeff Kurland befreundet; die beiden albern gern miteinander herum. Während eine Szene für *Ödipus ratlos* im Apartment der sprichwörtlichen jüdischen Mutter vorbereitet wurde – sie wird von ihrem Sohn und dessen ebenso sprichwörtlicher weißer angelsächsisch-protestantischer Freundin besucht, die in ein Hinterzimmer geht, um sich frisch zu machen –, wandte Woody sich Jeff zu und fragte: »Gibt's etwas, das wir auf die Kommode legen können, und sie hebt es auf und mustert es, etwas ihr Fremdes? Zum Beispiel eine Vorhaut – etwas, das sie dort, wo sie herkommt, nicht sehen würde.« Aber zumeist herrscht eine rein geschäftliche Atmosphäre, obwohl der überwiegende Teil seiner Mannschaft seit zehn Jahren oder länger mit Woody zusammenarbeitet. Er verhält sich sehr loyal ihnen gegenüber und bemüht sich auch deshalb, einen Film pro Jahr zu drehen, damit ihnen Arbeit garantiert ist, und auch sie sind loyal zu ihm und lehnen oft andere Filme ab, um mit ihm zusammenzuarbeiten, doch eine gewisse Distanz bleibt. Immerhin spielt er zwischen den Aufnahmen Schach mit zwei Technikern. Auch wenn er es ihnen nie direkt sagt, so weiß er doch den Professionalismus, die Gewandtheit und den Humor seiner Mitarbeiter zu schätzen. »Was für interessante Leute ich habe«, kommentierte er eines Tages, während sie bei der Vorbereitung einer Aufnahme scherzten. »Man kriegt nicht genug von ihnen.«

Schauspieler neigen dazu, sich während der Dreharbeiten eng aneinander anzuschließen, und Woodys Reserviertheit kann verwirrend für jemanden sein, der seine Gewohnheiten nicht kennt. Er ist physisch für jeden anwesend, aber, abgesehen von konkreten Regieanweisungen, persönlich für fast niemanden verfügbar. Nachdem *Manhattan* freigegeben worden war, erklärte Meryl Streep in *The Ladies' Home Journal*: »Ich glaube nicht, daß Woody Allen sich auch nur an mich erinnert. Ich habe mir *Manhattan* angesehen, und ich hatte das Gefühl, gar nichts damit zu tun zu haben... Ich arbeitete nur drei Tage lang an dem Film und lernte Woody nicht kennen. Wer lernt Woody kennen?«

Bestimmt nicht Schauspieler mit Nebenrollen. Karen Ludwig, die Streeps Geliebte spielte und deren Rolle in einem Zeitraum von drei Tagen gefilmt wurde, »erwartete, daß Woody gesellig und komisch sein würde. Statt dessen zog er sich in eine Ecke zurück, um zu lesen.« Da Karen Ludwig nur ihren eigenen Text besaß, hatte sie keine Vorstellung von dem Film als Ganzem – ein für Woody übliches Verfahren. (Falls Schauspieler keine Hauptrolle haben, für die sie über das gesamte Drehbuch verfügen müssen, verhindert dies nicht nur, daß sie mehr in ihre Figur hineinlegen, als Woody ihnen vorschreibt, sondern es fördert auch eine natürlichere Interpretation der Rolle. Und, nebenbei gesagt, es trägt dazu bei, möglichst wenig über die Handlung des Films nach außen sickern zu lassen.) Kurz vor der Freigabe von *Manhattan* besuchte Karen Ludwig zusammen mit Wallace Shawn, der Diane Keatons früheren Ehemann spielte, eine Vorführung. Die beiden saßen da, »händehaltend, ohne jede Ahnung, wo wir hineinpaßten. Ich war erstaunt darüber, daß sich alles so gut zusammenfügte.« Woody erstaunt es nicht. Er argumentiert – und zu Recht, wenn man die hochkarätigen Leistungen berücksichtigt, die er aus seinen Schauspielern herausholt –, daß Jovialität nebensächlich sei, ebenso wie ein Text, der länger ist als das, was der Schauspieler wissen muß. Er ist der Meinung, die besten Künstler für eine Rolle zu engagieren, und erwartet dann von ihnen, daß sie erscheinen und ihren Dialog ohne viel Aufhebens vortragen. Symbolisch für seine Haltung und seine Methode ist das, was er verzehrt, wenn er morgens zu den Dreharbeiten erscheint: eine Maissemmel und eine Tasse heißen Wassers.

Das Porträt einer Kindheit in *Radio Days* – ein Junge lebt nicht nur mit seiner eigenen Familie, sondern stets auch mit einer anderen zusammen; die Tatsache, daß viele andere Verwandte in der Nähe wohnen – all das entspricht Woodys eigener Kindheit. Doch obwohl er als Kind so viele enge Beziehungen hatte, ist er als Erwachsener weitgehend isoliert. Sogar er selbst empfindet es als »einen Widerspruch, wie schlecht ich der Gesellschaft angepaßt bin«. Jemand, der häufig mit Woody zusammengearbeitet hat, spricht von seiner »Unfähigkeit zu Kontakten«. Man sieht ihn mit Mia Händchen halten, aber er zeigt selten öffentliche Szenen von Zuneigung, und auch die Gestalten in seinen Filmen legen fast nie ungezwungene Zuneigung an den Tag. »In meiner Familie war das eben nicht Brauch«, sagt er mit einem Achselzucken, und er hält es für das gekünstelte Benehmen des Showgeschäfts.

Allans sportliche Fähigkeiten sorgten dafür, daß er immer als einer der ersten gewählt wurde, wenn man nach der Schule für Football oder Baseball, Basketball oder Schlagball Mannschaften bildete. Diese Spiele fanden nahezu jeden Tag statt, wenn das Wetter es zuließ: manchmal auf dem Schulhof, häufig auf der Straße vor dem Haus.

Allerdings war zwei Häuserblocks weiter eine noch bessere Spielstätte. Oft gingen sie auf der Avenue K, unter den erhöhten Gleisen an der Sixteenth Street hindurch, zum Wingate Field, einer umfassend ausgerüsteten Spielanlage, die während des Zweiten Weltkriegs sogar Suchscheinwerfer und eine zur Avenue L gerichtete Flugabwehrkanone besessen hatte. Dort gab es ein Stadion mit einem filigrangeschmückten Art-nouveau-Stahldach und einer freien Fläche dahinter, wo Allan und seine Freunde zuweilen Feuer anzündeten und Kartoffeln rösteten. Der häuserblocklange, grasbedeckte Platz hatte ein Baseballspielfeld an einem Ende, Basketballringe vor dem Kettenzaun an der Seventeenth Street und eine Laufbahn, auf der Allan bei unterschiedlichen Sprintwettbewerben viele Medaillen errang.

Daneben hatte er Spaß am Boxen, nicht jedoch an Prügeleien; diese beschränkten sich bis zu seinem dreizehnten Lebensjahr auf Raufereien in der Umgebung, bei denen ein Junge den anderen in den »Schwitzkasten« nahm. Allan war ein guter Boxer und trainierte mehrere Monate lang für die Teilnahme am Golden-Glove-Wettbewerb, doch seine Eltern weigerten sich, das Einwilligungsformular zu unterzeichnen, und baten ihn, den Sport aufzugeben. Eines Tages, während er mit einigen Jungen, die er kaum kannte, auf dem Wingate Field Football spielte, erhielt er »meine erste Kostprobe von der Realität«. Eine Diskussion darüber, wo der Ball nach einem Vorstoß zu plazieren sei, verwandelte sich in einen Streit um einen oder zwei Meter. Allan, der nicht ahnte, wie hartgesotten die Jungen waren, setzte die Debatte fort. Plötzlich trat ihm einer in den Unterleib, und als Allan sich krümmte und herumwirbelte, schlug der Junge ihm die Faust mit voller Kraft auf die Nase und brach sie. Der Arzt, der Allan später versorgte, glaubte, er sei von einem Ziegelstein getroffen worden.

Aber nicht alle von Allans Interessen waren unbedingt kindlicher Art. Zauberei und Musik (vor allem New-Orleans-Jazz), zwei weniger gefährliche Beschäftigungen, die er mit rund dreizehn Jahren aufnahm, interessierten ihn weiterhin und spielen eine wichtige Rolle in seiner Arbeit.

Zaubereien, komischer wie ernster Art, sind immer wieder in Woody Allens Filmen zu finden. Eine kleine Auswahl: Eine Gestalt steigt in *The Purple Rose of Cairo* von der Leinwand herunter; eine Mutter, die im Rahmen einer Zaubereivorführung in *Ödipus ratlos* in eine magische Box tritt, ist verschwunden, als die Box geöffnet wird, taucht jedoch am Himmel wieder auf; ein erschossener Mann erscheint in *Die letzte Nacht des Boris Gruschenko* den Menschen, die er liebt, um die Geschichte zusammenzufassen und witzige Bemerkungen zu machen, bevor er mit der Gestalt des Todes in den Sonnenuntergang hineintanzt; eine gewalttätige Brust terrorisiert die Bevölkerung in *Everything You Always Wanted to Know About Sex (Was Sie schon immer über Sex wissen wollten, aber nie zu fragen wagten)*; ein Mann gleicht sich in *Zelig* der Person an, mit der er jeweils spricht; ein Junge, der in Armut in Brooklyn aufwächst, entkommt der Öde seines häuslichen Lebens in dem Drama *The Floating Light Bulb*, indem er ständig Zaubertricks übt; Zauberkräuter gestatten einer Frau in *Alice*, unsichtbar zu werden.

Sinnestäuschungen sind ein für Filme besonders geeignetes Motiv. Woodys persönliches Vergnügen sind Taschenspielertricks, die er als Junge endlos übte. Auch heute noch zieht er, wenn er zum Beispiel bei Aufnahmen oder im Schneideraum eine freie Minute hat, eine Vierteldollarmünze hervor und treibt sie über den Rücken seiner Finger, unter der Handfläche hindurch und hervor über den Zeigefinger, wo sie vom zweiten Knöchel des Mittelfingers wieder aufgenommen wird. Geldscheine faltet er sorgfältig in der Mitte und trägt sie in einem Stapel mit sich herum, den er ausfächert und dann wieder aufschichtet wie ein Kartenspiel. Es kommt ihm darauf an, keinen Augenblick vergehen zu lassen, ohne etwas Nützliches zu tun, und dies ist ein müheloses Verfahren, seine Finger in Form zu halten. »Ich empfinde dabei eine Freude wie ein Konzertpianist, der die Hände auf die Tasten legt«, sagte Woody einmal über seine Kartenspielereien. Mehrere Regale seiner Bibliothek sind mit Büchern über Zauberei gefüllt, von denen er viele bereits als Dreizehn- oder Vierzehnjähriger besaß. Darunter sind mehrere Dutzend Nummern von *Genii*, einer Zauberei-Zeitschrift, die er in den frühen fünfziger Jahren abonnierte.

Sein Interesse am Zaubern begann, als jemand dem Zehnjährigen einen E-Z-Zauberkasten schenkte. Er war »wie vom Donner gerührt. Alles daran gefiel mir: die Idee, die Seidentücher, und die kleinen Karten mit den gezinkten Rückseiten – alles.« Der Zauberkasten entzückte ihn etwa ein Jahr lang, doch dann schwand sein Interesse. Es kehrte für immer zurück, als er an seinem dreizehnten Geburtstag ein Exemplar von Ottokar Fischers *Illustrated Magic* erhielt. Er besitzt das Buch immer noch, das er voller Begeisterung »zwar keineswegs das beste Buch über Zauberei«, nennt, »weil es im wesentlichen nicht der Technik gewidmet ist. Aber es ist so spannend. Ich war plötzlich von der Zauberei hingerissen.«

Zauberei war genau das richtige Betätigungsfeld für jemanden, der gern allein war und vor dem Üben nicht zurückscheute. Die Fähigkeit und Disziplin, zu üben, zu üben und noch einmal zu üben, ist etwas, das Woody schon als Junge besaß und noch heute besitzt. Dick Cavett, der in Nebraska aufwuchs, doch von New York träumte und seit fast dreißig Jahren mit Woody befreundet ist, begann ebenfalls als Kind mit der Zauberei. Die Vermutung, daß die Zauberei ein Fluchtmittel gewesen sei, bietet sich an, und dies traf auf Allan natürlich zu, doch die Mittel waren wichtiger als das Ziel.

»Mein Interesse hat eine offensichtliche Symbolik, aber es macht denen Spaß, die dafür aufgeschlossen sind«, sagt Woody. »Jemand wie Mia oder Diane Keaton zum Beispiel kann das nicht begreifen. Ihnen erscheint's so, wie's mir vielleicht erscheinen würde, an einer Drehbank zu arbeiten. Es könnte nicht langweiliger sein. Aber jemand wie Dick Cavett oder ich lag Tausende von Meilen voneinander entfernt auf dem Bett, blätterte den Zauberkatalog langsam und genußvoll durch, musterte jeden Trick und versuchte, sich für einen Kauf zu entscheiden. Ich meine, sollte ich meine drei Dollar und fünfzig Cent an diesem Samstag für die Seilschere oder für Al Delages Sockentrick ausgeben? Alles sah so verblüffend und fabelhaft aus. Wenn du besessen bist, bist du besessen, und genau das war ich – absolut und grenzenlos. Ich hatte eine große Schublade, voll von Zaubertricks, und ich hatte diese Bücher, und fast nichts anderes lag mir am Herzen.«

Im Alter von vierzehn oder fünfzehn Jahren war er ein so guter Zauberer, daß er sich zu Probevorführungen bei Fernsehshows einfand. Die eine war *The Magic Clown*, die Sonntag morgens gesendet wurde und in der ein zaubernder, fezgeschmückter Clown auftrat. Gelegentlich bot die Show Amateurzauberern eine Chance, und Allan meldete sich zur Probe. Sein Trick war die klassische Flaschenwanderung, die er für teures Geld erworben hatte. Der Zauberer schiebt eine Röhre über eine Alkoholflasche und eine zweite über ein Whiskeygläschen. Wenn die Röhren entfernt werden, haben die Flasche und das Glas den Platz gewechselt. Die Röhren werden von neuem übergestülpt, und wenn man sie wiederum hochzieht, sind die Flasche und das Gläschen an ihren ursprünglichen Platz zurückgekehrt. Allan führte den Trick perfekt vor, aber es war das falsche Publikum für diesen Trick, was ihm klargeworden wäre, wenn er auch nur einen Moment über die Sache nachgedacht hätte. *The Magic Clown* war schließlich eine Kindersendung, und nicht viele Produzenten sind geneigt, Dreizehnjährigen an einem Sonntagmorgen eine Vorführung mit einer Whiskeyflasche zu präsentieren.

Der zweite Versuch war so erfolglos wie der erste, was sein Erscheinen in der Sendung betraf, doch diese Erfahrung zeigte Allan, wie gut er sich aus dem Stegreif äußern konnte. Diesmal trat er mit Jack Freed auf, einem Jungen aus der Nachbarschaft. Einer ihrer Tricks war der klassische »Taubentopf«, ein weiterer teurer Kauf. Zwei Tauben werden in einem Topf untergebracht und zugedeckt. Dann entfernt man den Deckel und findet Popcorn anstelle der Tauben vor.

Sie wickelten die Tricks reibungslos ab, doch die Produzenten der Show waren nicht begeistert von den beiden, die sich allzu mechanisch verhielten und keinen Schwung erkennen ließen; ihnen fehlte der richtige Text zur Untermalung ihrer Nummer. Allan gab freche, improvisierte Gags von sich, wenn er Gelegenheit dazu hatte, aber dabei handelte es sich um »reflexiven« Humor, nicht um ausgefeiltes Material. Da dies die Wirkung der Tricks nicht steigerte, stach er eher als Komiker denn als Zauberer hervor. Als er zum Beispiel aus Versehen etwas Popcorn auf der Bühne verschüttete, sagte er mit seiner Bob-Hope-Stimme: »He, normalerweise laufen Bühnenarbeiter hinter uns her, die sich um dieses Zeug kümmern.«

»Und sie lachten«, erinnert sich Woody. »Aber sie engagierten uns nicht.«

Immerhin erhielt er mit sechzehn Jahren die Chance, in einem Ferienort in den Catskill Mountains aufzutreten, es war eine seiner wenigen öffentlichen Darbietungen. Ein Schulfreund verbrachte alljährlich einen Teil des Sommers in Weinstein's Majestic Bungalow Colony in Accord, New York, und Allan erfuhr, daß er dort auftreten könne. Er redete auf seine Mutter ein, daß er zwei Wochen in den Bergen verbringen wolle. Weinstein's war zwar zu teuer, aber sie erklärte sich bald darauf einverstanden, mit Letty und ihm in die Lakeview Bungalow Colony, rund eine Meile von Weinstein's entfernt, zu fahren. Trotz all ihrer Probleme im Umgang mit ihrem Sohn und trotz ihrer finanziellen Schwierigkeiten tat Nettie ihr Bestes, um seine Interessen zu fördern.

Der Bungalow war im Grunde nur ein Raum in einem großen Haus mit einem gemeinsamen Badezimmer; alle Gäste bereiteten ihre Mahlzeiten in einer Einzelküche zu, die als *kuchaleyn* (»Koch allein«) bekannt war. »Es war wirklich ein Rattenloch«, erzählte Woody, während er sich gleichzeitig voller Freude an die Gelegenheit erinnerte, seine Zauberei zur Schau zu stellen, obwohl er kein Honorar bekam. Allan gab ein paar Zaubervorstellungen und übte sonst hauptsächlich. »Weinstein's war ein durchschnittlicher jüdischer Ferienort«, sagt Woody. »Es gab einen See und Sport und Unterhaltungsveranstaltungen und Filme. Es war kein hochklassiger Ferienort, aber hochklassiger als der, wo ich wohnte. Lakeview war kaum erträglich.«

Weinstein's Majestic Bungalow Colony taucht zum erstenmal als Unterhaltungsmekka in *The Floating Light Bulb* auf.

In *Broadway Danny Rose* gibt Danny sich alle Mühe, Phil Chomsky zur Verpflichtung einer seiner Nummern – gleichgültig, welcher – für die Ferienkolonie zu bewegen.

Allans Freude darüber, bei Weinstein's auftreten zu können, wurde durch eine Freundschaft gesteigert, die er mit einer frühreifen und hübschen Zehnjährigen namens Marion Drayson schloß; sie gehörte zu den wenigen Kindern in der Ferienkolonie. Die beiden waren von gegenseitiger Bewunderung erfüllt. Allan vergnügte sich so sehr, daß es ihn fast nicht störte, auf dem Lande zu sein. »Ich dachte immer, wir seien so weit von New York entfernt, daß wir in der Türkei hätten sein können«, fuhr Woody fort. »Und wo waren wir wirklich? Vielleicht zwei Stunden weg. Obwohl ich mich nicht so unwohl fühlte wie damals in Port Chester, gab es zwei Dinge, die ich mit Sicherheit haßte: Ich haßte es, daß die Sonne herunterbrannte, wenn man tagsüber rausging, und daß alles weiter weg war, als man dachte. Die Leute sagten zum Beispiel: ›O ja, eine halbe Meile von hier ist ein Geschäft.‹ Aber es war nicht wie in der Stadt, wo man Entfernungen mit Hilfe von Geschäften oder Straßenecken messen konnte, und wenn dir heiß wurde, konntest du schnell irgendwo reingehen, eine Cola trinken und dann weitermachen. Hier aber wanderte man dahin, und es gab meilenweit nichts als Sonnenblumen. Und dann der Gedanke, daß man nachts eine Taschenlampe brauchte.« Er verdrehte die Augen. »Es war schwarz, pechschwarz, wenn du von dem sogenannten Kasino – wo irgendeine schwachsinnige Veranstaltung stattgefunden hatte, zum Beispiel Bingo – zu deinem Bungalow zurückkehrtest. Aber ich trat gern auf. Und ich konnte oft den ganzen Tag Taschenspielertricks üben. Außerdem war ich mit Marion zusammen.« Sie wurde seine Bühnenassistentin.

Allan führte unter anderem einen Seiltrick und die Flaschenwanderei vor, und Marion drohte neckisch, der Welt das Geheimnis dieser Kunststücke zu offenbaren. Er täuschte seinerseits wilden Zorn vor, und die beiden brachen plötzlich in Gelächter aus. Mehr als vierzig Jahre später merkte sie, daß Allan Konigsberg mit Woody Allen identisch war, und schrieb ihm einen Brief. Darin hieß es, daß Allan »sich sehr stark von jedem Kind unterschied, das ich je gekannt hatte ... still, sanft, clever und sehr lustig auf eine seltsame Art. Wenn die Zeit des Auftritts nahte, wurde ich immer nervöser. Er milderte mein Lampenfieber, nahm mir die Angst und überzeugte mich, daß er auf keinen Fall ohne meine Mitwirkung als Assistentin auftreten konnte. Er gab mir das Gefühl, etwas so Wichtiges und Besonderes zu sein, daß ich gelobte, ihn ewig zu lieben, was er allerdings nie erfuhr... Ich bin mein ganzes Leben lang ein treuer Woody-Allen-Fan (Groupie? Junkie?) gewesen, genau wie mein Mann und meine Kinder. Erst vor einem Jahr kam ich plötzlich auf die Verbindung... Es scheint also, als hätte ich mein Gelöbnis nun doch gehalten, obwohl es keiner von uns beiden wußte.« Woody, bei dem Briefe normalerweise wenig Emotionen auslösen, freute sich offenkundig über das Schreiben und erinnerte sich in allen Einzelheiten an die Zeit mit ihr.

Gekaufte Kunststücke wie der Seiltrick und die Flaschenwanderung machten Allan Spaß, aber in erster Linie ging es ihm darum, unabhängig zu sein, und dazu benötigte er die Taschenspielerei. »Genau das wolltest du sein«, sagte Woody. »Kein Illusionist, kein Bühnenzauberer, sondern ein Taschenspieler. Dann warst du komplett. Du konntest überall auftauchen, und wenn es einen Salzstreuer, einen Fingerhut, ein paar Münzen, ein paar Karten – was auch immer – gab, konntest du arbeiten.«

Er arbeitete jeden Tag, das heißt, er übte, Billardkugeln, Münzen, Karten, Ringe und Seile zu manipulieren. Aber darauf beschränkte er sich nicht, denn auch die gekauften Tricks bereiteten ihm Vergnügen. Hin und wieder pilgerte er zu Irving Tannens Circle Magic Shop in der Broadway Arcade in der West Fifty-second Street; dort gab es anstelle kleiner Schachteln und leichter Zaubertricks eine Überfülle an Kunststücken und Seidentüchern und Aluminiumkästen.

An einem grauen Nachmittag im Herbst 1950 waren Allan und ein Freund im Circle Magic Shop. Sie versuchten zu entscheiden, wofür sie ihre paar Dollar ausgeben sollten, und hofften, daß Frank oder Seymour, zwei der ihnen bekannten Angestellten, ihnen einen neuen Trick beibringen oder sie wenigstens durch ein außerordentliches Kunststück, das sich ihren jugendlichen Kenntnissen entzog, verblüffen würden. Während sie in ihren Flanellhemden, Cordhosen und abgeschabten Lederjacken am Tresen warteten, trat Milton Berle, der berühmteste Komiker jener Zeit und der Mann, der als erster Fernsehkomödien in die Wohnstuben der Nation gebracht hatte (er hatte den Spitznamen »Mr. Television«), in den Laden; er trug einen Homburg, einen Kaschmirmantel und spiegelblank geputzte Schuhe.

Jemand im Geschäft sagte, Allan sei ein recht guter Zauberer. Berle hob ein Kartenspiel auf und reichte es ihm.

»Hier, Junge, zeig mir 'nen Trick, und ich laß dich in der Show auftreten.«

»Gewöhnlich arbeite ich nicht mit Karten«, erklärte Allan, nachdem er eine einhändige Volte verpatzt hatte.

»Das geht in Ordnung, gewöhnlich arbeite ich nicht mit Kindern«, meinte Berle.

Woodys schlechte Handhabung der Karten war das, was er »eine der Tragödien des kurzen Augenblicks« nennt. »Ich konnte damals genauso wie heute mühelos eine Einhandvolte abziehen, aber aus irgendeinem seltsamen Grund, und es hatte nichts mit Nerven zu tun – dazu passierte alles viel zu schnell –, klappte es in jenem Moment einfach nicht. Ich hätte es an dem Tag fünfhundertmal machen können, ohne ein Problem zu haben. Bloß hin und wieder verpatzt man es eben.«

Immerhin lernte er damals etwas von Berle, indem er ihm aufmerksam zusah. Nach der mißlungenen Einhandvolte sagte Berle: »Komm her, Junge.« Er fächerte die Karten auf dem Tresen aus und forderte Allan auf: »Denk dir eine Karte.« Allan tat es, Berle nahm das Spiel, mischte es und fragte: »Welche Karte?«

»Kreuz neun.«

Berle drehte die obere Karte um, und es war die Kreuz neun.

»Womit hast du ihn bearbeitet, Milton? Gedankenenergie?« fragte jemand in der kleinen Menge, die sich angesammelt hatte. Allan fuhr nach Hause und knobelte aus, wie Berle die Karten so gefächert hatte, daß die meisten Zuschauer die Kreuz neun gesehen haben mußten, ohne es zu merken; nach der unterbewußten Anregung würden sie dann auf die Frage hin genau diese Karte nennen. Danach begann Allan, kompliziertere Kunststücke und andere Wege zur Manipulation von Karten zu lernen. Bald darauf hatte er auf dem Schulhof eine gewisse Berühmtheit, weil er so gut mit Spielkarten umzugehen verstand.

In dem Maße, wie sein Können wuchs, nahmen auch die Gelegenheiten zu, bei denen er es mißbrauchte. Sein unverschämtester Plan war, den Gewinner des Nationalen Einladungsturniers für College-Basketballmannschaften, das jeden Frühling im Madison Square Garden stattfindet, vorherzusagen und seinen Schulkameraden einen Batzen Geld abzunehmen. Er überredete Elliott Mills, einen Freund aus der Nachbarschaft, ihm als Komplize zu dienen. Der finstere Plan besagte, daß Allan ihm beibringen würde, ein

Instrument namens Nagelschreiber zu benutzen, in dem sich ein kleines Stück einer Bleistiftmine verbarg. Sie würden sich das Spiel im Rundfunk anhören, während Allan einen Umschlag verwahrte, der angeblich den Namen des Gewinners auf einem Blatt Papier enthielt. Am Ende würde Elliott den Umschlag nehmen, ihn aufreißen und rufen: »Mein Gott, er hat's!«, während er die richtige Mannschaft mit dem Nagelschreiber eintrug. Doch obwohl sie den Trick übten, setzten sie ihn nie in die Praxis um.

»Man beachte, wer die Sache schreiben sollte«, bemerkte Mills viele Jahre später. »Ich sagte: ›All die Italienerkinder werden uns jeden Knochen brechen.‹ Aber sein Enthusiasmus war ansteckend; nachdem er begonnen hatte, sich für Zauberei zu interessieren, holten bald fast alle in unserer Gruppe Zigaretten aus der Luft.«

»Meine Sky-Masterson-Tage«, nennt Woody jene Zeit, in der er sich ernsthaft wünschte, »ein Hasardeur und ein Falschspieler und ein Gauner« zu sein. »Ein anderer Freund und ich schmiedeten zusammen viele Pläne. Wir brüteten unehrliche Spiele aus; wir kauften falsche Würfel, und wir entwickelten Zeichensysteme für Kartenspiele. Wir gewannen eine Menge Geld, als wir jünger waren, aber ich wuchs aus der Sache heraus.« Eine Verkörperung dieses kleinen Gauners ist Virgil Starkwell, der Bankräuber, der in *Take the Money and Run (Woody – der Unglücksrabe)* keine lesbare Überfallnotiz schreiben kann.

Während Woody die schlimmeren seiner Jugendinteressen überwand, wird er seine Liebe zum New-Orleans-Jazz niemals überwinden. Es ist die perfekte Musik für ihn: Autorität ist ihr verhaßt; ihr verschnörkelter, individueller Stil verlangt hohe Disziplin – sie ist all das, was seinem eigenen und seinem Leinwandcharakter entspricht.

Im New-Orleans-Jazz bestimmt die Trompete das melodische Thema, die Posaune schafft eine kontrapunktische Baßmelodie, auf der die anderen Instrumente aufbauen, und die Klarinette erhebt sich oft munter über sie hinweg und webt ihre eigenen Harmonien. Die Klarinette hat eine singende Eigenschaft wie eine weibliche Stimme in einem Chor, und diesem Stil gemäß besitzt Woodys Spiel einen klagenden, emotionalen, fast menschlichen Ton. Bedingt durch seine Ursprünge in Straßenfeiern und Beerdigungszügen ist der New-Orleans-Jazz grobschlächtig und langsam, verglichen mit dem stärker verbreiteten Chicago- oder Dixieland-Stil, der im allgemeinen flotter und sauberer erscheint und mehr Nachdruck auf Soli legt. Woodys erste Begegnung mit dem New-Orleans-Jazz überwältigte ihn nicht im selben Maße, wie es *Schneewittchen* tat, als er drei, oder wie die Zauberei, als er zehn Jahre alt war. Sie entfachte jedoch ein Interesse, das rasch aufflammte und ihm wohltuende Entspannung bietet. Sein Gesicht ist unbewegt und seine Augen sind auf den Boden gerichtet, während er spielt, doch er läßt in seiner Musik mehr Gefühl, mehr Emotion erkennen, als er es auf irgendeine andere Art tut, jedenfalls in der Öffentlichkeit. Manchmal verliert er sich so sehr in einer Melodie, daß er die Noten beinahe zu liebkosen scheint.

Allan war etwa dreizehn Jahre alt, als ein Freund ihm eine Aufnahme spielte, die er von der traditionellen Jazz-Show des Diskjockeys Ted Husing im Rundfunk gemacht hatte. Es handelte sich um ein Pariser Konzert des in New Orleans geborenen Sopransaxophonisten Sidney Bechet, des legendären schwarzen Musikers, der zu Beginn seiner Karriere mit dem Jazzpionier Joe »King« Oliver und später mit Duke Ellington spielte. Bechets inbrünstige Arpeggios und sein breites Vibrato kennzeichnen seinen selbstbewußten, verblüffend persönlichen Stil. Seit dem Ende der vierziger Jahre bis zu seinem Tode im Jahre 1959 lebte er in Paris, wo man ihn für eine künstlerische Kostbarkeit hielt. Viele Jahre später sagte Woody zu einem Bekannten, der sich gerade seine erste Bechet-Platte kaufte: »Ich würde sonstwas dafür geben, an deiner Stelle zu sein und das zum erstenmal zu hören.« »Das zweite Mal, daß ich Sidney Bechet bei einem Konzert in New York sah, war die befriedigendste künstlerische Erfahrung meines Lebens«, teilte Woody 1965 dem Journalisten Ralph Gleason vom *San Francisco Chronicle* mit. Viele Jahre später setzte er hinzu: »Ich ging mit ungeheuren Erwartungen hin, und er erfüllte sie. Bechet war ein erstaunlicher Musiker, seine Wildheit war unglaublich. Ich war hingerissen von der Intensität und der Herrlichkeit seines Spiels.«

Allan und einige seiner Freunde interessierten sich so sehr für traditionellen Jazz, daß sie zu Experten wurden. Wie manche Teenager heutzutage, die alles über Rock-and-Roll- oder Heavy-Metal-Bands wissen, kannten sie jeden Musiker auf jeder Platte und jede Kleinigkeit der Jazzüberlieferung und -geschichte. Außerdem waren sie von *Really the Blues* fasziniert, der bunten Lebensgeschichte des Jazzklarinettisten Milton »Mezz« Mezzrow, die dieser zusammen mit Bernard Wolf, dem ehemaligen Privatsekretär Trotzkis, geschrieben hatte. Mezzrow war ein weißer Jude, der sich erfolgreich als schwarz ausgab; sogar in der Armee ließ er sich als weißhäutiger Schwarzer registrieren. Mezzrow wurde von vielen seiner Zeitgenossen verspottet, doch für die Brooklyner Jazzanhänger war es ein berauschender Gedanke, wenigstens »ein bißchen« schwarz zu sein und der Musik, die sie liebten, dadurch um so näherzukommen.

Jahrelang besuchten Allan und einige der anderen allwöchentlich das Child's Paramount, ein riesiges, dunkles Kellerlokal mit Tischen und einer Tanzfläche in der West Forty-third Street in Manhattan, um Live-Jazz zu hören, und sie lauschten der Radiosendung *Symphony Sid* aus dem Birdland, auch wenn Thelonious Monk und Dizzy Gillespie statt New-Orleans-Jazz gespielt wurde. Mit fünfzehn Jahren begann Allan mit dem Klarinettenspiel. Seitdem übt er täglich; das Schuldbewußtsein, wenn er es nicht tut, sei kaum zu ertragen. Gewöhnlich begleitet er Aufnahmen von Bechet oder George Lewis, dem typischen New-Orleans-Klarinettisten, dessen Einfluß deutlich aus Woodys Spiel herauszuhören ist.

»Wir verbrachten viele, viele, viele Stunden damit, nichts anderes zu tun als dieser Musik zuzuhören«, sagte Woody. »Wenn wir aus der Schule kamen, trafen wir uns im Haus eines Freundes. Elliott Mills war einer derjenigen, die als erste eine Hi-Fi-Ausrüstung besaßen. Ich hatte ein Grammophon für zwölfeinhalb Dollar, das wie ein kleiner Koffer aussah; man öffnete es und stellte den Deckel hoch. Aber auch das war eine Lust. Samstag morgens hörten wir uns Stunde um Stunde Jazz an. Zuerst kauften wir Schallplatten bei Victor's am Kings Highway. Ich weiß noch, wie ich hinging und mein erstes Jelly-Roll-Morton-Album kaufte. *Jelly Roll Morton and the Red Hot Peppers*, wunderbare alte 78er. Dann weiß ich noch, wie ich das Jazz Record Center in New York entdeckte, zu dem man hinaufklettern mußte. Das war natürlich ein Hochgenuß. Und wir hörten nie auf, uns wie besessen eine Note nach der anderen anzuhören. Ich kann gar nicht ausdrücken, wie besessen wir waren.«

So besessen: Nach der Schule, wenn alle zu Cookie's gingen, einem örtlichen Lokal, und Sprudel und Sandwiches bestellten, davor herumlungerten und sich für das Kino oder für die Billardhalle verabredeten, war Allan oft zu Hause und beugte sich in seinem Zimmer über den Plattenspieler.

Wenn er sich nicht über den Plattenspieler beugte, dann häufig über ein Instrument. Zuerst waren es das Sopransaxophon und die Ukulele; dann kam die Klarinette, deren Spiel er sich wegen ihrer Ähnlichkeit mit dem Sopransaxophon zunächst mühelos beibrachte. Später, nach seinem Umzug nach Manhattan, begann er sich für Modernen Jazz zu interessieren und fing an, Vibraphon zu spielen. Nach ein paar Unterrichtsmonaten gelangte er jedoch zu dem Schluß, daß er seine Übungszeit lieber der Klarinette widmen sollte.

Einer der ständigen Musiker im Child's Paramount war der Klarinettist Gene Sedric, der mit Fats Waller und der Conrad Janis Band spielte und der den für jene Zeit kennzeichnenden Big Sound besaß. Sedrics Sound war zwar kein New-Orleans-Jazz – er war komplizierter –, doch er war im Stil ähnlich und kam dem, was Allan wollte, näher als das was er selbst damals spielte. Nachdem er Sedric zwei Jahre lang ehrfurchtsvoll zugeschaut und zugehört hatte, suchte der Siebzehnjährige den Namen des Musikers im Telefonbuch heraus, rief ihn an und fragte, ob er Unterricht bei ihm haben könne.

»Ich bin der Junge, der immer im Child's Paramount am ersten Tisch sitzt und zu Ihnen hochguckt«, erklärte Allan, um sich vorzustellen.

»Oh yeah, yeah, yeah, yeah«, erwiderte Sedric. Er erinnerte sich tatsächlich an den weißen rothaarigen Jungen, der immer so dicht wie möglich neben der Gruppe schwarzer Musiker saß. »Aber ich müßte zwei Dollar pro Stunde haben.«

Für seine zwei Dollar fuhr Sedric eine Stunde oder länger mit der U-Bahn von seiner Wohnung in der Bronx zu der Station an der Avenue J in Brooklyn. Allan holte ihn ab, und sie gingen zum Apartment der Familie – nun in der Ocean Avenue –, wo Nettie ihm ein Sandwich machte. Dann holte Sedric seine Klarinette heraus und unterrichtete seinen Schüler nach dem Gehör. Es waren Lektionen, an die Woody sich voll Freude erinnert:

»Er sagte zum Beispiel: ›Hier, mach das‹, und swingte irgendwas hin. Und dann tat ich es, und er sagte: ›Nein, nein, nein! Sing's raus, sing's richtig raus!‹ Und ich gab mir Mühe, aber es wollte einfach nicht klappen. Er haute es nur so raus. Man hörte ihn auf vielen alten Fats-Waller-Platten, und er klingt großartig. Zum Beispiel auf ›There'll Be Some Changes Made‹.«

Woody spielt immer noch Sopransaxophon und bringt es gelegentlich mit zu den montagabendlichen Auftritten seiner Band, des New Orleans Funeral and Ragtime Orchestra, in Michael's Pub in Manhattan, wo er seit fast zwanzig Jahren wöchentlich mit weitgehend denselben Musikern spielt. Nur einer von ihnen ist Profi, doch alle klingen so, als wären sie es (darunter ein Börsenmakler, ein Englischprofessor an einem College und ein Angestellter eines Rundfunkgeschäfts). Aber mit welchem Instrument er auch hantieren mag – auch auf dem Klavier klimpert er nicht schlecht –, so bleiben doch die Klarinette und der New-Orleans-Jazz seine wahre Liebe. Die Musik und die Art, wie sie klingen soll, liegen ihm so sehr am Herzen, daß er auf einer fünfundsiebzig Jahre alten Klarinette mit einem Albert-Klappenmechanismus spielt, nicht auf einer neueren mit dem Boehm-Klappenmechanismus, der sich mit der Klarinettenentwicklung herausbildete. Eine Albert-Klarinette ist recht plump; sie hat einen stärkeren Sound, weil die Röhrenbohrung größer ist, und die Klappen sind schwerer zu meistern, da die Spanne viel breiter ist. Trotzdem handelt es sich um ein weniger kompliziertes Instrument; die meisten haben mehrere offene Löcher, die also nicht von Ringen bedeckt sind, um die Tonhöhe auszugleichen (wie bei einer Flöte oder einer Boehm-Klarinette, die auch hinten einen Ring für den Daumen und vier oder fünf Klappen für den rechten kleinen Finger besitzt). Infolgedessen sind Albert-Klarinetten nur annähernd richtig gestimmt, und das ist Woodys Ziel. Eine leichte Verstimmtheit gilt im allgemeinen als Zeichen von Authentizität; denn so spielten sein Idol George Lewis und all die anderen großen Klarinettisten des New-Orleans-Jazz. (Bechet allerdings war ein solcher Meister des naturgemäß verstimmten Sopransaxophons, daß er unter anderem dafür berühmt war, fast immer den richtigen Ton zu treffen.) In dem Bemühen, diesen primitiven Sound von allen Instrumenten in seiner Band zu erhalten, sagte Woody einmal zu dem Trompeter John Bucher: »Spiel so, als seist du ein alter Schwarzer mit einem schlechtsitzenden Gebiß.«

Woodys Spiel wird von den Profis im allgemeinen sehr geschätzt. Als er 1973 in New Orleans den Soundtrack für *Der Schläfer* mit der berühmten Preservation Hall Jazz Band aufnahm, kam

Albert Burbank, damals der wohl führende Klarinettist des New-Orleans-Stils, am Ende eines Stückes auf ihn zu, um ihm zu gratulieren. Die Angehörigen der Band, alle bis auf einen über fünfundsechzig Jahre alt, hatten kaum eine Vorstellung von der musikalischen Vielfalt, die für einen Film benötigt wird, da keiner von ihnen je ins Kino ging; immerhin hatte sich einer kurz zuvor zusammen mit Allan Jaffe, dem Gründer der Band und der Preservation Hall, *Shaft* angesehen. Es war sein erstes Filmerlebnis seit dem Ende der Stummfilmzeit. Neben Woody spielte für zwei Sessions der damals dreiundachtzigjährige Posaunist Jim Robinson, der nie von ihm gehört hatte. »Hat dir je einer gesagt, daß du klingst wie mein alter Freund George Lewis?« fragte er Woody am Ende einer Folge. »Wie heißt du noch?«

»Woody«, war die gemurmelte Antwort.

»Willard? Du bist wirklich gut, Willard.«

Hätte Allan Konigsberg sich genauso für die Schule interessiert, wie für Musik und Zauberei und Filme, dann hätten seine Noten seinem Intellekt entsprochen. Woody Allen ist jedoch nicht der erste, der in der Schule unter seinem Leistungsvermögen blieb, um dann in einer für ihn persönlich geeigneteren Umgebung aufzublühen.

Nach dem Abschluß der P. S. 99 im Juli 1949 wechselte Allan an die Midwood High School. Sie liegt direkt neben dem Brooklyn College und hat ein hohes akademisches Niveau, das nicht notwendig auf die Nähe des College zurückgeht, doch diese dürfte nützlich sein. Midwood war erst im Jahre 1941 gebaut worden, doch bereits im Herbst 1949 war die Schule zum Bersten gefüllt. Man wies den Klassen jeden Tag drei verschiedene Schichten zu: Schüler im zweiten und dritten Jahr kamen von 7.30 Uhr bis 13 Uhr, Schüler im ersten Jahr von 13 Uhr bis 18 Uhr, und die des letzten Jahres erhielten die privilegiertere Zeit von 9 Uhr bis 15 Uhr.

Trotz aller scheinbaren Vorzüge von Midwood haßte Allan diese Schule genauso inbrünstig, wie er die P. S. 99 gehaßt hatte. Die Schüler konnten einen akademischen, einen kaufmännischen oder einen allgemeinen Lehrplan wählen; der akademische stellte die höchsten Ansprüche und war der einzige, der die Immatrikulation an einem College ermöglichte. Allan schlug den akademischen Kurs ein, doch nur dem Namen nach. Seine mittelmäßigen Zensuren waren nicht das Ergebnis allzu heftig betriebener Freizeitaktivitäten, wie es bei vielen Schülern der Fall ist, die zu wenig für den Unterricht tun, weil sie die meiste Zeit für Sport und Klubs aufwenden: Unter seinem falsch buchstabierten Namen (Alan Konisberg) finden wir im Jahrbuch von 1953 (er war einer der 702, die in jenem Juni die Schule beendeten) an der Stelle, wo die Aktivitäten des Schülers aufgeführt werden, eine große leere Fläche. (»Man hätte zwei Bilder von mir bringen sollen«, sagte er zu einem Freund, als das Jahrbuch herauskam.) Ihm waren einfach alle Aspekte des Schullebens gleichgültig, und seine einzige Berührung mit einer Schülerinitiative – in Gestalt der Schulzeitung – überzeugte ihn, daß er nichts verpaßte. Sein Freund Jack Victor war Sportredakteur, und er teilte der Vertrauenslehrerin der Zeitung mit, daß Allen einigen Kolumnisten Witze schickte. Sie lud ihn zu einem Gespräch ein. Dabei begann sie aus irgendeinem Grunde, an seinem Hemd zu zupfen, was ihm nicht gefiel. Also zupfte er an ihrer Bluse, und sie warf ihn hinaus.

Wie nicht überraschen dürfte, schrieb er hervorragende Aufsätze, und wurde oft vom Lehrer aufgefordert, der Klasse seine Geschichte laut vorzulesen. Aber manchmal überschritt seine vielseitige Begabung die engen Schranken des Annehmbaren, jedenfalls nach der Definition von Midwood. Einmal wurde seine Mutter zum Dekan bestellt, weil Allan angeblich einen empörend schmutzigen Aufsatz geschrieben hatte.

»Das war ein bedeutendes Ereignis in der High School«, sagt Woody. »Ich war immer sehr gut, was Englischaufsätze betraf, und schrieb einen lustigen Essay, der allerdings eine Menge Sexwitze enthielt. Aber es waren Witze mit Geschmack, ohne schmutzige Wörter: kurze Gags, die man vor dreißig Jahren problemlos im Fernsehen bringen konnte. Aber der Lehrer und der Dekan waren entsetzt und bestellten meine Mutter in die Schule.«

»Was meinst du damit? Was meinst du mit ›Sie hat eine Stundenglasfigur, und ich würde gern im Sand spielen‹?« wurde Allan von dem Dekan gefragt.

Er erwiderte: »Es ist ein Scherz.«

Nicht für den Dekan, der Nettie wissen ließ: »Ihr Sohn sollte mit einem Psychiater reden.«

Der Vorfall amüsiert Woody im Rückblick. »Dies war eine sehr, sehr aufgeklärte Schule; die Midwood High School war beispielhaft. Mia ist immer beeindruckt, wenn überall auf der Welt – zum Beispiel an hochkulturellen Orten wie den europäischen Opernhäusern – Leute auf uns zukommen und so was sagen wie: ›Hallo, ich war in der Midwood High School – ein Jahr vor Ihnen.‹ Es gab dort diese wunderbaren, ziemlich intelligenten Lehrer. Es war eine sehr jüdische Gegend, und Midwood hatte viele jüdische Lehrer. Die Schule war sehr fortschrittlich, aber sogar in einer solchen Atmosphäre hielt man meinen kleinen Witz für Ketzerei und meinte, ich hätte psychiatrische Behandlung nötig. Sie waren gekränkt, wirklich *gekränkt* darüber: Meine Mutter war fassungslos und sehr verlegen, als sie in die Schule kam.«

Das Verhalten der Lehrer bestärkte Allen in seiner niedrigen Meinung über Lehrer im allgemeinen, und Nettie wurde auch bei anderen Gelegenheiten, wenn kein Zweifel an seiner Schuld bestand, in die Schule bestellt. Dies hatte jedoch nichts mit seinem Benehmen im Klassenzimmer zu tun; die Aufsässigkeit, die er in der P. S. 99 gezeigt hatte, war verschwunden – genau wie Allan häufig selbst.

»Nur wenige Dinge im Leben sind so köstlich wie das Schuleschwänzen«, sagte Woody einmal mit der glücklichen Miene eines Mannes, der ein großes Vergnügen kennt und das Geheimnis nun zu teilen bereit ist. »Morgens aufzustehen, ganz früh, wobei die schreckliche Last der Schule über dir schwebt, und sich auf den Weg zu machen und zu wissen, daß dir fünf Stunden eines geistlosen, qualvollen, seelentötenden Nichts bevorstehen. Dann plötzlich mit einem Freund zu beschließen, daß ihr nicht hingeht, daß ihr statt dessen Karten für das Spiel der Dodgers kauft oder nach New York fahrt und im ›Automat‹ frühstückt und ins Paramount geht und Charlie Barnets Orchester zuhört und euch den neuen John-Wayne-Film anseht. Das ist wie ein Strafaufschub vor dem elektrischen Stuhl.«

Gewöhnlich schwänzte Allan zusammen mit Michael Rose, bekannt als Mickey, mit dem er später *Woody – der Unglücksrabe* und *Bananas*, die beiden ersten von Woody Allen inszenierten Filme, schreiben würde. Mickey wohnte ein paar Meilen entfernt in den Brooklyner Crown Heights, näher bei Manhattan und unweit des Ebbets Field, wo die Dodgers spielten. Die beiden waren in derselben Kunstklasse und schlossen rasch Freundschaft. So sehr sich ihre Interessen deckten, so unterschiedlich war ihre körperliche

Erscheinung: Allan war ein schmächtiger, einen Meter siebenundsechzig großer Rotschopf, Mickey ein muskulöser, mehr als einen Meter achtzig großer Junge mit dunklem Haar. Manchmal folgten sie einer Augenblickslaune und fuhren mit der Subway nach Manhattan und gingen ins Kino statt in die Schule.

In *Woody – der Unglücksrabe* besteht Virgil Starkwells Kindheit aus einer fortwährenden Abfolge von Grobianen, die seine schwarzgeränderte Brille schnappen und darauf herumtrampeln. Allan Konigsberg begann erst nach dem Abschluß der High School, eine Brille zu tragen, doch das hinderte größere, kräftigere Jungen nicht, ihn zu bedrohen. Seine Kleinheit und seine hervorstechenden roten Haare machten ihn zu einer ständigen Zielscheibe. Eines Tages forderte ein Schultyrann Allan auf, ihm pro Tag zehn Cent zu geben.

»Warum?« fragte Allan.

»Um dich vor deinen Feinden zu schützen.«

»Ich habe keine Feinde.«

»Jetzt schon.«

Mickey war ein guter Freund, nicht nur als Gefährte und zur Verdeutlichung der Tatsache, daß dieser kurzgeratene Junge hochgewachsenen Beistand hatte, sondern auch was die Erteilung von Ratschlägen betraf. Eines Tages waren sie in der Bibliothek, als ein hartgesottener italienischer Junge auf Allan zutrat und ihn zu einem Kampf nach der Schule herausforderte. Mickey kannte solche Jungen in Crown Heights; sie kämpften mit Baseballschlägern oder Abfalltonnen, die sie gegen ihre Opfer schmetterten. Dies war nicht Allans und Mickeys Stil. Das einzige, was sie mit einem Baseballschläger anstellen wollten, war, so wie Willie Mays zu spielen. Mickey gab Allan eine goldene Regel auf den Weg: »Triff dich nach der Schule nicht mit ihm.«

Statt dessen trafen Mickey und Allan sich nach der Schule und gingen in ihrer täglichen Uniform – Jeans, T-Shirt und hohe schwarzweiße Turnschuhe – zu Allan nach Hause, um Schläger und Bälle und Handschuhe zu holen. Dann machten die beiden sich zum Wingate Field oder einem anderen Platz auf, um Baseball zu spielen, und kehrten dann nach Hause zu Allan zurück, wo Nettie ihnen jeweils anderthalb Sandwiches mit Thunfisch machte.

Neben den täglichen improvisierten Übungen spielten Mickey und Allan mit vierzehn Jahren in der Mannschaft des 70. Reviers der Police Athletic League. Ritas Mann Dick Weinberg war der Trainer und selber ein guter Spieler, der es schaffte, in die unteren Spielklassen vorzurücken. Das alles ist mehr als vierzig Jahre her, doch wenn Woody das Team beschreibt, hört es sich an, als hätten sie gestern zum letztenmal gespielt.

Oft war er mit Mickey, den Freunden und Elliott Mills und Jack Victor zusammen, die in der Nähe wohnten. Rose besitzt immer noch die Namenslisten und die Punktverzeichnisse eines Tischfootballspiels, mit dem sie sich beschäftigten. Alle hatten ein Team, und ihre Spieler wurden nach Position, College, Höhe und Gewicht aufgeführt. Wenn sie keine imaginären Footballmagnaten waren, spielten sie Monopoly oder andere Spiele bei Victor zu Hause.

Zusammen mit einigen aus dieser Gruppe sah Allan seinen ersten Ingmar-Bergman-Film, *Die Zeit mit Monika*. Sie hatten gehört, im Jewel werde ein Film mit einer nackten Frau gezeigt, und das mußten sie unbedingt sehen. Aber zumindest für Allan und Mickey verwandelte sich das, was als voyeuristischer Ausflug von Heranwachsenden begonnen hatte, in einen lebenslangen Filmgenuß. Bergmans sachliche, poetische, meisterhaft fotografierte, meistens schwarzweiße Filme über fast jeden Aspekt der menschlichen Befindlichkeit – und über Gottes Schweigen zu ihr – sind nicht immer leicht zugänglich. Doch diese beiden Teenager sahen sich auf schlichte und vergnügliche Weise zum Nachdenken angeregt.

»Bergman zum erstenmal zu sehen war eine Freude, eine reine Freude«, sagte Woody. »Sicher, wir gingen in *Die Zeit mit Monika*, weil wir gehört hatten, daß Nacktheit gezeigt wurde, aber sobald wir im Kino saßen, hatten wir diesen Grund vergessen. Danach gingen wir aus reinem Vergnügen in seine Filme. Es war nie eine Pflicht, nie eine edle Tat oder Kunstbeflissenheit. Wir konnten es nicht abwarten, bis sie bei uns vorgeführt wurden. Sie waren nicht langweilig, abstrus oder schwülstig. Sie machten uns einfach Spaß.«

Allan war ein Dauergast bei der Familie Rose, noch häufiger jedoch hielt sich Mickey bei den Konigsbergs auf. Beide Familien gehörten zu den ersten in ihrer Gegend, die einen Fernsehapparat besaßen. Als die Familie Rose ihren Fernsehapparat im Jahre 1948 kaufte, fanden sich immer Besucher zu Milton Berles Show ein. Ein Indiz dafür, wie populär Berle war und wie sehr er die Zuschauer faszinierte, besteht darin, daß Mickeys Mutter ihn – von der Hausarbeit weg – aus seinem Zimmer holte, damit er sich die Sendung ansehen konnte. Nicht, daß Allan oder er hätten ermuntert werden müssen, sich Milton Berle anzuschauen.

Mit acht oder neun Jahren sah Allan seinen ersten Marx-Brothers-Film im Vogue an der Coney Island Avenue und wurde sofort zu einem großen Fan, das gleiche gilt für W. C. Fields. Aber es waren nicht nur Filme, die Allan inspirierten. Wieder und wieder las er Max Shulman, den geistreichen, bissigen Farceur, dessen anmutiger, ausgelassener, gleichsam auf der Zunge zergehender Prosa Millionen von Möchtegern-Schriftstellern mit kläglichen, bleiernen Ergebnissen nacheifern. Später entdeckte er den kultivierten und humorvollen Robert Benchley und den unvergleichlichen S. J. Perelman, den Meister der erhobenen, verschnörkelten Sprache. Beide sollten ihn beeinflussen. Er lauschte voller Begeisterung Bob und Ray, den er und Mickey genauso begeistert nachahmten. Bob Elliott und der verstorbene Ray Goulding schufen Tausende ganz und gar absonderlicher Charaktere, etwa den Komododrachen-Experten, den silberzüngigen Wally Ballou und Tippy, den unerschrockenen Wunderhund; sie manipulierten die Sprache, wie Satchel Paige den Baseball manipulierte.

Der erste Schriftsteller, durch den seine Aufmerksamkeit auf das Komödiantische gelenkt wurde, war George S. Kaufman. Als Allan im dritten Schuljahr war, schickte man seine Klasse in die Bibliothek, wo die Kinder lernen sollten, in Büchern nachzuschlagen. Er nahm zufällig einen Band mit Stücken von Kaufman und Moss Hart in die Hand und öffnete ihn auf Geratewohl bei *You Can't Take it With You*. Mit der Zeit las er das gesamte Werk Kaufmans und bewunderte dessen bissigen Stil so sehr, daß er ihn in jeder möglichen Weise nachahmte. Es gelang ihm, scheu und gleichzeitig zynisch, distanziert und verschlossen zu sein – ein Muster, das er später im Zuge seiner Verwandlung in einen erfolgreichen Bühnenkomiker umkehren mußte. Als Teenager standen Mickey und er zuweilen auf der Straße gegenüber Kaufmans Haus in der Manhattaner East-Ninety-fourth Street – nicht, weil sie hofften, einen Blick auf ihn zu erhaschen, sondern einfach als stumme Huldigung. Besser gesagt, sie standen vor dem, was sie für sein Haus *hielten*. Eine Zeitlang betrachteten sie das falsche Gebäude, und Jahre später bestand eine der Ideen für das Ende von *Woody* –

der Unglücksrabe, dem Pseudodokumentarfilm über das Leben eines tollpatschigen, doch hoffnungsvollen Missetäters, darin, den Produzenten des Films erscheinen und erklären zu lassen: »Meine Damen und Herren, wir haben einen Fehler gemacht. Wir haben das falsche Leben aufgenommen. Eigentlich wollten wir die Geschichte des Mannes im Nachbarhaus erzählen.«

Hätte Allan die Wahl gehabt, so hätte er am liebsten im Nachbarhaus oder – wegen des Gedränges und der Unruhe in seinem eigenen – in jedem anderen Haus gewohnt, vor allem, wenn es den Manhattaner Penthouses mit dem prächtigen Mobiliar ähnelte, die er in Filmen sah. Sie erschienen dem Teenager, der nicht nur sein Apartment, sondern sogar sein Zimmer mit anderen teilte, als Gipfel des großstädtischen Lebens.

Vor eine realistischere Wahl gestellt, hätte Allan gern auf die freitagabendlichen Dinners mit Gott weiß welchen Gästen verzichtet und statt dessen an dem Abend für junge Talente im Flatbush Theater, einem der letzten großen Varietéhäuser, teilgenommen. Aber so freizügig ihn seine Eltern auch gewähren ließen, er mußte eine abendliche Sperrstunde einhalten, und die Flatbush-Show endete nach deren Ablauf. Im Alter von vierzehn Jahren hatten ein Freund und er das Theater zufällig entdeckt, als sie an der Flatbush Avenue herumlungerten. Das Theater zeigte zwei Hauptfilme, etwa »Epen« mit Abbot und Costello oder den Bowery Boys, und mehrere Trickfilme. Dann folgten fünf Varieténummern unter Begleitung eines vollständigen Bühnenorchesters: Musiknummern, Stepptänzer, Komiker, Nachahmungskünstler. Von dem Tag, an dem er es entdeckte, bis zu dem Tag, als das Varieté – damals war er siebzehn oder achtzehn – endete, verpaßte Allan nie einen Samstagnachmittag. Oft traf er rechtzeitig zu den Bühnennummern ein, sah sich dann die Filme an und schaute den Auftritten ein zweites Mal zu. Er kannte jeden Musiker der Band mit Namen und konnte jeden Auftritt nachspielen, was er auch regelmäßig tat.

Das Varieté hatte natürliche Anziehungskraft für einen Jungen, der Zauberei, Musik und Humor liebte und diesen Dingen viel Zeit widmete. Filme ermöglichten ihm eine Flucht vor seinen Zweifeln, ein paar Stunden des Entrückens aus seinem durchschnittlichen Leben in Brooklyn und ein Sprungbrett in die erstaunliche Welt auf der Leinwand. Diese Welt zog ihn so sehr an, daß, wenn er ihnen auch nicht immer angehören konnte, so doch wenigstens gerne einen Hauch Filmwelt in sein Leben hinübergerettet hätte. Jahrelang wünschte Allan sich ein weißes Telefon, wie es in den Manhattaner Penthouse-Komödien üblich war. Das Varieté hatte weniger mit dem Reich der Fantasie zu tun. Es war lebendig und lautstark und mit Händen zu greifen. Es war nicht viel Fantasie nötig, um sich selbst beim Vorführen eines Zaubertricks oder beim Erzählen eines Witzes auf der Bühne zu sehen, besonders wenn man wie Allan jeden Tag fleißig übte. Er schrieb sich die Darbietungen der Komiker auf die Rückseite seines Bonbonkartons, prägte sie sich ein und amüsierte sowohl seine Freunde wie sich selbst. Humor war ein hochgeschätztes Gut unter seinen Freunden, die selber witzig waren und eine Sammlung von Witzbüchern miteinander teilten.

Es war seine Mutter, die ihm den Anstoß gegeben haben mag, Freunde zu unterhalten. »Steck dir ein hohes Ziel«, riet sie ihm immer wieder.

»Meine Eltern waren liebevoll, aber streng, so wie die anderen Eltern der Gegend«, sagt Woody. »Sie waren typische, dem Klischee entsprechende jüdische Eltern. Man wurde immer für schuldig gehalten, ich besonders. Ihre Haltung war nicht ermutigend – dauernd hieß es: ›Das mußt du beweisen.‹ Es gibt den alten Witz von Sam Levenson über den Jungen, der aus der Schule kommt und seiner Mutter sagt: ›Ich habe achtundneunzig Punkte in der Prüfung gekriegt.‹ Und sie fragt: ›Wer kriegte die anderen beiden Punkte?‹ Und genauso war es. Nichts war je gut genug, dauernd hörte man: ›Ach wirklich? Du hältst dich also für tüchtig? In Ordnung, du toller Bursche, zeig mir, wie schnell du's schaffst.‹« Dies scheint ungefähr die Reaktion von Allans Mutter gewesen zu sein, als er ihr mitteilte, er wolle Gagschreiber werden.

Also machte er sich ans Werk. Und dann, da er nicht wußte, was er mit seinen Witzen anfangen sollte, schickte er sie seinem Cousin Phil Wasserman. Wasserman hatte mit Public Relations zu tun, was immer das sein mochte; jedenfalls war es weit von dem Leben in Flatbush entfernt. Er zeigte sich sehr entgegenkommend, und da alles, was er über das Witzgeschäft wußte, aus den Klatschkolumnen der Zeitungen stammte, schlug er vor, Allan solle seine Gags dorthin schicken. Damit machte Allan Konigsberg einen riesigen Schritt zur Überquerung seines persönlichen Rubikon: des East River, der zwischen Brooklyn und Manhattan fließt.

Als er sechzehn Jahre alt und in der vorletzten Klasse der High School war und als es sechs in Manhattan publizierte Tageszeitungen gab, jede mit einem einflußreichen Showbusineß- und Klatschkolumnisten, tat Allan Konigsberg im Frühjahr 1952 genau das, was den Mythen des Showbusineß zufolge zuerst zu tun ist: Er änderte seinen Namen. Dann tippte er seine Witze, unterzeichnet mit Woody Allen, und sandte sie einem Kolumnisten nach dem anderen, stets mit der gleichen Notiz: »Beigefügt sind ein paar Gags zu Ihrer Betrachtung, die ich ausschließlich Ihnen geschickt habe.«

Der erste, der einen dieser Gags verwendete, war Nick Kenny, einer der Kolumnisten des *Mirror*, der volkstümelnd über seine Ferien schrieb und die Namen von Bettlägerigen veröffentlichte, denen die Leser seines »Cheerup Club« Briefe mit ihren guten Wünschen schicken konnten. Auch er benötigte Witze, und eines Tages rief ein Freund Allan an und sagte, sein Material werde in Kennys Kolumne verwendet. Da alle seine Freunde Allan für witzig hielten, waren sie nicht sehr überrascht; die Veröffentlichung in der Kolumne bestätigte ihren Glauben nur.

Kurz darauf begann auch der viel einflußreichere und weithin gelesene Earl Wilson von der *New York Post*, seine Witze regelmäßig zu verwenden. Die ersten Gags erschienen anonym in der täglichen Rubrik »Earl's Pearls« oder wurden der nicht existierenden Taffy Tuttel zugeschrieben, einem Showgirl oder Playgirl, das Wilson erfunden hatte und als Vehikel seines Humors benutzte.

Am 25. November 1952 feierte Allan Konigsbergs Pseudonym mit einem Witz über das Office of Price Stabilization am Ende von Wilsons Kolumne sein Debüt: »Woody Allen hat herausbekommen, was OPS-Preise sind: Ohne Praktischen Sinn.« Bald folgte: Taffy Tuttle hörte von einem Mann, der sechs Fuß groß ist, und sie sagte zu Woody Allen: ›Donnerwetter, es dauert wohl sehr lange, bis er seine Schuhe anhat.‹« Unter dem Titel »Ich wünschte, das hätte ich gesagt« erschien: »›Es sind die gestrauchelten Frauen, die gewöhnlich aufgegabelt werden.‹ – Woody Allen.« Ein »romantischer Witz«: »Woody Allen meldet den neuesten Schlager: ›Du warst für mich bestimmt – verdammt noch mal.‹« Und dann eine unreife Version der New Yorker Witze, für die er berühmt werden würde: »Woody Allen brüstet sich, gerade ein Vermögen verdient zu haben – er hat seinen Parkplatz in der Innenstadt versteigert.« »Unreif« ist das Wort, das all diese Beispiele vielleicht am besten beschreibt, aber schließlich *war* er damals noch unreif, und seine Gags reiften mit ihm.

Er erhielt keine Bezahlung für sein Material. Doch die Veröffentlichung seiner Witze eröffnete ihm neue Möglichkeiten. In Kennys Kolumne zu erscheinen war ein berauschendes Erlebnis, weil es das erste Mal war, aber es handelte sich um einen zweitrangigen Erfolg. Der erste Rang gebührte Wilson. »Die *Post* eignete sich viel besser, weil sie eine lebendigere Zeitung und weil Earl Wilson damals ganz groß war«, sagte Woody einmal. »Und da war er, mein Name in Earl Wilsons Kolumne – einer Kolumne, in der ich millionenmal Neuigkeiten und Klatsch über Menschen gelesen hatte, mit deren Leben ich, wie mir schien, nie etwas zu tun haben würde. Aber da war ich. Ich konnte an nichts anderes denken. Und dann kam ich dauernd darin vor. Es konnte einem zu Kopfe steigen.« Und es ist keine Übertreibung zu sagen, daß dies sein Leben änderte.

»Im letzten Jahr der High School wählten alle einen Beruf oder zumindest die Richtung, die sie einschlagen wollten, doch ich hatte überhaupt keine Vorstellung«, fuhr Woody fort. »Ursprünglich hatte ich mit dem Gedanken gespielt, Detektiv zu werden, für das FBI zu arbeiten. Mickey und ich hatten davon gesprochen, Pharmazeuten zu werden und jeweils abwechselnd zu arbeiten, damit der andere zu Baseballspielen gehen konnte. Etwas später dachte ich an den Beruf eines Optometrikers – das war einer meiner reiferen Gedanken. Ich erwog auch die Möglichkeit, Zauberer zu werden. Gelegentlich und sehr spontan dachte ich ein wenig darüber nach, als Komiker zu arbeiten – zum Beispiel nachdem ich mit meiner Mutter Bob Hope in *Der Weg nach Marokko* sah –, dann ging es mir aus dem Sinn und tauchte später wieder auf.«

Im Hintergrund schlummerte auch die Idee, Schriftsteller zu werden. Er dachte nie speziell an das komische Fach, sondern an Schriftstellerei im allgemeinen. Schreiben war schließlich etwas, worin er sich auszeichnete. Von der siebenten Klasse an war er fähig, Schulaufsätze innerhalb von Minuten hinzuhauen. Ungeachtet seiner Lässigkeit wurde er häufig aufgefordert, seine Arbeiten der Klasse vorzulesen, denn sie waren stets witzig und seine Klassenkameraden waren ein empfängliches Publikum. Bereits im ersten Schuljahr schrieb er über ausgefallene Themen, etwa darüber, welche Geschenke er sich erhoffte, falls er zu Hause krank im

Bett läge. Häufig verwendete er vielschichtige und esoterische Begriffe, ohne unbedingt zu wissen, was sie bedeuteten. Allan erwog also nicht grundlos, Schriftsteller zu werden. Auch die Macht des Komischen zog ihn an, und schon im jungen Alter war er vernünftig genug, sie zu seinem Vorteil zu nutzen.

»Während ich aufwuchs, hatte ich großen Spaß an der Komik und daran, Menschen zum Lachen zu bringen«, sagte Woody. »Ich identifizierte mich immer mit Komikern – eine schmerzlose Art, das Leben zu überstehen. Natürlich wurden die Komiker auf der Leinwand immer mit vorgefertigten Situationen konfrontiert und verfügten über fertige Texte. Sich im wirklichen Leben in Situationen wiederzufinden, die eigentlich qualvoll waren, und dann nicht um einen komische Bemerkung verlegen zu sein, das war großartig. Darin war und bin ich sehr gut. Vermutlich habe ich deshalb begonnen, Komödien zu schreiben. Ich habe es sehr oft im Fernsehen gemacht, als Gastgeber der Johnny Carson Show zum Beispiel. Ich kam immer mit diesen kurzen glatten Gags nach Art von Bob Hope heraus. Hope war der erste, den ich dabei beobachtete. Dann folgten Danny Kaye mit seiner Version und Abbot und Costello mit ihrer und später Jerry Lewis mit seiner. Ich war ganz einfach dazu in der Lage. Es war eine meiner großen Stärken.«

Broadway-Journalisten wie Wilson und Winchell, Dorothy Kilgallen, Ed Sullivan und Louis Sobol unterhielten die Leser ihrer in vielen amerikanischen Zeitungen veröffentlichten Kolumnen mit Klatsch über Berühmtheiten und mit Witzeleien. Auf der Suche nach Informationen tauchten sie und ihre Assistenten häufig in Nachtklubs und Shows auf. Um täglich ihre Spalten füllen zu können, benötigten sie jedoch Hilfe. Diese Hilfe wurde von Presseagenten geliefert. Prominente wollten nicht nur von Zeitungen und Zeitschriften interviewt werden und in Rundfunk- und Fernsehsendungen auftreten, sondern sie wollten ihren Namen auch in den Kolumnen sehen. Deshalb verbrachten ihre Presseagenten beträchtliche Zeit damit, Nachrichten über sie herzustellen und unterzubringen. Eine der Hauptaufgaben des Presseagenten ist es, den Klienten nicht aus den Nachrichten verschwinden zu lassen – ob es nun etwas über ihn zu melden gibt oder nicht – und ihn als witzig darzustellen, ob er es ist oder nicht. Dies hält den

Woody Allens Eltern
Martin und Nettie
Konigsberg am Tag
ihrer Hochzeit 1930.

Woody Allen, gebo-
ren als Allan Konigs-
berg, Brooklyn 1937.

Oben links: Isaac Konigsberg,
Allans Großvater väterlicherseits.
Oben rechts: der achtjährige
Allan und seine Schwester Letty
1944. Unten: Zirka 1952 beim
Spielen einer Klarinette mit
Boehmsystem – eine Seltenheit
für Woody.

Links: Bei seiner Show im Better End, etwa 1964.
Oben: 1974 zusammen mit den Managern Charles Joffe (links) und Jack Rollins.
Unten: Als Gastgeber der To-night Show 1967 mit Ursula Andress und Jerry Lewis.

Die Zuschauer glauben oft, daß Woody Allens Figur nur einen Gesichtsausdruck hat, aber er ist in fast jedem Film anders.
Oben: Mit Romy Schneider in *Was gibt's Neues, Pussy?*
Rechts: Als Danny Rose.
Unten: Im Kostüm bei der Regie einer Szene von *Zelig*.

Klienten davon ab, das von ihm gezahlte Wochen- oder Monatshonorar einem anderen Agenten zu übertragen.

Einer dieser Presseagenten war Gene Shefrin. Im Jahre 1953 arbeitete Shefrin für David Alber, einen führenden Publizisten jener Tage, dessen Büro in der 654 Madison Avenue lag. Einer von Albers am höchsten geschätzten Klienten war Arthur Murray, der Tanzstudio-Impressario. Murray wurde deshalb hoch geschätzt, weil er der Agentur keine wöchentliche oder monatliche Pauschalsumme zahlte, sondern weil er sie jedesmal belohnte, wenn sein Name in einer Kolumne erschien – eine potentiell einträglichere Abmachung. Er zahlte »pro Erwähnung« nach einer gleitenden Skala, die sich mehr oder weniger an der Größe der Leserschaft eines Kolumnisten ausrichtete. Zum Beispiel brachte eine Namensnennung bei Winchell, dem Kolumnisten mit den meisten Lesern, hundert Dollar ein. Sullivan oder Wilson waren fünfundsiebzig Dollar wert. Noch mehr wurde gezahlt, wenn sie sowohl Murray als auch seine Studios erwähnten. Shefrin war Albers Vizepräsident und Personalchef, und es war seine Aufgabe, einen guten Gagschreiber zu finden – nicht nur, um die »Monatskunden« zufriedenzustellen, sondern auch, um diese Goldmine mit Hilfe allen denkbaren Materials auszubeuten.

Bei der Eröffnungsvorstellung von Peggy Lee, einer anderen Alber-Klientin, im Manhattan La-Vie-en-Rose-Café im Frühjahr 1953 traf Shefrin mit Earl Wilsons Assistenten Martin Burden zusammen; dieser war für die Nachrichten und Witze verantwortlich, die das Ende der Kolumne unter dem Titel »The Midnight Earl« bildeten. Shefrin fragte Burden, ob er ihm einen guten Gagschreiber empfehlen könne, und Burden erzählte ihm von dem High-School-Jungen aus Brooklyn, der nun so oft zitiert wurde, daß es die Leser verwirrte. Wilsons Spalte sei schließlich Prominenten gewidmet, und Prominente hätten Namen, die den Leuten bekannt seien. Niemand jedoch kenne Woody Allen. Seine Beiträge seien so gut, daß Wilson gelegentlich einige unter dem Namen des Autors bringe und andere den Personen zuschreibe, denen er einen Gefallen schulde. Shefrin engagierte den unbekannten Prominenten.

Jeden Tag nach der Schule zahlte Allan Konigsberg fünf Cent und fuhr mit der U-Bahn durch Brooklyn zur Station Fifth Avenue/Sixtieth Street. Dann ging er den Block entlang, am Copacabana vorbei, zu Albers Agentur, wo sechs oder sieben Leute in renovierungsbedürftigen Büros arbeiteten. Dort fabrizierte Woody Allen in drei Stunden so viele Witze wie er konnte. Er lieferte tagtäglich drei oder vier Tippseiten (mit etwa fünfzig Witzen) ab und erhielt dafür zwanzig Dollar pro Woche.

Alber, der nicht im geringsten der allgemeinen Vorstellung vom Äußeren eines führenden Presseagenten entsprach, war ein leiser, ziemlich untersetzter Mann in den Fünfzigern; sein Haar lichtete sich, er trug eine Drahtbrille und hinkte infolge einer Kinderlähmung. Für seine zumeist zwanzig Jahre jüngeren Autoren war er eine Vaterfigur. Erzählungen zufolge war es angenehm, bei ihm zu arbeiten und das Geschäft von der Pike auf zu erlernen. Shefrin dagegen sah aus, wie man sich einen Presseagenten vorstellt; Woody beschreibt ihn als »einen schnellzüngigen, unflätigen, großartigen Kerl. Ich mochte ihn sehr gern und tue es heute noch«. Damals war er in den Dreißigern, und die anderen Autoren hielten ihn für »einen wohlwollenden Despoten im besten Sinne des Wortes«.

Woodys Ruf eilte ihm voraus. »Sie hatten viel von mir gehört und verfolgten meine Witze in den Zeitungen«, sagt er. »Ich war eine Art Wunderkind, wie Willie Mays, und wie Willie Mays, als er die oberen Spielklassen erreichte, gelang mir zunächst gar nichts. Ich hatte nie einen Hit in den Zeitungen. Dann, wieder wie Mays, dessen Hit ein Home Run war, schaffte ich eine plötzliche Explosion von Hits. Es war ein merkwürdiges Leben. Solche Gags waren damals sehr wichtig. Man las dauernd in den Zeitungen, wie clever diese Prominenten seien. Als Junge wußte ich nicht, daß andere ihre Aussprüche schrieben. Ich las die Zeitung und dachte: ›Mann, sieh dir das an.‹«

Seine Gags waren witzig und wurden oft benutzt. Nach einer Weile drängte Shefrin ihn jedoch, auf Witze über einfältige Frauen, Männer mit nörgelnden besseren Hälften oder über Schmusereien auf dem Parkplatz zugunsten aktuelleren Materials zu verzichten, da Einzeiler zum Tagesgeschehen die Kunden nicht nur intelligenter wirken ließen, sondern auch von den Kolumnisten vorgezogen wurden. »Lies die Titelseite der Zeitungen«, riet Shefrin. »Ich lese die Titelseiten«, antwortete Woody und fuhr in seinem früheren Stil fort. Nach einer Weile strich Shefrin ihm Texte zusammen, die er nicht für originell hielt. Jedesmal, wenn er dies tat, hörte er von Woody: »Aber Gene, das ist doch *witzig*.«

Eines Tages fragte Woody Alber, ob dieser Bob Hope kenne, denn er habe einige Texte geschrieben, die Hope genau auf den Leib paßten. Einer der Gags lautete: »Ich brauch' schließlich nicht hiervon zu leben – ich könnt' jederzeit reich werden, indem ich Ausflüge durch Kirk Douglas' Kinn organisiere.« Dies war und ist ein perfekter Hope-Ausspruch; der Text entspricht genau Hopes Rhythmus und seiner trotzigen, vorgetäuschten Tapferkeit. Das übrige war genauso aktuell und spitz, also auf Hopes Schnellfeuer-stil zugeschnitten. Alber kannte Hopes Manager James Saphier und schickte diesem Woodys Monolog. Mehrere Wochen später teilte Saphier mit, Hope habe den Stoff gelesen und Gefallen daran gefunden; bei seinem nächsten Besuch in New York wolle er Woody kennenlernen. Die Begegnung kam nie zustande, doch das Wissen, daß dieser Teenager Texte schreiben konnte, die gut genug für Bob Hope waren, veranlaßte Shefrin dazu, weniger Witze zu streichen.

Wie groß sein Erfolg als Gags schreibendes Wunderkind auch sein mochte, Woody zeigte immer Respekt. Schließlich ist es keine hohe Kunst, Witze zu verfassen. »Niemand sagte je: ›Dieser Junge wird ein Genie werden‹«, erläuterte Mike Merrick, einer seiner damaligen Kollegen. »Aber er war ungeheuer sympathisch. Er war freundlich, nett, neugierig, und wir hielten ihn für ein Original im positiven Sinne. Für das Gegenteil eines Klugscheißers. Er kam ganz bescheiden rein, machte nie Lärm und produzierte diese witzigen Texte beispielsweise für Sammy Kaye. Wir lasen sie und sagten: ›Wenn Sammy Kaye nur so clever wäre.‹«

Woody saß oft stundenlang neben Merrick und Don Garrett, der für den Rundfunk geschrieben hatte, und hörte konzentriert zu, wenn sie über Komik sprachen. »Er war voller Ausrufezeichen«, berichtet Merrick (dabei ist ein Ausrufezeichen ein ganz unwahr-scheinlicher Teil der Interpunktion, wenn Woody heute spricht). »Er rief immer ›Wow!‹ oder ›Mann!‹«. Jetzt hört man meist »Mhm« oder »Wirklich?«

Merrick ist verantwortlich für Woodys typische schwarzgerän-derte Brille. In seiner Collegezeit hatte Merrick nebenbei als Büh-nenkomiker gearbeitet. Er trug eine Brille mit einem schwarzen Gestell und ein großes silbernes Erkennungsarmband, und für Allan war er ein »echter Bursche vom Broadway«. Als Allan mit achtzehn Jahren eine Brille benötigte, zögerte er nicht im geringsten, was die Wahl des Gestells betraf und Merrick war es auch, der ihm bei seinem ersten Auftritt als Bühnenkomiker half.

Allan war siebzehn Jahre alt, und zu seinen Fertigkeiten gehörte das Spiel des Sopransaxophons und die Vorführung von Zaubertricks, außerdem glaubte er, Witze erzählen zu können. Auf der Suche nach einem Mädchen ging er eines Abends in einen »Young Israel«-Klub einer nahegelegenen Synagoge an der Ocean Avenue, wo Angehörige des Publikums die Unterhaltung bestritten. Der Junge, der als Conferencier fungierte, kannte Allan und erklärte am Ende des Abends: »Nächste Woche wird Allan uns mit einigen Witzen unterhalten.« Dies kam unerwartet für Allan, doch er beschloß, seine Schüchternheit zu überwinden und einen Versuch zu machen. Die Frage war, welches Material er benutzen würde. Zwei Tage später erzählte er Merrick bei der Arbeit von seinem bevorstehenden Debüt. Merrick, der zwar mittlerweile nicht mehr auftrat, hatte immer noch einen Aktenordner mit seinen Bühnennummern und bot an, ihn Allan zu leihen.

»Sie waren wirklich professionell gemacht«, sagte Woody. »Die Nummern waren nicht wie die von Amateuren, die aufstehen und Witze erzählen wie: ›Da war einmal [Lachen] ein Wissenschaftler und ein Showgirl...‹ Seine hatten das Flair eines echten Komikers wie die der Männer, die man damals sah: Phil Foster, Jack E. Leonard und so weiter.«

Er erinnert sich immer noch an Merricks Witze. Einer handelte von Seymour, dem Wunderpferd, und ein anderer von einem Cowboy. Die »Rendezvousnummer« hatte etwas von Woodys späterem Stil: »Ich begleite ein Mädchen nach einem Date nach Hause, und sechs Blocks von ihrer Wohnung entfernt holt sie den Schlüssel raus. [lautes Gelächter im Publikum] Dann gehe ich mit ihr die Treppen rauf, lege rasch die Arme um sie, und sie sagt: ›Nein, nein, nicht. Morgen früh wird's mir leid tun.‹ Also sage ich: ›Schlaf länger.‹«

Er kam sehr gut zurecht. »Als Fan hatte ich – unbewußt – über die Jahre viel über die Arbeit als Komiker gelernt und besaß jetzt auf der Bühne gewisse natürliche Fähigkeiten. Es war Instinkt, es fiel mir leicht. Ich weiß noch, wie ich Mike das Material am nächsten Tag zurückgab und sagte: ›Gott, ich war einfach unwiderstehlich. Die haben sich kaputtgelacht.‹ Und er antwortete: ›Ja, es ist berauschend, nicht?‹ Ich habe das Gespräch wörtlich im Kopf. Dann fragte ich ihn, weshalb er aufgehört hatte, und er sagte: ›Du mußt es leidenschaftlicher wollen als alles andere auf der Welt. Es ist ein harter Kampf, und du mußt einfach den Willen dazu haben.‹« Es würde acht Jahre dauern, bis Woody es leidenschaftlicher als alles andere auf der Welt wollte.

Vorläufig war er mit seinem Los zufrieden, obwohl ihn einer der älteren Autoren in der Agentur warnte: »Eines Tages wirst du dir ansehen, was du tust, und du wirst den Wunsch haben, dich umzubringen.« Sein größtes Problem bestand darin, seine Kollegen zu überzeugen, daß er kein Kind mehr war.

»Die Arbeit bei Alber war herrlich«, erzählt Woody, »weil ich Erfolg hatte und das Nest verließ. Ich hatte einen für meine Umgebung beispiellosen Erfolg. Ich glaubte, im Herzen des Showgeschäfts zu sein.«

Jeden Tag nach der Arbeit fuhr er eine halbe Stunde vom Herzen des Showgeschäfts zurück ins Herz von Brooklyn. Er stieg an der erhöhten Station in der Sixteenth Street und der Avenue K aus, direkt neben dem Wingate Field, und ging – einen Block weit – nach Hause. In seinem letzten High-School-Jahr wohnte die Familie in der Fifteenth Street und der Avenue K, wo die Großeltern wohnten. Bald mieteten auch eine Tante und ein Onkel ein Apartment. Wieder wohnten die Konigsbergs mit Verwandten zusammen; in dem Apartment drängten sich so viele Menschen, daß Allan auf einem Feldbett schlafen mußte.

Wenn er auch ein zukünftiges Leben in Manhattan gesehen haben mag, so lag seine Gegenwart immer noch in Brooklyn. Sein Erfolg änderte nichts an dem, was seine Freunde und er taten: Sie gingen ins Kino, aßen Pizzas und hörten Jazzmusik. An Wochenenden trafen sie sich bei Cookie's, nachdem sie ihre Partnerinnen vom Kino zurückbegleitet hatten, und erzählten einander, wie weit sie gekommen waren. Aus dem gleichen Grund, aus dem er sich gern mit Mädchen verabredete, die in den besseren Häusern unweit der P. S. 99 wohnten – weil »sie sanftere Haut hatten« –, besuchten seine Freunde und er häufig eine Eisbar am Kings Highway, in der Nähe des Kingsway Theater, um nach hübschen Mädchen Ausschau zu halten. Sie »wußten, daß die schönsten Mädchen dort sein mußten, weil wir sie in unserem Block nicht finden konnten«.

Sich nach Mädchen umzuschauen, war eine Sache, sich mit

ihnen zu treffen und ihr Interesse zu wecken, war eine andere. Die Aussicht auf Sex, Allans Hormone und die Frauen vollbrachten genau das, was die Lehrer in zwölfjähriger Arbeit nicht geschafft hatten: Allan begann plötzlich, Bildung – wenn auch nicht das Bildungssystem – ernst zu nehmen.

»In frühem Alter wurde ich von einem bestimmten Frauentyp physisch angezogen«, sagte Woody vor ein paar Jahren. »Es ist sehr schwierig, das Aussehen genau zu bestimmen, das mich so sehr erregte. Es war mehr oder weniger das, was man einen Jules-Feiffer-Mädchentyp nennen könnte: Frauen mit langem schwarzem Haar, ohne Make-up, meist schwarz gekleidet, mit Lederhandtasche und silbernen Ohrringen, so wie sie in seinen Karikaturen erschienen – fast ein Witz, gemessen an heutigen Frauen. Aber damals hielt ich sie alle für wunderschön. Während ich hinter diesen Mädchen her war, mußte ich oft feststellen, daß sie Brooklyn verlassen und nach Greenwich Village ziehen wollten, um Kunst oder Musik zu studieren, sich mit Literatur zu beschäftigen – oder ein Bürogebäude in die Luft zu jagen. Außerdem mußte ich feststellen, daß sie sich nicht für mich interessierten; weil ich in kultureller und intellektueller Hinsicht kleinkariert war, mußte ich anfangen, irgendwie ihre Interessen zu erforschen. Das einzige, wo ich Bescheid wußte, war Baseball. Wenn ich mit ihnen ausging, sagten sie zum Beispiel: ›Was ich heute abend wirklich möchte, ist, mir Andres Segovia anzuhören.‹ Und ich fragte: ›Wen?‹ Oder sie wollten wissen: ›Hast du diesen Faulkner-Roman gelesen?‹ Und ich antwortete: ›Ich lese *Comics*. Ich habe nie im Leben ein Buch gelesen.‹ Ich mußte lesen, um mit ihnen mitzuhalten. Und es gefiel mir. Nach einer Weile empfand ich es nicht mehr als Belastung. Ich merkte, daß ich Faulkner und Hemingway mochte, Fitzgerald allerdings weniger. Dann begann ich, Dramen zu lesen. Was diese Frauen lasen und was ihnen gefiel, führte sie unweigerlich zu Nietzsche und Trotzki und Beethoven, und ich mußte mir alle Mühe geben, um in ihrer Gesellschaft nicht unterzugehen.«

Im Herbst 1953 begann Allan mit dem Studium an der New York University (NYU) – weniger aus echtem Bildungshunger als vielmehr seinen Eltern zuliebe. Da er das Studium wenigstens mit einem gewissen Vergnügen verbinden wollte (und weil er dies für einen »kinderleichten Kursus« hielt), belegte er das Fach Filmproduktion. Das einzige, was er regelmäßig besuchte, waren die Filme:

»In der High School schwänzte ich schon oft, aber als ich ins College kam – kein Vergleich. Ich muß fünfzig Prozent des Unterrichts versäumt haben.« Häufig hatte er fest vor, in den Unterricht zu gehen, aber wenn der Zug dann an der NYU-Station, nicht weit vom Washington Square, anhielt, war die Lockung der Innenstadt zu groß, und er fuhr weiter zum Times Square, wo er durch den Theaterbezirk spazierte, sich im Circle Magic Shop umsah, im »Automat« aß und ins Kino ging.

Wenn er den Unterricht doch einmal besuchte, nahm er danach die Subway zu Sixtieth Street und ging zur Agentur, wo er mittlerweile vierzig Dollar verdiente. Manchmal fuhr er nach seinen Seminaren zusammen mit einer attraktiven Kommilitonin – sie war im letzten Studienjahr – nach Uptown Manhattan.

»Sie war sehr nett und drohte dauernd, mich zu Kuchen und Milch einzuladen«, berichtet Woody, »aber ihr guter Geschmack hinderte sie immer wieder daran. Sie hielt mich für recht witzig. Sofort nach Studienabschluß wollte sie heiraten. ›Meine Frau dürfte nicht arbeiten. Ich hätte Angst, allein zu Haus zu sein‹, erklärte ich eines Tages. Sie lachte zehn Minuten lang.«

Sie wohnte zwischen der Sixty-second Street und der Park Avenue, drei Blocks von Albers Agentur entfernt, und sie schien alles zu verkörpern, was das Leben in Manhattan so großartig machte, alles, was Allan nicht besaß.

»Als ich klein war, fuhren wir in die Park Avenue zum Arzt. Das war jedesmal ein großes Ereignis, so als käme man nach Monaco oder so. Und sie war an der Park Avenue herangewachsen«, erzählte Woody mit unverhohlenem Neid. »Aus der Schule zu kommen und nicht nach Brooklyn zurückkehren zu müssen, wo ich wohnte, sondern fünf Minuten vom Central Park, zwei Minuten vom Plaza Hotel und zehn Minuten von den meisten Museen der Stadt entfernt zu sein, herrlich. Deshalb mute ich meinen Kindern die Stadt zu und sorge dafür, daß sie hier in sehr guten Schulen erzogen werden. Ich möchte, daß sie aus der Schule nach Hause kommen und sagen können: ›Heute gibt's eine Martha-Graham-Matinee. Die möchte ich sehen.‹«

Am Ende seines ersten Collegesemesters erhielt Allan die Note D im Fach Filmproduktion. Immerhin, denn es gelang ihm, im Spanisch-Kurs für Anfänger durchzufallen, obwohl er auf der High School schon zwei Jahre lang Spanisch gelernt hatte. Auch in

Englisch schnitt er schlecht ab, denn er schrieb witzige Essays für humorlose Lehrer. Seine Bewunderung für Max Shulman und dessen neunmalklugen Stil eignete sich nicht für die Englischarbeiten von Studienanfängern.

Woody erinnerte sich, einen Aufsatz abgegeben zu haben »und vom Lehrer zur Schnecke gemacht zu werden, weil er empört darüber war. Er schrieb an den Rand: ›Das ist schrecklich. Das können Sie nicht sagen. Es ist einfach vulgär.‹ Weiter unten schrieb er: ›Junge, sind Sie ein unreifer Halbwüchsiger?‹ Es war eine sehr witzige Arbeit. Aber es war mein erster Essay am College, und ich bekam nur ein F dafür. Überall am Rand standen diese kritischen Kommentare dieses humorlosen Professors, der nie von Max Shulman gehört hatte. Ich erinnere mich, daß ich den Essay mit zu Alber genommen habe und er gefiel meinen Kollegen sehr. Einer sagte: ›Na ja, ein ungeschliffener Diamant ist's nicht.‹ Aber er *war* witzig.«

Allan war einfach nicht für ein College-Studium geschaffen, was er gern einräumt. Es machte ihm Freude, sich die Filme anzusehen, aber die Seminare in Filmproduktion – die Vorlesungen und die Analyse der betreffenden Filme durch die Studenten – war alles andere als erfreulich. Zudem mußte die obligatorische Semesterarbeit vorgelegt werden. Allan verfaßte sie aus dem Stegreif am Abend vor dem Abgabetermin. Er schrieb über die Bedeutung der Musik für Filme anhand der Verwendung von Trommeln in *Stalag 17*. Für die meisten Filme ist ein Komponist zuständig, doch Woody wählt die Musik für seine eigenen stets persönlich aus. Er erhielt zwar ein C für die Arbeit, aber er war offensichtlich kein künftiger Filmwissenschaftler, jedenfalls nicht vom Standpunkt der Professoren aus. Die Frauen und sein wißbegieriger Geist hatten ihn zwar endlich bewogen, auch Bücher ohne Bilder zu lesen, doch die Disziplin eines Collegestudiums, diktiert von Lehrplänen und Lektürelisten, langweilte ihn. In der P. S. 99 hatten ihm die Tutoren geholfen; in der Midwood High School war er von Lehrern ermahnt worden, sich mehr Mühe zu geben, aber im College, wo es keine Verpflichtungen gibt, jemandem Bildung – oder wenigstens das Unterrichtspensum – einzutrichtern, wurde er einfach als Versager fallengelassen.

Allerdings gab man ihm eine zweite Chance. Am Ende des ersten Semesters wurde er zu einem Gespräch mit mehreren Professoren geladen und erfuhr, daß er an einem Sommerlehrgang teilnehmen könne, und wenn es ihm gelänge, seine Zensuren hinreichend zu verbessern, dürfe er im Herbstsemester weitermachen. Seine Professoren hatten jedoch wenig Hoffnung, was seinen letztlichen Erfolg an der NYU betraf. »Sie taugen nicht fürs College«, sagte einer von ihnen. »Ich meine, Sie sollten sich um psychiatrische Hilfe bemühen, denn Sie werden Schwierigkeiten haben, eine Arbeit zu finden.« Als Allan erwiderte, er habe schon eine Arbeit, und zwar im Showgeschäft, entgegnete einer der Professoren: »Na, wenn Sie mit anderen Verrückten zusammen sind, werden Sie nicht auffallen.«

Fünf Jahre später, 1959, bemühte Woody sich dann doch um psychiatrische Hilfe, weil er sich ohne erkennbaren Grund unglücklich fühlte; es war ein »schreckliches und erschreckendes« Gefühl, das er nicht abschütteln konnte. Viele Jahre unterzog er sich einer intensiven Analyse. Jetzt sieht er seinen Analytiker – inzwischen ist es schon der fünfte – weniger, um behandelt zu werden, als mit jemandem zu reden, der mit seinem professionellen Leben nichts zu tun hat. Er ist sich dessen bewußt, daß sehr erfolgreiche Menschen häufig von Kollegen umgeben sind, die ihnen nach dem Munde reden oder sich vielleicht als Konkurrenten sehen. Die Analyse ist eine Gelegenheit, Gedanken mit jemandem auszutauschen, der unbeteiligt ist und fragen kann: »Merken Sie, was Sie da sagen?« Woody hat längst die Hoffnung aufgegeben, daß die Analyse »mich zu einem glücklichen, zufriedenen, lebensfrohen Menschen machen würde«. Für ihn gleicht sie dem wöchentlichen Spiel mit einem Tennisprofi: es ist eine nützliche Übung. Sie hatte nie eine Beziehung zu seiner Arbeit und hat ihm in dieser Hinsicht keinen Einblick verschafft. Doch infolge seiner langen Erfahrung kommen häufig Psychoanalytiker und Witze über sie in Woodys Filmen und Bühnennummern vor. (»Ich wurde einer Psychoanalyse unterzogen. Das sollten Sie über mich wissen. Ich war früher in einer Gruppenanalyse, weil ich mir keine Privatbehandlung leisten konnte. Ich war Kapitän der latent-paranoiden Softballmannschaft. Wir spielten sonntags morgens immer gegen all die anderen Neurotiker. Die Nägelkauer gegen die Bettnässer. Wenn Sie nie Neurotiker beim Softballspiel gesehen haben – es ist ziemlich lustig. Ich stahl mich oft zur zweiten Base vor, kriegte dann Schuldgefühle und lief zurück.«) Ungeachtet seiner langen

Bindung an den analytischen Prozeß und an dessen heilsame Aspekte ist seine Einschätzung letzten Endes pessimistisch.

»Es lohnt sich, wenn man ein Ende absehen kann«, sagte er recht prophetisch im Jahre 1973. »Aber bei mir ist's wie mit Cole Porters Bein – eine endlose Reihe von Ärzten behandelte ihn, nachdem sein Pferd auf das Bein gestürzt war. Es ist so, als wenn jemand zu dir sagt: ›Gut, wir versuchen zusammenzuarbeiten. Sie müssen Vertrauen haben, aber wir können nichts garantieren und vielleicht sind sehr viele Operationen nötig.‹ Porter ging fünfundzwanzig Jahre lang von einem Arzt zum anderen, und alle mühten sich mit seinem Bein ab – und schließlich amputierten sie es. Ich habe das Gefühl, in der gleichen Lage zu sein.«

Nachdem Allan aus der NYU hinausgeworfen worden war, schrieb er sich – »um meine Mutter daran zu hindern, sich die Pulsader aufzuschneiden« – für einen Abendschullehrgang über Filmproduktion am New Yorker City College ein. Es war »eine totale Katastrophe. Dort hatten sie einen fürchterlichen Filmlehrgang, verglichen mit dem der NYU. Sie hatten keine Ahnung, was sie eigentlich taten. Man traf sich in einem Kellergeschoß, und die Lehrer waren nicht vorbereitet«. Er hielt das Semester nicht durch.

Nachmittags arbeitete Allan weiterhin für Alber. Er dachte ernsthaft daran, Dramatiker zu werden. Jede Woche besuchte er einen Kurs, der von Lajos Egri, einem charismatischen Ungarn, in einem Büro am Columbus Circle unterrichtet wurde. Er mochte Egri, doch ihm schien, daß die übrigen Teilnehmer »ein halbes Dutzend echte Nullen« waren: »zum Beispiel eine dicke Hausfrau und ein Handelsvertreter. Keiner in der Klasse war jünger als fünfundvierzig, und niemand wußte, was er eigentlich wollte, aber Egri war gut. Es gab mir das Gefühl, etwas zu tun. Es half meiner Moral. Ich meine immer noch, daß sein *The Art of Dramatic Writing* das anregendste und beste Buch zu dem Thema ist, das je geschrieben wurde – und ich habe alle. Niemand kann es dir wirklich beibringen, aber es gibt gewisse Dinge, auf die man hingewiesen werden kann, wenn man sich ein Drama anschaut oder es liest. Man kann zum Beispiel erkennen, daß etwas fehlt oder daß der Konflikt zu abrupt wechselt und nicht allmählich aufgebaut wird.«

Aber Egris Klasse nahm nur zwei Stunden pro Woche ein. Die übrige Zeit verbrachte Allan damit, »herumzuschnorren, um rauszufinden, was ich tun konnte, um Schriftsteller oder Dramatiker zu werden«. Mickey Rose und er dachten einmal daran, Schauspielunterricht zu nehmen. Sie betraten ein rotbraunes Sandsteingebäude in der Manhattaner Westside und wurden in ein dunkles Zimmer geführt, an dessen anderem Ende der fast unsichtbare Schauspiellehrer saß und ein Gespräch mit ihnen begann – vermutlich lauschte er ihren Stimmen, um zu prüfen, was die beiden benötigten. Was sie benötigten, konnte jener Lehrer nicht bieten. Mickey kam nie wieder, und Allan hielt nur eine Woche durch.

Auch die Idee, Filmregisseur zu werden, ging ihm durch den Kopf. Und um seine Eltern zu beschwichtigen, bemühte er sich von neuem um eine Ausbildung. An der East Side gab es ein Studio, wo man Fotounterricht nehmen konnte; er schrieb sich ein, weil er gehört hatte, daß kaum etwas schwieriger sei, als Filmregisseur zu werden, und daß eine fotografische Ausbildung ihm helfen könne. Aber nachdem er sich angemeldet hatte – hier ist ein Muster zu erkennen –, ging er nie zum Unterricht.

Diese ziemlich provisorischen Unternehmungen hielten ihn jedoch nicht davon ab, seiner Hauptbegabung nachzugehen. Allan mochte ein erfolgloser Schüler und Student gewesen sein, aber er war ein sehr erfolgreicher Komikautor. Im Frühjahr 1954 hatte er seine Tätigkeit auf den Rundfunk erweitert und schrieb kleine Texte für Peter Lind Hayes und andere Künstler. Da seine Eltern jedoch immer noch auf einer Ausbildung bestanden, machte er in jenem Sommer einen letzten Versuch mit dem College.

Immerhin war er so extrovertiert, daß er sich bereit erklärte, im Rahmen eines Trios Sopransaxophon in dem Klub zu spielen, wo er als Komiker aufgetreten war. Sein Freund Elliott Mills war der Schlagzeuger, doch der Pianistin war Allan vor der ersten Probe nie begegnet. Sie hieß Harlene Rosen und war von einer ihrer Freundinnen empfohlen worden, mit der Allan ein paarmal ausgegangen war. Harlene – eine attraktive, dunkelhaarige Schülerin – war zwei Jahre jünger als Allan und ganz sein Typ. Sie spielten einen klassischen Dixieland »I Found a New Baby«. Und auch Allan hatte einen neuen Schatz gefunden. Er ging nicht mehr mit Harlenes Bekannter aus und hatte bald – zum erstenmal – eine ständige Freundin.

Mit der Zeit verwandelte Woody Allen sich, so unglaublich es anmutet, in eine Art Sexsymbol für eine überraschend große Zahl von Frauen. Woody Allen spielt glücklose, dürre, keineswegs stattliche Gestalten, d. h. seine Leinwandidentität ist recht unattraktiv, was herkömmliche Vorstellungen von gutem Aussehen angeht. Aber trotzdem – oder vielleicht deshalb – strahlt er etwas Attraktives aus. Da sein Äußeres weder auf Männer noch auf Frauen bedrohlich wirkt, kann er ihre Schwächen und Ängste so darstellen, daß das Publikum über sie zu lachen und sich gleichzeitig mit ihnen zu identifizieren vermag. In Wirklichkeit ist Woody Allen jedoch ein drahtiger, gutproportionierter, athletischer Mann mit muskulösen Armen, wiewohl mit rund sechzig Kilo etwas untergewichtig. W. C. Fields sagte einmal über Charlie Chaplin: »Der Bursche ist ein verdammter Ballettänzer«, und ähnliches gilt für Woody: Er ist anmutig, gescheit und ist sehr attraktiv für schöne Frauen, denn sie fühlen sich von seiner Intelligenz und der Stärke seiner Persönlichkeit angezogen. Eigenschaften, die sich nur Menschen enthüllen, in deren Gegenwart er sich wohl fühlt. Die Clark Gables der Filmwelt mögen auf der Leinwand das Herz der Heldin gewinnen, doch im wirklichen Leben ist der Junge, der sich in Zelluloidfantasien verlor, ein Mann geworden, dessen Erfolge die Vorstellungskraft jedes Drehbuchautors sprengen.

Wie in jeder Erfolgsgeschichte, die einen bescheidenen Anfang nimmt, gibt es auf dem Weg von Allan Konigsberg zu Woody Allen eine gewaltige Abweichung vom Pfad vernünftiger Erwartungen. Zu den unwahrscheinlichsten Aspekten gehört seine elfjährige Beziehung zu Mia Farrow. Es war ein erhebliches Understatement, als er sagte, daß die schönsten Mädchen nicht in seinem Block wohnten – eines der schönsten überhaupt war nicht einmal in seiner Zeitzone oder, realistisch gesprochen, in seinem Universum. Mia, die Tochter der Schauspielerin Maureen O'Sullivan und des Filmregisseurs John Farrow, die als Einundzwanzigjährige Frank Sinatra geheiratet hatte, war in einer Welt – den Theaterkreisen von Beverly Hills, Spanien und England – aufgewachsen, die Allan nur von der Wand in Ritas Zimmer und vom Film kannte. Für Rita, wie für die meisten Fans, waren es nicht Menschen, sondern mythologische Wesen, die man anbeten, aber schwerlich berühren konnte, die sich in diesen Kreisen bewegten. Die Tatsache, daß diese Wesen häufig in bescheidenen Umständen geboren wurden und aufwuchsen, schuf kein Gefühl von Gemeinsamkeit. Doch eine beträchtliche Zahl jener Stars, die Rita so bewunderte, hat aller

Wahrscheinlichkeit zum Trotz das Leben ihres Cousins berührt. Er hat manche in seinen Filmen auftreten lassen, andere sind seine Freunde geworden. Selbst der größte Herzensbrecher ihrer Jugend spielte bei alledem eine mittelbare Rolle.

»Ich erinnere mich, daß Rita als junges Mädchen, wie damals das ganze Land, geradezu von Ehrfurcht vor Frank Sinatra ergriffen war – auf die Art, wie man später den Beatles zukreischte«, sagte Woody einmal. »Er war einfach das Größte. Er stand auf dem Gipfel der Glamour-Welt, ich meine Filme und Schallplatten und Rundfunk, und er war einfach ein Gott, ganz einfach ein Gott. Und das zu Recht. Der Gedanke, daß mein ödes kleines Leben sich auch nur am Rande mit seinem verbinden würde, war lächerlich. Ich war dieser kümmerliche kleine Vierjährige, der in einem winzigen Apartment in Brooklyn wohnte, in dessen Familie niemand auch nur entfernt mit dem Showbusineß zu tun hatte oder irgend etwas Nennenswertes erreichte – alle mühten sich in niederen Berufen ab, zum Beispiel als Taxifahrer, um ein Auskommen zu finden. Wenn jemand zu Rita gesagt hätte, daß die Mutter meiner Kinder die frühere Frau dieses hochberühmten Mannes sein würde – es wäre so unbegreiflich gewesen, daß sie geglaubt hätte, einen Marsbewohner vor sich zu haben.«

Er wäre noch unbegreiflicher gewesen, wenn jemand Rita mitgeteilt hätte, daß ihr kleiner Cousin sich zu Woody Allen entwickeln würde: dem weltbekannten Schriftsteller, Komiker, Drehbuchautor, Schauspieler, Regisseur und – laut Vincent Canby, dem Filmkritiker der *New York Times* – dem »authentischsten, ernsthaftesten, konsequentesten Filmkünstler Amerikas«. Woody selbst ist sich dieser Unwahrscheinlichkeit bewußt. Kurz nachdem er im Januar 1989 mit den Dreharbeiten für *Verbrechen und andere Kleinigkeiten* begonnen hatte, erklärte er: »Es ist verblüffend, wenn ich an die schrecklichen Tage zurückdenke, in denen ich in jene kleine Schule ging und heimkehrte und an dem von einem Wachstuch bedeckten Tisch saß, daß ich eines Tages tatsächlich neben Charles Boyer in einem Film *(Casino Royal)* spielen oder bei einem Film mit Van Johnson *The Purple Rose of Cairo* Regie führen oder die berühmte Jane der Tarzanfilme, die Großmutter meiner Kinder, zum Dinner begleiten würde. Es ist so unvorstellbar für mich, und man kann auf gewisse Weise sagen, daß ich darum alles, was geschehen ist, vollauf zu schätzen weiß. Diese erstaunliche Tatsache hat weiterhin die Kraft, mich zu verblüffen. Wenn ich manchmal in den Spiegel schaue, sehe ich mich selbst dort und sage mir: ›Du bist Allan Konigsberg aus Brooklyn. Solltest du nicht im Keller essen?‹«

Zweiter Teil
Im Herzen des Showbusineß

»Das Showbusineß ist bestialisch. Nein, es ist schlimmer als bestialisch: Die eine Bestie beantwortet nicht einmal die Anrufe der anderen.«

Verbrechen und andere Kleinigkeiten

Eines der kleinsten Blätter am Familienstammbaum der Konigs-
bergs und Cherrys gehörte einem Mann namens Abe, dessen
Vaters Schwester mit Netties Bruder Paul verheiratet war. So eng
die Familie auch zusammenhielt, dies war eine recht weitläufige
Verbindung, und Allan hatte ihn nie kennengelernt. Aber nun fiel
Nettie, die ihn ebenfalls kaum kannte, plötzlich ein, daß er ihrem
siebzehnjährigen Gagschreiber vielleicht behilflich sein könne.
Schließlich verstand der Mann etwas von Witzen, denn er war
Cheftexter der Rundfunksendung *Duffy's Tavern* und Librettist des
Films *Guys and Dolls* gewesen.

»Warum gehst du nicht einfach mal bei ihm vorbei?« sagte Nettie
zu Allan, der nun, da er sich mit Witzen seinen, wenn auch
bescheidenen, Lebensunterhalt verdiente, am liebsten weiße Wild-
lederschuhe trug.

»Einfach vorbeigehen? Einfach so?« fragte er ungläubig.

»Klar. Du brauchst nicht anzurufen. Tante Anna kennt seine
Adresse.«

Also stieg Allan eines Tages im Jahr 1954 am Beresford-Apart-
mentgebäude – an der Ecke Eighty-first Street und Central Park
West in Manhattan – aus der U-Bahn, trat auf den Pförtner zu und
sagte in aller Unbekümmertheit: »Abe Burrows, bitte.« Er wurde
mit dem Lift hinaufgeschickt und kam an der Tür an, als Burrows
gerade die Wohnung verlassen wollte.

»Ich bin Allan, und wir sind verwandt«, erklärte er Burrows.
»Ich bin Netties Sohn.«

Burrows schob seinen Weggang ein wenig auf und lud den
fernen Verwandten großzügig in die Wohnung ein.

»Ich schreibe Witze, die in Earl Wilsons Kolumne erscheinen,
und ich möchte gern Schriftsteller werden, und ich hätte gern
gewußt, ob du mir helfen kannst«, stieß Allan hervor. Dann reichte
er Burrows zwei Seiten mit etwa dreißig Witzen. Diesem blieb
kaum etwas anderes übrig, als sie zu lesen, aber was als Pflicht-
übung begonnen hatte, verwandelte sich rasch in Enthusiasmus.
»Herrje! Sein Material war glänzend«, schrieb Burrows in seiner

Autobiographie, *Honest Abe.* Er entschuldigte sich bei Allan und ging in ein anderes Zimmer, um mit seiner Frau zu sprechen. »Ich habe gerade zwei Seiten voller... Witze gelesen, von denen mir kein einziger eingefallen wäre«, teilte er ihr mit. »Das ist im allgemeinen mein egozentrischer Test für Gagschreiber.«

Burrows schrieb Allan Empfehlungsbriefe und schickte sie an seine Freunde, darunter Sid Caesar, Phil Silvers und Peter Lind Hayes. Der letztere, der eine Rundfunksendung mit seiner Frau Mary Healy bestritt, stellte sofort einen Scheck über fünfzig Dollar für einige der von Burrows beigefügten Gags aus und bat Allan um mehr. Borrows kümmerte sich von da an weiter um Allan, und er lud ihn zweimal zu sich ein, um mit ihm über seine Ziele zu sprechen.

»Ich möchte sehr gern Fernsehautor werden«, verriet Allan ihm.

Burrows war entsetzt. »Du willst doch nicht dein ganzes *Leben* lang als Fernsehautor arbeiten, oder? Das ist doch nicht dein höchstes Ziel?«

»Natürlich. Weshalb nicht?«

»Du solltest ans Theater denken«, riet Burrows. »Wenn du die Begabung hast und humoristische Dialoge schreiben möchtest, solltest du ans Theater denken.«

»Na ja, vielleicht *Filme*«, erwiderte Allan. »Wollen nicht alle vom Theater beim Film unterkommen?«

»Nein, ganz im Gegenteil! Ein Drehbuchautor ist nichts, bloß ein anonymer Name, dessen Arbeit kurz und klein gemacht wird. Alle Drehbuchautoren in Kalifornien wünschen sich, ein Stück am Broadway laufen zu haben.«

Daraufhin begann Allan, Stücke zu lesen und ins Theater zu gehen. Die Autoren, die ihm am besten gefielen, waren Dramatiker wie Tennessee Williams, Arthur Miller, Henrik Ibsen, Anton Tschechow, Maxwell Anderson, Robert Sherwood. Zuweilen war er begeistert von einer Komödie, etwa von Garson Kamins *Born Yesterday*, doch hauptsächlich fühlte er sich zum ernsten Drama hingezogen und hatte wenig für viele der angeblich großen Verfasser von Bühnenkomödien übrig. Er hielt nicht viel von George Bernard Shaw, auch wenn *Pygmalion* für ihn die beste Komödie aller Zeiten ist, und er haßte Shakespeares Komödien; sie schienen ihm – auch heute noch – »blöde und auf plumpe Lacher ausgerichtet«. Er würdigt die Kraft der ernsten Dramen, aber vor allem ist es die Sprache Shakespeares in allen Stücken, die ihn anspricht. Sie ist »wunderbar und der der anderen Autoren seiner Zeit und aller Autoren seitdem überlegen. Die Sprache ist so großartig, so prächtig, daß sie einen überwältigt. Oft hält man die Stücke nur deshalb bis zum Ende aus, weil die Sprache so erhaben ist.«

Seine Vertiefung in die Welt des Theaters bereitete ihn auf die Vielfalt der Unterhaltung und der philosophischen Erkundigungen vor, die mit der »Beat-Generation« kam. Harlene Rosen, die seinen Vorstellungen von dem, wie eine Frau aussehen und was sie gern tun sollte, genau entsprach, war dabei seine ständige Begleiterin.

»Wir gingen zu Dichterlesungen und in Konzerte, die in einem Zimmer im fünften Stock von einem Pianisten gegeben wurden«, sagt Woody. »Manchmal waren da fünf Reihen von Menschen in einer kleinen Dachkammer irgendwo an der Lower East Side, und sie lauschten im Dunkeln einem Pianisten. Und natürlich gingen wir auch zu ein oder zwei Treffen über ästhetischen Realismus. Überraschenderweise lebt dieses alberne philosophische Zeug in der Innenstadt immer noch fort. Wir waren überall zu finden: bei jedem Off-Broadway-Stück, jedem Off-Off-Broadway-Stück – aber damals waren das O'Neills *Der Eismann kommt* mit Jason Robards und Edward Albees Dramen und Becketts *Das letzte Band*.«

Die Begeisterung darüber, daß sich ihm die Welt der Kunst öffnete, wurde noch dadurch vergrößert, daß ihm jemand bei der Erforschung zur Seite stand. Woody und Harlene wuchsen in weniger als zwei Meilen Entfernung voneinander auf, aber ihre Lebensverhältnisse hätten, jedenfalls in Brooklyn, kaum unterschiedlicher sein können. Julius und Judy Rosen waren glücklich verheiratet, jünger als die Konigsbergs, und ihnen gehörte ein sehr komfortables Einfamilienhaus; nach Martins und Netties Maßstäben lebten sie in unglaublichem Luxus. Julius Rosen besaß ein Schuhgeschäft, das so einträglich war, daß die Familie sich ein Boot mieten konnte. Seine Frau besuchte allwöchentlich einen Zirkel, in dem man sich mit »Weltliteratur« beschäftigte. Julius war ein guter Amateurtrompeter, und Allan spielte häufig im Trio mit Vater und Tochter. Harlene hatte ein Buch mit Liedimprovisationen und konnte Musik transponieren, so daß Allan in der Lage war, seiner Klarinette gefällige Tonarten, etwa B, zu entlocken. Bei anderen Gelegenheiten spielten Elliott Mills oder Mickey Rose

Trommel und Jack Victor fiel auf einem Kamm mit Wachspapier ein. Zum erstenmal hatten die Jazzfanatiker eine echte Band.

Die Welt des Showgeschäfts öffnete sich Woody und er brauchte einen Agenten – nicht nur, um ihm bei der Suche nach Arbeit zu helfen, sondern auch, um die Verträge für all die Angebote, die er bekam, zu schließen. Sol Leon, ein William-Morris-Agent, hielt viel von Woody und seinen Fähigkeiten und arrangierte eine Begegnung mit dem Manager von Herb Shriner. Shriner war Gastgeber von *Two for the Money*, einer sehr populären Ulk- und Quizshow, die gleichzeitig von Fernsehen und Rundfunk gesendet wurde. Dem Manager gefielen Woodys Texte, und er wurde engagiert, um Gags für Shriners Monologe zu liefern. Mit Ausnahme Leons war man bei William Morris jedoch wenig beeindruckt, und Woodys Hoffnung, von der Agentur repräsentiert zu werden, verflüchtigte sich bald. »Sie beantworteten meine Anrufe nie und behandelten mich meistens wie einen Niemand oder wie ein kleines Kind«, sagte er. Leon verlangte keine Provision für die Herstellung des Kontaktes mit Shriner; zum Dank schickte Woody ihm und seiner Sekretärin jeweils eine Flasche Champagner.

Woody arbeitete zu Hause oder fuhr mit dem Zug zu Shriners Cheftexter Roy Kammerman in den Vorort Larchmont, wo sie Monologe verfaßten. Woody war sehr froh über diesen Auftrag, doch das änderte nichts an seiner Bescheidenheit. Die Show wurde live aufgenommen, und zu Beginn von Woodys Arbeit entdeckte der Produzent ihn zusammen mit Harlene in der draußen wartenden Schlange der Kartenbesitzer. »*Ihr* braucht keine Karten, wenn ihr die Show sehen wollt«, sagte der Produzent lachend und führte sie hinter die Bühne.

Mit achtzehn Jahren legte Woody sich einen Manager zu. Harvey Meltzer, der in der Bekleidungsindustrie arbeitete, wohnte nicht weit von den Konigsbergs; Woody kannte seinen Bruder Zachary aus der Midwood High School. Meltzer strebte ins Showgeschäft und glaubte, er werde sich gut als Manager für Woody eignen, dem nach seiner Überzeugung eine große Karriere als Autor bevorstand. Also fragte er Woody, ob er ihn managen könne. Woody mochte Harvey gern und »hielt ihn damals für einen ziemlich großen Fisch«, obwohl Meltzer in Wirklichkeit so weit von der William-Morris-Agentur entfernt war wie Santiago von Nome, Alaska.

******* GALERIA HORTEN *******

```
5800      24.09.94      12:37
          072 / 012
```

613 BUECHER   3.50

GESAMT   3.50
BAR   4.00
ZURUECK   0.50

BEI UMTAUSCH BON VORLEGEN
*** EINKAUFEN MIT SPASS ***

Eines der Hauptmotive von *The Floating Light Bulb* ist folgendes: Eine Mutter begreift, daß ihr Mann sie verlassen wird, und sie knüpft all ihre Zukunftshoffnungen an ihren Sohn, einen Teenager, der Amateurzauberer ist und ständig übt, doch niemals den Durchbruch schaffen wird. Sie zwingt ihn zu einer Probevorstellung für einen Nachbarn, der sich mit seinen Beziehungen zum Showgeschäft brüstet, aber in Wirklichkeit kaum mehr darüber weiß, als er aus dem Fernsehen erfährt.

Bei Woody sah es natürlich etwas anders aus: Seine Eltern beabsichtigten nicht, sich zu trennen; er gab keine Probevorstellung für Meltzer, der seine schriftstellerische Arbeit managte; und er schien eindeutig auf den Erfolg zuzusteuern. Aber die Geschichte ist ein Beispiel dafür, wie Allan Konigsbergs Biographie in Woody Allens Werk unterschiedliche Gestalt annimmt. Der Zusammenschluß mit Meltzer war das schlechteste Geschäft, das Woody je machte. Mit achtzehn unterzeichnete er einen Fünfjahresvertrag, durch den Meltzers Provision anhand einer gleitenden Skala festgelegt wurde; allerdings bewegte sie sich in die falsche Richtung: Je mehr Woody verdiente, desto größer wurde Meltzers Anteil – durchschnittlich zwischen dreißig und fünfunddreißig Prozent. Die vierzig Dollar pro Woche, die Woody bei David Alber verdiente, wurden von der Abmachung nicht erfaßt. Er produzierte immer noch so viele Witze wie möglich – nach seiner Schätzung 20000 in etwas mehr als zwei Jahren bei Alber.

1955 war Albers Klientenverzeichnis erheblich geschrumpft, da Prominente immer weniger davon hatten, mit einem Gag in den Kolumnen in Verbindung gebracht zu werden. Eines Freitagnachmittags, als Woody Gene Shefrins Büro betrat, um sein Tagespensum abzuliefern und seinen wöchentlichen Scheck abzuholen, bat Shefrin ihn, die Tür zu schließen.

»Woody«, stammelte er, »es tut mir wirklich leid, aber die Geschäfte gehen nicht gut, und wie du weißt, haben wir nicht mehr viele Klienten, die auf Witze in den Kolumnen Wert legen. Also, nichts gegen deine Fähigkeiten, aber wir müssen dich ziehen lassen.«

»Oh, okay«, sagte Woody erstaunt. »Aber...«

»Tut mir leid. Kein Aber. Uns bleibt nichts anderes übrig. Da du seit mehr als zwei Jahren bei uns bist, habe ich zwei Wochengehälter als Abfindung draufgelegt.«

»Aber das brauchst du nicht...«

»Nein, ich weiß, aber ich möchte es. Ich habe deinen Scheck um achtzig Dollar erhöht. Keine Widerrede, nimm ihn einfach.«

Woody nahm den Scheck und starrte ihn an, während Shefrin versuchte, ihm mit den üblichen Klischees (»Du bist noch jung und hast noch viel Zeit, deine Karriere aufzubauen«) zu trösten. Als Shefrin geendet hatte, erwiderte Woody: »Was ich dir sagen wollte, Gene: Ich wollte sowieso kündigen. Die NBC hat mich für ihr neues Autoren-Ausbildungsprogramm engagiert. Ich fange Montag mit hundertneunundsechzig pro Woche an. Aber die zusätzlichen achtzig kann ich gut gebrauchen. Vielen Dank.«

Meltzer hatte von dem neuen NBC-Programm zur Entdeckung und Förderung junger Autoren gehört und Woody vorgeschlagen. Das Projekt wurde von Tad Danielewski geleitet, der eine Nase für junge Talente hatte. Er sah sich jeden Nachtklubauftritt, jedes Drama, jede Fernsehshow an, um neue Autoren zu finden.

Eines Tages erschien ein Blatt eines gelben Schreibblocks mit daraufgekritzelten Witzen auf seinem Tisch. »Die Vorlagen, die wir erhielten, waren gewöhnlich sehr elegant, getippt und in Ordnern abgeheftet«, sagte Danielewski, heute Professor für Theater an der University of Southern California. »Diese war etwas fettig, ein bißchen zerknittert und mit Bleistift geschrieben. Es handelte sich hauptsächlich um Einzeiler – die längsten Sachen waren vielleicht drei Zeilen lang. Viele Witze hatten mit dem Thema Ehefrau zu tun. Trotzdem war ich sofort hingerissen. Ich kannte Woody nicht, aber ich sagte: ›Dies muß entweder ein sehr alter oder ein sehr junger Mann sein, denn es ist ihm entweder gleichgültig oder nicht klar, wie man sich in diesen Kreisen bewegt.‹ Ich war von seiner Direktheit – ein besseres Wort fällt mir nicht ein – überwältigt. Es schien, als habe jemand beschlossen, die Wahrheit mit Hilfe von Witzen zu sagen – nicht durch eine philosophische Untersuchung über das Wesen des Seins, sondern durch ganz persönliche Informationsbrocken.«

Danielewski wurde Woodys Fürsprecher bei den anderen Mitgliedern des Auswahlkomitees. Nach mehreren Vorstellungsgesprächen und Begegnungen sagte Danielewski: »Laßt ihn bei uns anfangen. Kann sein, daß mit ihm nicht viel los ist, aber er hat schon eine Menge Witze verkauft, und er ist jung – das ist ein Vorzug. Er ist so jung, daß er den Schlüssel zu dem Programm liefern könnte.« Schließlich wurde Woody seiner Jugend wegen als einer der sechs Autoren des Programms ausgewählt. Mit neunzehn war er mehrere Jahre jünger als alle andern; da er minderjährig war, mußte Nettie seinen Vertrag unterzeichnen. Er war der lebende Beweis dafür, daß NBC es mit ihrer Erklärung, junge Leute fördern zu wollen, ernst meinte.

Allen guten Absichten zum Trotz fehlte es dem Autoren-Entwicklungsprogramm an Schlagkraft, deshalb konnte es sich nie richtig entfalten. Die Darsteller fürchteten um ihre Popularität und wollten von bewährten kreativen Kräften unterstützt werden. Produzenten und Stars, die erfuhren, daß ihnen diese jungen, noch nicht etablierten Talente zur Verfügung stünden, reagierten »sehr negativ auf das Programm«, sagte Danielewski. »Besonders die Komiker. Sie dachten, es sei eine merkwürdige Sache, die sich Pat Weaver, der damaliger Chef von NBC und Schöpfer der *Today*- und der *Tonight*-Show, ausgedacht hatte.« Aber ein paar neuere Komiker wie Jonathan Winters und Kaye Ballard machten sich wenigstens einen Teil der ihnen angebotenen Hilfe zunutze, und auch Jack Paar, der Gastgeber von *Tonight*, unterstützte das Projekt.

Welchen Anklang das Programm fand, war Woody gleichgültig. Er freute sich ganz einfach drüber, Sketche und Monologe schreiben zu können und dafür auch noch bezahlt zu werden. Geplant war, daß jeder eine Arbeit pro Woche einreichen und Les Colodny, ein früherer Autor und jetziger Agent, sie beurteilen würde. Manchmal gab Danielewski Stücke in Auftrag, die nicht für einen bestimmten Komiker bestimmt waren, sondern als Übung für die Fantasie des Texters dienten. Doch niemand stand hinter den Autoren und drängte sie, etwas abzuliefern. Es gab Teilnehmer, die das Geld einstrichen, nichts schrieben und drei Monate später entlassen wurden. Und es gab solche wie Woody.

»Ich war eine solche Arbeitsbiene«, sagt er. »Ich schrieb und schrieb und schrieb. Es war eine tolle Sache für mich.«

»Woodys Material sah anders aus, wenn es nicht durch die Persönlichkeit eines starken Darstellers eingeengt war, und ich fand es originell«, berichtet Danielewski. Und er nimmt die Aussagen mancher Kritiker über Filme wie *Eine andere Frau* und *Innenleben* vorweg, wenn er fortfährt: »Aber einige meinten, es sei nicht lustig, ein bißchen zu ernst oder zu gedämpft oder zu ausgefallen oder zu naiv. Es war immer ›zu sehr dies oder zu sehr jenes‹. Ich wünschte mir für ihn, daß er mehr mit bedeutenden oder gefährlichen oder hochdynamischen Menschen zusammenträfe. Mein Traum war und ist, daß er sich für die Machtspiele dieser Welt interessiert, denn mit seiner Frische und seinem Mut könnte er vielleicht einige dieser dunklen Winkel ausleuchten. Im Rückblick begreife ich, daß er dafür kein Interesse hatte und den anderen Weg einschlug, den Weg Ibsens und Strindbergs und Bergmans in die Innenwelt.«

Aber zunächst ging Woody nach Hollywood. Eine der wenigen Shows, bei denen man bereit war, ein Risiko mit heranreifenden Autoren einzugehen, war *The Colgate Comedy Hour* (im Januar 1956 in *The Colgate Variety Hour* umbenannt). Les Colodny hatte in Danny Simon, dem älteren Bruder des Bühnenautors Neil Simon, einen Cheftexter für die Sendung gefunden. Im Alter von fünfzehn Jahren war Neil kurzfristig Dannys Protegé, dann, nach Neils Militärdienst, schrieben die beiden neun Jahre lang gemeinsam. Sie hatten sich kurz zuvor getrennt, und Danny hielt nach Autoren Ausschau, »deren Witze von der menschlichen Befindlichkeit ausgingen, nicht von Gags, die allein eines Lachers wegen geschrieben worden waren«. Colodny rief ihn an, um ihm einen der Teilnehmer des Autoren-Entwicklungsprogramms zu »verkaufen«.

»Ich habe da einen Burschen, den du treffen solltest«, erklärte er Simon. Aber als er sagte, wie jung der Bursche war, kam die abzusehende Antwort.

»Das ist zu jung. Welche Lebenserfahrung hat er denn, über die er schreiben könnte?«

»Lies einfach seine Sachen«, bat Colodny.

Simon tat es, und seine Reaktion glich der von Abe Burrows. »Les, ich glaube, dieser Junge ist mein anderer Bruder.«

»Ich weiß nicht, wie viele Seiten ich von diesem Jungen, der gerade aus der High School gekommen war, gelesen hatte«, erinnert sich Simon. »Ich glaube, die Witze waren nicht einmal getippt, sondern auf liniertem Papier, zusammen mit seinen Geographienotizen. Aber die Witze, sein Humor waren genau das, was ich suchte. Nicht, daß er Neil ähnlich gewesen wäre, sie waren völlig unterschiedlich. Neils Witze stammten von Neil, Woodys Witze stammten von Woody. Aber sie waren in einer Art innerem Gefühl verwurzelt und nicht nur oberflächliche Scherze.«

Mittlerweile sprachen Woody und Harlene von der Ehe, und sie verlobten sich im Januar 1956. Es widerstrebte ihm, sie zurückzulassen, aber er konnte das Angebot, zu Beginn seiner Karriere ein paar Monate in Hollywood zu verbringen, einfach nicht ausschlagen. Kurz nach der Verlobung flog er nach Kalifornien und meldete sich in dem nun nicht mehr existierenden Hollywood Hawaiian Motel an, wo der Autorenstab der *Colgate Variety Hour* untergebracht war. Einer der Texter war der nicht mit Harlene verwandte Milt Rosen. Er zahlte 290 Dollar pro Monat für sein Zimmer, während er dreihundert Dollar pro Woche verdiente und seine Familie in New York unterstützte. Les Colodny schlug ihm ein Geschäft vor: Wenn er sein Zimmer mit dem Zwanzigjährigen aus New York teilte, würde das Autoren-Entwicklungsprogramm die Rechnung übernehmen. Rosen akzeptierte dankbar, und sein neuer Zimmergenosse traf fast unverzüglich ein.

Woody war von Anfang an der Liebling aller Autoren; er war gescheit und sympathisch und jung genug, um keine Bedrohung darzustellen. Außerdem war er als einziger nicht verheiratet. Es kam ihnen so vor, als hätten sie einen jüngeren Bruder bei sich. Aber wenn die anderen abends mit ihren Frauen ausgingen, war Woody einsam. Er rief Harlene häufig an und schrieb ihr noch häufiger.

»Er schickte ihr fünf Briefe, jeweils fünfundzwanzig Seiten lang, pro Tag«, sagte Rosen. »Es wurde so schlimm, daß er den Inhalt des Kühlschranks beschrieb. Wieviel hat man schließlich an einem einzigen Tag zu sagen?«

Auch an seinen Freund Jack Victor schrieb er, wie kurz nach seiner Ankunft:

Wir müssen vieles bereden, aber ich kann Dir nicht alles in einem Brief mitteilen. Laß mich nur sagen, ich weiß nun, daß ich wirklich im Herzen Hollywoods bin. Gestern ging ich auf der Straße an Richard Loo vorbei.

Es ist sonnig und warm, und die Häuser heben sich rosa und weiß von den sauberen Straßen ab. Es ist eine Stadt mit einem Ehrenkodex; sie hat wenig Verkehrsampeln, und niemand ist neben den Zeitungsständen an den Ecken, weil man sich darauf verläßt, daß du deine Zeitung bezahlst und vor Fußgängern anhältst – anders als in New York, wo man alles stiehlt, was nicht festgenagelt ist, und direkt auf alte Leute zurast.

Ich esse im Brown Derby und laufe überall in der Stadt rum...

Ich habe Freundschaft mit allen Autoren in meinem prächtigen Hotel geschlossen (in dem ich eine Suite mit Bar, Küche, zwei Zimmern, Swimmingpool habe), vor allem mit Danny Simon (von Danny und Doc Simon)...

Dies ist ein echtes Ferienland. Pastellfarbig und paradiesisch. Es gefällt mir, aber ich bin sehr einsam.

Der Sketch am Sonntag... dem 12. – der Strandsketch – stammt von Danny Simon und mir. Hauptsächlich von ihm, aber er verdient ja auch achtzehnhundert Dollar in der Woche. Er ist Cheftexter und, wie das Glück es will, mein bester Freund hier draußen... Schreib. Schicke mir Jerrys Heimat- und Collegeadresse. Schreib per Luftpost. An Woody Allen – Hoteladresse auf dem Umschlag.

Hoffe, Dich bald zu sehen
Al

Die Büros der Colgate-Show lagen in einem alten Gebäude an der Ecke Hollywood Boulevard und Vine Street – es war ein altes Haus, das noch eiserne Schiebegitter an den Aufzügen hatte. Fast alle der acht Schriftsteller waren aus New York, denn Simon meinte, es gebe noch nicht genug gute Fernsehautoren in Hollywood. Man hatte den Eindruck, daß Hollywoodautoren Fernsehwitze schrieben, die eher für das Ohr als für das Auge bestimmt waren.

Woody war bei Simon wie bei Rosen als Co-Autor begehrt, und Simon fand, wie er gehofft hatte, in ihm den Partner, den er nach der Trennung von Neil verloren hatte. Es war keine leichte Suche gewesen. Im Grunde hatte er es bereits aufgegeben, nach jemandem Ausschau zu halten, der seine Vorstellung teilte, daß ein Witz nicht nur lustig zu sein, sondern auch zur Handlung beizutragen habe.

»Ich war wirklich überzeugt, daß Neil einer der großen Schriftsteller der Welt werden würde«, sagte Simon. »Darin wurde ich durch die originellen Witze bestärkt, die er sich einfallen ließ. Die meisten anderen Autoren, die ich bis dahin getroffen hatte oder mit denen ich zusammenarbeitete, schrieben Witze, die sich so anhörten, als habe sie ein professioneller Gagschreiber ersonnen. Sie beruhten selten auf Wahrheit und Realität. Und dann traf ich Woody, und als ich seine Witze las, hatte ich irgendwie das Gefühl, es mit einem anderen, völlig originellen komödiantischen Geist zu tun zu haben. Woody stand hoch über den meisten Autoren, mit denen ich zusammenarbeitete, aber er wußte nicht viel über den Materialaufbau. Allerdings ließ er sich gern belehren. Ich liebte ihn wie meinen Bruder, wenn ich auch Angst hatte, daß wir genauso auseinandergehen würden.«

Die beiden arbeiteten weniger als ein Jahr lang zusammen, doch Woody hat mehrmals gesagt: »Alles, was ich über das Schreiben komischer Texte gelernt habe, habe ich von Danny Simon gelernt.« Er brachte Woody Allen nicht bei, komisch zu sein; was für einen Witz ein Autor zu schreiben hat, läßt sich nicht lehren, wohl aber an welcher Stelle ein Witz fallen sollte. Genau das tat Simon. Woody lernte, wie man Witze benutzt, um eine Rolle aufzubauen.

»Er veränderte meine berufliche Karriere völlig«, berichtet Woody. »Ich war im wesentlichen ein Witzautor, ohne zu wissen, ob die Witze wirklich gut oder nicht so gut waren. Und hier kam nun ein Mann, der sie las und sagte: ›Die sind toll. Wenn du nichts anderes tätest, als Witze zu schreiben, könntest du in diesem Geschäft ganz groß verdienen.‹ Aber mit dem Schreiben von Sketchen machte ich einen Schritt über das Schreiben von Witzen hinaus. Sketche sind theoretisch eine Vorstufe für die Arbeit als Bühnenautor, denn damit riecht man schon mal ins Schreiben für Schauspieler rein. In Neils Fall war es genau das. Und auch in meinem Fall war es eine Art Sprungbrett.

Danny paukte mir unerbittlich ein – wobei er sehr nett war –, was beim Schreiben zu tun ist und was nicht. Er lehrte mich, daß die Stichwortzeile das Großartige an einem großartigen Witz ist. Die Stichwortzeile läßt den Witz des einen Autors besser werden als den eines anderen, denn eine ungezwungene Stichwortzeile führt zu einem besseren Resultat. Eine gezwungene Zeile versetzt das Publikum schon ein bißchen in Spannung. Man schreibt eine Stichwortzeile nicht deshalb, weil sie zu einer Pointe führt, sondern deshalb, weil es die in den Zusammenhang passende Zeile ist, und *dann* baut man den Witz darauf auf – dann ist der Witz gut.«

Er lernte auch, daß »*jeder* Autor Probleme mit dem Anfang hat, daß der Anfang *eindeutig* der schwierigste Teil ist. Danach wird es *tatsächlich* ein wenig leichter. Du *darfst* jedoch keine Witze bringen, die die Handlung nicht vorantreiben, nur weil es gute Witze sind. Später im Leben bricht man diese Regeln irgendwann, aber man bricht sie genauso wie ein abstrakter Künstler, der alle Regeln lernt und dann nicht bildhaft malt; wenn du weißt, was du tust, brichst du die Regeln bewußt, nicht irrtümlich.«

Simon mag ein strenger Lehrer gewesen sein, doch sein Härte vermittelte Woody ein unerschütterliches Gefühl für das, was witzig ist und was nicht. »Eines der vielen Dinge, die er mir eintrichterte – denn *er* hatte es –, war ein unbeugsames Selbstbewußtsein, ein unbeugsamer Glaube an die eigenen Überzeugungen – und das habe ich nie verloren«, sagt Woody. »Wenn also jeder in Hollywood behauptete, daß die Sketche in einer bestimmten Show witzig seien, und er anderer Meinung war, ließ er sich nicht umstimmen. Und wenn er meinte, etwas sei *wirklich* witzig, aber verpatzt worden, verlor er seine Zuversicht nicht und zeigte einem, wie man es machen mußte, damit es klappte. Er sagte oft: ›Natürlich ist das nicht witzig, aber wenn du es *so* machst‹ – und er spielte es vor –, ›dann ist es witzig.‹«

Simon lehrte Woody, Sketche zu spielen, während sie geschrieben wurden. »Wenn es sich im Zimmer spielen läßt, dann höchstwahrscheinlich auch auf der Bühne«, erklärte Simon. Er schärfte Woody auch den Gedanken ein, daß der Zweck einer Rohfassung einfach darin besteht, sich eine ungefähre Idee von den Möglichkeiten des Sketches zu verschaffen. Danach beginne die Arbeit: »Deshalb hat Gott das Wort ›umschreiben‹ erfunden.«

Als Unterrichtsmaterial legte Danny seinem Schüler ein paar Sketche vor, die Neil und er ein paar Jahre zuvor in Tamiment, einer damals populären Sommerfrische in den Pocono Mountains von Pennsylvania, geschrieben hatten. Im Sommer engagierten die Besitzer einige der besten New Yorker Autoren und Darsteller, um jede Woche eine neue Show für ihre tausend Gäste produzieren zu lassen. Woody kannte diesen Hintergrund damals nicht, und da sich das Material bereits bewährt hatte, konnte Danny ihn an einem Thema arbeiten lassen und ihm dann helfen, die Arbeit erfolgreich abzuschließen. Das war eine rationelle Art, ihm beizubringen, wie man einen Sketch konstruiert, wobei sie die zwei oder drei Tage einsparten, die zur Entwicklung eines neuen nötig gewesen wären.

Simon lehrte ihn auch, jedes Thema in Zweifel zu ziehen. »Und was *dann*?« ist eine seiner Dauerfragen. Eine Frage, die auch Woody immer wieder stellt. Viele von Woodys Filmen beginnen auf eine bestimmte Art, treffen auf ein »Und was dann?« und verschwinden in der Schublade, während er sich einer anderen Idee widmet. Nachdem er zum Beispiel die ursprüngliche Idee zu *The Purple Rose of Cairo* hatte, schien er Danny Simons Stimme in seinem Inneren zu hören: »Wunderbar. Ein Schauspieler steigt in einem Film von der Leinwand herab. *Was dann?* Du hast nur ein halbes Thema.« Da Woody die Frage nicht beantworten konnte, legte er die ersten fünfzig Seiten beiseite und verbrachte Monate mit dem Versuch, das niederzuschreiben, was schließlich – mehrere Jahre und mehrere ganz unterschiedliche Versionen später – zu *Eine andere Frau* wurde, ein Drehbuch, das ebenfalls begonnen und dann erst einmal zur Seite gelegt wurde. Erst später, nachdem er die Idee gehabt hatte, daß sowohl der Schauspieler, der die Rolle spielt, als auch die von ihm verkörperte Gestalt, die von der Leinwand steigt, sich in dieselbe Frau verlieben müssen, konnte er *Purple Rose* vollenden.

Nach etwa einem Monat in Los Angeles rief Woody Harlene an und bat sie, zu ihm zu kommen, damit sie heiraten konnten. Die anderen Autoren der Show konnten es kaum glauben.

»Bist du verrückt?« fragte Simon. »Was soll das heißen, du heiratest?«

»Tja, ihr geht abends alle mit euren Frauen auf eure Zimmer, und ich habe niemanden, mit dem ich ins Kino gehen kann.«

»Das ist kein Grund zu heiraten!«

»Dann nenn' mir einen besseren«, antwortete Woody laut Simon. »Ich möchte Samstagabend *Casablanca* sehen.«

Aber dieser und andere Gründe – zum Beispiel der, daß sie einander liebten – genügten Woody. Während er auf Harlenes Eintreffen wartete, versuchten die anderen Autoren, ihn auf seine Pflichten als Ehemann vorzubereiten. »Es ist kaum zu glauben, wie unwissend einige von uns in sexueller Hinsicht waren«, erinnert sich Elliot Mills. »Bevor Woody Harlene heiratete, spazierte ich mit ihm auf dem Wingate Field herum und erklärte ihm, was eine Klitoris ist. Ich zeichnete ein Bild im Sand – der Blinde führte den Blinden.« Simon war der Anführer bei ihren aufrichtig freundschaftlichen, vorhersehbar groben, schülerhaften Streichen. Woody sei »wie ein Spielzeug« gewesen. Aber schließlich waren sie Komikschriftsteller, und Witze waren die Grundlage ihres Lebens, deshalb versuchten sie soviel Spaß wie möglich aus diesem Ereignis herauszuholen. Sie vergaßen bloß, daß auch Woody Komikschrift-steller war.

»Bist du noch unberührt?« fragte Simon eines Abends, als alle im Gespräch beisammensaßen.

»Nein, nein, nein«, entgegnete Woody, doch auf so nervöse Art, daß alle vom Gegenteil überzeugt waren.

Im Motel arbeitete eine Prostituierte, und Simon schlug vor: »Leute, laßt uns etwas für ihn arrangieren.«

»Eine Nutte?« fragte Woody mit aufgerissenen Augen. »Oh. Wieviel verlangt sie denn?«

Die anderen Autoren hatten vor, die Rechnung zu übernehmen (soweit kam es allerdings nicht), doch um die Farce aufrechtzuer-halten, nannte Simon ihm den Preis.

»Oh, wow«, sagte Woody, griff nach seiner Brieftasche und schaute hinein. »Meint ihr, daß sie Reiseschecks nimmt?« Das klang so überzeugend, daß Simon und die anderen bis heute nicht sicher sind, ob er sie nun seinerseits auf den Arm nahm.

»Weißt du wirklich, wie der Körper einer Frau beschaffen ist?« fuhr Simon fort. Er hoffte, die Situation auf die Spitze treiben zu können, wenn er so unverschämt wie möglich war.

»Oh, klar. Klar.«

»Dann kapierst du also, daß die Brüste einer Frau wie die Hoden eines Mannes sind, stimmt's? Daß die linke Brust einer Frau tiefer hängt als die rechte, genau wie die Hoden eines Mannes?«

»Oh ja. Das weiß ich.« Aber an seinem Tonfall konnte Simon immer noch nicht so recht erkennen, ob er vielleicht selbst herein-gefallen war. Da der Scherz so ergiebig zu sein schien, fuhr er jedoch fort und gab Woody eine Biologielektion, die damit endete, daß Frauen vier Vaginalkammern hätten, jeweils für einen unter-schiedlichen Zweck. Woody räumte zögernd ein, er sei sich dieser Tatsache bewußt, doch als Simon ihn aufforderte, die Kammern zu benennen, winkte er ab und sagte selbstbewußt: »Keine Sorge, ich weiß Bescheid. Ich weiß Bescheid.«

Dreißig Jahre später, nachdem *The Purple Rose of Cairo* 1985 in die Kinos gekommen war, schickte Simon ihm ein paar Glückwunsch-zeilen. Woody schrieb zum Dank zurück: »Dein Beifall ist mir immer noch wichtiger als der fast jedes anderen.« Der Brief schloß: »Und nun zu den Vaginalkammern. Ich habe zwei ausfindig ge-macht, aber die beiden anderen noch nicht entdecken können.«

Woody war zwanzig, Harlene siebzehn Jahre alt, als sie am 15. März 1956 im Hollywood Hawaiian Motel von einem Rabbi getraut wurden. Simon und Rosen hielten sich an einen zeitlosen Brauch und bezogen ihr Bett mit einem zu kurzen Laken, doch die Neuvermählten waren klug genug, die Hochzeitsnacht woanders zu verbringen.

Ich unterbreche die fade Jagd nach Wohlstand, Macht und Reichtümern, um Dir zu schreiben (teilte Woody Jack Victor kurz nach der Hochzeit mit). Wenn Du es noch nicht von meiner Mutter weißt... ich habe geheiratet...

Du kannst Deinem Ego eine Medaille verleihen: Ich vermisse Dich sehr und besonders die subtilen Drehungen unseres Intellekts. In einer Welt der Möchtegern-Asse und Heuchler wäre mir nichts lieber, als zu Hause zu sein und mit Dir die relativen Vorzüge von Muggsy Spanier und Wingy Manone zu erörtern.

Ich habe [Bob] Hope und [seinen Manager Jimmy] Saphier getroffen und werde vielleicht für Bob arbeiten. Er hat diese kleinstädtische Ausdrucksweise, und als jemand irgendeine Tatsache erwähnte, fragte er (mit seinem Grinsen und voller Staunen): »Im Ernst, ist das die grausame Wahrheit?« Ich hätte mich kringeln können.

Spalte für lustige Sachen: Ich sah *The Rose Tattoo (Die tätowierte Rose)* (bisher zweimal) und bewunderte (Anna) Magnani. Ich sah Dick III. mit Olivier und flippte auch dabei aus. Niemand unter all den sogenannten »artistes« hier erwähnte irgend etwas davon, aber Du tatest es in Deinem Brief, und es war so ermutigend zu hören, daß man noch enge Freunde hat, die von etwas wirklich Anspruchsvollem bewegt werden.

Ich werde nicht sehr viel länger hier sein, aber es wird ein paar Monate dauern, bis ich in New York eintreffe... Hollywood ist ein Dorf, das Dich ganz schnell zu Tode langweilen würde. Ich bitte Dich inständig, vermeide es.

Ich korrespondiere mit Abe Burrows, und nach einem Blick auf Filme und Fernsehen aus einer Insider-Position, wie ich sie noch nie gehabt habe, muß ich ihm zustimmen, daß die Bühne, mit ihrem Fehlen von Zensur, ihrer Intelligenz und Tiefe, das einzige Medium ist, in dem man letztlich landen sollte...

Arbeite an einem Auftrag für Bob Hope (schrieb er in seinem

nächsten Brief). Muß Sketch für Bob und Kathryn Grayson schreiben. Ja, ja.

Werde Dir die folgenden Gegenstände entweder schicken oder mitbringen, wenn ich nach Hause komme: ein Academy-Verzeichnis mit den Namen *aller* Schauspieler und Schauspielerinnen in Hollywood – wir werden uns kaputtlachen, wenn wir viele Gesichter identifizieren, an denen wir oft Freude gehabt haben, die wir aber nie benennen konnten...; eine doppelseitige 78er Schallplatte von mir, wie ich »A Closer Walk With Thee« spiele; und noch eines, das zu voluminös ist, um es hier zu erwähnen.

Vorläufig arbeite ich schwer, lese eine Menge und lerne viel. Aber du fehlst mir, weil es nur noch so wenige von uns gibt. Boshafte Juden, die, wie Perelman sagt, lieber kämpfen als essen würden und umgekehrt.

Im Moment braut meine demütige Frau (sie geht ständig fünf Schritte hinter mir) Kaffee. Er wird bestimmt nach Huhn schmecken. Ich kann's nicht begreifen. Alles, was sie macht, schmeckt nach Huhn...

Herzliche Grüße...

Schreib...

Die ersten beiden Monate der Gewöhnung an die Ehe waren schwierig für Harlene wie für Woody. Die Romantik ihrer Rendezvous war plötzlich durch das alltägliche gemeinsame Leben ersetzt worden. Woody vertraute Jack an, daß sie sich fast täglich stritten, und fügte hinzu, er sei kurz nach der Hochzeit »von einem egoistischen Entsetzen« ergriffen worden, das ihn zu der Überlegung veranlaßte, ob die Trauung nicht vielleicht ein großer Fehler gewesen sei. Aber Harlene und er hatten auch viel Spaß. Sie machten zwei Schallplatten, auf denen sie selbst spielten, und gingen fast jeden Nachmittag in ein Plattengeschäft, wo sie, dem damaligen Brauch entsprechend, in einem schalldichten Raum sitzen und sich beliebig viele Aufnahmen anhören konnten. Harlene, die ebenfalls mit Jack befreundet war, schrieb ihm, ihr Mann habe ihr erlaubt, da sie noch in den Flitterwochen seien, eine Gershwin-Platte zwischen die von George Lewis und Sidney Bechet zu schmuggeln. Sie drängten Jack, mit Mädchen auszugehen, und nannten ihm ständig geeignete Kandidatinnen. Woody fügte Pflichtlektüre hinzu:

Hier ist alles in Ordnung, aber wie ich Dir schon geschrieben habe, vermisse ich das großartige Zusammenwirken unserer Sensibilität – wenn es darum geht, all jene, die uns irgendwie überlegen sein könnten, durch listige Verleumdungen und üble Nachrede herunterzumachen...

Harlene und ich haben beschlossen, eine Kampagne zu Deiner Eheschließung einzuleiten. (Ich bin zweifellos glücklich als Ehemann, abgesehen von der Zeit, die wir nicht im Bett sind.)

Ich lese sehr viel (schrieb er in seinem nächsten Brief). Ibsen – O'Neill – D. H. Lawrence. Tu Dir selbst einen Gefallen. Ich garantiere, daß Du Dir nichts Besseres wünschen könntest. Leih folgende O'Neill-Stücke aus, wahrscheinlich in einem einzigen Band, und lies: *Gier unter Ulmen – Dynamo – Der haarige Affe.* Alle drei sind so ungewöhnliche Dramen... Etwas in dieser Art, in dieser Stimmung würde ich auch gerne schreiben. Du wirst bemerken, daß meine Ideen, obwohl es ihnen an Geschick und einem einheitlichen Standpunkt fehlt, stets zu dem neigen, was ich nur als eine poetische Stimmung, aufbauend auf existentiellem Horror, Wahnsinn und Tod, bezeichnen kann...

Beide Elternpaare hatten die üblichen Befürchtungen hinsichtlich dieser Ehe, aber es waren Woodys Eltern, die die größten Einwände erhoben. Harlenes Eltern wollten sicher sein, daß ihre Tochter wirklich in so jungem Alter für die Ehe bereit war, doch nachdem sie sich einmal davon überzeugt hatten, gaben sie rasch ihren Segen. Martin und Nettie waren dagegen gekränkt, weil die Trauung so plötzlich stattfand, daß sie nicht dabeisein konnten, außerdem zweifelten sie daran, daß ihr Sohn der finanziellen Belastung der Ehe gewachsen war.

Was das letztere betraf, hätten sie sich keine Sorgen zu machen brauchen. Nachdem *The Colgate Variety Hour* im Mai 1956 eingestellt worden war, kehrten Woody und Harlene im Mai 1956 nach New York zurück – über Las Vegas (»um zu spielen«) und, wie sie planten, über New Orleans (»um Jazz zu hören, George Lewis an der St. Philip St. zu besuchen und die Stadt auszubaldowern«), schrieb er Victor. Sie kamen jedoch nie nach New Orleans; Woodys erster New-Orleans-Besuch sollte erst viele Jahre später, mit Diane Keaton, stattfinden. Heimgekehrt, wohnten sie kurzfristig bei Harlenes Eltern und nahmen sich dann ein Apartment in der 110 East

Sixty-first Street. Im Herbst begann Harlene, am Hunter College Philosophie zu studieren. Woody war sehr gefragt, wenn Komiker ein paar Witze oder einen ganzen Monolog benötigten; das übliche Honorar betrug hundert Dollar für Material von einer Minute Länge. Auch Simon gab ihm einen kleinen Auftrag für eine Show, die er schrieb, und machte von Zeit zu Zeit andere Angebote. Das Leben eines Fernsehautors war damals wie heute eine Abfolge von jeweils zwei Wochen Arbeit an einer Show, die dann gar nicht produziert wurde.

»Wenn Danny in der Stadt war, rief er mich häufig aus Telefonzellen an – es war immer sehr geheimnisvoll«, sagt Woody. »Zum Beispiel schlug er vor: ›Treffen wir uns in dem und dem Café. Ich muß mit dir über etwas reden‹ Ich fuhr dann in strömendem Regen los, um ihn zu treffen, und er sagte: ›Ich habe da eine große Sache für dich. Viel Geld kann ich nicht für dich herausholen, aber ein kleines bißchen. Ich könnte deine Hilfe gebrauchen.‹ Ich war hingerissen.«

Simon empfahl ihn auch nach Tamiment, und der Sommer 1956 war der erste von drei aufeinanderfolgenden, die er dort verbrachte. Das Gehalt war bescheiden – etwa hundertfünfzig Dollar pro Woche –, aber die Erfahrung, allwöchentlich eine neue Show zu machen und der Kontakt mit New Yorker Produzenten waren unschätzbar.

The People's Educational Camp Society, wie Tamiment ursprünglich hieß, wurde 1920 bei Stroudsberg, Pennsylvania, als eine Sommerfrische für Sozialisten und ihre Familien gegründet. An einem See auf bewaldetem und unberührtem Land gelegen, war es zehn oder fünfzehn Jahre lang der perfekte Zufluchtsort für Idealisten. Mitte der dreißiger Jahre hatte es sich jedoch bereits in einen gewöhnlichen Urlaubsort verwandelt, in dem sich junge Männer und Frauen in der Hoffnung auf eine kurze Romanze trafen. Mitte der fünfziger Jahre kostete ein einwöchiger Aufenthalt ungefähr neunzig Dollar. Zwischen Ende Juni und dem Labour Day kamen jeweils tausend Besucher, hauptsächlich aus New York, Philadelphia und Washington, D.C. Die meisten von ihnen waren weiß, jüdisch und gehörten zur Mittelschicht: junge Freiberufler in den Zwanzigern und Dreißigern, Rechtsanwälte, Handelsvertreter, Sekretärinnen und Geschäftsleute, die sich hier vergnügen wollten. Tamiment besaß weder den religiösen noch den ethnischen Charakter der Urlaubsorte in den Catskill Mountains nördlich von New York; die Besucher waren stärker assimiliert und wollten Broadway-Witze und keine jüdischen Witze hören.

Im Gegensatz zu den meisten Ferienorten war Tamiment nicht wie ein großes Hotel gebaut. Es gab nur ein paar zentrale Gebäude: einen Speisesaal, wo acht oder zehn Personen an jedem Tisch saßen, einen Tanz- und Unterhaltungssaal, der über den See hinwegragte, und ein Theater mit 1200 Plätzen. Die Gäste wohnten in kleinen Ferienhäusern, die zwischen gigantischen Bäumen standen. Einige der Ferienhäuser waren luxuriös; alle konnten zwei oder vier Personen aufnehmen. Es gab Tennisplätze, Kanus, Ruderboote und – später – einen von Robert Trent Jones entworfenen Golfplatz. Spuren der sozialistischen Vergangenheit waren schwer zu finden. Eine der wenigen war eine Büste von Morris Hillquit, einem berühmten New Yorker sozialistischen Politiker, der im Jahre 1933 starb.

Die Unterkünfte für das Personal waren jedoch weniger angenehm. Sie mußten sich zu dritt oder viert ein Zimmer in »schäbigen alten Reihenhäuschen wie im Bates Motel (aus *Psycho*)« teilen, wie ein früherer Angehöriger des Personals es ausdrückte; auch die Badezimmer waren von mehreren zu benutzen. Bei Woodys erstem Aufenthalt mit Harlene gab es keine Unterkunft für Harlene. Und so mietete er statt dessen auf eigene Kosten »ein lausiges Zimmer in einer Pension über einem billigen Restaurant«, damit Harlene und er zusammensein konnten. Damit war der größte Teil des Geldes, das er verdiente, verbraucht, so daß er sich nach Mitfahrgelegenheiten umsehen mußte, aber das spielte keine Rolle. Seine Texte schlugen sofort ein.

Die Shows in Tamiment waren keine kleinen, sommerlichen »Theaterscheunen-Produktionen«. Jede Woche zeigte man eine neue Musikshow mit frisch entworfenen, konstruierten und gemalten Kulissen. Das Theater hatte Seitenkulissen und Soffitten und große Garderobenräume. Der komfortable Zuschauerraum bot 1200 Zuschauern Platz. Zum Sommerpersonal gehörten ein Dirigent, ein ständiger Komponist, ein Orchester, ein Arrangeur und Probenpianisten; klassische und moderne Tänzer; ein männlicher Hauptsänger und eine weibliche Hauptsängerin; zwei Spitzenkomiker; und zwei Autoren. Agenten von William Morris und MCA kamen zur letzten Show der Saison. Ein weiterer Vorzug war für die Texter, daß sie am Ende des Sommers ein Dutzend neue Sketche angesammelt hatten, die sie zum Verkauf anbieten konnten, da sie ja mehrere Showprogramme aus Sketchen und Monologen erarbeitet hatten.

Die Liste der Künstler, die in den vierziger und fünfziger Jahren dort arbeiteten, ist beeindruckend: Danny Kaye, Sid Caesar, Imogene Coca, Carl Reiner, Mel Brooks, Neil Simon, Danny Simon, Dorothy Loudon, Sylvia Miles, Jack Cassidy, Mel Tolkin, Lucille Kallen und Sylvia Fein (Danny Kayes Frau und eine seiner Haupttexterinnen) waren nur einige von ihnen.

Woody war wie geschaffen dafür, Sketche zu schreiben: In seinem ersten für eine Show in Tamiment geschriebenen Sketch ist eine Gruppe von Gästen zum Dinner im Haus eines Mannes versammelt. Zur Unterhaltung rufen sie nach dem Essen aufs Geratewohl Leute an, sprechen Albernheiten ins Telefon und hängen auf. Einmal meldet sich ein Anrufbeantworter, und der Gastgeber hinterläßt eine alberne Botschaft. Wie sich herausstellt, gehört der Anrufbeantworter seinem Chef. Dieser, der den Abend über ausgegangen ist und sich zufällig in der Gegend befindet, macht überraschend am Haus des Gastgebers halt. Er bittet um das Telefon, um die Mitteilungen auf dem Anrufbeantworter abzurufen, und wird von dem idiotischen Geplapper begrüßt. Der Gastgeber hört, wie seine Stimme ins Ohr seines Chefs dröhnt, und begreift, daß er nicht sprechen darf, weil er sonst erkannt werden wird. Mittlerweile sagt der Chef: »Ich kenne die Stimme von irgendwoher. Irgendein Rindvieh...«

Es war ein für jene Zeit typischer Fernsehsketch, genau wie ein anderer mit dem Titel »Opening Night« (»Premiere«), in dem ein Dramatiker mit seiner Familie ins Theater geht. Er hat ein völlig realistisches Stück über die Ereignisse in seinem eigenen Leben geschrieben. Zuerst sind die Familienmitglieder fasziniert davon, ihren genialen Verwandten begleiten zu dürfen. Doch ihre Begeisterung verläßt sie allmählich, als sie sich in den Figuren wiedererkennen, und am Ende hassen sie ihn.

Dann fing Woody an, für ihn untypische, surreale Sketche zu schreiben. Einer spielte in Cape Canaveral, wo eine gerade gestartete Rakete vom Kurs abkommt und auf New York City zusteuert. »Hallo... Hören Sie, Bürgermeister«, sagt der General am Telefon, während er dem wütenden Politiker erklärt, daß der Kurs der

Rakete nun unveränderlich ist, »nehmen Sie die Sache bitte wie ein Mann...«

In einem anderen Sketch mit dem Titel »Psychologische Kriegführung« bekämpfen sich die Gegner auf dem Schlachtfeld mit Waffen, die nicht auf den Körper, sondern auf den Geist gerichtet sind; zum Beispiel schleicht sich einer an den anderen heran und flüstert: »Du bist klein. Du bist zu klein, und niemand liebt dich.«

Die Vorstellungen fanden Samstag und Sonntag abends statt. Am Montag erhielten die Schauspieler den Text für die nächste Show und probten bis zum Mittwoch. Am Donnerstag wurde eine erste Probe im Theater abgehalten. Am Freitag gab es weitere Proben und technische Korrekturen.

Das unerschütterliche Selbstvertrauen, das Danny Simon Woody beigebracht hatte, trat schon in der ersten Woche zutage. Er war von Montag bis Mittwoch bei den Proben anwesend, ließ jedoch die Probe am Donnerstag aus – zur Verblüffung aller anderen Beteiligten.

»Ich brauche diese Probe nicht. Ich weiß, daß mein Text in Ordnung ist«, erklärte er jedem, der sich bei ihm erkundigte. Das war kein Standpunkt, der ihn überall beliebt machte.

»Ich möchte dir etwas sagen«, warnte ihn eine Tänzerin, die mit dem Choreographen verheiratet war. »Die paar anderen Sketche in der Show klappen sehr gut. Alles lacht drüber. Aber deiner...« Sie zuckte die Achseln.

»Tja, du irrst dich«, antwortete Woody ruhig. Er wußte, daß der Sketch straff geschrieben war und daß das Publikum über ihn lachen würde. Und am Samstagabend lachte es wirklich.

Woodys Texte fanden so viel Anklang, daß im nächsten Jahr all seine Wünsche erfüllt wurden; er erhielt ein Häuschen, in dem Harlene und er wohnen konnten, und man gewährte ihm, nach einer kurzen Auseinandersetzung, das Recht, seine Sketche selbst zu inszenieren. Die beiden Komiker, die für den Sommer 1957 engagiert waren, waren Milt Kamen und Len Maxwell. Maxwell war von Woody begeistert, und Woody mochte ihn auch sehr; die beiden brachten einander zum Lachen. Maxwell ist ein hochgewachsener, stämmiger Mann mit tausend Stimmen, von denen viele in der Fernseh- und Rundfunkwerbung zu hören sind. Die beiden sahen aus wie Dick und Doof, und ihre Freundschaft war deshalb interessant, weil Maxwell als Komiker genau das war, was

Woody ablehnte. Seiner eigenen Einschätzung nach war Maxwell »eher der hemdsärmelige Komiker, ohne Nuancen, ein bißchen laut. Ich hielt viel von Unterhaltung, von Gesang und Tanz. Woody mußte sich tatsächlich hinsetzen und mir erklären, weshalb Mort Sahl das Äußere des Komischen vom Humor der Derbheit in den Humor des Statements verwandelt hatte.«

Die beiden hatten sich Sahl in Eddie Fishers Fernsehshow angesehen, wobei Woody vor Lachen brüllte. Danach drehte Woody sich um und fragte: »Na, Maxwell, was meinst du?«

Maxwell erwiderte: »Also, ich weiß nicht. Als Künstler fühle ich mich irgendwie betrogen.«

»Von der Natur?« gab Woody zurück, ohne mit der Wimper zu zucken.

»Woody ist wirklich paradox«, sagte Maxwell. »Als ich ihn kennenlernte, war er winzig. Ich machte dauernd Witze über seine Größe und seine Schlankheit und nannte ihn einen Wurfpfeil, einen rothaarigen Wurfpfeil, was ihm wohl nicht besonders gefiel. Und dann ging er mit den Kellnern von Tamiment, diesen gewaltigen Burschen, raus auf ein Baseballfeld. Sie gucken Woody geringschätzig an, und mit seinem ersten Schlag haut er den Ball über die Handballplätze. Gewöhnlich wird bei einem Spiel doch viel Lärm gemacht? Als er das tat, wurde alles still. Ich wollte ihn überreden, seinen Namen zu Heywood zu ändern, weil ich glaubte, er würde ein wunderbarer Schriftsteller werden, wie George S. Kaufman. Ich schrieb den Namen an die Innenseite seines Häuschens und sagte ihm: ›Woody geht nicht. Ein Woody schreibt keine herrlichen Broadway-Stücke. Ein George S. Kaufman – ja. Ein Maxwell Anderson – ja. Aber ein Woody?‹«

Woody benutzte eine mechanische Olympia-Schreibmaschine, und Maxwell berichtete: »Wenn er tippte, hörte es sich an wie eine Kreissäge, weil er so schnell war. Und während er tippte, konnte man sehen, wenn man hinter ihm stand – was er höchstens anderthalb Minuten aushalten konnte –, wie die Witze, wirklich gute Witze hervorsprudelten. Ich war entgeistert.« Maxwell schrieb einige Texte zusammen mit Woody und war beeindruckt von dessen großzügiger Reaktion auf die Ideen eines anderen. »Woody war hingerissen, wenn mir etwas einfiel. Er stürzte sich sofort darauf, was mich sehr stolz machte. Mir fiel die Pointe für einen Sketch ein, und er rannte hysterisch lachend durchs Zimmer.« Einmal war Maxwell im wöchentlichen Programm infolge eines Druckfehlers nicht als Woodys Koautor bei einem Sketch verzeichnet. Daraufhin schrieben Woody und Harlene seinen Namen mit der Hand auf über tausend Theaterzettel.

Maxwell spielte in allen von Woody verfaßten Sketchen mit. »Als Regisseur war Woody sehr entschieden, sehr präzise«, was die Umsetzung seiner Sketche betraf. Doch sobald er seine Erklärungen abgegeben hatte, überließ er das weitere den Schauspielern. »Er ließ uns gewähren; nachdem er sich entfaltet hatte, durften wir das gleiche tun. Bis zur Generalprobe am Samstagmorgen sagte er kein Wort mehr. Wenn ich an Woodys Umgang mit Schauspielern denke, erinnere ich mich immer wieder, wie verdammt viel er von Komik verstand. Er wußte Bescheid. Die anderen dagegen, die anderen Regisseure und Autoren, die waren auf einem fremden Planeten.«

Außer einem Exemplar von »Opening Night«, das kürzlich in Tamiment entdeckt wurde, existieren keine Kopien von Woodys Sketchen, doch sie gehen Maxwell immer noch durch den Kopf. Da war ein Pflaumengebäck-Sketch: »Er bestand nur aus dem Wort ›Pflaumengebäck‹. Milt Kamen und Evelyn Russell hatten ein Verhältnis, und ich war der Ehemann, der reinkam und sie überraschte. Milt und Evelyn sitzen an einem Tischchen mit einer Kerze darauf. Sehr romantisch. Er nimmt ihre Hand, küßt sie und sagt verliebt: ›Pflaumengebäck.‹ Und sie antwortet kokett: ›Oh, Pflaumengebäck.‹ Und so weiter. Anstelle eines echten Dialogs. Dann komme ich rein, sehe die beiden und frage, dem Schlagfluß nahe: ›P-f-f-f-laumengebäck?‹, und sie versucht, alles zu erklären, und so weiter.«

Dann war da der Groucho-Marx-Sketch: »Milt Kamen und ich waren zwei Männer, die eines Abends Frauen abschleppen wollten. Wir stehen auf der Vorbühne, und ich sage: ›He, wir sollen doch zu einer Party gehen. Wo sie wohl ist?‹ Dann öffnet sich der Vorhang, und man sieht ein Schild mit der Aufschrift ›Party‹. Und Milt ruft: ›Mann, da ist ein Schild, auf dem »Party« steht – hier muß es sein.‹ Die Bühne ist leer. Es gibt Möbel, doch keine Menschen. Also sage ich: ›Wenn dies die Party ist, wo sind dann die Leute?‹ Und dann kam die erste Frau rein. Sie trug ein wunderschönes Abendkleid und hochhackige Schuhe – aber sie rauchte eine Zigarre und hatte eine Brille und buschige Augenbrauen und einen

Schnurrbart. Sie blickte uns an und sagte mit einer Groucho-Stimme: ›Wirklich, das ist toll. Ich werd die anderen Mädchen wissen lassen, daß ihr hier seid.‹ Und dann schaute Milt mich an, und ich schaute Milt an.

Das Dumme an dem Sketch war, daß er nur einen einzigen Lacher hatte, der am Anfang begann und am Schluß des Sketches endete. Wir konnten unseren Text nicht rauskriegen. Wir mußten schreien. Denn all diese prachtvollen Mädchen kamen als Groucho Marx gekleidet heraus. Und alle hatten wunderschöne Abendkleider an. Alle waren Tänzerinnen. Man kann sich vorstellen, was für eine Figur diese Frauen hatten. Und sie machten den ganzen Groucho-Kram. Wir brüllten, und das Publikum kringelte sich. Man konnte einfach nichts machen.

Der Sketch endete damit, daß alle Mädchen Jimmy Durante imitierten. Aber das spielte keine Rolle mehr, weil das Gelächter so laut war. Woody sagte immer: ›Das beste Ende für einen Sketch? Wenn man mit Durantes Stimme »O nein!« sagt und danach »Hooray for Hollywood« summt.‹«

Und der Gefängnissketch: »Mein Name war Boom-Boom, und ich spielte den Conferencier:

›(mit Ganovenstimme) Guten Abend, all ihr Mitgefahren für die Gesellschaft, Direktoren und Wärter – nja (läßt Daumen unter Vorderzähnen hervorschnellen). Der Direktor und ich haben beschlossen, heute abend statt des üblichen Gefängnisvarietés das alljährliche Gefängnisvaudeville zu präsentieren, dem dann sofort der alljährliche Gefängnisaufruhr folgen wird. Ihr seid alle zur Teilnahme eingeladen. Vielen Dank. Übrigens, der Direktor ist heute abend sehr glücklich, denn seine Tochter hat sich mit einem der Lebenslänglichen hier verlobt und ihn geheiratet. Das einzige, was ihn ärgert, ist, daß sie ausgerissen sind...

Und zum Ende der abendlichen Festlichkeiten – was meint ihr, wenn wir alle ein bißchen »Heart o' My Heart« singen. Okay, ihr Sträflinge, los geht's. (beginnt zu singen) ›Heart of my heart, I love that melody...‹ (unterbricht sich) *Mörder für sich allein!* ›Heart of my heart brings back a memory...‹ (unterbricht sich wieder) *Überfall mit einer tödlichen Waffe!*‹

Und Woody kugelte sich. Es endete mit: ›That gang will say heart of my... *Vergewaltigung!*... heart of my heart.‹«

Und zu guter Letzt der Publizistensketch:

»Milt Kamen spielte Marlon Brando, und Evelyn Russel spielte ein Starlet. Ich war ihr Publizist, der sie nie in die Schlagzeilen kriegen konnte. Der ganze Sketch drehte sich um die Enttäuschung darüber, daß ihr Name nie in den Zeitungen erschien. Am Ende des Sketches sagte ich: ›Ich weiß, wie ich deinen Namen in die Zeitung kriege. Ich hab's endlich gelöst.‹ Und ich sollte die Hand in die Jackentasche stecken, eine Pistole rausziehen und sie erschießen. Aber ich vergaß die Pistole. Ich stehe vor tausend Menschen auf der Bühne, und ich habe die Pistole nicht. Ich sagte: ›Ich weiß, wie ich deinen Namen in die Zeitung kriege.‹ Ich blickte verstört um mich. ›O ja, und ob ich weiß, wie ich deinen Namen in die Zeitung kriege.‹ Ich blickte wieder um mich, um Zeit zu gewinnen. Und ich hörte einen Lacher aus den hinteren Reihen. Es war Woody. Alle erstarrten für fast eine Ewigkeit auf der Bühne, und dann sagte ich: ›Ja, weißt du, wie ich deinen Namen in die Zeitung kriege? So!‹ Und ich erwürgte sie.

Woody erzählte mir später, er sei, sobald er merkte, daß ich die Pistole vergessen hatte, zu seinem Ferienhäuschen gelaufen, um Harlene zu holen und ihr zu zeigen, was geschehen war. Als sei alles in der Zeit erstarrt. Und das machte mir deutlich, wie unverfälscht er seine Arbeit liebte. Das war die Summe, das Wesen und die Gesamtheit von allem. Nichts anderes hatte irgendeine Bedeutung. Nur die Freude an dem, was er tat. Deshalb gab ich das komische Fach auf – daran konnte ich nicht heranreichen. Er war einfach großartig. Klein, aber großartig.«

Woody hatte eine sensationelle Spielzeit in Tamiment, und dies sollte sich im folgenden Jahr wiederholen. Aber nach dem dritten Sommer beschloß er, nicht mehr zurückzukehren, da er nicht vorhatte, sein Leben dem Sommertheater zu widmen. Er hatte beobachtet, daß manche nichts anderes machten, also den Rest des Jahres über untätig blieben. Das mochte für andere das Richtige sein, aber nicht für ihn.

Er wollte für Sid Caesar schreiben, aber das verstand sich von selbst. In den fünfziger Jahren gab es keinen Komiktexter, der nicht für Caesar schreiben wollte. Caesar war die Inkarnation des Komikers. Er zelebrierte jeden Lacher. Er verwandelte sich völlig in das, was er spielte: von einem armen Ehekrüppel in einem ländlichen Gesellschaftsklub bis hin zu einem japanischen Filmstar, und dies zeichnete ihn vor anderen Komikern aus. Statt die gleiche Rolle in unterschiedlichen Situationen zu spielen, spielte er Hunderte von Rollen unterschiedlich. Er erfand eine Sprache, die genauso klang wie die es Landes, in dem sie angeblich gesprochen wurde, und doch war es völlig albernes Kauderwelsch. Wie Milton Berle war er hochgewachsen – über einen Meter achtzig – mit seinem elastischen Gesicht und seinem biegsamen Körper konnte er Emotionen wie ein Akrobat ausdrücken, und die Nuancen, die ein Theaterpublikum vielleicht verpassen würde, konnte man in jenem Wunder des Fernsehens, der Großaufnahme, beobachten.

Er war überwältigend. Zudem wurden Caesars spektakuläre Fähigkeiten durch den Mangel an Charakterkomödien im Fernsehen noch unterstrichen. Fast alle Shows waren damals Situationskomödien, und die im Grunde immer gleichen Situationen wurden nur auf eine spezifische Show zugeschnitten: Variationen des eifersüchtigen Ehemannes, des früheren Freundes der Ehefrau oder der früheren Freundin des Ehemanns, der Pflege eines Haustiers für einen Freund oder vielleicht der Entdeckung eines verirrten Tieres und seiner Mitnahme nach Hause. Caesar war auf atemberaubende Weise einzigartig.

Samstag abends gab es für jeden Autor, d. h. eigentlich für jeden Menschen, der einen Fernsehapparat besaß, nur eines, sich Caesars Show anzusehen. Bei der Arbeit am Montag – und wahrscheinlich vorher – sprach man dann mit anderen Autoren über die Show. Alle, die Woody kannte, wollten für Caesar schreiben. »Es war das Höchste, was man anstreben konnte – jedenfalls als Texter von Fernsehkomik. Darüber stand nur noch die Präsidentschaft.«

Im Frühjahr 1957 war Woody nahe daran, für *Caesar's Hour* zu schreiben. Danny Simon hatte mit Caesar über Woody gesprochen, doch die Show besaß bereits so viele Texter, daß das Budget aufgebraucht war. Caesar bot Woody Arbeit an, doch nicht zu dem Satz, der durch die Übereinkunft der Schriftstellervereinigung mit den Sendern garantiert war. Die Vereinigung gestattete ihm nicht, den Auftrag zu übernehmen. »Es brach mir das Herz«, sagt er.

Aber dann kam Milt Kamen, Caesars Ersatzmann, im Jahre 1958 nach Tamiment.

»Da ist einer, der für dich schreiben sollte«, sagte Kamen nach seiner Rückkehr zu Caesar. »Ich habe während des Sommers mit ihm zusammengearbeitet. Er ist Spitze und schreibt deine Art Texte.«

Nach einem Jahr ohne eine regelmäßige Show – in dieser Zeit trat Caesar nur in Einzelsendungen auf – erschien er im Herbst 1958 mit *Sid Caesar Invites You*, das ABC jeden Sonntagabend ausstrahlte. Außerdem wurde er für zwei Einzelsendungen von NBC, dem Sender, wo er den größten Teil seiner Karriere verbracht hatte, verpflichtet.

Einer von Caesars Autoren für die Einzelsendungen war Larry Gelbart, ebenfalls eine Art Wunderkind. Er hatte schon als Teenager für Duffy's Tavern und dann für die groß angekündigte *Your Show of Shows* Texte geschrieben; daneben war er verantwortlich für *Toll trieben es die alten Römer*, für die Fernsehbearbeitung von M*A*S*H sowie für den Broadway-Knüller *City of Angels*.

Gelbart ist nur ein paar Jahre älter als Woody. Als Kamen Woody in das Zimmer brachte, wo Gelbart und Caesar an einem Sketch arbeiteten, und verkündete: »Ich habe den jungen Larry Gelbart bei mir«, zeigte Gelbart auf sich selbst und sagte: »Der junge Larry Gelbart ist *hier*.« Dann machten Caesar und er sich wieder an die Arbeit. Woody saß still dabei, hörte ihnen eine Weile zu und schlug dann vor: »Wir könnten dies machen, wenn Sie wollen.« Von Zeit zu Zeit machte er andere Vorschläge, die Caesar nicht zur Kenntnis zu nehmen schien. Nach einer weiteren Stunde sagte Caesar zu Gelbart: »Gut, es ist fünf Uhr. Bis morgen.« Dann drehte er sich um und sprach Woody zum erstenmal an. »Sie. Sie sind engagiert«, erklärte er mit einer großartigen Handbewegung.

»Ich bin engagiert?« wollte Woody von Gelbart wissen, als die beiden, nachdem Caesar verschwunden war, hinausgingen.

»Natürlich. Was ist das Schlimmste, das passieren könnte? Würdest du für das Minimum arbeiten?«

»Klar.«

»Dann bist du natürlich engagiert.«

Die *Chevy Show*, die Gelbart und Woody schrieben, wurde am 2. November 1958 von NBC ausgestrahlt. Es war die Jubiläumssendung für Caesars zehnjährige Fernseharbeit, und sie wurde als beste Fernsehkomödie des Jahres mit einem Sylvania-Preis ausgezeichnet.

Der erste Teil der einstündigen Show war eine Parodie auf *Playhouse 90*, die neunzigminütige dramatische Live-Show, die CBS im sogenannten Goldenen Zeitalter des Fernsehens sendete. Als Gastgeber von *Playhouse 90* traten bekannte Schauspieler auf. Das

Programm wurde nicht nur von Werbung unterbrochen, sondern es war auch üblich, daß der Gastgeber die nächste Show anpries, in der er erscheinen würde. Das Publikum wurde im Laufe der Sendung also mit einer Art Fernsehvorschau traktiert – manchmal war die Sache ziemlich verwirrend.

Caesars Gäste waren Art Carney und Shirley MacLaine. Die drei Stars, die sie für die Shows spielten, hießen Rock Garden, Chuck Steak und Rhonda Corner. Deren fiktive Show trug den Titel *Hothouse 90*. Der erste Sketch spielte in einem englischen Herrschaftssitz.

Der Lord, dessen erste Gattin Cecily, die er sehr geliebt hat, kürzlich gestorben ist, bringt eine neue amerikanische Ehefrau mit nach Hause. Bevor das glückliche Paar eintritt, beschwert sich das Personal heftig über die Aussicht, eine neue Herrin zu erhalten, denn Cecily sei unersätzlich. Dann öffnet Caesar die Haustür, und eine Nebelwolke hüllt die Szene ein. Er stellt seine neue Frau vor, und sie wird sehr kühl begrüßt. Caesar versucht, sie zu trösten. »Ich haßte dich, als ich dir begegnete. Jeder haßt dich zuerst. Das liegt daran, daß es sehr schwer ist, dich zu lieben, mein Schatz. Aber der Grund ist eben, daß du etwas Besonderes bist.«

Mit lieblicher Stimme: »Bin ich etwas so Besonderes wie Cecily?«

Wahnsinnig erbost: »Erwähne Cecilys Namen in diesem Haus nie wieder, oder ich werde...«

»ENDE DES ERSTEN AKTES« erschien auf dem verdunkelten Fernsehschirm. Dann tauchten Caesar, Carney und MacLaine in normaler Kleidung auf; alle drei erklärten, sie seien Gastgeber der laufenden Show, was sie zum Star der nächsten oder der übernächsten oder einer bereits ausgestrahlten Show mache.

Der zweite Akt des Dramas begann. Die beiden sind immer noch im Wohnzimmer, und MacLaine will sich hinsetzen.

Caesar (zornig): »Setz dich nicht auf den Stuhl. Cecily saß immer auf dem Stuhl. Es ist, als würdest du Dich auf meine Erinnerung an sie setzen.« MacLaine geht durch den Raum auf einen anderen Stuhl zu. »Setz dich nicht auf den Stuhl. Sie legte immer die Füße auf den Stuhl, wenn sie (deutet auf den ersten) auf *dem* Stuhl saß. Sie war ein sehr langes Mädchen.«

MacLaine legt ihm eine Hand auf die Stirn und sagt: »Bitte, nimm dich zusammen.«

»Faß mein Haar nicht an. Cecily hat mir dieses Haar gegeben.«

»John, bitte.«

»Nenn mich nicht John. Sie nannte mich immer John.«

»Ich...«

»Nenn dich nicht ich. Du bist nicht ich. Du sollst dich nicht ich nennen. Sie war ich, und sie wird niemals du sein, und sie war sie, und das ist das!«

»Aber Liebling, ich möchte sie dir doch gar nicht wegnehmen. Sie war sie, und du warst du...«

»Du hast kein Recht, du zu sein! Welches Recht hast du, du zu sein? Sie war du, und sie war ich, und wir waren wir, und wir waren... Wow!«

MacLaine flüchtet, wobei sich der Schirm verdunkelt.

Art Carney, der den Gastgeber spielte, trat auf, um »den zweiten Akt des Dramas in drei Wochen« zu zeigen, »eine Originalwiederholung eines von unserem alternierenden Sponsor gebrachten Stücks, der Ihnen die Show der nächsten Woche auf einer zweiwöchentlichen Grundlage präsentiert und der der zweite Sponsor dieser Woche ist, doch in drei Wochen der regelmäßige alternative Sponsor sein wird«.

Die Produktion, eine Parodie auf Tennessee Williams' *Katze auf dem heißen Blechdach*, trug den Titel *Die heiße Blechkatze*.

Schauplatz ist eine heruntergekommene Baumwollfarm im Süden. Carney tritt auf die Veranda des Farmhauses; sein Daumen ist mit einem fünfundzwanzig Zentimeter langen und acht Zentimeter breiten Verband umwickelt. MacLaine sitzt auf einem Stuhl. Carney sagt: »Meine Augen haben zuviel gesehen, und mein Kopf kann die Bilder nicht abschalten. In mir schreien die Dinge danach, niedergeschrieben zu werden.« Er hebt den Daumen und betrachtet ihn traurig. »Wie kann ich hiermit schreiben? Ich möchte über die eine überragende, überwältigende wunderbarste Liebe meines Lebens schreiben – über mich selbst!«

Caesar, wie eine »Big-Daddy«-Gestalt gekleidet, kommt heraus. »Dauernd redest du von dir selbst, selbst, selbst. Ich hasse Selbstsüchtigkeit. Ich hasse Selbstsüchtigkeit. Und du, du möchtest Schriftsteller werden? Worüber wirst du denn Gedichte schreiben? Na? In der Baumwolle steckt mehr Poesie als in allen gewöhnlichen Worten. Also, du pflanzt Baumwolle, und dann wächst sie durch den Regen und die Sonne, und du stehst oben auf einem Hügel, und du schaust runter und siehst Baumwollknospen, die sich öffnen, und du siehst Baumwolle, und das ist die wahre Poesie von Baumwolle: Bargeld. Reines Bargeld. Das ist Poesie.«

Der Sketch endet damit, daß Caesar, der es sich nun in einem Korbstuhl bequem gemacht hat, hochtrabend sagt: »Nur so hast du nämlich Würde. Wenn du keine Würde hast, hast du nichts.« Er steht auf und will theatralisch abgehen, aber der Stuhl läßt ihn nicht los. Nach ein paar Sekunden verschwindet er mit dem Stuhl am Hintern.

Der letzte Teil der Show hieß *Teentime*, mit Carney als überschwenglichem Gastgeber (»Euer Conférencier für den Rest eures Lebens«) einer Musik- und Tanzveranstaltung für Teenager. »Wir werden heute nachmittag die tausend Top-Platten spielen«, erklärt er seinen Fans. Dann macht er Werbung für ein Konzert, das er veranstaltet – mit Gruppen wie »The Tin Ears« und »The Sisters Karamazov« –, und stellt den neuen Song des Tages vor: »Deine Liebe trieb mir einen Pfahl ins Herz.«

Carney fragt, ob jemand im Publikum Geburtstag hat. Caesar, ein Junge mit einer fettigen Haartolle, hebt die Hand.

»Was willst du tun, wenn du die Schule hinter dir hast?« fragte Carney ihn.

»Alles, was mir nicht das Haar versaut.«

Carney gibt ihm ein Album mit den Top Twenty Hits, Karten für sein Konzert und seinen neuen Film.

»Danke.«

»Das macht drei achtundneunzig«, sagte Carney nach einer kurzen Pause. Caesar kramt nach Geld, und Carney gibt ihm zwei Cent heraus. Dann fragt er großzügig: »Da du heute Geburtstag hast – welches Lied möchtest du gern hören?«

Caesar schaut ihn ehrfurchtsvoll an. »Alles, was du spielen möchtest, gefällt uns, Johnny. Wenn du uns aufforderst, etwas zu kaufen, kaufen wir es. Wir gucken uns deine Fernsehsendung jeden Tag an. Wir hören dich im Radio. Wir kaufen deine Platten, wir hören uns deine Platten an. Wir gehen in deine Konzerte, wir tun alles, was du willst, denn du bist der einzige, der uns versteht. Du weißt, was ich meine? Du bist der einzige, der uns versteht.«

»Vielen Dank«, erwidert Carney und versucht, den zunehmend tobsüchtigen Caesar zum Schweigen zu bringen. Ohne Erfolg.

»Du bist der einzige, zu dem wir aufblicken können«, fährt er fort und packt Carney. »Schließlich tun wir nichts anders, als zu dieser Musik zu tanzen und zu hüpfen und dir zuzuhören. Das ist alles, was wir haben.« Er wendet sich der Kamera zu und hält inne. Seine Miene spiegelt nun Zweifel statt Tobsucht wider. »Ich meine, ist das alles? Ist das unser Leben? Zu dieser bescheuerten Musik rumzuhüpfen und dir zuzuhören?« Er wirkt immer verzweifelter, während die Kamera langsam herangeht und sein Gesicht einrahmt. »Ich meine, also, wir brauchen Hilfe. Irgendeiner da draußen. Wir brauchen Hilfe!«

Trotz ihres großen Erfolges hatte auch diese Show die für das amerikanische Fernsehen typischen Probleme. Eines der damals wie heute größten besteht darin, daß die Geldgeber erhebliche Kontrolle über die Sendung haben. Ein Grundsatz des Mediums lautet, daß eine Show das größtmögliche Publikum anziehen muß und ein Minimum an Zuschauern verärgern darf. *The Chevy Show* mag wie eine zahme Satire wirken, aber es war schwierig, manche der Sketche durchzusetzen. In *Teentime* gab es Aussprüche – etwa »Danke, daß ihr hierher gekommen seid, statt eure Hausaufgaben zu machen« oder »Hier ist eine Platte, die mir 'nen Haufen Geld einbringt, wenn ich sie spiel« –, die auf Widerstand stießen.

Gelbart erinnert sich viele Jahre später: »Die Sponsoren kamen mit mürrischer Miene rein und sagten: ›Wir dürfen Teenager nicht beleidigen‹, weil, ich weiß nicht, wahrscheinlich weil sie eine Menge Chevrolets stehlen. Man prüfte eine Seite nach der anderen, und es hieß: ›Dies ist zu kontrovers, und dies ist falsch, und dies ist übertrieben.‹«

So schwierig der Umgang mit Geldgebern sein mag, der Umgang mit Komikern kann noch unerfreulicher sein. Sie sind von Textern abhängig, wenn sie an der Spitze bleiben wollen. Auch wenn sie sehr gut zahlen, legen sie trotzdem häufig ein beleidigendes Verhalten an den Tag – vielleicht weil manche einen gewissen Groll darüber empfinden, daß sie Texter benötigen. Sie verlangen, daß die Autoren die Eigenarten ihrer Bühnenidentität herausarbeiten, doch gleichzeitig gönnen sie denen, die sie einzigartig machen, keine Persönlichkeit. Die Texter ihrerseits bezeichnen ihre Arbeit als »Fütterung des Ungeheuers« und sprechen von der Notwendigkeit, einen Komiker »stubenrein« zu machen, damit er die Individualität seines Texters achtet.

»Ein Komiker ist kein normaler Vertreter des Unterhaltungsgeschäfts«, sagt Gelbart, der in den letzten vierzig Jahren für fast jeden bedeutenden Komiker Texte geschrieben hat. »Jahre des Erfolges und der Macht machen einen Komiker immer wunderlicher. Jackie Gleason verlegte ganze Sender in andere Teile der Staaten, weil er seine Arbeit von dort aus übertragen lassen wollte.« Gleason wohnte in Miami, von wo man viele seiner Shows ausstrahlte. »Sie haben mehr Macht, als ihnen guttut, und sie zögern nicht, diese Macht einzusetzen. Viele von ihnen meinen, daß du für das Geld, das sie dir zahlen, noch eine zusätzliche Minute nach der Arbeit oder vielleicht die ganze Nacht dableiben solltest.«

Nicht nur Komiker betrachten Texter als entpersönlichte Wesen, auch Produzenten scheinen Texter als eine Art Kollektivwesen zu sehen. Gelbart erläutert: »Vor Jahren waren Norman Panama und Mel Frank ein Autorenteam bei MGM. Eines Tages ging Mel Frank allein spazieren, und (Produzent) Arthur Freed kam an ihm vorbei. ›Hallo, Jungs‹, sagte er.«

Da die Gruppenarbeit an den Shows nicht zuläßt, daß ein einziger Texter eine ganze Produktion gestaltet, träumen fast alle Gagschreiber davon, sich beim Theater oder beim Film selbständig zu machen. Einigen gelingt es, etwa Neil Simon und Gelbart und Mel Brooks, der ebenfalls für Caesar schrieb. Woody brauchte nicht lange, um zu bemerken, daß Abe Burrows recht gehabt hatte, als er den niedrigen Status von Fernsehautoren beschrieb. (In einem alten Hollywood-Witz ist von einem dummen Filmsternchen die Rede, das zur Förderung seiner Karriere mit einem Drehbuchautor ins Bett geht.) Vor allem begriff er, daß ein Autor, solange er für einen anderen schreibt, sich nicht mit seiner eigenen Stimme, sondern mit der des anderen ausdrückt.

»Wenn du Texte für andere verfaßt, bist du nichts als ein Lohnschreiber«, sagt Woody. »Genau das war ich, und das könnte ich noch heute sein. Du gehst rein und fragst sie: ›Was wollt ihr haben?‹ – Und dann machst du es. Wenn ich für jemanden wie Jackie Gleason oder Art Carney schreibe, wird das, was ich tun muß, von seiner etablierten Rolle festgelegt.«

Noch schlimmer war es, Texte für weniger gut bekannte Bühnenkomiker zu schreiben – für Leute, die ihr Material minutenweise einkauften. »Anonyme Nachtklubkomiker, die keine Persönlichkeit hatten und nie haben würden«, nennt Woody sie. Solche Leute gäben Witze von sich, ohne eine Identität aufzubauen. Und Witze ohne Identität schaffen zweitklassige Komik.

Woody sagte einmal, als er sich an die vielen Dutzend Komiker erinnerte, für die er geschrieben hatte: »Sie fragten oft: ›Worüber soll ich reden? Was ist meine Einstellung? Soll ich rausgehen und wütend sein? Soll ich ein Schwächling sein? Soll ich meine Mutter anrufen!‹ So was konnte ich nie beantworten. Es *gibt* keine Antwort, aber damals wußte ich das nicht. Die guten Komiker schaffen sich eine Identität, wie Bob Hope, und dann lassen sie das Ungeheuer von Textern füttern.«

Woody schrieb eine Szene in *Der Stadtneurotiker*, die seine Gefühle über seine frühen Erfahrungen perfekt zusammenfaßt und komisch herausarbeitet. Johnny Haymer, der den Komiker spielte gehörte zu denen, die von Woody mit Material beliefert wurden. Woody kannte ihn aus seinem ersten Sommer in Tamiment.

Der Agent am Schreibtisch.

AGENT

Der Mann ist von Natur aus komisch. Ich denke, er kann für Sie schreiben. (Der Komiker steht da, die Hände in den Taschen.)

KOMIKER

Jajaja. He, Junge, er sagt mir, du bist wirklich gut. Okay, ich will dir mal'n bißchen was verklickern, wie ich so arbeite. Na klar, vom Schiff aus gesehen kann man sagen, ich seh ja gar nicht wie'n Komiker aus, wenn ich so rauskomme – nicht wie so Typen, die rauskommen und du weißt gleich, die erzählen dir ihre Stories, und du fällst untern Tisch...

(Der Schauspieler gestikuliert. Alvy schaut ihm aus seinem Sessel mit verkrampftem Lächeln zu.)

KOMIKER

Aber ich bin ein echtes Talent. Was ich brauch', ist sensationelles Material, ich arbeite, weißt du, mit sehr, sehr... naja, ich hab eben Stil, verstehst du? Ich will dir mal erklären. Also, zum Beispiel, ich fang mit 'nem Anfangssong an. Also die Musik geht ab (singt improvisierend ein paar Takte), dann komm ich raus (singt):

Place looks wonderful from here
And you folks look wonderful from here
And seein' you there
With a smile on your face
Makes me shout
This must be the place.

(spricht) Dann hör ich mittendrin auf und dann laß ich die ersten Jokes los. Und genau da brauch' ich dich. Also zum Beispiel sag' ich: »Hey, ich komm grad von Kanada rüber, und Sie wissn, dort wird ziemlich französisch parliert. Also zur Heiligen Johanna fällt mir immer nur der Hintern meiner Alten ein: Schan d'Arsch!«
(lacht)
(Alvy lächelt immer noch.)

KOMIKER

(off) Jawohl, ich treff' also einen Holzfäller.

ALVYS STIMME

Gott, ist der Mann grauenvoll!

KOMIKER

Einen Brocken von einem Holzfäller...
(Der Komiker spricht während des folgenden Textes undeutlich weiter.)

ALVYS STIMME

Herrgott, wie der rumschwänzelt! Jungejunge, der meint wohl, das sei Charme (undeutlich)... am liebsten kotzen. Wenn ich nur den Nerv hätte, meine Witze selber zu bringen.
(Alvy lächelt noch immer.)

ALVYS STIMME

Ich möcht wissen, wie lange ich mein Gefrierfleischlächeln halten kann. Ich hab' den falschen Beruf, ich weiß es.

KOMIKER

»Chérie, komm zurück, isch liebe disch!«
(Der Schauspieler wippt mit den Hüften und rundet die Hände um imaginäre Brüste.)

KOMIKER

»Aber äh, Chérie, was soll isch mit denen?« Und er sagt: »Ach, Marie, du machst mich ganz toll!« (lacht) Na, und da kreischen die dann eben los. Alsdann: schreib mir was in dieser Richtung zusammen, ja? So'ne französische Nummer. Geht klar? Na, Junge?

Für die Bühnenfigur eines anderen schreiben und sich mit Geldgebern herumschlagen zu müssen, war ein Problem, ein weiterer Nachteil war, nichts Dauerhaftes schreiben zu können.
»Das Fernsehen ist auf eine einzige Vorführung zugeschnitten. Außerdem hat man nur einen kleinen Bildschirm, was es schwieriger macht, wirkliche Effekte zu erzielen«, sagte Woody einmal, als

er erklärte, weshalb er den Film zu seinem häufigsten Ausdrucksvehikel gemacht hat. »Jemand, der im Rundfunk oder Fernsehen großartige Arbeit leistet, ist wie ein Renaissance-Maler, der im Sand arbeitete. Man muß sich für ein Medium entscheiden, das ein gewisses Stehvermögen hat. Das Theater macht mir Spaß, aber für mich persönlich ist der Film das aufregendste Medium, um eine Gesamtheit von Werken mit Substanz zu schaffen, die mit der Zeit wachsen kann. Außerdem dachte ich immer, daß das Fernsehen die Tendenz hat, deine Zugkraft zu beeinträchtigen, daß ständige Fernseharbeit dich zu vertraut werden läßt, aber Leute wie Eddie Murphy widerlegen diese Annahme. Egal, wenn man jedes Jahr oder alle anderthalb Jahre einen meiner Filme sehen kann, ist das sehr schön. Das Publikum engagiert sich, um deine Arbeit anzuschauen. Im Fernsehen kommst du umsonst ins Haus, und man kann hin- und herschalten.«

Ungeachtet seiner überwiegend negativen Einstellung, was seine eigene Fernseharbeit betrifft, unterstützt Woody das öffentliche Fernsehen seit langem. Im Dezember 1971 stellte er seine Dienste als Autor und Regisseur kostenlos zur Verfügung und trat für das Mindesthonorar von 135 Dollar als Schauspieler in einer politischen Satire auf die Regierung Nixon vom Public Broadcasting Services (PBS) auf. Der ursprüngliche Titel war *The Woody Allen Comedy Special*, doch er wurde später zu *The Politics of Woody Allen* geändert. Der Titel war jedoch bedeutungslos, da die Show nie gezeigt wurde. »Die kommerziellen Sender bieten dir nicht die geringste Freiheit«, erklärte Woody, als er den Auftrag übernahm. PBS bot ihm zunächst Freiheit, entzog sie ihm jedoch letztlich. Intern war man bei PBS der Meinung, daß die Sendung zu anstößig für die Regierung sei zu einer Zeit, da PBS heftiger Kritik von seiten der Konservativen ausgesetzt war und seine Finanzierung geprüft wurde. Öffentlich ließ man verlautbaren, daß die Porträtierung der Präsidentschaftskandidaten Richard Nixon, Hubert Humphrey und George Wallace bedeute, daß anderen Kandidaten, wenn diese es wünschten, genausoviel Zeit eingeräumt werden müsse. Die Show wurde durch eine Sendung über den Komiker Pat Paulsen, einen redlichen Präsidentschaftskandidaten in der Vorwahl von New Hampshire, ersetzt. Niemand verlangte die gleiche Sendezeit.

Woody hatte beabsichtigt, einen »witzigen kleinen Dokumentarfilm« über sämtliche Regierungszweige zu machen. Filme dieser Art verdeutlichen die Bedeutung des Realismus im komischen Fach. Wären Lyndon Johnson oder John Kennedy noch Präsident gewesen, hätte die Show sie, wie Woody erläuterte, aufs Korn genommen. Nach Lage der Dinge konzentrierte sie sich jedoch auf eine Henry Kissinger ähnliche Gestalt namens Harvey Wallinger, gespielt von Woody.

»Neunzehnhundertachtundsechzig, ein Wahljahr, und die Vereinigten Staaten werden von Aufruhr zu Hause und im Ausland geschüttelt«, beginnt der Erzähler, während verschiedene Wochenschaubilder von 1968 gezeigt werden. »Männer wetteifern um die Präsidentschaft, das höchste wählbare Amt der Welt mit Ausnahme der päpstlichen Würde; allerdings trägt der Präsident keinen roten Anzug... Die Demokratische Partei wendet sich Hubert Humphrey zu, einem Mann von Stil und Anmut (Humphrey, mit einem akademischen Talar bekleidet, stolpert). Während Humphrey Johnsons Kriegspolitik in der Öffentlichkeit unterstützt, hat er privat eine eigene Meinung. (Humphrey, der wahrscheinlich den zweiten Teil eines Arguments unterstreichen will, erweckt statt dessen den Eindruck, eine weithin verbreitete Fingerbewegung zum Ausdruck von Mißvergnügen zu machen.) Die Republikaner entscheiden sich für einen Mann von Energie und Größe – mit persönlichem Charisma und einem profunden Verständnis aller wichtigen Fragen –, doch dieser Mann lehnt die Nominierung ab und sie geben sich mit Richard Nixon zufrieden.«

In dieser Art ging es weiter. Über Wallinger sagt ein Politiker: »Niemand wird zum Präsidenten vorgelassen, ohne bei Harvey Wallinger vorgesprochen zu haben. Wenn man etwas erledigt sehen möchte, muß man auf gutem Fuße mit Harvey stehen. Wenn Mrs. Nixon ihren Mann küssen möchte, muß sie zuerst Harvey küssen.« Und über Wallingers Leben als begehrtester Junggeselle der Hauptstadt verkündet Schwester Mary Elizabeth Smith: »Er ist ein ungeheuer schwungvoller Typ, ein Phänomen.«

Der Erzähler schließt: »Harvey Wallinger macht weiterhin seine Arbeit. Manche mögen ihn kritisieren, andere mögen ihn loben, doch jeder – wird ihn vergessen.«

Hätte Woody sich bereit erklärt, die Szenen mit Schwester Mary Elizabeth Smith und Humphreys Handbewegung herauszunehmen – sowie eine Szene, in der Wallinger enthüllt: Dick ist oft im Ausland, und manchmal ruft Pat mich an und lädt mich zu sich ein, aber ich lehne ab« –, hätte man die Show wahrscheinlich ausgestrahlt.

»Es war eine ernsthafte Meinungsverschiedenheit«, sagte er. »Sie meinten ernsthaft, das Material sei rauszuschneiden, und ich meinte ernsthaft, daß dies nicht in Frage komme. Alle, die es sahen, dachten, es sei enorm geschmacklos. Es *war* geschmacklos, keine Frage. Man konnte kaum etwas über die damalige Regierung sagen, das nicht geschmacklos gewesen wäre. Also beschlossen sie, die Sendung nicht zu bringen, denn sie waren überzeugt, daß die Moral des Landes leiden und die allgemeine Bevölkerung gewalttätig werden würde, wenn die Vereinigten Staaten die Show sähen. Ich hielt die Show für harmlos und vielleicht unverschämt. Zweifellos fehlten ihr große politische Tiefe und Einsicht, aber es war eine hin und wieder amüsante halbe Stunde. Diejenigen, die gegen die Regierung waren, hätten sich blendend unterhalten, und diejenigen, die für die Regierung waren, hätten mich als einen Spinner abgeschrieben. Es war alles so albern. Schließlich war's nicht von Jonathan Swift. Wenn die Show wie geplant gezeigt worden wäre, hätte sie keiner bemerkt.«

Genau deshalb macht Woody Filme.

In den späten fünfziger und frühen sechziger Jahren war er jedoch noch einigermaßen zufrieden damit, für das Fernsehen zu schreiben. Eine der Shows, für die er arbeitete, wurde von Max Liebman produziert, der Caesar zum Fernsehen gebracht hatte. Liebman war ein Wiener Impresario: ein großer Produzent mit einem genauso großen Ego. Er wurde mit Preisen für Caesars Show und andere seiner Produktionen überhäuft, und er verwahrte diese Auszeichnungen in seinem Büro hinten im Manhattaner City-Center-Gebäude. Als Woody zu seinem Vorstellungsgespräch eintraf, saß Liebman an einem Schreibtisch, der fast so groß war wie ein Zimmer. Auf dem Schreibtisch standen vielleicht fünfunddreißig Statuetten: Emmys, Peabody-Preise und so weiter. Woody warf einen Blick auf sie und sagte: »Herrje, Max, ich wußte gar nicht, daß Sie Tennis spielen.« Liebman fand das nicht komisch und warf den unverschämten Jungen hinaus.

»Max war brillant, aber er hatte keinen Humor«, sagte Coleman Jacoby, der für Liebman textete und später mit Woody zusammenarbeitete. »Er wußte, was witzig war, aber er selbst besaß nicht den geringsten Witz. Es gibt solche Menschen.«

Bei allem Mangel an Humor hatte Liebman einen Blick für witzige Autoren, und bald engagierte er Woody für eine Show mit Buddy Hackett. Liebman, dem eine seltene Fehlkalkulation unterlief, war überzeugt, daß Hackett ein neuer Charlie Chaplin werden würde. Er glaubte, Hackett besitze die gleiche Verbindung von Pathos und Brillanz als Komiker und er entwarf eine Show mit dem Titel *Stanley*, die Hackett berühmt machen sollte und in der er einen Zigarettenkiosk in einem Hotelfoyer betrieb. Aber *Stanley* blieb auf der falschen Seite der freien Grenze zwischen Pathos und Schmalz. Obwohl man Danny Simon heranzog, um die Show nach ein paar katastrophalen Wochen zu retten, war sie bereits dem Untergang geweiht. Alles ging schief. Carol Burnett erhielt eine Rolle als Stanleys Freundin; schon nach der ersten Woche war sie populärer als er. Laut Woody »war Liebman eine zu starke Persönlichkeit und zu verstockt, was die Ereignisse betraf«.

Im Jahre 1960 war Woody schon so gefragt, daß er wöchentlich 1700 Dollar mit Texten für *The Garry Moore Show* verdiente – fünfundachtzigmal mehr, als er sieben Jahre zuvor bei seinem Arbeitsantritt für David Alber verdient hatte. Aber als er auf dem Höhepunkt seines Berufes war und Spitzenhonorare bezog, wollte er nur noch weg vom Fernsehen. Er machte seine Arbeit für Moore, verwendete aber einen immer größer werdenden Teil seiner Arbeitszeit darauf, ein Drama und andere Projekte für sich selbst zu schreiben. Die anderen Autoren wußten dies, und viele nahmen es übel – teils, weil sie meinten, Woody setze nicht alle Kräfte für die Show ein, und teils, weil sie sich wünschten, ebenfalls dem Fernsehen entfliehen zu können. Aber ihnen fehlte der Mut, den Verlust eines so ansehnlichen Wochenhonorars zu riskieren. Um Fred Allens Beschreibung der Rundfunkarbeit abzuwandeln: Die Arbeit als Fernsehautor war eine goldene Tretmühle.

Jacoby, einer der Autoren von *You Never Get Rich*, einer Komödie mit Phil Silver in der Hauptrolle als Sergeant Bilko, trug auch zu Garry Moores Sendung bei. Jeweils am Freitag setzten sich die Autoren und Schauspieler der Show zusammen, um das Skript laut zu lesen.

»Woody war immer mit einem Scherz bei der Hand«, erinnert sich Jacoby. »Er versuchte, die Aufmerksamkeit auf sich zu lenken. Er war ein sehr leise sprechender, freundlicher Mann, aber er schlenderte dauernd mit einer witzigen Bemerkung aus dem Zimmer, etwa: ›Ich hab schon lustigere Sachen auf einer Cornflakes-schachtel gelesen.‹ Außerdem sagte er sehr oft: ›Daran muß noch gearbeitet werden.‹ Ich war überrascht, daß niemand über ihn herfiel. Nach einer Lesung stand er auf und sagte mit seiner besten George-S.-Kaufman-Stimme: ›Tja, Jungs, ich kann's nicht mehr verschweigen. Dafür setze ich kein Geld ein.‹ Und dann schnippte er auf die für Kaufman typische Weise mit zwei Fingern. Die Autoren waren aufgebracht, außer mir und Carroll Moore, einem anderen Texter. Er lachte sich kaputt.«

Bündige Bonmots waren ein weiteres Kennzeichen von Kaufman; zum Beispiel hieß es in einem Telegramm an seinen Vater über ein Sommer-Repertoiretheater in Troy, New York: »Selbst das Heilige Abendmahl in der ursprünglichen Besetzung würde in diesem Haus nicht ziehen.«

Woody hielt nur ein Jahr bei der *Garry Moore Show* durch, bevor er wegen Mangels an Interesse entlassen wurde – nicht wegen des mangelnden Interesses der Show an ihm, sondern seines mangelnden Interesses an der Show. Die Produzenten erwarteten, daß die Autoren jeden Morgen zur Arbeit kamen – eine Erwartung, die Woody deprimierend an die Schule erinnerte und die er etwa so oft erfüllte, wie er in der Schule aufgetaucht war. Damit war seine Karriere als Fernsehautor beendet. In jenen Jahren war das Team Mike Nichols/Elaine May buchstäblich über Nacht auf der Komik-szene erschienen. Woody liebte ihren intelligenten Humor, doch es war Mort Sahl – er kam im Pullover und mit einer Zeitung unter dem Arm auf die Bühne und sprach über die Welt, wie er sie sah –, der Woodys Herz und Verstand für sich gewann. Woody sah Sahl und begriff, daß auch er vielleicht als Bühnenkomiker auftreten konnte. Zwischen den Stunden, die er für Garry Moore arbeitete – und manchmal während dieser Stunden –, hatte er einen Monolog für sich selbst geschrieben und begonnen, ihn einzuüben.

Dritter Teil:
Ladies and Gentlemen, Woody Allen!

»Ich möchte Ihnen von ein paar Besonderheiten meines Privatlebens erzählen und sie ins rechte Licht rücken.«

Aus einem Woody-Allen-Monolog

Es war ein kalter und windiger Oktobertag mit einem bedrohlichen Himmel, an dem Woody Allen 1972 in seiner Suite in Caesar's Palace in Las Vegas saß und an einer expressionistischen Komödie mit dem Titel *Death (Tod)* arbeitete, einem der drei Einakter, die er damals schrieb. Bei einem gelegentlichen Blick aus dem Fenster auf die Springbrunnen des Hotels und die gigantische Eingangsüberdachung mit seinem und Harry Belafontes Namen wurde seine Sicht durch gitterförmiges Mauerwerk gefiltert, das an eine Moschee aus türkisfarbenem Zement erinnerte. Aber nicht die eindrucksvolle Szenerie, sondern die Arbeit hatte ihn nach Las Vegas gebracht, und zum Glück war sein zweiwöchiges Gastspiel als Bühnenkomiker fast beendet. Es war das letzte Engagement, zu dem er durch einen 1965 unterzeichneten Vertrag – damals hatte man ihm ein Honorar von 50000 Dollar garantiert – verpflichtet war. Genauer gesagt, zum Glück war eine sechswöchige, sechs Städte umfassende Tournee – seine erste seit 1968 fast beendet. Sein Honorar – mittlerweile 85000 Dollar für die beiden Wochen – war niedrig nach den Maßstäben von 1972 und ein Almosen nach den heutigen. Auch wenn Las Vegas für die meisten Menschen eine Neon-Oase der Gier und des schlechten Geschmacks ist, so ist es für Star-Entertainer doch eine glänzende Geldquelle. Woody bedauerte dennoch nicht, den fetten Tagen den Rücken zuzukehren. Diese Tournee war ein Anhängsel an die acht Jahre in den Sechzigern, während derer er sich auf seine Bühnenauftritte und seine Karriere als Komiker konzentriert hatte. Noch zwei Auftritte in Caesar's Palace sowie jeweils ein Wochenendgastspiel in San Francisco und Los Angeles, damit war die Zeit der Auftritte als Komiker beendet. Von nun an sollte er sich fast ausschließlich dem Filmemachen widmen.

Woody war nicht undankbar für sein Honorar. Obwohl er innerhalb von zehn Monaten zwei Filme – *Play It Again, Sam (Mach's noch einmal, Sam)* und *Was Sie schon immer über Sex wissen wollten...* gedreht hatte und im Frühjahr mit *Der Schläfer* beginnen wollte, hatte er seit über einem Jahr kein Geld mehr eingenommen. Woody bekommt einen Prozentsatz der Bruttoeinnahmen, da er als Autor, Regisseur und Schauspieler die von der Bühnengewerkschaft festgelegten Mindesthonorare für das Drehbuch, die Regie und seine Auftritte in seinen Filmen erhält. Seine zehn Prozent von *Mach's noch einmal, Sam* würden ihm mehr als eine Million Dollar und seine zwanzig Prozent von *Was Sie schon immer über Sex wissen wollten*... mindestens das Doppelte einbringen. Er konnte jedoch nicht sofort über dieses Geld verfügen. Was ihn abgesehen von seinen Gastspielhonoraren noch mit Las Vegas versöhnte, war das Wissen, daß er dort immer sehr viel schrieb. Nach seinen Shows spielte er zwar stundenlang um geringe Einsätze, manchmal betätigte er sich als Geber beim Siebzehnundvierspiel, wobei er nicht selten dafür sorgte, daß der Kunde gewann, indem er sich die Karte ansah, die er selbst erhalten würde. War es eine Karte, die den Gewinn für ihn bedeutete, ließ er sie zwischen den übrigen Karten verschwinden – ohne Einwände von seiten des Managements, das entzückt war, weil sich ein Star unter die Kunden mischte. Ein Spiel, das Dinner und ein gelegentlicher Besuch bei der Show eines anderen Künstlers, das war seine einzige Ablenkung. Die übrige Zeit arbeitete er.

»Nichts, was du hier machst, hat irgendeinen Einfluß auf deine Karriere«, sagte Woody, bevor er um 20 Uhr zur ersten der beiden allabendlichen Shows in den Circus Maximus hinunterging, wo 1200 Menschen 15 Dollar für Dinner und eine anderthalbstündige Unterhaltung bezahlt hatten.

Die Hälfte der Gäste des Hotels war zur alljährlichen Versammlung der Schiebefenster- und Türhändler gekommen, und wie alle Tagungsteilnehmer waren sie darauf aus, sich zu amüsieren. Sie saßen dichtgedrängt an den langen Tischen, die in Reihen auf dem Fußboden des Circus Maximus standen, und in den üppig gepolsterten, übereinander angeordneten Boxen, die sich im hinteren Teil des Saals erhoben. Auch wenn das Haus ausverkauft war, so waren es doch weniger Zuschauer als in Chicago, wo Woody eine Woche zuvor aufgetreten war; die rund 2000 Menschen, die dort zu jeder Show erschienen, bildeten eine ansehnliche, doch keine überwältigende Menge. Trotz Woodys Popularität als Bühnen- und Filmdarsteller war seine Zugkraft als Komiker nie mit der etwa von Bill Cosby zu vergleichen.

An anderen Orten der Tournee war Woody die Hauptattraktion gewesen, doch in Las Vegas war es Belafonte. Er war bereits verpflichtet worden, als Woody merkte, daß er sein Gastspiel einfügen konnte. Woody hatte nichts dagegen, an zweiter Stelle zu stehen. Im Gegenteil, es gefiel ihm, denn es ist der Spitzenstar, der das Haus füllen muß; außerdem »ist der Platz auf den Reklameplakaten völlig belanglos«. Auf den Plakaten für Woodys Filme werden die Mitwirkenden oft in alphabetischer Reihenfolge genannt, was im allgemeinen kein Risiko für ihn bedeutet, da Allen gewöhnlich der erste Name ist. Aber nicht immer, denn in *Verbrechen und andere Kleinigkeiten* zum Beispiel werden Carolyn Aaron und Alan Alda vor ihm genannt.

Die etwas merkwürdige Art dieses Engagements unterschied sich nicht allzusehr von Woodys früheren Auftritten in Las Vegas. Nichts an seinen Engagements war je das Übliche. Beispielsweise war er der erste Komiker, der in Las Vegas in Straßenkleidung, nicht im Smoking auftrat. Er weigerte sich von Anfang an, einen zu tragen, weil er Smokings einerseits für albern hielt und weil er sich andererseits Konventionen und Autoritäten nicht beugen mochte. Darüber hinaus machte er dadurch auf sich aufmerksam. Bei der Hotelleitung hatte man angenommen, er werde sich an den Brauch halten, und man war schockiert, als er beim erstenmal in einem Cordanzug in den Seitenkulissen erschien. Da nur noch Sekunden bis zu seinem Auftritt blieben, konnte man kaum etwas anderes tun, als ihn ungläubig anzustarren. Aber nachdem er hinausgegangen war und gewaltige Lacher eingeheimst hatte, war die Leitung nur noch an dem stürmischen Beifall, den er entfesselte, und nicht mehr an seiner Kleidung interessiert.

Ein weiteres Problem bei seiner Verpflichtung und den Vertragsverhandlungen war die Länge seines Auftritts gewesen. Das Hotel erwartete eine Stunde, doch Woody meinte, daß fünfundvierzig hervorragende Minuten ausreichten. Bei seinem ersten Auftritt in Las Vegas brachte der Sänger drei oder vier Lieder und kündigte anschließend Woody an, der herauskam und das Publikum fünfundvierzig Minuten lang begeisterte. Dann kehrten der Sänger oder die Sängerin zurück, um die letzten Lieder zu singen. Zu diesem Zeitpunkt war Woody schon fort und saß beim Dinner. Dieses Arrangement gefiel ihm vortrefflich, und sehr bald schloß sich das Management seiner Meinung an. Man sah ein, daß eine kürzere Show von höherer Qualität das Publikum genauso zufriedenstellte und daß sie es früher an die Spieltische zurückbrachte.

Und die Leute an die Spieltische zu bringen, war schließlich der Zweck der Show.

In seinen ersten Jahren als Komiker war Woody vor einem Auftritt den ganzen Tag über sehr nervös und die letzten paar Minuten waren für ihn geradezu unerträglich. Es gab eine Zeit, in der er sich – um diese Angst zu überwinden – in den Momenten vor seinem Auftritt vorstellte, er sei ein Preisboxer. Er schattenboxte in den Bühnenkulissen und befahl sich, sich seine Energie einzuteilen, auf eine schlechte mit einer besseren Runde zu reagieren und vor allem, das Publikum »umzuhauen«, um zu siegen. Mittlerweile hatte er diese Angst hinter sich gelassen. Während das Publikum dinierte, saß er ganz behaglich in seiner Garderobe, die, mit wilden Purpur- und Grüntönen, an ein wüstes Bild von Henri Rousseau erinnerte. Er vertrieb sich die Zeit mit Kartentricks und sprach davon, daß er bei seinem Aufenthalt in Las Vegas versuchen wolle, sich Milton Berles Show anzusehen.

»Ich finde Berle zum Brüllen komisch. Er ist einer der wenigen, die ich mir seit Jahren immer wieder ansehe. Man bringt mit Fernsehsendungen wie der alten *Milton Berle Show* eine gewisse Derbheit in Verbindung, die sich von den geleckteren Sachen – wie bei Nichols und May oder Sid Caesar – abhebt. Wenn Caesar einen Sketch über einen japanischen Film macht, dann glaubt man, einen japanischen Film vor sich zu haben. Das ist sehr realistisch und folglich sehr witzig. Milton gehört zu der Komikerschule, die Derbheit bevorzugt, und natürlich ist er der Beste dieser Schule. Wenn er einen Sketch über einen japanischen Film macht, kommt er mit zwei nach unten ragenden Zähnen herein, und das ist sehr witzig, aber nur bei Milton. Die meisten Fernsehshows besaßen die alberne Derbheit von Berle, doch ihnen fehlte sein Genie. Wenn Milton zum Beispiel Frauenkleider anhat, ist er zum Schreien. Er hat ein solches Vergnügen daran, sich Frauenkleider anzuziehen und seine Zähne zu schwärzen, daß man davon überwältigt wird.«

In *Broadway Danny Rose* tritt Berle als Aschenputtel auf; er trägt eine blonde Perücke und ein langes weißes Kleid und sitzt auf einem Festwagen in der Erntedankfestparade von Macy's.

Um 20 Uhr gingen die Lichter aus, und eine Stimme verkündete: »Ladies and Gentlemen, Woody Allen!« Unter lautem Beifall kam Woody auf die Bühne, wobei er dem Publikum zuwinkte; er trug weißbraune Schuhe, eine beige Cordhose, ein blaues Hemd mit offenem Kragen und eine dunkelbraune, karierte Tweedjacke (die jemand, der Sinn für solche Details hat, aus dem Film *Mach's noch einmal, Sam* wiedererkennen würde). Er packte das Mikrofon mit der rechten und schleuderte die Schnur mit der linken Hand von sich, was er im Laufe der Show fast ständig tun würde. Außerdem war er dauernd in Bewegung, was ihn nervös und ein wenig verlegen wirken ließ. Eine mickrige, spatzenhafte Gestalt; seine langen roten Locken hingen ihm über den Kragen, eine schwarzgeränderte Brille umrahmte seine großen Augen und betonte sein scheinbar verwirrtes Gesicht. Er sah verloren aus.

Das Gegenteil war der Fall.

»Ich möchte Ihnen von ein paar Besonderheiten meines Privatlebens erzählen und sie ins rechte Licht rücken. Dann machen wir ein kurzes Frage-und-Antwort-Spiel und werten die Dinge aus«, erklärte er dem Publikum.

Das Programm war nicht neu. Den größten Teil hatte er zwischen 1962 und 1968 geschrieben, indem er Ideen und Zeilen zusammenstellte, die er auf Servietten, Papierfetzen und Streichholzbriefe gekritzelt und dann in eine Schublade geworfen hatte. Als er seinen Auftritt ausarbeitete, breitete er die Schnipsel auf dem Fußboden seines Apartments aus, schritt um sie herum wie ein Gärtner in seinem Gemüsegarten und wählte alles aus, was er für reif hielt. Als Norma Lee Clark, seit fünfundzwanzig Jahren seine Sekretärin, mit der Arbeit bei Woody begann, brachte er ihr einen Koffer voller Papierfetzen und bat sie, den Text zu tippen. Dabei kamen zweihundert Seiten heraus. Als Vorbereitung auf diese Show hatte Woody sich immer wieder die drei Plattenalben mit einigen seiner Live-Auftritte angehört.

Das Publikum hatte nichts gegen das alte Material einzuwenden. Die meisten Zuschauer hatten nie einen von Woodys Auftritten erlebt und kannten ihn erst seit Mitte der sechziger Jahre, als er in Filmen aufzutreten begann.

Alle im Circus Maximus lachten sofort los, denn dazu waren sie schließlich hergekommen. Woody erzählte ihnen von seiner Jugend in Brooklyn; wie er einen Streik der Angestellten im Laden seines Vaters organisierte, bis dieser Pleite ging; von einem Cousin, der Investmentfonds verkauft und dessen Frau eine Orgasmusversicherung hat (»Wenn ihr Mann sie sexuell nicht befriedigt, muß die Omaha-Versicherungsgesellschaft ihr jeden Monat eine Entschädigung zahlen«); von seiner traumatischen Kindheit (»Ich wurde mit Schaumgummieinlagen gestillt«); und von seiner sexuellen Meisterschaft (»In unserer Hochzeitsnacht hörte meine Frau plötzlich mittendrin auf und gab mir eine stehende Ovation.«).

Die Witze waren das, was er »Wortkarikaturen« nennt. Sie haben etwas Surreales, Fantastisches an sich, sind aber trotzdem als Ereignisse glaubhaft, die jemandem, wenn auch nur ihm, passieren könnten. Seine Witze kommen so gut an, weil er sie vorträgt, als handele es sich um seine eigenen Probleme. Wie fantastisch seine Ausführungen auch sein mögen, er läßt sie realistisch klingen. Er ist witzig, weil er glaubwürdig ist. Das meiste Material in seinem Auftritt hörte sich wie eine einzige lange Erzählung an, aber er machte kleine Exkurse, etwa über ein Mädchen, das er in Europa traf und das nach Venedig floh, Prostituierte wurde und ertrank.

Kurz nach der Hälfte seines Auftritts hielt er inne und zog ein Taschentuch hervor. »Entschuldigen Sie mich einen Moment, wenn ich auf die Uhr sehe. Die sind hier sehr penibel mit der Zeit, und ich kann schon hören, wie die Band hinter mir reintrampelt.« Er schaute auf die Uhr und hielt sie hoch, als ob alle 1200 Gäste sie sehen könnten. »Ich weiß nicht, ob Sie's erkennen, aber es ist eine sehr schöne Uhr.« Er senkte die Hand, um die Uhr zu mustern. »Hat Marmorintarsien«, fuhr er fort und betrachtete sie noch immer. »Läßt mich italienisch wirken.« Er unterbrach sich. »Mein Großvater hat mir diese Uhr auf dem Totenbett verkauft.«

Wenn das Publikum auch nur einen Moment lang geglaubt hatte, er müsse wirklich die Zeit vergleichen, dann wußte es nun, daß es auf den Arm genommen worden war. Was die Zuschauer nicht ahnten, war, daß die Äußerung ihm die Möglichkeit gab, festzustellen, wie er mit der Zeit hinkam. Sein Auftritt sollte fünfundvierzig Minuten dauern, und dieser Witz mußte nach etwa achtundzwanzig Minuten kommen. Wenn er früher erzählt wurde, mußte Woody den Rest seines Materials nach Kräften strecken, ohne die Lacher zu gefährden. Aber er hatte den »Fahrplan« genau eingehalten. Nun steckte er die Uhr weg und fuhr fort:

»Einmal wurde ich gekidnappt. Ich stand vor meinem Schulhof, da hält eine schwarze Limousine an, zwei Kerle steigen aus und fragen mich, ob ich mitfahren will in ein Land, wo's nur Feen und Elfen gibt und wo ich alle Comics haben kann, die ich mir wünsche, und Schokoladenplätzchen und Gummibärchen. Also sagte ich ja.

Und ich stieg in den Wagen, denn ich dachte, was soll's. Ich war an dem Wochenende nur so vom College nach Hause gekommen und hatte nichts zu tun.

Und sie fahren los mit mir und schicken eine Lösegeldforderung an meine Eltern. Aber mein Vater hat schlechte Lesegewohnheiten. Er ging an jenem Abend mit dem Lösegeldbrief ins Bett und schlief ein. Unterdessen bringen sie mich gefesselt und geknebelt nach New Jersey. Und meine Eltern begreifen endlich, daß ich gekidnappt worden bin und schreiten sofort zur Tat: Sie vermieten mein Zimmer.

In der Lösegeldforderung heißt es, mein Vater solle tausend Dollar in einem hohlen Baum in New Jersey hinterlassen. Er hat keine Mühe, die tausend Dollar aufzubringen, aber er hebt sich einen Bruch an dem hohlen Baum.

Das FBI umstellt das Haus. ›Werft den Jungen raus‹, sagen die Agenten. ›Gebt uns eure Waffen und kommt raus, aber mit erhobenen Händen.‹

Die Entführer antworten: ›Wir werfen den Jungen raus, aber laßt uns unsere Waffen behalten und unseren Wagen holen.‹

Die Agenten sagen: ›Werft den Jungen raus, wir lassen euch zu eurem Wagen, aber gebt uns eure Waffen.‹

Die Entführer antworten: ›Wir werfen den Jungen raus, aber laßt uns unsere Waffen behalten, wir brauchen den Wagen nicht.‹

Die Agenten sagen: ›Behaltet den Jungen...‹ Einen Moment, jetzt bin ich durcheinandergekommen.

Das FBI beschließt, Tränengas zu werfen. Aber es hat kein Tränengas. Deshalb führen ein paar Agenten die Sterbeszene aus der *Kameliendame* auf. Tränenüberströmt geben sich meine Entführer geschlagen. Sie werden zu fünfzehn Jahren Kettenhaft verurteilt und entkommen, zu zwölft an den Knöcheln zusammengekettet, indem sie so tun, als seien sie ein riesiges Schmuckarmband, und an den Wärtern vorbeischleichen.

Und nun eine Geschichte, die Sie mir nicht glauben werden«, fuhr er fort, nachdem sich der Beifall gelegt hatte. »Ich habe mal einen Elch geschossen. Ich jagte im Norden des Staates New York und erlegte einen Elch. Ich schnalle ihn auf die Kühlerhaube meines Wagens und fahre auf dem West Side Highway nach Hause. Ich habe bloß nicht bemerkt, daß die Kugel den Elch gar nicht durchbohrt, sondern ihn nur gestreift und betäubt hat. Als ich durch den Holland Tunnel fahre, wacht der Elch auf. Ich fahre also mit einem lebendigen Elch auf der Kühlerhaube, und der Elch gibt Zeichen zum Abbiegen. Es gibt aber ein Gesetz im Staat New York, das verbietet, dienstags, donnerstags und samstags mit einem nicht ohnmächtigen Elch auf dem Kühler zu fahren. Deshalb werde ich von Panik ergriffen.

Plötzlich habe ich einen Einfall: ein paar Freunde von mir feiern ein Kostümfest. Da werde ich hinfahren. Ich werde den Elch mitnehmen und versuchen, ihn auf dem Fest loszuwerden. Dann geht er mich nichts mehr an. Also fahre ich zu dem Fest und klopfe an die Tür. Der Elch steht neben mir. Der Gastgeber öffnet die Tür, und ich sage: ›Hallo, du kennst doch die Solomons.‹ Wir treten ein, und der Elch mischt sich unter die Gäste. Mit großem Erfolg. Schleppte 'ne Frau ab. Und irgendein Kerl versuchte anderthalb Stunden lang, ihm eine Versicherung aufzuschwatzen.

Es wird zwölf, und man verteilt die Preise für das beste Kostüm des Abends. Der erste Preis geht an die Berkowitzens, ein Ehepaar, das sich als Elch verkleidet hat. Der Elch wird zweiter. Der Elch ist außer sich! Er und die Berkowitzens kreuzen im Wohnzimmer die Geweihe. Sie schlagen einander bewußtlos.

Das ist meine Chance, denke ich. Ich packe den Elch, schnalle ihn auf den Kühler und rase zurück in den Wald. Aber ich habe die Berkowitzens erwischt. Nun fahre ich also mit zwei Juden auf der Kühlerhaube durch die Gegend. Und es gibt ein Gesetz im Staat New York, das dienstags, donnerstags und besonders samstags ...

Am nächsten Morgen erwachen die Berkowitzens in ihrem Elchkostüm mitten im Wald. Mr. Berkowitz wird erschossen, ausgestopft und im New York Athletic Club aufgehängt. Und die im Klub sind die Dummen, denn Juden ist die Mitgliedschaft untersagt.«

Das Publikum bog sich während der letzten Dreiviertel der Geschichte vor Lachen, und Woody wollte bald aufhören. Aber erst erzählte er noch: »Vor ein paar Monaten kam ich eines Abends nach Hause und ging an den Schrank in meinem Schlafzimmer. Eine Motte hatte an meinem Sportjackett geknabbert. Sie lag auf dem Boden, und ihr war übel. Es ist ein gelbgrünes Sportjackett. Die kleine fette Motte liegt da und stöhnt, ein Teil des Ärmels hängt ihr aus dem Mund. Ich gebe ihr zwei einfache braune Socken und sage: ›Die eine ißt du jetzt, die andere in einer halben Stunde.‹«

Zum Schluß sagte Woody, er wolle jetzt essen gehen. Er zog seinen Zimmerschlüssel aus der Tasche und betrachtete ihn eine Sekunde lang. »Ich ging gestern durchs Kasino und sah ein wirklich schönes Mädchen. Ich ließ meinen Zimmerschlüssel in ihr Handtäschchen fallen. Zwanzig Minuten später ging ich auf mein Zimmer – und meine Schreibmaschine war weg. Gute Nacht.«

Auf der Bühne wirkte Woody genauso, wie das Publikum es erwartet: nervös, ein bißchen vergeßlich, ein kleiner Mann, der von gewaltigen Hindernissen eingeengt wird. Nichts könnte der Wahrheit ferner sein. Nervös ist er nur kurz bevor er die Bühne betritt, doch das legt sich schon vor dem ersten Lacher. Das Hin- und Hergehen, das Schleudern der Mikrofonschnur, das scheinbar sekundenlange Vergessen des Textes, das anscheinend spontane Abnehmen der Brille und Reiben der Augen, während er eine Pointe servierte, sind allesamt Bestandteile seines Auftritts. Er weiß in jedem Moment ganz genau, wo er ist und was er tut. Das weiß jeder gute Komiker. Er hat seine Texte Hunderte von Malen vorgetragen und so lange an ihnen gefeilt, bis sie bei jedem Auftritt neu klingen. Eine solche Vertrautheit mit dem Text kann auch Nachteile haben, wie Woody nach dem Verlassen der Bühne sagte.

»Manchmal ertappe ich mich dabei, daß ich mechanisch weitermache, ein Mädchen im Publikum ansehe oder an die Show denke, zu der ich gehen werde, wenn ich fertig bin. Am Anfang schämte ich mich, dasselbe Material zu benutzen, wenn ich eine Show für dreihundert Leute gab und drei Stunden später noch eine zweite, in der vielleicht einige Zuschauer aus der ersten waren. Es dauert ungefähr ein Jahr, einen neuen Auftritt zu schreiben, deshalb macht es mir jetzt nichts mehr aus, mich zu wiederholen. Bis auf die letzten anderthalb Jahre habe ich bei meinen Auftritten improvisiert. Dann begann ich, das Publikum um Fragen zu bitten, weil mein eigener Maßstab so hoch ist, daß es mir sehr schwer fällt, mein Material zu strecken. Ich schreibe stundenlange Texte und habe zum Schluß fünfunddreißig Minuten, die wirklich witzig sind, in denen ein Witz nach dem anderen kommt. Ich merkte, daß mein Material immer zu kurz war und fing deshalb an, um Fragen aus dem Publikum zu bitten. Wie sich herausstellte, waren die Fragen der beste Teil meines Auftritts, denn die fertigen Texte konnten es nicht mit der Realität aufnehmen. Ich glaube, heute könnte ich ohne weiteres eine Show machen, die fast ganz aus Fragen und

Antworten – je nach der Situation mit vorbereitetem Material – besteht. Man akzeptiert mich. Das ist für einen Komiker wichtiger als für andere Darsteller. Die Zuschauer lachen dauernd über mich. Ich brauche nichts mehr zu beweisen. Sie finden alles witzig, auch wenn es gar nicht so witzig ist.«

»Einer meiner beliebtesten Texte hatte damit zu tun, daß ich im Hausflur überfallen und ausgeraubt werde«, fuhr Woody fort. (»Als ich in meinem Apartment in dem roten Sandsteingebäude in New York wohnte, wurden wir dauernd ausgeraubt. Es war eines der Merkmale der Gegend. Es kam ständig zu Einbrüchen und Diebstählen. Mein Apartment wurde innerhalb von zwei Jahren ungefähr viermal ausgeraubt. Es konnte einem wirklich zuviel werden. Ich wußte nicht, was ich tun sollte. Schließlich brachte ich einen kleinen blauweißen Aufkleber an meiner Tür an; darauf stand: ›Wir haben schon gespendet.‹ Ich glaubte, das sei ein glänzender Einfall, um die Sache zu beenden, aber ich hatte mich geirrt... Dann sagten ein paar Freunde, in der Zeitschrift *Esquire* gäbe es hinten eine Anzeige für einen Füller, der Tränengas verspritzt. Es ist ein echter Füller, und er sondert eine riesige Gaswolke ab. Ein wirklich toller Füller. Siebeneinhalb Dollar. Ich bestellte einen. Zwei Wochen später kommt er in einem unauffälligen braunen Umschlag mit der Post. Ich schraube ihn auf, ich lege die Tränengaspatronen ein, ich befestige ihn an meiner Brusttasche, ich gehe aus dem Haus. Das ist schon sehr lange her. Ein paar Freunde in meiner Gegend hatten eine überraschende Autopsie. Und ich war eingeladen. Ich gehe allein nach Hause. Es ist 2 Uhr morgens und pechschwarz, und ich bin allein. Und in meinem Flur steht ein Neandertaler. Mit Brauenwülsten und behaarten Knöcheln. Er hatte an dem Morgen wohl gerade gelernt, aufrecht zu gehen. Ein Baumbewohner morgens um 2 Uhr in meinem Hausflur. Ein Unmensch, und er guckt mich an. Ich holte meine Uhr raus und ließ sie hin und her pendeln – solche Leute werden von glänzenden Gegenständen beruhigt. Er aß sie. Unter Druck gesetzt, wich ich zurück, zog meinen Tränengasfüller raus, drückte auf den Knopf, und ein bißchen Tinte tröpfelte auf mein Hemd. Also nahm ich mir vor, *Esquire* anzurufen und mich zu beschweren. Ich stehe also um 2 Uhr morgens, zusammen mit einem Produkt zerrütteter häuslicher Verhältnisse in meinem Hausflur, und ich habe einen Füller in der Hand. Ich versuchte, damit auf ihm zu schreiben. Er kam auf mich zu und fing an, einen Stepptanz auf meiner Luftröhre zu vollführen. Ich flüchtete mich sofort in den alten Navajo-Trick, das heißt, ich schrie und bettelte.«)

Woody erläuterte: »Es gibt festgelegte Texte, und es gibt Plaudereien. Das zweite ist mir lieber. Die Sache mit dem Kidnapping beruht auf einem vorgegebenen Text. Am populärsten ist wahrscheinlich die Geschichte mit dem Elch. Das war ein glücklicher Zufall. Die Geschichte ist nicht lang, nur etwa zweieinhalb Minuten, weshalb man wenig Zeit hat, sich zu langweilen. Sie hat einen Anfang, eine Mitte und einen Schluß. Sie steigert sich; ich konnte bis zum Ende eine Verwicklung nach der anderen hinzufügen, und sie schlafft nicht ab. Sie baut nicht auf Witzen auf, sondern zieht das Publikum in dieses Thema, diese Idee, hinein, und es macht mit.«

Allerdings hat es recht lange gedauert, den Stoff zu komprimieren und zu entscheiden, was beibehalten werden sollte, denn manchmal wirkt das, was später am witzigsten ist, zunächst ganz anders. Eine von Woodys erfolgreichsten Geschichten war die über den Laden für schadhafte Tiere und die Ameise: »Ich konnte keinen Hund bekommen, weil die zu teuer waren. Schließlich wurde in meiner Gegend in Flatbush ein Laden für schadhafte Tiere aufgemacht. Man konnte eine krumme Katze kriegen, wenn man wollte, oder ein Kamel ohne Höcker. Ich bekam einen stotternden Hund. Die Katzen setzten ihm arg zu, und er machte w-w-w-w-wau, wau.«

Woody berichtete: »Ich war in meinem Apartment, lief herum und feilte die Witze aus, die ich an jenem Abend im Village Gate bringen wollte. Einer handelte davon, daß ich mir immer einen Hund gewünscht hatte, meine Eltern jedoch zu arm gewesen seien und mir eine Ameise gekauft hätten, die ich Tüpfel nannte. Und ich dachte, mein Gott, das ist so lustig. Ich brachte den Witz am Abend – keine Reaktion. Ich wiederholte ihn am nächsten Abend – immer noch keine Reaktion – und ließ ihn dann fallen. Ungefähr zehn Monate danach stieß ich in meinen Notizen darauf und dachte wieder, wie komisch das war. Also benutzte ich den Witz von neuem, und diesmal paßte alles zusammen. Es wurde einer der erfolgreichsten Witze, die ich je hatte. Ich habe keine Ahnung, warum solche Dinge geschehen. Ich kann nur vermuten, daß man das Material von Anfang an gut durcharbeiten und es selbstbewußt vortragen muß.«

Im Gegensatz zu der unter Komikern verbreiteten Weisheit, daß neues Material nicht zu Hauptsendezeiten, sondern in den späten Shows am Dienstag oder Mittwoch ausprobiert werden solle, um den Schaden gering zu halten, testete Woody seine neuen Ideen immer vor vollsten Häusern. »Es ist schwer genug, an einem regnerischen Dienstag mit deinen *besten* Sachen anzukommen. Deshalb habe ich immer versucht, meine neuen Ideen in Las Vegas oder an ähnlichen Orten auszuprobieren. Am schwersten ist es, dabei selbstbewußt zu sein, so als ob die neuen Sachen schon erprobt wären. Ich gehe einfach raus und haue die Leute mit meinem alten Material um. Da weiß ich genau, wie ich's bringen muß. Aber wenn man mit neuen Ideen unsicher umgeht, macht man sich alle Lacher kaputt. Es ist, als stelle man eine hoffnungslose Sache vor. Du mußt sie so bringen, als könnten sie nicht fehlschlagen.«

Woody war überwältigt, als er Mort Sahl 1954 zum erstenmal im Manhattaner Blue Angel erlebte. Die Zartheit, mit der Sahl seine Texte vortrug, sein entspanntes Auftreten und sein dynamisches Material machten Woody bewußt, daß ein Nachtklubkomiker anders sein und trotzdem Erfolg haben konnte. Aber damals dachte er noch nicht daran, selbst Bühnenkomiker zu werden. Sein Auftritt mit Mike Merricks Texten in einem Brooklyner Klub ein oder zwei Jahre zuvor hatte ihm Spaß gemacht, doch er verspürte kein Bedürfnis, für sich selbst zu schreiben. Er war gerade dabei, die Arbeit eines Gagschreibers für Zeitungskolumnisten hinter sich zu lassen, und wünschte sich nur, Texte zu verfassen, die andere vortragen würden. Auch wenn Sahl ihn später dazu inspirierte, Komiker zu werden, verleidete er ihm zunächst einmal diesen Gedanken, denn »ich war entmutigt, weil er so großartig war, und ein oder zwei Jahre lang fühlte ich mich erschöpft, als gebe es keinen Ausweg für mich.«

Sahl und Lenny Bruce revolutionierten das komische Fach in den fünfziger und sechziger Jahren. Sie verschoben die Grenzen des Möglichen im amerikanischen Humor auf ähnliche Weise, wie es John Osborne und die anderen »zornigen jungen Männer« etwa um dieselbe Zeit für das britische Theater taten. In den Jahren nach dem Zweiten Weltkrieg kam es zu einem großen Sprung im amerikanischen Bildungsniveau – zum Teil infolge des »GI-Gesetzes«, das Millionen ehemaliger Soldaten die Möglichkeit bot, das College zu absolvieren. Die herkömmliche Komik, die so lange Anklang gefunden hatte – mit zwischen den Komikern nahezu austauschbaren Witzen –, war nicht weniger witzig, bloß das Publikum war gescheiter geworden. Neue Ideen und Gesichter waren gefragt; originelle Künstler, die sich beim Schreiben auf ihr Gefühl und ihre Vision verließen, wurden jetzt mehr geschätzt. Die ungeheuerliche und absurde Endgültigkeit des Atomzeitalters trug dazu bei, daß man Verständnis für das Ungeheuerliche und Absurde in der Komik, einem der genauesten Spiegel der Gesellschaft, entwickelte. Die Revolution der späten sechziger Jahre hatte ihren Ursprung in Künstlern wie Bruce und Sahl, welche die Heuchelei und das Profane des modernen Lebens sahen und als erste erklärten, daß die Regierung nicht unbedingt der Freund der Menschen sei, denen sie angeblich dient.

Als Sahl kurz nach Absolvierung seines Studiums an der University of Southern California, im Juni 1950, mit seinen Auftritten begann, konnten Komiker das Publikum noch mit Anspielungen auf weibliche Unterwäsche erheitern. Sie trugen Anzüge oder Smokings, als seien sie Geschäftsleute oder Kellner und tanzten und sangen zwischen Witzen ohne Biß mit den Chormädchen.

Ein damals recht beliebter Komiker war Jack Carter, Star der Saturday Night Revue bei NBC; Sponsor der Show war die Campbell Soup Company. Eine Sendung im Jahre 1950 begann folgendermaßen:

Stimme des Ansagers: »Und hier ist er, der Mann vom Campbell-Soup-Fernsehen, Jack Carter.«

Lifttüren öffnen sich, Carter tritt heraus. »Vielen Dank. Guten Abend, Ladies und Gentlemen. Willkommen zu unserer kleinen Show. Ich möchte Ihnen wieder die schönen Mädchen vorstellen, die unsere Lifttüren im Auge behalten. Seid ihr Mädchen glücklich darüber, für mich und Campbell's Soup zu arbeiten?«

Einträchtig: »O ja.«

»Das sind mir zwei clevere Hühnchen, keine ulkigen Nudeln. Hoho.

Aber ich möchte Sie wirklich heute abend willkommen heißen. Wir haben diese Woche wieder eine nagelneue Show, und sie wird uns viel Spaß machen. Ich weiß, daß Ihnen diese Show gefallen wird, denn wir haben Sänger, die viel singen werden, Tänzer, die viel tanzen werden, und Vorzeigemädchen, die viel... Ich weiß, die Show heute abend wird Ihnen viel Freude machen, und ich möchte nun anfangen und Sie alle auffordern, sich etwas zu entspannen, denn die letzte Zeit war sehr hektisch. Ich habe in der Zeitung gelesen, daß die Kriminalität in der Staatsanwaltschaft untersucht wird und daß man der Polizei den Hintern versohlt hat – der reinste Mord. Mir fällt auf, daß die berittenen Polizisten nun alle zu Fuß gehen. Haben Sie das bemerkt? Klar, die haben Angst, irgendwas auf ein Pferd zu setzen. Deshalb will ich... [Lachen aus dem Publikum] ...Ich finde, das war geistreich, stimmt's? [Applaus]

Heute gibt's wichtige Sportnachrichten. Ich war so gespannt auf die Baseballmeisterschaft. Natürlich ging ich zum Spiel. Mit meinem Sponsor, Mr. Campbell. Er gab mir eine Box. Natürlich mußte ich erst die Dosen rausnehmen... ich saß den ganzen Tag über auf Spargel. Als ich zum Yankee-Stadion kam – wow, ich ging rein, und die Leute jubelten, sie schrien, sie brüllten. Sie können [Präsident Harry] Truman fragen. Er war direkt neben mir.«

Sahl war das genaue Gegenteil solchen Humors. Sein Auftritt handelt vom »Dilemma des Großstädters, der in der von ihm selbst gestalteten Umgebung untergeht«, wie Jonathan Miller einmal sagte. Wirklich revolutionär an Sahl war nicht nur das Stichhaltige seiner Themen, sondern auch die beiläufige Art, mit der er sie vortrug. Seine Komik ist unverbrämt, die Wahrheit wird einfach und elegant, ohne Ausschmückung durch Tänzerinnen, Songs oder Stichwortgeber ausgesprochen. Sahl ist ein Wortkomiker im strengen Sinne, der seine Lacher durch den Feinsinn und Witz seines Vortrags, nicht jedoch durch physische Komik erzielt. Dieser Feinsinn macht es schwierig, seinen Texten im Druck völlige Gerechtigkeit widerfahren zu lassen, denn so treffend sie auch wirken mögen, ein Leser, der nicht mit Sahls Stimme und Manier vertraut ist, kommt zu kurz.

Sahl erschien in Pullover und offenem Hemd mit einer Zeitung unter dem Arm auf der Bühne und ging mit abgehackter Stimme, die wie ein Maschinengewehr klingen konnte, auf die inneren Widersprüche der Welt ein. Seine Themen waren Politik, Konzerne, Psychiatrie, Frauen, Rauchen, Jazz, Sportwagen, Philosophie – Hunderte von Beobachtungen aus der allgemeinen und der etwas esoterischen Kultur, die ein am College ausgebildetes Publikum sofort kapierte, da alles durch eine Persönlichkeit gefiltert wurde, die so nonkonformistisch war, wie das Publikum es zu sein hoffte.

Einer seiner ersten und berühmtesten Witze war eine lange Geschichte über Senator Joseph McCarthy, dessen fanatischer Antikommunismus immer noch im Schwange war und der so gefürchtet wurde, daß Nachtklubkomiker sich gewöhnlich nicht über ihn lustig machten. »Senator McCarthy stellt weniger das in Frage, was Sie sagen, als Ihr Recht, es zu sagen«, verkündete Sahl und erläuterte dann den Unterschied zwischen der Eisenhower-Jacke, die zahlreiche »in alle Richtungen gehende Reißverschlüsse« hatte, und der McCarthy-Jacke: »Die McCarthy-Jacke ist genau wie die Eisenhower-Jacke, nur hat sie einen zusätzlichen Reißverschluß über den Mund weg.« Und zum Thema des rasenden Antikommunismus sagte er: »Eine Zeitlang schlug der Ausschuß zur Untersuchung unamerikanischer Umtriebe jedesmal, wenn die Russen einen Amerikaner ins Gefängnis warfen, dadurch zurück, daß er ebenfalls einen Amerikaner ins Gefängnis warf.«

Eine andere Nummer handelte von einer Gruppe Collegestudenten, die versuchen, das Fairmont Hotel in San Francisco auszurauben; sie planen, das Geld dafür zu verwenden, daß sie den Rest ihres Lebens in diesem Hotel wohnen können. Der Kassierer, von dem sie das Geld verlangen, ist gleichfalls Collegestudent.

»Gib uns das Geld und verhalt dich normal«, befehlen sie.

»Zuerst müßt ihr eure Begriffe definieren«, erwidert der Kassierer. »Was ist normal?« Und so weiter.

Sahl witzelte, er habe auf den Vorwurf, er sehe sich als Christusgestalt, geantwortet: »Wenn du identifizieren mußt, dann *identifizier* nur.« Woody war begeistert von dieser Zeile. In *Manhattan* sagt Michael Murphy zu ihm: »Aber du hältst dich für Gott«, und er erwidert: »Ich muß ja schließlich irgend 'n Vorbild haben.« Andere Knüller waren Sahls Beschreibung eines sechzehnjährigen Mädchens in Greenwich Village, bekleidet mit einem kurzen Rock und langen Ohrringen, das behauptet: »Die westliche Religion hat mich im Stich gelassen«; Richard Nixons Antwort auf die Frage, ob er in einer Blockhütte geboren worden sei: »Das war Abraham Lincoln. Ich wurde in einer Krippe geboren.«

»Er war das Beste, was ich je gesehen hatte. Er war wie Charlie Parker im Jazz«, sagte Woody vor vielen Jahren. »Es herrschte das Bedürfnis nach einer Revolution. Alle waren bereit für diese Revolution, aber jemand mußte kommen, der sie durchführen und wunderbar sein würde. Mort war derjenige. Er war wie die Spitze des Eisbergs. Darunter verbargen sich all die anderen, die später kamen: Lenny Bruce, Nichols und May, all die Leute von Second City [Chicagoer Komikertruppe]. Ich will nicht sagen, daß sie nicht sowieso Erfolg gehabt hätten, aber Mort bildete die Vorhut der Gruppe, die für eine enorme Renaissance der Nachtklubkomik sorgte, und die kurz nachdem Bill Cosby und ich auftauchten, endete. Die komische Unterhaltung wurde durch ihn völlig umgestaltet. Seine Witze werden mit solchem Hintersinn vorgetragen. Er änderte den Rhythmus der Witze. Klar, auch seine Inhalte waren anders, aber die Revolution bestand in der Art und Weise, wie er die Witze brachte.«

Sahl hatte natürlich nicht vorgehabt, eine Revolution einzuleiten. Aber sie begann im Jahre 1953 mit seinem ersten festen Engagement, im »hungry i« in San Francisco, einem Kellerklub, der dreiundachtzig Plätze hatte. »Es war nicht gerade Edelmut, der mich dazu brachte«, sagte er 1973. »Ich war sechsundzwanzig. Ich arbeitete an einem Roman und schrieb eine Art Vorprogramm für eine Theatergruppe. Der Militärdienst lag hinter mir, ich hatte keine Arbeit und keine Aussichten. Ich war wirklich wütend, wenn mir jemand sagte, [meine Art von Humor] sei nicht zu verkaufen. Das Problem ist nicht, entdeckt zu werden, sondern, sich seine Gemeinde aufzubauen.«

Sahl wohnte in der Nähe der University of California in Berkeley und war dort aufgetreten. »Meine Freundin war in Berkeley, und ich verhungerte fast«, erklärte Sahl. »Sie fragte: ›Weshalb versuchst du's nicht im »hungry i«?‹ Dann sagte sie etwas sehr Kluges: ›Wenn sie dich verstehen, bist du fein raus; und wenn nicht, werden sie so tun, als sei's exzentrischer Humor.‹ Das war ein versteckter Angriff auf die Pseudointellektuellen, und er erwies sich als recht prophetisch. Also bat ich um eine Probevorstellung, und man ließ mich für einen Abend auftreten. Ich packte das Haus mit Studenten voll. Bis zum Platzen. Und ich brachte sie zum Lachen. Wie allen vorbereiteten Gruppen fehlte ihnen die Spontaneität. Ich stand auf, sagte Hallo, und sie lachten.«

Enrico Banducci, der das »hungry i« leitete, fiel nicht auf Sahls Publikumstrick herein. Er engagierte ihn aufgrund von zwei McCarthy-Witzen. Dann begann Sahl, seinen Auftritt zu entwikkeln.

»Banducci engagierte mich für fünfundsiebzig Dollar; ich sollte eine Sängerin namens Dorothy Baker für eine Woche ersetzen. Ich glaubte, ich hätte es geschafft. Dann ging ich am Montagabend ohne mein Publikum auf die Bühne. Tot. Die Leute fingen an, Münzen und Erdnüsse zu werfen. Ich war völlig durcheinander. So kam die Zeitung in mein Programm. Ich schrieb mir Stichworte auf ein Stück Papier und heftete es an der Zeitung fest, denn das Schweigen ließ mich meinen Text vergessen. Dann sagte ich: ›Ich lese hier in der Zeitung...‹, aber in dem gleißenden Licht konnte ich meine eigene Schrift nicht lesen. Und dann und wann schweifte ich ab, weil ich keine Disziplin hatte. Und als ich abschweifte, kriegte ich meinen ersten Lacher.

Auf Banduccis Drängen zog ich meine Jacke aus und nahm meinen Schlips ab«, erinnerte sich Sahl. »Und dann kam mir der Gedanke, du darfst nicht wie einer von denen aussehen, die du kritisierst. Was konnte ich sein? Ich war sechsundzwanzig. Ich ging los und kaufte mir ein Paar Bluejeans und einen blauen Pullover und ein weißes, am Hals offenes Hemd: Uniabsolvent. Was ich war. Und ich trat so auf, und es klappte. Dadurch wurde das Publikum lockerer.«

Mit seinem kunterbunten Material ist Sahl wie ein frühreifer Student, der sich nicht auf sein Hauptfach konzentriert, ein künftiger Versager als Dr. phil., für niemanden eine Bedrohung. Er spricht nicht über Genkopplungen oder liefert großartige Literaturanalysen. Vielmehr spricht er intelligent über tägliche Ereignisse und zeigt durch die offenkundigen Wahrheiten, die er aufdeckt, ihre launischen Seiten.

Es gibt kaum einen Unterschied zwischen Sahl auf der Bühne und Sahl im Privatleben; er strahlt immer die gleiche ungehemmte Energie, Sensibilität und Empörung aus. Da sein Auftritt darauf beruht, daß das Publikum mit vielfältigen und gelegentlich leicht esoterischen Themen vertraut ist, halten ihn viele für einen Intellektuellen. Bob Hope stellte ihn bei den Oscarverleihungen einmal so vor: »Hier ist er, der Liebling aller Kernphysiker.« Sie täuschen sich. Sahl ist ein unzweifelhaft intelligenter Mann und gewiß, wie Robert Rice 1960 in *The New Yorker* schrieb, »der erste Entertainer seit Jahren, dem es gelungen ist, sein Hirn an einer Bühnenkordel vorbeizuschmuggeln«. Aber er ist kein Intellektueller. Er bringt sein Publikum geschickt aufs laufende, indem er zuerst die sachlichen Voraussetzungen schafft – die wichtige Stichwortzeile, über die Woody von Danny Simon unterrichtet wurde – und dann den Witz losläßt.

»Ich gebe zu, daß man mich unzählige Male als Intellektuellen bezeichnet hat«, sagte Sahl. »Ich war ein mittelmäßiger Student am College. Für mich ist ein Intellektueller jemand wie Bertrand Russell oder Robert Oppenheimer oder Albert Einstein. Ich bin kein Intellektueller. Es ist sehr bezeichnend, daß man mich in der Showbranche als Intellektuellen bezeichnet. Schließlich *zitiere* ich nur Intellektuelle. Vor fünfzig Jahren wäre ich ein mehr oder weniger vielversprechender Zeitungsreporter gewesen.«

Auch Woody wird manchmal als ein intellektueller Komiker bezeichnet, und das Etikett paßt auf ihn genauso wenig wie auf Sahl. »Man hat mich immer für einen intellektuellen Komiker gehalten, aber das bin ich nicht«, sagte er während seines Engagements in Las Vegas. »Ich bin ein Komiker der kurzen Gags, wie Bob Hope und Henny Youngman. Ich reiße Ehefrauenwitze und schneide Grimassen. Ich bin ein Komiker des klassischen Stils.« Aber mit einer anderen Note. Einer von Woodys ersten Texten im *New Yorker* war »Meine Philosophie«, eine Parodie auf Kierkegaard, Spinoza, Hume u. a. und beginnt: »Die Entstehung meiner Philosophie ging folgendermaßen vor sich: Als meine Frau mich von ihrem ersten Soufflé kosten lassen wollte, ließ sie aus Versehen einen Löffel davon auf meinen Fuß fallen, was mir mehrere kleine Knochen brach...«

Was Woody anders und originell erscheinen läßt, sind seine Persönlichkeit und seine Weltanschauung. Wie Sahl bringt er auf der Bühne intellektuelle Bemerkungen und abgehobene Kommentare. (»Ich belegte am College alle Kurse in abstrakter Philosophie, zum Beispiel Wahrheit und Schönheit, Wahrheit und Schönheit für Fortgeschrittene, Wahrheit für mittlere Semester, Einführung in Gott, Tod 101. Ich wurde im ersten Jahr aus der NYU hinausgeschmissen. Hatte bei meiner Metaphysikprüfung gemogelt. Ich guckte in die Seele des Jungen neben mir.«) Sein Verfahren unterschied sich nicht wesentlich von dem des Schülers Allan, der ebenso komplexe Themen aufgriff, ohne sie notwendigerweise zu verstehen. In seinem Auftritt kamen alle üblichen Themen – frühere Ehefrauen, Haustiere, Familienangehörige – vor, doch er behandelte sie auf eine ganz eigene, originelle, surreale Art.

»Die Leute reagierten auf Sahl wie auf jeden großen Umschwung in der Kunst«, sagte Woody. Plötzlich war da dieses große Genie. Er war von Natur aus sehr komisch. Man begriff nicht, daß ihm die Kunst angeboren war und sich zum Beispiel in seinem Tonfall äußerte. Die Leute meinten: ›Ich mag ihn nicht, er tut gar nichts, er ist nicht witzig. Ich mache genau das gleiche: sitze zu Hause und rede, aber niemand bezahlt mich. *Er* hat keine Komik zu bieten.‹ Es war so wie vor Jahren, als die Kunstkritiker fragten: ›Wer sind diese schrecklichen Impressionisten?‹«

Wie entmutigend Sahls Brillanz für Woody zunächst war, so kam er im Laufe der nächsten ein, zwei Jahre allmählich doch zu dem Schluß, daß Sahls Stil auch seinen persönlichen Voraussetzungen entsprach. Der Schlauberger, der einst mit seinen Freunden im Kino gesessen und witzige Kommentare abgegeben hatte, sah sich nun Sahl an und dachte: »Wer weiß, vielleicht könnte ich Komiker werden.«

In vieler Hinsicht war er bereits seit Jahren einer. Er war unzweifelhaft witzig im Kreis von Menschen, die ihn kannten, und sein früher Erfolg als Gagschreiber bestätigte sein Talent. Daß Komiker die Vorbilder und Identifikationsfiguren seiner Kindheit gewesen waren, war nicht nur ein Schutz vor schmerzhaften Erfahrungen, sondern trug auch zur Entwicklung seines Witzes bei. Trotz seiner Fähigkeit, Bedrohliches durch eine rasch improvisierte Bemerkung abzuwenden, hatte er nie daran gedacht, ein Komiker wie Hope oder Kaye zu werden. Sahl zeigte ihm jedoch, wie man als Komiker Intelligenz und Charakter auf akzeptable Weise vereinen kann.

Sein größtes Problem war seine Schüchternheit im Umgang mit fremden Menschen. In der Schule sagte er kaum etwas, aber wenn er einmal sprach und mit Gelächter belohnt wurde, wich seine Schüchternheit und er ging – unter mehr und mehr Gelächter – stärker aus sich heraus. Im Grunde gab es zwei Allan Konigsbergs an der Midwood High School: den schüchternen Jungen, der kaum etwas sagte und den kaum jemand kannte, und den Jungen, aus dem Woody Allen werden sollte und der kleine Gruppen an seinen Witzen teilhaben ließ. Obwohl er allem Anschein nach der witzigste Schüler an der Midwood High School war, wurde er nicht zum Klassenkomiker gewählt. Ein Junge namens Mike Brill, der sehr populär war, errang diese Ehre. Woody landete jedoch zu seinem Erstaunen immerhin auf dem zweiten Platz, denn die wenigen, die sein Talent kannten, wußten, wie hervorragend er war. »Mir ist unbegreiflich, daß ich überhaupt in die engere Wahl kam. Ich war an der High School ein solcher Außenseiter.«

Trotz seiner festen Absicht, Schriftsteller zu werden, und trotz seiner Schüchternheit, verbarg sich ein Träumer in ihm, der sich sehnlichst wünschte, auf der Bühne zu stehen. Schon in der vierten oder fünften Klasse meldete er sich freiwillig, um mit seinem Freund zusammen bei den wöchentlichen Treffen der Pfadfinder an der P.S.99 für Unterhaltung zu sorgen. Sein Freund hatte bescheidenen Erfolg, doch Allan versagte kläglich.

»Der Pfadfinderführer fragte zum Beispiel: ›Okay, ihr wollt uns unterhalten, aber womit?‹ Und ich wußte es nicht«, erinnert sich Woody.

»Ich antwortete: ›Na ja, ich mache Imitationen.‹

›Okay, sehr schön. Von wem?‹

›Nennen Sie einen. Ich weiß nicht, wen.‹

›Okay, kannst du Jimmy Durante?‹

›Nein.‹ Mittlerweile starrte das ganze Publikum mich an.«

Sein Zwiespalt verstärkte sich, als er als Neuling an der Midwood High School die damals alljährliche Unterhaltungsshow der Schüler sah. Der mittlerweile verstorbene Morty Gunty, ein bekannter Komiker im »Borscht Belt« – das heißt in den Nachtklubs, Theatern und Hotels der jüdischen Feriengegend in den Catskill Mountains – und Midwood-Absolvent, war der Conférencier und unterhielt das Publikum zwischen den Auftritten: Ein Mädchen brachte den Dorothy-Parker-Monolog über das Warten am Telefon auf eine Verabredung; ein Junge führte Kartentricks vor, andere sangen und so weiter. Gunty ist in *Broadway Danny Rose* einer der Komiker, deren Tischgespräche an den Chor des griechischen Dramas erinnern.

Woody war überwältigt von den Möglichkeiten. »Ich war wie geblendet«, sagte er. »Es schien mir das Wunderbarste zu sein, was ich je gesehen hatte. Ich wollte auf Deubel komm raus Komiker werden. Ich wollte an der nächsten Unterhaltungsshow teilnehmen, kaufte jedes greifbare Witzbuch und begann, mir damit einen Auftritt zurechtzuzimmern. In diesem Alter dachte ich noch nicht daran, selbst zu schreiben. Ich tat alles, was ich nur konnte, und schrieb sogar eine Gesangsparodie für mich. Es war berauschend und so romantisch. Es haute mich um. Es gab jedoch in all meinen Jahren in Midwood keine Unterhaltungsshow mehr. Hätte es sie gegeben, wäre ich einfach vor Angst erstarrt, und ich bezweifle, daß ich irgend etwas hätte tun können. Aber damals konnte ich nur denken: Wann ist die nächste Show? Kann ich mitmachen? Zum Glück war es die letzte.«

Nur in Situationen, in denen er keine Zeit zum Nachdenken hatte, war Woody mutig und unverkrampft. Seine Begegnung mit Milton Berle im Circle Magic Shop ist ein Beispiel. Hätte er gewußt, daß Berle in dem Geschäft sein würde, wäre er nicht locker genug gewesen, um einfach ein Geplauder mit dem berühmten Komiker anzufangen. Ein anderes Beispiel betraf seinen Kampf mit einem viel größeren Jungen in der Midwood-Cafeteria. Der Junge nahm einem von Woodys Freunden den Stuhl weg, und Woody forderte ihn auf, den Stuhl zurückzugeben. »Der Junge knallte mir eine, und ich schlug zurück, und der Kampf war im Gange. Wäre der Bursche auf mich zugekommen und hätte gesagt: ›He, Kleiner, her mit dir‹, hätte ich's mir vielleicht ein bißchen überlegt und nichts getan. Aber es passierte so schnell, daß ich dazu keine Zeit hatte. Ich wurde sofort hineingezwungen.«

Der entscheidende Satz ist: »Ich wurde sofort hineingezwungen.« Als Komiker weiß man jedoch den ganzen Tag hindurch, daß man am Abend – und am nächsten und am nächsten – auftreten muß. Erst als Mittzwanziger lernte er, seine Ängste zu überwinden.

Er hatte Glück, daß die Nachtklubs damals, genau wie die Komik, eine Revolution durchmachten, denn die neue entspanntere und informelle Atmosphäre schuf die Umgebung, in der er sich entwickeln konnte. In den späten fünfziger Jahren war Greenwich Village eine Ansammlung erschwinglicher, niedriger Apartmentgebäude und brauner Sandsteinhäuser mit dem Gelände der New York University in der Mitte. Die Gegend hatte einen europäischen Einschlag. Kleine Kaffeehäuser wie das Figaro und das Reggio waren in den Blocks, die hauptsächlich von Italienern der Arbeiterklasse bewohnt wurden, zahlreich vorhanden. An der West Third Street gab es mehrere traditionelle, elegantere Nachtklubs mit einer Band, mit einem Chor und Sängern – dies war der Stil der Unterhaltung seit der Prohibition. Außerdem fand man Stripteaselokale und Klubs mit Transvestiten und Frauendarstellern. Jene Gegend, genannt West Third Street Strip, war eher auf Touristen als auf Ortsansässige eingestellt, und man hatte eine recht gute Chance, ausgenommen zu werden. Die feudalen Etablissements in den Wohnvierteln – etwa der Stork Club und das Copacabana – waren Orte, wo man gesehen werden wollte, um seinen Namen in den Klatschspalten wiederzufinden. Die ersteren dagegen waren Orte, an denen man nicht gesehen werden wollte.

Die Bleecker und die Thompson und die Macdougal Street waren schläfrige Gassen im Herzen des Village, wo man Folk-Musiker wie Pete Seeger, Odetta und die Weavers oder Beat-Schriftsteller wie Jack Kerouac und Allen Ginsberg in den Kaffeehäusern finden konnte. Sie zogen andere Gäste an, und neue Lokale, wo man einfach sitzen und sich unterhalten konnte – etwa das Rienzi und das Manzini –, wurden eröffnet. An der Macdougal Street lag das Café Caricature, wo Künstler Karikaturen zeichneten und Kaffee schlürften. Dies war eine Zeit heftiger sozialer Gärung, in der die USA die McCarthy-Ära überwanden. Die Musik veränderte sich dramatisch: Die Experimente von John Coltrane, Eric Dolphy, Charlie Mingus und anderen erneuerten den Free Jazz; die Folk Music ging von Woody Guthries Präriestil allmählich zu Bob Dylans städtischem, zeitgenössischem Stil über; die Komik begann ihre Renaissance mit Mort Sahl und Lenny Bruce. Man begann sich anders zu kleiden; statt Jacketts und Krawatten trug man Jeans und Arbeitshemden.

Dies geschah natürlich nicht nur in New York, sondern auch in anderen Großstädten wie Chicago und San Francisco. Das Village Gate war teilweise dem Gate of Horn in Chicago nachempfunden, dessen Parole lautete: »Ein Nachtklub für Menschen, die Nachtklubs hassen.« Als Art D'Lugoff das Village Gate im Jahre 1958 eröffnete, übernahm er ein Gebäude an der Ecke von Bleecker und Thompson Street, das das größte Asyl der Stadt gewesen war; es hatte 1400 Zellen, in denen die Obdachlosen ihren Rausch ausschlafen konnten. Innerhalb weniger Jahre verwandelte sich die stille, italoamerikanische Gegend und die bohèmehafte Enklave in ein Amüsierviertel. Max Gordon betrieb das Village Vanguard, und Fred Weintraub eröffnete im Jahre 1960 das Bitter End in der Bleecker Street. Zwischen diesen Klubs machten zahlreiche Kaffeehäuser auf. Die Entwicklung von Greenwich Village liefert ein Beispiel dafür, wie Kunst und Geschäft häufig Hand in Hand gehen.

»Der Ruf des Village zog Menschen in kultureller, musikalischer

Oben links: Als
Howard Prince in
Der Strohmann.
Oben rechts: Als San-
dy Bates in *Stardust
Memories.*
Links: Als Ike Davis
in *Manhattan.*

BRIAN HAMILL

Einige Hauptdar-
stellerinnen.
Oben: Diane Keaton
zu Besuch bei Woo-
dys Dreharbeiten von
Der Strohmann.
Rechts: Mariel
Hemingway in
Manhattan.
Gegenüberliegende
Seite unten: Louise
Lasser in einem Stand-
foto aus *Was Sie schon
immer über Sex wissen
wollten, aber nie zu
fragen wagten.* (Sie
war eine Schwarze
Witwe, er ihr bedau-
ernswerter Mann.)

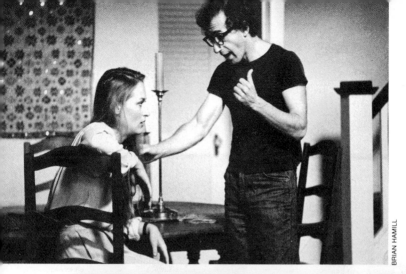

Mit Mia Farrow während den Dreharbeiten von
Hannah und ihre Schwestern.

und künstlerischer Hinsicht an«, sagt D'Lugoff. Der sympathische, bärtige Mann beschreibt jene Zeit folgendermaßen: »Wir hatten unseren Spaß, verdienten unseren Lebensunterhalt und hatten Affären. Die Leute kamen aus Brooklyn und Queens. Sie wollten ihr Leben ändern oder bereichern, sie wollten nicht mehr in Brooklyn oder Queens herumsitzen. Natürlich stellten sich Touristen ein, aber es war ein Ort, an dem man zur Schule oder zur NYU ging und neugierige Leute traf. Es gab immer noch Bewegungsfreiheit, denn man konnte relativ billige Apartments bekommen und Geschäfte konnten eröffnet werden. Die Gegend, in der ich mich niederließ, war nicht teuer, weil niemand sonst dorthin wollte, und ich zahlte eine akzeptable Summe für eine große Fläche. Es gab eine Kaffeehaustradition aus der alten Heimat, und sie setzte sich fort. Im Zentrum kannte man nichts dergleichen. Die Gegend war reif für kulturelle Ereignisse, und das Geschäft konnte sich selbst tragen. Die Folk Musik war unabhängig; man brauchte keine große, teure Band zu bezahlen. Wo sonst in Manhattan hatte man genug Platz, um eine Show zu veranstalten und Leute den ganzen Nachmittag lang für fünfzig Cent dasitzen und Kaffee trinken zu lassen. Die fünfzig Cent galten als unverschämt. Mike Wallace interviewte mich in den frühen Sechzigern, und seine Meckerei lautete: ›Wie können Sie fünfzig oder fünfundsiebzig Cent für eine Tasse Kaffee verlangen?‹ Ich erwiderte: ›Wir verpachten den Kunden unseren Platz für sehr lange. Es ist nicht wie in der Fourty-second Street, wo sie kommen und gehen.‹«

Am vorletzten der zwölf Drehtage der ersten Szene von *Verbrechen und andere Kleinigkeiten*, die vor dem Bleecker Street Cinema aufgenommen wurde, sah Woody zum Bitter End hinüber. Als er dort auftrat, faßte der Klub ungefähr hundertvierzig Menschen, die auf alten Kirchenbänken saßen und für ihren Eintritt von einem Dollar Kaffee oder Mineralwasser tranken, das in Blumentöpfen mit Eis auf den Tischen stand, da es keinen Alkohol gab. Die nackte Ziegelmauer als Hintergrund für die Darbietungen, die heutzutage in Klubs so verbreitet ist, wurde zum erstenmal im Bitter End verwendet. An Wochentagen gab es Shows um 21.30 Uhr und 23.30 Uhr und eine dritte an Wochenenden; in ihnen traten Künstler wie Judy Collins, Theodore Bikel sowie Peter, Paul and Mary auf. Es war Showbusineß in seiner lockersten Form. »Man redete kaum je über Geld. Es war kein Geldklub«, sagt Weintraub, der später Filme produzierte. »Es herrschte eine gewisse Kameradschaftlichkeit. Keiner machte wirklich Karriere, aber alle hielten den anderen die Daumen.« In den Pausen zwischen den Shows saßen Weintraub und verschiedene Manager draußen auf irgendwelchen Autos, die gerade am Bordstein geparkt waren, und sprachen über neue Künstler.

In dieser Zeit schloß Woody enge Freundschaft mit Weintraub. Die beiden und Hilda »Cash Register« (Registrierkasse) Pollak, die Kassiererin des Klubs – sie war laut Weintraub so intelligent, daß sie sich offenbar kurz nachdem sie lesen und schreiben gelernt hatte, in New York für den Anwaltsberuf qualifizierte –, wohnten in den East Seventies. Alle drei unterzogen sich einer Analyse, und vor ihren Sitzungen trafen sie sich häufig in dem Restaurant Stark's, das damals an der Madison Avenue, am Schnittpunkt mit der Seventy-eight-Street, lag. Eines Tages beschlossen sie, ihre Träume untereinander auszutauschen und die Reaktion ihrer Analytiker herauszufinden.

»Fred, du wirst in einer Woche in eine Anstalt eingewiesen«, sagte Woody, als sie sich nach ihrer Behandlung trafen.

»Hilda, du bist ein Genie«, erklärte Weintraub.

»Woody«, sagte sie, »du bist schwul.«

An jenem Drehtag regnete es heftig, und so stand Woody in dem Kino in der Bleecker Street, sah zum Bitter End und erinnerte sich: »Ich kam mit dem Taxi zu meinen Shows, stieg an der Ecke Bleecker/La Guardia Place aus und ging rein. Ich war überrascht, wenn draußen eine lange Schlange wartete – aber das geschah nicht sehr oft«, setzte er hinzu. »Das Geld, das Freddy mir gab, wurde von einem Gummiband zusammengehalten. José Greco oder andere Flamencotänzer waren manchmal im selben Programm wie ich. Auch die Simon Sisters. Ich ging immer zwei Türen weiter ins Dugout, um zu essen und zu trinken. Nur Mineralwasser. Damals trank ich nie Alkohol. Zwischen den Shows spazierte ich immer wieder mit Bill Cosby um den Block. Einer von uns trat gewöhnlich im Bitter End, der andere im Village Gate auf. Wir sagten: ›Ich bin in zwanzig Minuten wieder dran‹ oder ›ich bin in einer Stunde wieder dran.‹ Er war ein lieber Kerl. Heute, fünfundzwanzig Jahre später, spendet er den Colleges hundert Millionen Dollar, und ich...« Woody lachte leise und wartete darauf, daß der Regen sich ein wenig abschwächte, damit er diese Szene noch einmal drehen konnte.

Der sanfteste Woody-Allen-Film – obwohl er, wie alle, gewisse Spitzen enthält – ist *Broadway Danny Rose*. Der Film – teils Krimi, teils Showgeschäft-Story – handelt in erster Linie von Loyalität. Danny Rose, ein gescheiterter Catscill-Komiker, der »all die alten Witze machte... er stahl sie, wo er nur konnte«, glaubt an seine Künstler; unter ihnen sind ein einbeiniger Stepptänzer, ein stotternder Bauchredner, ein blinder Xylophonist und eine Virtuosin des Spiels auf gefüllten Wassergläsern – sie treten übrigens alle wirklich auf. Er glaubt ohne Vorbehalt an ihr Talent und ist unerschütterlich überzeugt davon, daß sie, wenn sie nur die richtige Chance erhalten, Stars sein werden. Er leiht ihnen Geld, läßt sie auf seinem Sofa schlafen, und sie erwidern seine Loyalität – wenigstens so lange, bis sie etwas Erfolg haben und ein einflußreicherer Manager Interesse an ihnen zeigt. Dann lassen sie Danny fallen.

Jack Rollins ist nicht Danny Rose. Er hat seine Klienten nie zum Erntedankfest versammelt und für sie »TV Dinners« aus gefrorenem Puter zubereitet. Aber was viele wichtige Einzelheiten betrifft, könnte er Danny sein. Anfang der fünfziger Jahre war sein Büro in einem winzigen Raum hoch oben im Plaza Hotel, in einer Kammer, die einst als Schlafzimmer für die Stubenmädchen diente. Als er seinem künftigen Partner Charles H. Joffe im Jahre 1952 begegnete, hatte Rollins einen einzigen Klienten, einen früheren Schnellimbißkoch namens Harry Belafonte, für den er einen Bühnenauftritt gestaltet hatte. Es war nicht so, daß Rollins außer Belafonte keine Klienten gewinnen konnte, aber er wies andere Künstler ab, weil er meinte, sich mit allen Kräften auf Belafontes Entwicklung und Förderung konzentrieren zu müssen. Als man ihn zu Beginn seiner Karriere davor warnte, sich auf emotionale Beziehungen zu seinen Klienten einzulassen, entgegnete Rollins, daß er seinen Beruf nur auf diese Weise ausüben könne: »Ich muß mit Menschen arbeiten, mit denen ich mich auch gefühlsmäßig verstehe.« Er war davon überzeugt, daß sich der finanzielle Erfolg dann auch irgendwann einstellen werde. Rollins war überzeugt, daß Belafonte sich zu einer »Industrie« entwickeln würde. Bis dahin mußten viele Hindernisse überwunden werden. Gleichgültig, wie begabt Belafonte war, in Hotels – wie an den meisten öffentlichen Orten – herrschte Rassentrennung, was Belafonte die Arbeit erschwerte oder gar unmöglich machte. Auch in den wenigen Hotels, in denen Schwarze auftreten durften, durften sie nicht übernachten.

Rollins sieht aus wie jemand, der viel Zeit mit Poker und Pferdewetten verbringt, und der Schein trügt nicht. Aber vor allem hat er ein Auge und ein Ohr für Talente. Neben Woody, Belafonte, Nichols und May entdeckte und förderte er auch Robin Williams, David Letterman und Billy Crystal.

Crystal ist ein gutes Beispiel für Rollins' Glauben. Er wußte, daß Crystal ungeheuer begabt ist, aber es dauerte ein paar Jahre, bis man einsah, wie recht er hatte. Bis dahin wurde Rollins nie an seinem Glauben irre, und er sorgte dafür, daß Crystal genauso dachte. Was Belafonte anging, so versuchte Rollins tagtäglich, seinem künftigen Star ein Engagement zu verschaffen. Eine seiner vielen Anlaufstellen waren die Büros der Music Corporation of America (MCA), der damals mächtigen Talentagentur, die nach einer Antitrust-Maßnahme der amerikanischen Regierung im Jahre 1962 aufgelöst wurde. Charlie Joffe war Nachwuchsagent und hatte kurz zuvor die Syracuse University verlassen. Dort hatte er seine Arbeit im geschäftlichen Bereich des Showbusineß begonnen, indem er studentische Künstler in örtlichen Klubs unterbrachte; ein kurzer Ausflug Joffes in den Showbereich endete mit einem Mißerfolg. Joffe beobachtete interessiert und belustigt, wie Rollins täglich ins Büro kam, die Korridore auf und ab ging und das Talent eines schwarzen Folk-Sängers pries, der in jenen Tagen weder in Florida noch in Las Vegas – und auch sonst kaum irgendwo – arbeiten konnte. Trotzdem verkündete Rollins immer wieder: »Dieser Mann ist eine Industrie«, und zwar Leuten gegenüber, die nie von Folk Music gehört hatten und die sich unter einem farbigen Künstler einen Weißen mit schwarzgeschminktem Gesicht vorstellten.

»Ich hatte nie jemanden erlebt, der sich einer einzigen Sache so hingebungsvoll widmete«, sagte Joffe. »Ich konnte es nicht fassen, zumal jeder Agent hinter seinem Rücken über ihn lachte. Die meisten hielten ihn für einen Trottel und machten sich über ihn lustig. Wie konnte er nur glauben, sein Klient sei ›eine Industrie‹, obwohl er nicht in der Lage war, ihm ein Engagement zu besorgen? Nun, die Tatsachen zeigten sich bald.« Belafonte leitete eine Calypsowelle ein. Dann wechselte er von Rollins zu einem anderen, bekannteren Manager über.

Joffe wurde von MCA kurz nach seinem Arbeitsantritt entlassen, und Rollins verwendete sich für ihn bei Freunden, die ihn daraufhin einstellten. Aber er mußte sich um Engagements für Orchester bemühen, wovon er trotz seiner College-Erfahrung nichts verstand, und bald stand er wieder ohne Arbeit und ohne Geld da. Gewöhnlich aß er bei Jack und dessen Frau Jane. Im Jahre 1953 gehörten die Sängerin Felicia Sanders, der Imitator Will Jordan und der Schauspieler Tom Poston zu Rollins' Klienten, und er stellte Joffe ein – wenn auch vielleicht nur, damit dieser sich sein eigenes Essen leisten konnte. Joffe beherrscht sein Geschäft. Robin Williams nennt ihn »das Biest« – ein liebevoller Tribut an Joffes Fähigkeit, den Studio- und Fernsehmogulen standzuhalten und unglaublich lukrative Verträge für seine Klienten zu schließen. Es war Joffes Verhandlungsfähigkeit, die Woody die uneingeschränkte Kontrolle über seine Filme und die Beteiligung an den Bruttoeinnahmen einbrachte. Kaum größer als Woody, ist er bei aller Wildheit in Vertragsverhandlungen ein ansonsten freundlicher, unbeschwerter, bebrillter Mann, der, wie Rollins, dem Zigarrengenuß zugetan ist.

Rollins und Joffe sind einzigartig in einem Geschäft, in dem häufig versucht wird, in der kürzesten Zeit so viel Geld wie möglich für einen Künstler – und für seinen Manager – herauszuholen. Sie nehmen nicht mehr als fünfzehn Prozent und berechnen ihren Klienten keine Spesen oder Vermittlungsgebühren. Obwohl sie später Erfolg hatten und zusammen mit ihren beiden Partnern der achtziger Jahre mehrere Millionen Dollar pro Jahr einnahmen, machten sie zunächst über einen langen Zeitraum hinweg keine Gewinne.

»Wir orientierten uns niemals an den Summen, die wir verdienen konnten«, sagte Rollins einmal. »Es war eine Herausforderung, jemanden zu fördern, der es unserer Meinung nach wert war. Nach einer Weile merkten wir, daß sich diese Haltung irgendwann auch in Geld niederschlägt. Wenn man jemanden so fördert, wie es sich gehört, wird einem für den Auftritt dieses Künstlers schließlich mehr Geld angeboten werden, als man sie je erträumt hat. Aber das kam später. Das Wichtigste war die Genugtuung, etwas zu fördern, das anderen verborgen blieb – darin bestand der *Spaß*.«

Joffe berichtet: »Wenn ein Künstler zu uns kam, fragten wir ihn als erstes, welchen Ehrgeiz er hatte. Wenn er antwortete: ›Ich möchte reich und berühmt sein‹, dann taugte er nicht für uns. Seine Arbeit mußte für ihn selbst im Vordergrund stehen.«

Weder Rollins noch Joffe meinen, daß ein Manager besser sein kann als sein Klient. »Ich glaube, ein Manager ist in dem Maße ein Held, wie sein Klient gut ist«, sagt Rollins. »Es sind die Klienten, die den Erfolg des Managers bestimmen. Wir leiden nicht unter dem Trugschluß, daß wir Kieselsteine zu Diamanten schleifen könnten. Und es gibt gewisse Diamanten, die wir nicht haben wollen. Unsere Leute sind solche, die ihren Teil der Arbeit tun, die Selbstgänger sind. Wir können helfen, wir können anleiten, wir können jemandem ab und zu in den Hintern treten, aber der Klient ist der, auf den es ankommt; er muß die kreative Fähigkeit haben. Vielleicht braucht er ein bißchen Hilfe, um das Beste aus sich zu machen, aber die Anlage muß vorhanden sein.« Aus diesem Grunde haben sie nie einen Komiker übernommen, der seinen Stoff von Gagschreibern bezog.

In *Broadway Danny Rose* sitzt eine Gruppe von Komikern an einem Tisch in dem Restaurant Carnegie Delikatessen. Sie erzählen Geschichten und machen Witze und klatschen und verkörpern gleichzeitig einen geschickten Kunstgriff, mit dessen Hilfe Woody eine filmische Bandwurmgeschichte inszenieren kann. Allerdings brauchte er den Kunstgriff nicht zu erfinden. In den fünfziger Jahren saßen die Stammkunden des Carnegie und des Stage Deli und besonders von Lindy's an solchen Tischen. Das letztere hatte drei Tische, an denen Komiker, ihre Agenten und ihre Manager zusammenkamen. Der erste war der Komikertisch, an dem Milton Berle den Vorsitz führte. Der zweite war untergeordneten Agenten und der dritte Managern vorbehalten. Rollins und Joffe waren jeden Abend dort, obwohl sie kaum genug verdienten, um ihre Mahlzeiten bezahlen zu können. Trotzdem übernahm Rollins oft die Rechnung für den Tisch – nicht nur aus Großzügigkeit, sondern auch des äußeren Scheins wegen.

In den späten fünfziger Jahren hatten Rollins und Joffe viel mehr Erfolg. Mit einem Partner namens Larry Tucker verschafften sie ihren Künstlern Auftritte in einem Nachtklub im Kellergeschoß des Duane Hotels an der Ecke Madison Avenue/Thirty-seventh Street. Der Klub hieß »Den at the Duane«; sie brachten unbekannte Künstler für vier oder sechs Wochen unter, damit diese sich einen Ruf erwerben konnten. Sie waren es, die Lenny Bruce nach New York holten; der Schlußakt im selben Programm waren Nichols und May. An ihrem zweiten Abend, sagt Joffe, »stand ihnen plötzlich die Welt offen. Sie traten in einer einzigen Fernsehshow [»Omni-bus«] auf, und an jenem Abend reihten sich Schlangen um den ganzen Block. Milton Berle kam dreimal und wurde nicht eingelassen.«

Len Maxwell war mit Joffe befreundet, und nachdem er im Sommer 1957 in Tamiment mit Woody gearbeitet hatte, sprach er Rollins und Joffe gegenüber häufig von dem Einundzwanzigjährigen, der seiner Überzeugung nach der »George S. Kaufman dieser Generation« und »der brillanteste Gagschreiber« war, den er je gesehen hatte. Zudem sprach er oft mit Woody über die Manager von Nichols und May, deren Arbeit Woody bewunderte und für die er schreiben wollte.

Maxwell verbrachte nach dem Sommer in Tamiment viel Zeit mit Woody und Harlene. Sie studierte Philosophie am Hunter College in Manhattan, und Woody las dieselben Bücher, um mit ihr Schritt zu halten. (»Sie zog mich immer in eine philosophische Auseinandersetzung hinein, die bewies, daß ich nicht existierte«, hieß es in einer seiner Bühnennummern.) Nachdem er sich sein Leben lang von jeglicher Erziehung abgewandt hatte, war er nun intellektuell unersättlich. Er ließ einen Lehrer von der Columbia University kommen, der ihm eine private Einführung in die Weltliteratur gab. Woody und Harlene lasen ein Buch pro Woche – beginnend mit den Vorsokratikern, über Platon, Aristoteles, Dante, Thomas Morus und bis hin zu James Joyce – und diskutierten es mit dem Lehrer. Dieser autodidaktische Prozeß ist noch heute im Gange. Je nach seinem Interesse an einer bestimmten Periode häufen sich auf seinem Nachttisch Bücher über Semantik und Linguistik oder dichterische Werke; sogar die Bibel ist manchmal dabei. Jahrelang hat er sich mit philosophischen Werken beschäftigt und er kehrt immer wieder zu ihnen zurück. Sein Eklektizismus hat, wie er meint, gewisse Vorzüge, ist aber insgesamt eher ein Nachteil. Trotz seines Strebens nach einer abgerundeten Bildung hat sein Allgemeinwissen einige überraschende Lücken, denn seine Lektüre folgt keinem Lehrplan. Seine Rechtschreibung ist eigentümlich; als er Saul Bellow in *Zelig* einen Text zu lesen gab, fragte Bellow höflich: »Es geht doch in Ordnung, wenn ich dies ändere? Denn es ist grammatikalisch unrichtig, sich so auszudrücken.« Woody ist sich seiner Mängel durchaus bewußt: »Wenn man eine Zeitlang mit mir spricht und auf Themen trifft, über die ich mich selbst unterrichtet habe, könnte man mich für gebildet halten. Aber dann stößt man plötzlich auf etwas – es kann eine ganz einfache Sache sein –, das jeder College-Student weiß, das aber in meinem Wissen eine Lücke ist, weil ich Autodidakt bin.«

Sein europäisches und russisches Erbe ist ein unverbrüchlicher Bestandteil von Woody Allens Psyche und Kreativität. Das Streben nach einem philosophischen Modell, das eine metaphysische Ordnung erklären kann, die Suche nach einem Gottesbeweis und die Probleme, die sich aus dem existenziellen Dilemma des Menschen ergeben, sind nicht nur ein Teil von Woodys Vermächtnis, sondern sie beschäftigen ihn täglich.

Woodys intellektueller Geschmack spiegelt sich in den romantischen Geistern wider, die ihm gefallen. Fjodor Dostojewski mit seinem russischen Schuldbewußtsein und seinem Streben nach absoluten Werten; Albert Camus, der das menschliche Leben für absurd hielt, doch meinte, man solle auf seine Verbesserung hinarbeiten; Søren Kierkegaard, der sein System auf Glauben, Wissen, Gedanken und Realität aufbaute; und Nikolai Berdjajew, der russische, christliche Existentialist. Für einen Mann, der seinen Geist an Comics schärfte und zu einem der größten zeitgenössischen Komiker wurde, sind dies wahrscheinlich seltsame Helden und noch seltsamere Einflüsse. Aber es ist nun einmal so, und hat in Woody eine gewisse Ehrfurcht – wenn nicht gar Neid – vor Intellektuellen und höherer Bildung hervorgebracht, die manchmal in seinen Filmen aufscheint, zum Beispiel in der Rolle von Marion Post, der Philosophieprofessorin in *Eine andere Frau*. Das soll nicht heißen, daß Woody intellektuell ein Versager wäre. Zusammen mit Künstlern wie Martha Graham, Jerome Robbins und Frank Capra ist er eines der zehn Ehrenmitglieder von The American Academy and Institute of Arts and Letters; dies sind »Personen von hohem Rang in den kreativen Künsten, deren Arbeit sie nicht ohne weiteres für die Mitgliedschaft in der Kunst-, Literatur- oder Musikabteilung qualifiziert«, und Woody wurde im Jahre 1987 als Nachfolger von Orson Welles gewählt.

Es macht Woody großen Spaß, die Intelligenzija aufs Korn zu nehmen (in *Stardust Memories* heißt es: »Intellektuelle sind wie die Mafia. Sie bringen nur einander um.«), während er gleichzeitig unterstreicht, daß man heute leider zuviel »Wert auf Medienerfahrung, nicht auf Lebenserfahrung« lege. In *Der Stadtneurotiker* sagt

Alvy (Woody) zu seiner Frau Robin: »Ich hab's echt langsam satt, meine Abende mit Leuten zu vertun, die für *Dysentery* arbeiten.«

»*Commentary*.«

»Ach, meinst du? Ich hab gehört, daß *Commentary* und *Dissent* fusioniert haben und jetzt *Dysentery* heißen.«

Die letzte Nacht des Boris Gruschenko ist eine ausgelassene Spielerei mit den Romanen nach der Biographie Dostojewskis, dessen Todesurteil umgewandelt wurde, als er bereits vor dem Erschießungskommando stand.

In dem Film kommt es zu einem Gespräch zwischen Boris (Woody), der am nächsten Tag erschossen werden soll, und seinem Vater.

BORIS

Ich fürchte den Galgen nicht.

VATER

Nein?

BORIS

Nein. Warum auch, Sie werden mich erschießen.

VATER

Erinnerst du dich an den netten Jungen von nebenan, Raskolnikow?

BORIS

Ja.

VATER

Er hat seine Hauswirtin umgebracht!

BORIS

Nein! Was für eine üble Geschichte.

VATER

Bobick hat's mir erzählt. Er hat es von einem der Brüder Karamasow gehört.

BORIS

Mein Gott, er muß von Dämonen besessen gewesen sein!

VATER

Na, er war eben noch ein Jüngling.

BORIS

Wenn du mich fragst, er war ein Idiot.

VATER

Und *er* tat wie ein Erniedrigter und Beleidigter.

Wie ich höre, war er ein Spieler.
Seltsam, er hätte dein Doppelgänger sein können.
Wirklich, wie romanhaft.

Dies alles machte Woodys und Maxwells Freundschaft recht ungewöhnlich. Maxwell war ein altmodischer Komiker, ein Kleinkünst-
ler, während Woody sich zu etwas Einzigartigem entwickelte. Um
sich fortzubilden, ging Woody jeden Nachmittag um 16 Uhr die
vier Blocks von seinem Apartment in der 4 East Seventy-eight
Street zum Metropolitan Museum of Art und verbrachte dort eine
halbe Stunde mit dem Studium eines der Kunstwerke. Seine Wahl
war nicht dem Zufall überlassen, sondern er ging systematisch vor,
so daß er schließlich mit Hilfe seiner täglichen dreißig Minuten das
gesamte Museum studiert hatte.

Bei allen Unterschieden zwischen ihnen fühlte Maxwell sich in
Woodys und Harlenes Gesellschaft sehr wohl. Er fand Harlene
»entzückend. Sehr lieb, sehr nett. Woody schrieb einmal einen
Sketch für Milt Kamen«. Maxwells Stimme wurde plötzlich die
eines alten osteuropäischen Juden: »Rorschach war einer der brill-
antesten Männer der Welt, aber er wußte nicht so recht, wie man
sich die Schnürsenkel bindet.« Seine Stimme wurde wieder die
eines New Yorkers. »Und so beschrieb Woody mir einmal Harlene.
Ich besuchte sie zum Dinner, bevor sie aus der 310 West Seventy-
fifth Street auszogen – das Haus gehörte mal Arthur Conan Doyle.
Sie hatten ein Zimmer. Wir aßen Steaks, und die Erbsen waren kalt.
Woody kaute zufrieden vor sich hin. Deshalb sagte ich: ›Harlene,
diese Erbsen sind nicht gekocht.‹ Und sie sah auf die Dose und
antwortete: ›Doch, sind sie.‹«

Woody schrieb von 1956 bis 1958 – während der neun Monate pro
Jahr, die er nicht in Tamiment verbrachte – für eine Vielzahl von
Künstlern. Es war ein gutes, aber kein bemerkenswertes Leben.
»Ich schrieb hin und wieder Monologe für die *Tonight Show* – es gab
verschiedene Gastgeber, an die ich mich nicht erinnere – und für
verschiedene Nachtklubkomiker, von denen nie einer gehört hat«,
so faßt er jene Zeit zusammen. Die Arbeit wurde gut bezahlt, und

Woodys Ansehen wuchs, doch den stärksten Impuls erhielt seine Karriere durch Maxwells Beharren darauf, daß er ein ordentliches Management brauche. Woody wollte nicht vor dem Ende seines Fünfjahresvertrags mit Meltzer den Manager wechseln. Glücklicherweise war das Vertragsende nahe. Meltzers einziger echter Beitrag hatte darin bestanden, Woody in das NBC-Ausbildungsprogramm zu schleusen und ihm etwas Arbeit in Pat Boones Fernsehshow zu verschaffen. Die beiden paßten nie zueinander. Woody war scheu und zurückhaltend, Meltzer überschwenglich und aggressiv. So aufrichtig Meltzer Woody vielleicht helfen wollte, sein Horizont war durch seine Verbindung mit der Bekleidungsindustrie verengt. Seine Dienstleistungen als Manager beschränkten sich auf Ratschläge wie: »Witzeschreiben ist wie Akkordarbeit im Kleiderbereich. Man wird für das bezahlt, was man schreibt.« Nachdem Maxwell wochenlang auf Woody eingeredet hatte, mit ihm bei Rollins und Joffe vorzusprechen, verkündete er eines Tages einfach beim Lunch: »Heute gehen wir hin.« Woodys Schüchternheit machte es schwierig für ihn, neue Bekanntschaften zu schließen, weshalb Maxwell ihn – wie in einem Comic – hinter sich her in Rollins' und Joffes neues Büro an der 200 West Fifty-seventh Street schleppte. Woody fragte leise, ob er ein paar Texte für Nichols und May schreiben könne. Nachdem Rollins erläutert hatte, daß die beiden ihr gesamtes Material selbst schrieben, bat Woody, einen seiner Sketche vorlesen zu dürfen. Wie immer verflüchtigte sich seine Schüchternheit in dem Moment, als er begann, seinen Text vorzutragen. Rollins und Joffe waren völlig fasziniert von Woody und der Originalität des Materials. Dabei hatte Woody seinen Text so reserviert vorgetragen, daß er zuerst über das von ihm ausgelöste Gelächter verblüfft war. Rollins und Joffe dachten unabhängig voneinander: »Wenn er sich bloß hinstellen und dies selbst bringen könnte.« Aber sie sagten nichts, da Woody ihnen erklärt hatte, er habe kein Interesse daran, persönlich aufzutreten. Vielmehr fragte er, ob sie sein Management als Autor übernehmen könnten.

»Also, wir managen keine Autoren, wir managen Bühnenkünstler«, sagte Rollins. »Wir verstehen nicht viel von Autoren oder von ihrem Management oder vom Absatz ihrer Texte.« Woody beharrte und schlug ihnen vor, ihn als ersten Autor zu betreuen. Rollins war bereit, dem Projekt sechs Monate zu widmen; dann würden alle drei entscheiden, ob Woody einen Nutzen davon habe. Die beiden hofften es, denn sie fanden, wie Rollins sagt, Woodys »Material so eindrucksvoll, so witzig. Wir wußten, daß wir es mit echter Qualität zu tun hatten.« Sie schüttelten einander zum Zeichen des Einverständnisses die Hand, und dies ist der einzige »Vertrag«, den sie besitzen. Rollins und Joffe haben seitdem in Woodys Namen Abschlüsse im Wert von Millionen Dollar gemacht, doch zwischen ihnen selbst besteht kein schriftlicher Vertrag. Woody dankte ihnen und fragte, ob er ein paar Anrufe machen könne. Nachdem er sich verabschiedet hatte, fand Rollins drei diskret neben das Telefon gelegte Zehncentstücke.

Wie sich herausstellte, waren Rollins und Joffe genauso fähig, einen Autor zu managen wie einen Bühnenkünstler. Sie arrangierten eine Reihe von Aufträgen für ihn, darunter eine Fernsehsendung für Art Carney und *The Garry Moore Show*. Aber je mehr Zeit sie mit Woody verbrachten, desto stärker wurde ihre Überzeugung, daß er seine Texte nicht für andere schreiben, sondern selbst darbieten sollte. Woody war einfach von Natur aus witzig. Nachdem sie ihn besser kennengelernt hatten, waren Rollins und Joffe sicher, daß Woody lernen könne, seine Begabung für eigene Auftritte zu verwerten, und sie baten ihn, darüber nachzudenken. Allerdings war es nicht ihr Ziel, Woody nur zu einem Bühnenkomiker zu machen. Rollins und Joffe stellten ihn sich, wie Rollins es ausdrückt, »als das erste Dreifachtalent seit Orson Welles« vor: als jemanden, der schreiben, auftreten und seinen eigenen Stoff inszenieren konnte. Da Woody innerhalb des Geschäftes bereits als großartiger Komikautor bekannt war, schien der beste Weg zu diesem Ziel darin zu bestehen, daß er sich einen Namen als Bühnenkomiker machte. Wenn das Publikum ihn erst einmal kannte und schätzte, könnte er darauf aufbauen.

Woody ist unzweifelhaft zielstrebig. Es mag eine Weile dauern, bis er Entscheidungen trifft, doch wenn er sich einmal für etwas entschieden hat, widmet er ihm all seine Bemühungen. »Also, ich habe darüber nachgedacht«, erklärte er Rollins und Joffe ein paar Tage später, »und wenn ihr meint, ich sollte versuchen aufzutreten, dann werde ich mir einen Text schreiben und die Sache ausprobieren.« Er brauchte ein paar Monate, um sich einen Text zu schreiben, und im Oktober 1960 erhielt er durch seine Beziehung zu Rollins einen Probeauftritt im Blue Angel, und zwar nach der letzten Show des Komikers Shelley Berman an einem Sonntagabend. Es war eine große Chance für ihn. Der Blue Angel war wie der Palace in den Tagen des Vaudeville: *der* Ort, an dem man auftreten mußte. Aber während der Palace ein gewaltiges Theater war, war der Blue Angel nur ein einziges rauchgeschwängertes Zimmer mit niedriger Decke. Sämtliche wichtigen Agenten der Stadt saßen an winzigen runden Tischen vor der handtuchgroßen Bühne, um sich jede neue Darbietung anzusehen. Berman stellte Woody mit freundlichen Worten vor; er sei ein junger Fernsehautor, der seine Texte selbst vortragen wolle, und er sei sehr witzig. Woody wurde diesen Lobesworten gerecht: Das Publikum lachte von Anfang an. Die Reaktion war so gut, daß er zurückschrak und sich in sein Schneckenhäuschen verkroch. Nach der ersten Welle der Anerkennung wurde er in den fünfundzwanzig oder dreißig Minuten seines Auftritts immer stiller. Für Larry Gelbart, mit dem zusammen er damals eine Fernsehshow schrieb und der im Publikum saß, hörte er sich ein wenig »wie Elaine May in Männerkleidung« an. Ungeachtet dieses psychologischen Problems hatte er Erfolg, und man bot ihm weitere Engagements an. Doch Rollins, der wußte, daß Woody trotz seiner gelungenen Erstvorstellung noch nicht für ein größeres Publikum gerüstet war, lehnte alle Angebote ab. Um sich zu einem bewährten Komiker zu entwickeln, mußte Woody regelmäßig in einer möglichst ungefährlichen Umgebung auftreten, und Rollins hatte schon einen Ort im Auge.

Das Upstairs im Duplex in Greenwich Village war ein Raum im zweiten Stock und kaum größer als ein Napfkuchen. Tische und Stühle für etwa fünfzig Menschen waren zusammengedrängt und endeten zu Füßen des Künstlers. An Wochentagen bestand das Publikum durchschnittlich aus acht bis zehn Personen. Es war der ideale Ort für Woody, zu lernen und an seinem Material zu arbeiten, denn die Publizität war minimal und er hatte eine Möglichkeit, an sechs Tagen der Woche zwei Shows pro Abend zu machen. Es war wie eine kleine Variante der »Improvisation« und anderer heutiger Komikklubs. Auch für den besten Komiker ist es schwer, ein kleines Publikum in einem ansonsten leeren Raum zum Lachen zu bringen. Für jemanden, der gerade begann, war es entsetzlich. Nicht, daß Woody sein Material immer in der besten Weise präsentiert hätte, um Lacherfolge zu erzielen. Manchmal schien er keine Ahnung zu haben, wie man Zuschauern gegenübertritt. Mort Sahl saß auf einem Hocker, weshalb Woody meinte, er brauche nur still dazustehen. Er sah aus wie ein Stock. Seine Nervosität, die sich im allgemeinen zu Beginn seiner Darbietung auflöste, tauchte manchmal wieder auf. In solchen Fällen stand er nicht still, sondern wickelte sich die Mikrofonschnur um den Kopf oder kratzte sich oder bedeckte das Gesicht mit den Händen, als versuche er, sich zu schützen. Seinem Vortrag fehlte die Wirkung, und sein Tempo wurde unregelmäßig. Das Publikum war nicht so leicht zufriedenzustellen wie das, vor dem er als Teenager im Unterhaltungsklub aufgetreten war, und er war nicht so locker Fremden gegenüber, wie Klassenkameraden oder Rollins und Joffe.

Es war dasselbe Material, das er 1972 auch in Las Vegas bringen sollte, damals sabotierte er es selbst aber durch seine Vortragsweise, denn er sprach mal zu schnell, mal zu leise, mal zum Saalende, nie jedoch zum Publikum. Außerdem beharrte er eigensinnig auf Witzen mit weithergeholten Pointen, die ihm gefielen, doch über den Horizont der meisten Zuschauer gingen. Eine Geschichte handelte von einem Mädchen, das sich die Wörter »Bird Lives« hatte eintätowieren lassen. Jazzfans begriffen den Hinweis auf den verstorbenen Saxophonisten Charlie Parker, aber das Publikum eines Komikers besteht nicht immer aus solchen Fans. »Du sagst Sachen, die keiner versteht«, mahnte Joffe ihn wieder und wieder. »Das geht nicht. Du mußt dem Publikum deine Bezüge schmackhaft machen.« Woody setzte schließlich den Nebensatz »auf die Innenseite ihres Schenkels tätowiert« hinzu, und der Gedanke an die Lage der Tätowierung brachte den Lacher. Auch heute zögert Woody nie, in seinen Filmen Anspielungen zu verwenden, die nur einer kleinen Minderheit des Publikums verständlich sein können. In *Der Schläfer* ist Miles Monroe (Woody) Besitzer des Reformkostladens »Happy Carrot«. Er begibt sich zu einer Gallenblasenoperation ins Krankenhaus, wird kältetechnisch eingefroren und zweihundert Jahre später aufgetaut. Ein Arzt erklärt Miles, was mit der ihm vertrauten Zivilisation geschehen ist: »Der Geschichtsschreibung zufolge verschaffte sich vor mehr als hundert Jahren ein Mann namens Albert Shanker einen nuklearen Gefechtskopf.« Shanker war der schrille Chef des Vereinigten Lehrerbundes in New York, doch unbekannt in den anderen Teilen des Landes. New Yorker Zuschauer brüllten vor Lachen über diesen Ausspruch; alle anderen waren verdutzt.

Einer von beiden, Rollins oder Joffe begleiteten Woody zu jedem

Auftritt. Häufig waren beide da, und manchmal fuhr Jack in seinem Kombiwagen vor, um Woody ins Zentrum mitzunehmen. In den beiden ersten Monaten seiner Arbeit im Upstairs verdiente Woody kein Geld, denn Rollins meinte, ein junger Komiker müsse Lehrgeld bezahlen. Das sieht aus wie ein typisches von Danny Rose vermitteltes Engagement – unbezahlte Arbeit vor zehn Menschen –, ist es aber nicht, denn Woody erhielt zum Ausgleich die Chance, regelmäßig aufzutreten, was jeder Bühnenkomiker braucht, doch nur wenigen vergönnt ist. Durch Nichols und May galt Rollins als der beste Manager komischer Talente, und wenn er mit Woody bei Klubeigentümern vorsprach, waren sie bereit, jemandem, von dessen Begabung Rollins überzeugt war, eine Chance zu geben. Diese Chance war jeden Penny wert, den man ihm nicht zahlte.

Auch wenn es eine wunderbare Gelegenheit für Woody war, so war es doch eine qualvolle Zeit. Er durchlitt vor den Auftritten solche Ängste, daß es ein Glück war, daß Rollins oder Joffe bei ihm waren; manchmal mußten sie ihn buchstäblich auf die Bühne schieben. Jan Wallman, die den Klub leitete, und die Künstler vorstellte (es gab drei Nummern: eine Musikgruppe, einen Komiker und eine Sängerin), mußte Woody zuweilen gut zureden, wenn sie hinter der Bühne – in einer Sackgasse von der Größe eines Tisches – auf seinen Auftritt warteten. »Sehr oft standen Woody und ich dort hinten, und er zitterte wie Espenlaub«, berichtet Jan. Sie ist etliche Zentimeter größer und mehrere Pfund schwerer als Woody. »Sein kleiner Körper bebte, und ich hielt ihn fest. Er reichte mir etwa hierher.« Sie zeigte auf ihre Schultern. »Dann klopfte ich ihm auf den Rücken und sagte: ›Na los, du wirst eine Wucht sein.‹ Ich sagte ihn an und fragte mich, ob er rauskommen würde. Wenn er aber einmal auf der Bühne war, ging alles wie geschmiert. Er war wirklich ein Komiker ganz neuer Art. Niemand benutzte Ich-Erzählungen so wie er. Er malte ein ganzes Bild, bevor man merkte, daß man lachte.« Später, als er Engagements im Bon Soir und im Blue Angel erhielt, fragt er sie: »Was soll ich nächste Woche machen, wenn du nicht hinter der Bühne stehst?«

Sie umarmte ihn. »Stell dir einfach vor, daß ich da bin.«

Mit vierundzwanzig Jahren war Woody an dem Punkt, an dem die meisten erfolgreichen Komiker schon als Teenager gewesen waren. Aber wie immer, wenn er etwas ernsthaft anging, lernte er sehr schnell; innerhalb von zwei Jahren war er ein etablierter

Komiker. Zwei Jahre vergehen jedoch sehr langsam, wenn man Abend für Abend keine Verbesserung erkennen kann. So jedenfalls schien es Woody. Rollins und Joffe bemerkten Fortschritte, vergaßen nicht, wieviel er zu lernen hatte, und waren weiterhin von seinem Erfolg überzeugt. Zwischen seinen beiden Abendvorstellungen lief Woody gewöhnlich vor dem Klub hin und her, in dem er gerade arbeitete; oft war er unzufrieden über den vorhergehenden Auftritt. Eines Abends, nachdem Woody in der ersten Show durchgefallen war, fragte Rollins: »Was ist los?«

»Sie sind gegen mich«, sagte Woody, aber das Wesen seiner Klage war: »Sie wissen nicht, was witzig ist.«

»Wenn sie gegen dich sind, werden sie dich niemals mögen, und nichts, was du tust, wird ihnen gefallen«, erklärte Rollins. »Aber wenn sie dich erst einmal mögen, dann ist alles gelaufen; sie werden über deine Witze lachen. Kannst du zwanzigmal rauskommen und es nicht für sie, sondern für dich selbst tun? Du weißt doch, was lustig ist.« Bei einer anderen Gelegenheit beteuerte er Woody gegenüber: »Tu einfach, was ich sage, und mach dir keine Sorgen. In zwei Jahren wirst du ein großer Komiker sein.«

»Warum?« fragte Woody. »Was unterscheidet mich denn von den Burschen in der *Ed Sulllivan Show*?«

»Mach dir darüber einfach keine Gedanken«, antwortete Rollins.

Damals wünschte Woody sich nichts mehr, als ein zweiter Mort Sahl zu werden, doch Rollins, der vorhersah, was geschehen konnte, wenn Woody sich nicht mehr gegen die Zuneigung des Publikums wehrte, betonte den Unterschied zwischen Woody und Sahl und auch zwischen Woody und Komikern wie Jonathan Winters. Sie seien bekannt, aber sie würden nie große Stars werden; ihnen sei eine gewisse »schrille Brillanz« eigen, das heißt, sie kämen auf die Bühne, täten ihre Arbeit und verschwänden wieder. Wie sehr das Publikum auch lache, die Identität des Künstlers bleibe ihm unzugänglich. Woodys Texte dagegen schlossen die Kluft zwischen Bühnenfigur und Künstler.

»Ich dachte immer, es käme nur auf das Material an, aber das war ein Irrtum«, sagt Woody. »Ich sah mich als Schriftsteller, und wenn ich auf der Bühne stand, hatte ich nichts anderes im Sinn, als die Sache hinter mich zu bringen und nach Hause zu gehen. Ich mochte das Publikum nicht und unterstellte ihm das gleiche, weil ich vor Schrecken wie gelähmt war. Dabei gab es keinen Grund, weshalb das Publikum mich nicht mögen sollte – schließlich hatte es Eintritt bezahlt, um mich zu sehen. Das alles waren sehr komplexe Gefühle, die ich nicht einmal ansatzweise verstand. Langsam wurde mir klar, daß man nur dann zu einer guten Show fähig ist, wenn man gern auf der Bühne steht und in seinem Auftritt schwelgt und das Ende hinauszögern möchte. Jack war sehr wichtig für mich. Er ist einer der vier Menschen, die für meine Karriere am wichtigsten waren. Danny Simon gehört auch zu ihnen, weil er mir die Grundlagen des Sketchaufbaus beibrachte, und, was noch entscheidender ist, weil es psychologisch sehr wichtig für mich war, daß ein so erfolgreicher Mann an mich glaubte. Der dritte ist Arthur Krim [der frühere Chef von United Artists und nun von Orion Pictures, der Woody bei seiner Arbeit stets freie Hand gelassen hat]. Und der vierte ist Vincent Canby [Filmkritiker der *New York Times*], dessen Besprechung von *Woody – der Unglücksrabe* den Film rettete. [Der Streifen wurde zunächst nur in einem einzigen Kino, dem Playhouse in der 68th Street, gezeigt. Ein zweites Kino übernahm ihn, nachdem er den Kartenverkaufsrekord geschlagen hatte.] Dadurch wurde der Vertrag über drei Filme mit United Artists erst möglich. Außerdem ist Canby im Laufe der Jahre eine enorme Stütze für mich gewesen, und das bedeutet mir sehr viel.«

Es gibt keine Aufnahmen von Woodys frühen Auftritten, doch Rollins und Joffe hörten aufmerksam zu und jeden Abend gingen sie nach der Show mit Woody ins Stage Delicatessen oder Carnegie Delicatessen, wo sie den Auftritt durcharbeiteten und auf Gags oder Bühneneigenarten hinwiesen, die noch Beachtung verdienten. Gegen drei Uhr morgens war die Arbeit getan und Woody kehrte nach Hause zurück, um zu schlafen, bevor am nächsten Tag alles von vorne begann.

Auf die Meinung eines Mannes kam es bei Woodys erstem Auftritt im Blue Angel besonders an – auf die Herbert Jacobis, des Klubbesitzers. Er war einer der ersten, die das Talent von Jonathan Winters, Harry Belafonte, Eartha Kitt, Lenny Bruce sowie Nichols und May erkannten. Jacobi trug den Spitznamen »Fürst der Finsternis«, doch dies war ein Fall von Personenverwechslung. »Er sah aus, als wolle er dich begraben, aber er kam, um dich zu preisen«, sagt Woody. Jacobi pries Woody von dessen erster Darbietung an, und etwa ein Jahr danach engagierte er ihn im Rahmen einer langfristigen Vereinbarung für zwei Wochen. Woodys Bühnenfertigkeiten waren jedoch noch nicht sehr ausgefeilt, und eines Abends trat ein Zuschauer nach der Show an Jacobi heran und sagte: »Herbert, dieser Junge ist lausig. Das Allerschlimmste. Totaler Mist. Was wirst du mit ihm machen?«

»Oh!«, erwiderte Jacobi gleichmütig mit seiner Vampirstimme, »ich hab ihn schon für drei Jahre engagiert: Er kommt viermal im Jahr zu uns und kriegt jedesmal eine höhere Gage.«

Der Mann war verdutzt. »Wovon redest du? Der Junge ist fürchterlich. Das Publikum haßt ihn.«

Jacobi lächelte. »Ah, aber das Publikum irrt sich.«

Während der Arbeit an einem Drehbuch oder an Filmaufnahmen ist Woody oft der Verzweiflung nahe, weil er eine Zeile oder eine Szene nicht so hinbekommt, wie er es sich vorgestellt hat. Dann, wenn er bereits jegliche Hoffnung aufgegeben hat, findet er gewöhnlich einen Weg. Der Prozeß verlangt jedoch, daß er von der Niederlage überzeugt ist, bevor er den Sieg erringen kann. Wie entmutigt er auch sein mag, wenn ihm scheint, daß er sich mit der zweitbesten Lösung zufriedengeben muß, so läßt sich doch zu Recht sagen, daß er nie mutloser war als in den ersten beiden Jahren seiner Arbeit als Bühnenkomiker. Er hatte ein Einkommen von 1 700 Dollar pro Woche aufgegeben, um zuerst unentgeltlich und dann für fünfundsiebzig oder hundert Dollar pro Woche sechsmal in der Woche in zwei – manchmal auch drei – Shows pro Abend vor einem kleinen und häufig auch verständnislosen Publikum aufzutreten. Ein ums andere Mal kam er, erschöpft von seinen Bemühungen, die Leute zum Lachen zu bringen, mitten in der Nacht nach Hause. Sogar wenn er Erfolg hatte, machte ihn das nicht glücklich, denn er wurde verlegen, wann immer das Publikum applaudierte; während die Zuschauer am Ende seines Auftritts klatschten, hielt er sich die Ohren zu. »Es ist das gleiche, wenn man mich um ein Autogramm bittet«, sagte Woody einmal. »Ich kenne die Ursache eigentlich nicht. Vielleicht hatte ich in meiner Kindheit eine Sehnsucht nach Applaus und Anerkennung, die so stark war, daß sie mich verlegen machte, und deshalb haben Applaus und Anerkennung heute diese Wirkung auf mich.«

Es war auch für Harlene eine schwere Zeit. Ihr Glaube an Woody war so uneingeschränkt wie der von Rollins und Joffe, doch ihre

Ambitionen für ihn waren vermutlich noch höher als seine eigenen. Sie war überzeugt, daß er das Talent hatte, ein großer Schriftsteller – nicht bloß ein großer Komikautor – zu werden. Sich von einer stetig erfolgreicheren Karriere, die ihm schon mit Anfang Zwanzig Spitzenhonorare einbrachte, abzuwenden, und statt dessen eine Arbeit zu übernehmen, in der er allabendlich von Fremden emotional niedergeknüppelt wurde, schien eher absurd. Zudem wackelte die Ehe der beiden. Sie waren junge Leute, die sich in andere Richtungen entwickelten.

Eines Nachts fuhr Rollins Harlene und Woody nach Hause, nachdem sie Woodys Shows besucht hatte und zusammen mit ihm, Jack und Jan im Stage Delicatessen gewesen war, um die Arbeit des Abends durchzusprechen. Harlene hatte den ganzen Abend hindurch kaum ein Wort gesagt. Dann, im Apartment angelangt, unterbrach sie jäh ein Gespräch zwischen Woody und Jack.

»Was machst du mit meinem Mann?« schrie sie, wie Rollins sich erinnert. »Du setzt seine Begabung herab. Er ist ein brillanter Schriftsteller, und du willst ihn zu einem billigen Komiker machen.«

Auch Woody hatte seine Zweifel. An vielen Abenden »starb« er ganz einfach auf der Bühne. Rollins berichtet: »Er wußte überhaupt nichts von der Kunst des Vortrags und davon, wie man dem Publikum die Texte auf einem silbernen Tablett serviert. Er hatte Erfolg bei einem kleinen Teil der Zuschauer, die genug Intelligenz besaßen, um seine Fähigkeiten zu erkennen. Aber er machte es sich schwer, denn er hatte keine Ahnung davon, wie man sein Material einteilt oder Lacher durch Pausen herauslockt.« An Abenden, an denen seine Gags nicht ins Schwarze trafen, ratterte er seine Texte herunter und rannte von der Bühne, ohne sich um Lacher zu bemühen. Das tat er sogar am Ende seiner Karriere noch manchmal, obwohl er mittlerweile vorzüglich mit dem Publikum umgehen konnte. Aber wenn die Zuschauer ihm nicht entgegenkamen, beendete er seine Show so schnell wie möglich. »Er war arrogant und abweisend«, sagte Joffe. »Wenn das Publikum etwas nicht begriff, hatte er keine Geduld. Aber die Qual in jenen ersten Jahren war entsetzlich.«

Dutzende von Malen erklärte Woody, er wolle aufhören. »Glaubt ihr immer noch, daß ich weitermachen sollte?« fragte er Rollins und Joffe dann.

»Wir glaubten es«, kommentierte Rollins einmal, »aber wir mußten nicht auf die Bühne steigen und die Ablehnung einstecken, sondern er mußte es. Er war der schüchternste Mensch, den ich je gesehen habe. Jeder andere, der das gleiche tun möchte, beginnt mit fünfzehn oder sechzehn und hat den Wunsch aufzutreten. Dies alles galt nicht für Woody. Er lebte in einer abgeschotteten Atmosphäre mit seiner Schreibmaschine. Und nun fordern wir ihn auf, etwas ganz anderes zu tun. Weil wir denken, *wir denken*, daß er etwas Witziges zu sagen hat.«

»Weil wir ihn für eine Industrie hielten«, setzte Joffe lachend hinzu.

Rollins fuhr fort: »Wir sagten ihm: ›Woody, wir haben leicht reden, wenn wir behaupten, daß du als Bühnengestalt etwas Einzigartiges und Witziges an dir hast. Es ist leicht für uns, weil wir nicht auf die Bretter müssen. Es ist schwer für dich, weil du so spät angefangen hast. Du bist ein Treibhauskomiker. Wir haben dich mehr oder weniger dazu gedrängt. Deshalb können wir leicht sagen: ›Bleib dran.‹ Aber du mußt die Entscheidung treffen. Wenn du uns jetzt fragst: ›Sollte ich jetzt aufhören?‹, können wir nur antworten, daß wir uns nicht sicher sind, weil du noch nicht genug Zeit aufgewandt hast.‹«

Jedesmal dachte Woody darüber nach und beschloß weiterzumachen. Nach Monaten setzte er sich eines Abends mit Rollins und Joffe ins Stage Deli und verkündete: »Hört zu, laßt uns ernsthaft darüber reden. Dies ist verrückt. Es bringt mich um. Ich übergebe mich, mir geht's schlecht, ich sollte etwas anderes machen. Ich weiß, daß ich als Autor eine große Karriere haben könnte. Wir haben es mit mir als Bühnenkomiker versucht, und ich tauge nichts. Ich halte das nicht mehr aus.«

Rollins hatte diese Klagen so oft gehört, daß er sagte: »Woody wir können niemanden zwingen, ein unglückliches Leben zu führen. Wenn du also aufhören willst, ist die Sache vorbei.«

Woody war fassungslos. Er trennte sich gegen drei Uhr morgens von Rollins und Joffe und rief um fünf Uhr Joffe an, der etwa im gleichen Alter ist und ein paar Blocks von Woody entfernt in Brooklyn aufwuchs. Im Geschäftsleben ist er Woodys Bruder, während Rollins den Vater spielt.

»Hat Jack das wirklich ernst gemeint?« fragte Woody. »Hat er das gesagt, weil er nicht an mich glaubt oder weil er mich für einen Feigling hält?«

»Woody«, erwiderte Joffe, »er sprach für uns beide. Wir sind der Ansicht, daß es zu schwer für dich ist und daß es sich deshalb für keinen von uns lohnt, dich dieser Qual auszusetzen. Und Jack meinte es ernst. Ich könnte heulen, wenn du mich fragst.«

»Ich kann's nicht glauben«, sagte Woody. »Wir haben diese Diskussion schon zehnmal gehabt, und Jack hat mir immer geraten, weiterzumachen. Er meint also wirklich, ich sollte aufhören? Ich bin total geschockt. Er ist wirklich bereit, mich aufhören zu lassen?«

»Ja«, erwiderte Joffe.

Am nächsten Morgen kam Woody ins Büro und erklärte: »Laßt uns weitermachen. Wenn ihr meint, daß es zu kurz war und ich mehr Zeit brauche und daß es sich lohnt, wenn ich mir mehr Zeit nehme, will ich es noch sechs Monate länger versuchen.«

Woodys Freunde sprechen von seinem Mut, nicht nur zu Beginn seiner Karriere, als er sein Lampenfieber überwinden mußte, sondern auch später, als er immer wieder bis an die Grenzen des Möglichen gehen mußte, um die Filme zu drehen, die er drehen wollte, nicht nur solche, die dem allgemeinen Klischee seiner Arbeit entsprachen. Woodys Reaktion lautet: »Ich wollte auftreten. Die Kartenbestellungen und die Leute um mich herum ermutigten mich, und mir schien, daß es falsch gewesen wäre, vor meiner Angst zu kapitulieren. Ich meine, ich hatte Angst, aber es wäre falsch gewesen, deshalb nicht aufzutreten.« Echter Mut ist seiner Meinung nach noch etwas anderes. In *Manhattan* sagt Ike Davis: »Talent ist Glückssache. Ich glaub', das Wichtigste im Leben ist Mut.« Da Woody Ikes Ansichten niederschrieb und aussprach, ist es kein Wunder, daß er sich ihnen anschließt.

»Talent ist absolut Glückssache«, äußerte er eines Tages im Gespräch über sein frühes Lampenfieber. »Und keine Frage, daß Mut das Wichtigste auf der Welt ist. Die Leute beten Talent an, und das ist einfach lächerlich. Mit Talent wird man geboren, wie ein hochgewachsener Mensch mit der Anlage zu diesem Wuchs geboren wird. Deshalb sind so viele talentierte Personen solche Scheißer. Mut dagegen hat die größte Bedeutung, denn das Leben ist hart und grausam. Davon bin ich überzeugt. Ich wünschte, ich hätte Mut – meiner Meinung nach habe ich keinen – und wäre mit religiösem Glauben geboren. Diese beiden Dinge wären wunderbar. Wahrscheinlich würde ich weniger Mut benötigen, wenn ich religiösen Glauben hätte. Aber wenn ich mit diesen beiden Dingen geboren worden wäre, könnte ich weit kommen.

Man darf Mut nicht mit Showbusineß-Mut verwechseln. Das ist so wie mit einem komischen Genie. Es gibt einen Unterschied zwischen einem komischen Genie und einem Genie. In Talkshows rühmen die Teilnehmer manchmal Genie und Mut. Genie hat ihrer Meinung nach einer, der in sechs Fernsehkomödien gleichzeitig auftritt, und Mut ist für sie immer: ›Er trat nach nur zweitägigen Proben auf.‹ In diesen Fällen steht höchstens eine Blamage auf dem Spiel.

Künstlerischer Mut ist nichts Besonderes, denn es geht nicht um Leben und Tod oder körperliche Verletzungen. Mut heißt, im Krieg für die Untergrundbewegung zu arbeiten. Auf der Bühne aufzutreten ist im Grunde nicht mutig, höchstens in einem kindischen Sinne. Die angemessene Reaktion auf meine Ängste ist: ›Warum stellst du dich so an, du Trottel? Geh raus auf die Bühne und mach deine Arbeit oder hör auf, dich zu beklagen, und such dir was anderes.‹«

Er fuhr fort: »Meine Angst, daß ich unter den richtigen Umständen keinen Mut haben würde, scheint mir immer demütigend, wenn ich mit mir allein bin. Ich kann mich an keine Situation erinnern, die nennenswerten Mut erfordert hätte. Jedesmal, wenn ich glaubte, eine schwere Krankheit zu haben, wurde ich von feiger, lähmender Angst heimgesucht. Und ich hoffe, daß ich nie Mut beweisen muß. Ich hoffe, daß ich nie vorbeikomme, wenn zwei Kerle eine kleine alte Frau mit Messern bedrohen, und ich mich dann für oder gegen eine Einmischung entscheiden muß, denn in einem solchen Fall wäre ich gelähmt.«

Wie immer man Mut definiert, Rollins und Joffe sind sich einig, daß Woodys Entschluß, es noch weitere sechs Monate mit der Bühnenarbeit zu versuchen, den Wendepunkt in seiner Karriere darstellte. »Während dieser Zeit ging etwas sehr Seltsames vor«, sagt Joffe. »Er war wirklich so schlecht auf der Bühne, wie man sich nur vorstellen kann. Die Welt hatte noch nie einen so verschüchterten Menschen gesehen. Aber bei alledem waren die Witze so brillant, daß er Erfolg hatte.«

Es gibt viele Untersuchungen über jüdischen Humor: Juden seien Fremde, in welchem Land sie auch lebten; ihre Außenseiterrolle und ihre Besonderheit dienten als Quelle für jüdische Komik und jüdische Komiker; Humor sei nicht nur eine Methode, Vorurteile zu bekämpfen, indem man über sich selbst lacht, bevor andere es tun, sondern auch eine Methode, die Kluft zwischen Juden und Nichtjuden zu überbrücken. Und Komiker, wie Myron Cohen und Henny Youngman, sind gute Beispiele für diese Argumentation. Woody Allen jedoch nicht.

Woody ist in der Tat ein Außenseiter – oder jedenfalls war er es zu Beginn seiner Karriere. Heute aber ist er, zusammen mit Steven Spielberg, der wichtigste Filmemacher Amerikas. Der Unterschied zwischen den beiden besteht darin, daß Spielberg zum Herzen des Hollywooder Establishments gehört, während Woody, der kaum weniger Einfluß ausübt, das Herz eines einzigartigen Gegen-Establishments ist, das er weit weg von Hollywood geschaffen hat.

Und er ist Jude, was immer wieder gerne betont wird, als sei dies von besonderer Wichtigkeit. Freud schrieb, es sei ihm stets nicht nur schimpflich, sondern geradezu sinnlos vorgekommen, sein Judentum zu leugnen, womit er wenigstens zum Teil sagen wollte, daß er Jude war, weil jeder ihn daran erinnerte. Auch Woody leugnet sein Judentum nicht, und jeder erinnert ihn daran, aber sein Judentum ist in seiner künstlerischen Arbeit eher das Ergebnis äußerer Identifikation als die Quelle seines Humors. Er bezieht sich auf ein ganz konkretes jüdisches Milieu und nicht auf ein abstraktes Judentum. Manches könnte genauso einem irischen Katholiken der unteren Mittelschicht in Boston widerfahren, der jenseits des Flusses hübschere Frauen und ein interessanteres Leben vermutete und sich dorthin aufmachte.

Woody Allen ist kein Sam Levenson, der Witze über das jüdische Leben erzählt, deren Grundlage das permanente Außenseitertum der Juden ist – eine Humorgattung, die mit ihrem Stil und ihrem Dialekt eine isolierte Welt feiert. Die Spannung und der Witz seiner Arbeiten resultieren aus dem Wunsch nach Dingen, die er nicht besitzt, und dem Verdruß durch die Heimsuchungen des Lebens. Woodys Image als Komiker und in seinen frühen Filmen war das eines baseballverliebten, lüsternen Burschen, der sich für Bob Hope hielt. Und seine Qualen und Schwächen sind nicht ethnischer, sondern universeller Art. Sie sind mit Charlie Chaplins Ambitionen und mit Hopes Glauben, er sei ein Frauenheld, zu vergleichen. Die drei sind kleine, durchschnittliche Männer, die sich für groß und einzigartig halten, und hier verbergen sich der Konflikt und der Witz.

Woodys Bühnenmaterial mag auf den ersten Blick wie klassischer jüdischer Humor wirken; er war, oberflächlich betrachtet, der sich selbst herabsetzende Pechvogel mit einer Ehefrau, die, während er in der Badewanne saß, »einfach hereinkam, wenn es ihr paßte, und meine Schiffe versenkte«. Aber darüber hinaus schmuggelte er auf brillante Weise Platon oder französische Literatur, ebenso wie Schund oder Gestalten mit Namen wie Guy de Maupassant. Rabinowitz in seine Texte. Worauf es ankommt, ist folgendes: Er war kein intellektuell verschüchterter, in seiner eigenen Vergangenheit steckengebliebener Komiker, sondern ein Autor und Bühnenkünstler, der bereit war, über die Grenzen des Erwarteten hinauszugehen. Der traditionelle jüdische Humor war die Grundlage von Woodys Auftritt, ein bequemes Fundament. Was er darauf aufbaute, geht über ethnische Eigenheiten hinaus. Während es in *Woody – der Unglücksrabe* und *Bananas*, den beiden ersten Filmen, die er schrieb und inszenierte, viele Verweise auf jüdisches Leben gibt, kann man über seinen dritten Film *Was Sie schon immer über Sex wissen wollten...* 1972, sagen, daß Teile wie die saftige Parodie auf den italienischen Film nicht mehr das geringste mit herkömmlicher jüdischer Komik gemeinsam haben. *Die letzte Nacht von Boris Gruschenko* und *Der Stadtneurotiker* handeln von einem glücklosen Mann, der das Mädchen nicht kriegt – ein Grundbestandteil des jüdischen Humors –, doch diese Figur gehört auch anderen Kulturen an und ist von Charlie Chaplin bis Benny Hill immer wieder zu sehen. Als Woody im Jahre 1980 *Stardust Memories* drehte, war es schon nicht mehr möglich, die Herkunft des Autors und Regisseurs allein mit Hilfe des Films zu bestimmen (obwohl Sandy Bates, gespielt von Woody, als Kind die Chederschule besucht). Seitdem zeichnen sich seine Filme durch eine Universalität aus, in der sich Spuren des Humors der verschiedensten Nationen und Kulturkreise finden lassen.

Man mußte nicht Jude sein, um Woody Allen zu lieben. Besser gesagt, auch *er* mußte nicht Jude sein. Sein Judentum war nebensächlich; worauf es ankam, war der Kontrast zwischen seiner Herkunft und seinem Ziel. Seine Eltern und sein Wohnviertel repräsentieren für ihn eine »alte Welt«, deren Worte Gott und Teppichstoff waren. In dieser Feststellung konnten sich alle gerne wiederfinden, die von der Spießigkeit ihrer Eltern peinlich berührt waren. Damit war jeder angesprochen, der kulturelle und intellektuelle Ambitionen und Pläne hatte und aus seinem metaphorischen Brooklyn in ein metaphorisches Manhattan ziehen wollte. Seine Probleme waren die jeden Amerikaners der zweiten oder dritten Generation, für den die Herkunft einerseits der Schlüssel für den Eintritt in die künstlerische oder intellektuelle Welt, andererseits eine unbequeme Last aus der alten Heimat ist – wobei man Brooklyn als die prototypische alte Heimat zu sehen hat. Norman Podhoretz schreibt in seiner Autobiographie *Making It*: »Eine der längsten Reisen der Welt ist die Reise von Brooklyn nach Manhattan – oder wenigstens aus gewissen Gegenden Brooklyns in gewisse Teile Manhattans.« Doch im Grunde ist Brooklyn jeder Ort, an dem man seine Familie zurückläßt – es ist das Schwarzweiß von Dorothys Kansas in Frank Baums *The Wizard of Oz – Das zauberhafte Land*; und Manhattan steht für jeden Ort, der neuen und fruchtbaren Boden bietet – es ist das Technicolor des zauberhaften Landes Oz.

Nachdem Woody seine Vortragsweise geändert hatte und das Publikum in seinem Auftritt miteinbezog, so daß es Sympathie für ihn empfinden konnte, strömten ihm neue Zuschauer zu. Manhattan war voll von jungen Leuten, die die gleiche Reise machten wie er; dies galt auch für St. Louis und Washington, D. C., und Los Angeles, die Orte, an denen Woody auftrat, nachdem er sich in New York etabliert hatte. Aber man brauchte sich nicht mit einer bestimmten »Wanderung« zu identifizieren, um Gefallen an Woody zu finden. Dazu benötigte man nur ein Paar aufmerksame Ohren. Er war, mit einem Wort, witzig – und zwar aus dem einzigen Grunde, auf den es in der Komik ankommt: Er brachte die Menschen zum Lachen. Das ist, wie er selbst sagen würde, profunder als man denkt.

Einer seiner frühesten und größten Fans war Jack Benny, was unter anderem zeigt, daß Woodys Komik die Grenzen zwischen den Generationen überschritt. »Er ist einer der erstaunlichsten Männer, denen ich je begegnet bin«, sagte Benny im Jahre 1973. »Es ist sehr schwer, das Wort ›Genie‹ zu benutzen, weil damit so leichtfertig umgegangen wird. Ich habe es für Noel Coward benutzt. Vielleicht für George M. Cohan. Einmal für Ed Wynn. Natürlich für Al Jolson, den größten Entertainer der Welt. Aber ich kenne niemanden, der so gescheit und witzig ist und so viel von seiner

Schriftstellerei und Schauspielerei versteht wie Woody. Niemand ist mit ihm zu vergleichen. So etwas sagte ich immer über Ed Wynn. Meine Frau wollte nicht neben mir sitzen, wenn ich ihm zusah, weil ich mich lächerlich machte. Nun sitze ich allein da und lache mich über Woody Allen kaputt.«

Benny hat nie behauptet, ein Theoretiker des komischen Fachs zu sein, aber er konnte in fünf Sätzen definieren, warum Woody und er als Komiker so erfolgreich waren: »Ich kann das, was ich tue – und es wäre mehr oder weniger vergleichbar mit dem, was Woody Allen tut –, nur so erklären, daß ich auf die Fehler und Schwächen der Menschen zurückgreife. Ich halte mich für einen großartigen Liebhaber, und ich bin keiner. Du blickst zu den Leuten auf, du blickst nicht auf sie herab. Streb den Lacher nie an. Der Lacher sollte einfach da sein.«

Um diese Zeit, in der er mit seinen Auftritten begann, fand Woody drei Freunde, die ihm halfen, den langwierigen, entmutigenden Prozeß durchzustehen. Da war erstens Louise Lasser, eine Politologiestudentin an der Brandeis University, die ihr Studium mitten im letzten Jahr aufgegeben hatte, um in New York Sängerin zu werden. Sie war eine ungeheuer witzige und schöne rotblonde Frau, die mit ihren einundzwanzig Jahren Liv Ullman und auch Mia Farrow nicht unähnlich war. Sie wurde, mehr oder weniger in dieser Reihenfolge, eine von Woodys besten Freundinnen (beide waren junge Künstler, die sich durchsetzen wollten, und sie traten gelegentlich zusammen in Kabaretts auf), Woodys Frau (sie heirateten am 2. Februar 1966 – Lichtmeßtag, wie sie gern unterstrich); seine Exfrau (»Wir glaubten schon vor der Heirat nicht, daß die Ehe gutgehen würde. Aber wir waren seit ungefähr sechs Jahren zusammengewesen, und es gab die Möglichkeit, daß die Eheschließung irgendeine psychologische Wirkung haben würde«, sagt Woody. Sie wurden im Jahre 1969 geschieden); Schauspielerin (sie hatte eine Rolle in *Bananas* und *Was Sie schon immer über Sex wissen wollten...*); und eine seiner besten Freundinnen (»Sie ist wirklich eine Klasse für sich«).

Woody und Harlene waren fast sieben Jahre lang verheiratet. Wenn sie auch schon nach ungefähr vier Jahren zu dem Schluß gekommen waren, daß die Ehe gescheitert sei. Im Frühjahr 1961, etwa ein Jahr nach ihrem Studienabschluß am Hunter College, zog

Woody aus. Sie wurden im Jahre 1962 geschieden und haben einander seit mehr als fünfundzwanzig Jahren nicht gesehen. »Es war zum Teil meine Schuld, daß wir geschieden wurden«, hieß es in einem seiner Bühnentexte, »ich hatte eine Neigung, ein Podest auf meine Frau zu heben.« Im Jahre 1967 verklagte Harlene ihn und die NBC – er hatte mehrere Exfrauenwitze in der *Tonight Show* erzählt – auf eine Million Dollar, weil er sie »Spott und Verachtung« ausgesetzt habe. Sie einigten sich außergerichtlich. »Heutzutage hätten wir einfach zusammengelebt. Wir waren beide jung«, sagt Woody über ihre Ehe. Er macht einen Anwalt, der Harlene aus finanziellen Gründen dazu überredet habe, für die Klage verantwortlich. In dem Brief an Woody, in dem die Streitsache dargelegt wurde, schrieb der Anwalt, Woody habe Harlene übel beschimpft, denn er habe sie als Quasimodo bezeichnet, »einen bekannten Buckligen in der Literatur«; auch sei Woodys Aussage: »Meine Frau kochte ihr erstes Dinner für mich. Ich wäre fast an einem Knochen im Schokoladenpudding erstickt«, nachweislich falsch, da Harlene niemals Schokoladenpudding zubereite. Ein Richter gab einen befristeten Unterlassungsbefehl gegen Woody und Johnny Carson, den Gastgeber der *Tonight Show*, heraus, doch nach einiger Zeit begann Woody wieder, ein paar der Witze zu erzählen. *Time* schrieb anläßlich der Klage, Woody »diffamiert niemanden mehr als sich selbst«.

Hatten Harlene und Woody einander geholfen, sich dem Kreis ihrer Eltern zu entziehen, so half Louise ihm jetzt, ein Bürger New Yorks zu werden – der Stadt, in der sie geboren war und die sie hervorragend kannte. Sie wuchs in der Fifth Avenue auf, sie besuchte Fieldston, eine ausgezeichnete und exklusive Privatschule, und ihr Vater, S. J. Lasser, machte eine bemerkenswerte Karriere. Kurz, sie hatte all das, was Woody sich während seiner Jugend wünschte.

»Durch Louise wurde ich ein Mensch«, sagt Woody. »Sie leistete einen entscheidenden, dauerhaften Beitrag zu meinem Leben. Die Jahre mit ihr waren die Zeit, in der ich den Schritt vom Autor zum Komiker vollzog. Bis dahin war ich bloß jemand gewesen, der in Brooklyn gewohnt hatte, nach New York gezogen war und niemanden außer seiner Frau kannte. Durch Louise wurde ich ein Bürger Manhattans. Wir hatten Freunde. Sie lehrte mich, in New York zu leben, und nicht nur zu versuchen, mich dort durchzusetzen.«

Woody und Louise wurden durch einen ehemaligen Freund von

Louise miteinander bekannt gemacht. Zudem waren sie Nachbarn. Woody und Harlene wohnten in der East Seventy-eight Street, und Louise wohnte im Apartment ihrer Eltern vier Blocks weiter in der Fifth Avenue, zwischen der Seventy-third und der Seventy-fourth Street. Kurz nachdem sie einander kennengelernt hatten, rief Woody sie an und fragte: »Möchtest du vielleicht mit mir spazierengehen? Oder eine Schallplatte kaufen?« Sie war einverstanden, und er ging zur 923 Fifth Avenue, wo der Türsteher diesen unrasierten Vierundzwanzigjährigen mit der Windjacke musterte und sagte: »Sie müssen hier unten warten, Sir. Wir rufen sie an, und sie kommt herunter.« Ihre Romanze spielte sich in sämtlichen Museen, in den vielen Kinos und Restaurants Manhattans sowie in fast jedem Winkel des Central Park ab.

Harlene und Louise hätten kaum verschiedener sein können. »Harlene war ein nettes, sehr gefestigtes, sehr liebes Mädchen aus der Nachbarschaft, das sich eine ausgezeichnete Bildung zulegte«, sagt Woody. »Sie studierte Philosophie im Hauptfach, sie lernte Deutsch, sie spielte Klavier; heute malt sie. Sie wurde zu einem sehr beeindruckenden Menschen. Louise war wirklich und wahrhaftig eine wunderbare, sensationelle Person, aber sie war total verrückt. Sie gehörte zu denen, die im Monat zwei gute und zwei schlechte Wochen haben, aber die beiden guten Wochen sind es wert. Nach einer Weile sind es dann nur noch zwei gute *Tage* pro Monat. Sogar die beiden Tage mit Louise waren besser als ein gutes Jahr mit den meisten anderen Menschen. Es war wie in [Arthur Millers] *Nach dem Sündenfall*. Bei einigen der Dialoge dachte ich, und ich kann's beschwören: ›Gott, das hab ich doch schon von Louise gehört.‹ Sie war außergewöhnlich. All meine Freunde und Verwandten haben sie in wärmster Erinnerung. Ich glaube, daß ich einiges davon für Charlotte Ramplings Rolle in *Stardust Memories* verwendet habe.«

Der zweite neue Freund jener Zeit war Dick Cavett, der gerade die Yale University absolviert hatte; er war früher Laufbursche bei der Zeitschrift *Time* gewesen und arbeitete nun für Jack Paar als Gagschreiber. Paar hatte ihn geschickt, »um diesem Komiker auf den Zahn zu fühlen, der angeblich schon mit sechs Jahren für Sid Caesar Texte geschrieben hat und nun beschlossen hat, selbst aufzutreten«. Woody hatte die gleiche Wirkung auf Cavett wie Sahl auf Woody: »Ich weiß noch, als ich von Woody hörte, war ich einfach überwältigt von dem Gedanken an das, was er tat, denn plötzlich schien es bei mir zu klingeln: Wenn das klappt, könnte ich's auch versuchen. Als ich bei Woody anrief, um meinen Besuch bei seiner Show anzukündigen, teilte mir Harlene mit [es war vor ihrer Trennung], daß er gerade einen Spaziergang machte. Sogar das gefiel mir. Ich dachte: ›Ja, das würdest du auch tun, wenn du vom Autor zum Komiker umsattelst.‹« Auch heute noch geht Woody jeden Tag spazieren.

Als Cavett später, im Juni 1961, ins Bitter End kam, war das laut Woody »die Zeit, in der die Leute rausgingen und sagten: ›Mann, der Gitarrist war toll, aber dieser *Komiker*‹«. Doch Cavett war anderer Meinung. »An diesem Abend war vom ersten Augenblick an alles so hochwertig, daß ich einfach nicht glauben konnte, daß er zwanzig Minuten auf diesem Niveau durchhalten würde. Ich hatte nie eine so gute, anspruchsvolle Komik gehört, außer vielleicht von Mort Sahl. Es gab keine einzige Nummer, die nicht der Höhepunkt im Auftritt jedes anderen Komikers gewesen wäre. Trotzdem unterhielten sich einige Zuschauer. Es war ein Nachtklubpublikum, das gekommen war, um Klamauk zu hören. Ich hätte am liebsten gerufen: ›Ihr Idioten! Hört euch das an! Bin ich denn der einzige, der weiß, daß dies ein ganz großes Talent ist?‹«

Nach Woodys Auftritt plauderten die beiden eine Zeitlang und fuhren dann zu Woodys Apartment, um das Gespräch dort fortzusetzen. Cavett war begeistert von den Plakaten an den Wänden: für das Sidney-Bechet-Erinnerungskonzert in der Carnegie Hall, für ein Errol-Garner-Konzert am selben Ort und für *From A to Z*, eine zwei Akte umfassende Revue mit Hermione Gingold, die Woodys »Psychologische Kriegführung« und Groucho-Sketche aus Tamiment enthielt. Die Show, die am 20. April 1960 unter schlechten Kritiken eröffnete und nach einundzwanzig Vorstellungen schloß, war Woodys Broadway-Debüt.

Cavett war ebenfalls ein Fan von George S. Kaufman, der zwei Tage zuvor gestorben war; er redete Woody vergeblich zu, am nächsten Tag mit ihm zur Beerdigung zu gehen. Woody vermeidet die Begegnung mit seinen Idolen im allgemeinen sogar dann, wenn sie noch am Leben sind. »Sie sind höflich und sagen, wie sehr sie deine Arbeit schätzen, du bist höflich und sagst, wie sehr du ihre schätzt«, meint er. »Es ist immer eine Enttäuschung.« Nachdem er Groucho Marx kennengelernt hatte, kommentierte Woody: »Er wirkte wie einer meiner jüdischen Onkel.« Nachdem Groucho ihn zur Feier seines fünfundsiebzigsten Geburtstags in Beverly Hills eingeladen hatte, telegraphierte Woody, der in New York arbeiten mußte: »Tut mir leid, daß ich an Ihrem fünfundsiebzigsten Geburtstag nicht anwesend sein kann, aber ich hoffe, daß Sie zu meinem erscheinen.«

Bald ließen sich Cavett und Lasser von Rollins und Joffe unter Vertrag nehmen. Nachdem sich Woody und Harlene getrennt hatten, war Cavett oft mit Woody und Louise zusammen. Woody, der damals täglich Billard spielte, nahm Cavett mit. »Es war irgendwie lustig, spätnachts in diesen Billardklubs herumzuhängen. Woody begann gerade, im Fernsehen aufzutreten, und manchmal kamen ein paar Ganoventypen an und sagten: ›He, Woody, willst du auch mal 'n Spielchen machen?‹

Eines Abends gingen wir im Regen ins Zentrum, um uns einen Film anzusehen. Ich glaube, an dem Tag trug er zum erstenmal einen Hut. Ich hatte einen übrig, ein russisches, tschakoförmiges Ding, das ich aus dem Kleiderschrank zog. Unterwegs sagte er: ›Das ist herrlich. Du setzt einen Hut auf, und es scheint nicht zu regnen.‹«

Heute trägt Woody normalerweise das, was er vor Jahren »meinen Verkleidungshut« genannt hat. »Er nimmt mir fünfzig Prozent meiner Bekanntheit, und mein Auftritt nimmt mir die anderen fünfzig Prozent.«

Cavett fuhr fort: »Ein Lastwagen war um die Ecke gebraust und hatte eine Riesenkiste Tomaten verloren. Auf der anderen Straßenseite, wo man ein Gebäude abgerissen hatte, war eine Reklamefläche mit einem Gesicht darauf. Die merkwürdigste Erinnerung, die ich von Woody und mir habe, ist diese: Wir beide schleudern in einer dunklen, regnerischen Nacht im Zentrum Tomaten auf dieses Gesicht. Ich war beeindruckt von seiner großartigen Wurftechnik. Als wir später einmal im Central Park Baseball spielten, kam ich mir wie ein regelrechter Schwächling vor.«

Damals spielte Woody auch Poker um hohe Einsätze mit einer Reihe von Freunden, darunter Coleman Jacoby und der Rundfunkansager Ken Roberts, dessen Sohn Tony Roberts in zwei von Woodys Stücken am Broadway und in mehreren seiner Filme mitgewirkt hat. Woody war ein guter Spieler und hatte Erfolg. Unter anderem kaufte er sich mit seinen Gewinnen ein Gemälde von Oskar Kokoschka, das in seinem Apartment hängt. Während er 1966 in London *Casino Royale* drehte, kam er durch seine Pokereinnahmen zu einem Aquarell von Emil Nolde und einer Kokoschka-Zeichnung. Wenn Woody verlor, dann mit Fassung und einigem Humor. Einmal stellte er Ken Roberts einen Scheck aus und schrieb unten in die Notizzeile: »Für Herzverpflanzung.«

Im November 1962, etwa zwei Jahre nach dem Beginn seiner Arbeit als Komiker, erhielt Woody seine erste große Rezension. Arthur Gelb schrieb in der *New York Times*, er sei »der erfrischendste Komiker, der seit vielen Monaten aufgetaucht ist... Er ist ein chaplinhaftes Opfer mit einem an S. J. Perelman erinnernden Sinn für Bizarres und einer Vortragsweise nach Art von Mort Sahl, obwohl er aktuelle Themen meidet.« Am nächsten Tag lasen Chet Huntley und David Brinkley von NBC, damals zwei der bekanntesten Fernsehjournalisten, die Kritik in ihrer Sendung vor. Anfang 1963 bedachte *Time* ihn mit einem begeisterten Artikel, und kurz darauf stand in *Variety*: »Als überragenden Hit dieser Saison... haben Nachtklubs Woody Allen... die glänzendste Begabung auf der intellektuellen Komikszene seit Sahls großer Zeit.« Jack O'Brien vom New Yorker *Journal-American* nannte Woody »den besten jungen New-Wave-Komiker Amerikas... Er reißt wunderbare, aktuelle Witze, die – im Gegensatz zu Mort [Sahls] Witz, der eine Zielscheibe benötigt und zu oft grausam scheint – direkt auf ihn selbst gerichtet sind, auf seine eigene Winzigkeit und körperliche Ineffizienz, sein Eulengesicht und seine, wie er behauptet, ganz besondere, pechvogelhafte Neigung zu spaßiger sozialer und physischer Schmach... Er hat es verdient, nicht bloß als Witzbold, sondern als Humorist eingestuft zu werden.«

Wie die Kommentare bewiesen, hatte Woody das von Rollins gesteckte Ziel erreicht: Das Publikum sah ihn als Menschen und war von diesem Menschen angetan. Dieser Mensch war natürlich weit eher Fiktion als Realität, doch Woody wirkte völlig plausibel.

»Meine Bühnenidentität wurde mir von meinem Publikum gegeben«, erklärte Woody dem New Yorker *World-Telegram & Sun* im November 1963. »Es lachte stärker über bestimmte Dinge. Deshalb verwendete ich natürlich mehr von diesen Dingen. Und auch die Kritiker halfen beim Aufbau meiner Identität. Sie beschrieben mich als einen bestimmten Typ. Daraufhin verwendete ich mehr Material, das diesem Typ entsprach.«

Im Jahre 1964 sagte er in einem Interview mit William Zinsser von der *Saturday Evening Post*: »Alle guten Komiker sind Menschen, zu denen wir eine Beziehung finden. Amerika hat ein Interesse an Jack Bennys und Bob Hopes Leben. Wenn sie in einer komischen Standardsituation erscheinen – sagen wir, in einem Zimmer voller hübscher Mädchen –, weiß man, wie sie reagieren werden… Wenn die Leute am Ende eine Beziehung zu mir als Person finden und nicht nur Spaß an meinen Witzen haben, wenn sie mich wieder hören wollen, gleichgültig, wovon ich rede, dann bin ich auf dem richtigen Weg.«

Woody hatte sich als Komiker etabliert und war im Lande gefragt, d. h. wenigstens in einem Klub in jedem der Großstadtbereiche. Sein Einkommen betrug 1964 5000 Dollar pro Woche, und er wurde als Star in Earl Wilsons Kolumne erwähnt – zehn Jahre nachdem er anonym Gags für sie geschrieben hatte. Seine Anlaufstellen außerhalb New Yorks waren Mister Kelly's in Chicago, The Crystal Palace in St. Louis, The Shadows in Washington, D. C., das »hungry i« in San Francisco sowie der »Troubadour« und das »Crescendo« in Los Angeles – Klubs, deren Besucher Woodys Geschichten über »einen echten schwarzen Folk-Sänger, der noch die Beinfesseln trug«, oder über ein Mädchen an der New York University, dessen liebste Freizeitbeschäftigung es war, »Marcel-Marceau-LPs zuzuhören« schätzten. Aber so etabliert Woody auch war und so entgegenkommend sich das Publikum zeigte, manchmal blieb der Erfolg noch aus. Er schrieb aus San Francisco an Dick Cavett: »Eine rasche Notiz, um den Mythos des ›hungry i‹ zu zerstören. Die angeblich nonkonformistischen Zuschauer, die Sahl, Berman, Nichols und May aufpäppelten, sind über den Horizont verschwunden. Ich kann keinen Unterschied zwischen ihnen und einem Lions-Club-Publikum im Mittelwesten entdecken.« Woody war zwar nie vor einem Lions-Club-Publikum im Mittelwesten aufgetreten, aber er hatte zu Beginn seiner Bühnenarbeit einen Auftritt vor einer Gruppe von Chevrolet-Händlern in New Jersey. »Irgendein Agent engagierte ihn, und er kriegte tausend Dollar«, berichtete Charlie Joffe. »Ein Saal voller Männer. Ich saß hinten. Er trug sein gesamtes Material vor und erhielt keinen einzigen Lacher. Der einzige Lacher, den ich hörte, kam von ihm selbst, als er zu mir rübersah. Ich stand völlig beschämt da. Nicht ein Lacher. Niemand hatte von ihm gehört, niemand kümmerte sich um seine Anwesenheit. Es war eine Qual. Aber das störte ihn weniger als lauter Applaus.«

Bei einem seiner ersten Engagements in Mister Kelly's in Chicago traf Woody mit Jean Doumanian zusammen. Sie war ein Mannequin, arbeitet heute als Produzentin und ist wahrscheinlich seine engste Vertraute. Eines Abends nach der Show war sie zusammen mit ihrem damaligen Ehemann John, der im Schallplattengeschäft ist (und häufig kleine Rollen in Woodys Filmen übernimmt), in O'Connell's, der Kaffeestube, die dem Kabarett gegenüber liegt und ein Treffpunkt für Leute aus dem Showbusineß ist. Nancy Wilson, eine von Doumanians Sängerinnen, stand neben Woody auf dem Programm. Rollins und Joffe, die nicht sein ganzes Engagement über in Chicago bleiben konnten, kamen mit John und Jean ins Gespräch. »Er ist allein«, sagte Rollins über Woody. »Würdet ihr euch ein bißchen um ihn kümmern?« Genau das taten sie. Sie arrangierten sogar Tanzstunden für ihn, damit er damals aktuelle Schritte wie »Swim« oder »Monkey« lernen konnte.

»Er war in der Phase, in der er sich dauernd die Mikrofonschnur um den Hals wickelte«, erinnert sich Jean. »Er haßte seine Auftritte, und ich sagte ihm immer meine ehrliche Meinung. Aber das Verblüffende war, kurz darauf zu erleben, wie er sich in jemanden verwandelte, der ein Publikum völlig in den Bann schlagen konnte. Mit ihm zusammenzusein war und ist eine Freude. Er ist äußerst intelligent und eigenwillig; er hat einen so zutreffenden, ungeheuer lustigen Blick auf die Welt.«

Abgesehen von Woodys Schwester Letty ist Jean seine älteste Freundin. Zwischen ihnen gab es nie eine Romanze, doch unabhängig von Ehen oder ständigen Beziehungen telefonieren sie fast täglich und treffen sich häufig. Manchmal verreisen sie gemeinsam, was besondere Probleme schaffen kann, wenn Woody versucht, seinen Fans durch verschiedenste Verkleidungen zu entrinnen. Bei einer Parisreise erledigten Jean und ihre Gefährtin Jacqui Safra die Anmeldung im Hotel Crillon, während Woody – mit dunkler Brille, einem Hut und einem falschen Schnurrbart – im Foyer herumlungerte. Amerikanische Geheimdienstagenten, die den ebenfalls als Gast im Hotel weilenden Richard Nixon bewachten, schöpften Verdacht gegen diesen so offensichtlich verkleideten Mann und beobachteten ihn aufmerksam. Die drei zogen in ein anderes Hotel, doch Woodys Tarnung war nutzlos. Im Laufe des

Tages hielten ihn zwei deutsche Touristen auf den Stufen der Oper an. »Sind Sie Woody Allen?« fragten sie. Eines von Mias ersten Geschenken an ihn war ein Schnurrbartkamm.

Welche Freundschaften er während seiner Tourneen auch schließen mochte, Jean und John Doumanian waren die einzigen, die Rollins und Joffe außerhalb New Yorks ersetzen konnten. Vor allem Joffe war schwer zu ersetzen, denn er ging nicht nur jeden Abend zu Woodys Auftritten in New York, sondern war auch fast ständig Woodys Begleiter während seiner Tourneen, also vier oder fünf Monate im Jahr. Etwa acht Jahre lang aßen sie gemeinsam, spielten gemeinsam Poker und stellten gemeinsam Frauen nach. (Joffe war ein so aufopferungsvoller Manager, daß er an seinem Hochzeitstag zusammen mit seiner Frau, die noch ihr Brautkleid trug, zu Woodys Auftritten im Duplex erschien.) Als Woody jedoch einmal allein nach St. Louis fuhr, um im Crystal Palace aufzutreten, schrieb er an Rollins und Joffe und ihre Sekretärin Estelle Baroffe:

Lieber Jack, lieber Charlie, liebe Estelle,

ich weiß nicht, wie es passierte, aber heute morgen wachte ich auf und fand mich in St. Louis, Missouri, wieder. Mit gelassener Selbstsicherheit floh ich kreischend zum Flugplatz, wo mich zwei dynamisch nebeneinandergestellte südliche Schläger am Betreten meiner Maschine hinderten. Und das nur, weil ein Mann namens Jay Landesman, der aufgrund der Tatsache, daß er mich unter Vertrag hat, in dieser Gegend über unglaublichen Einfluß zu verfügen scheint, angerufen hatte.

Außerdem hat man keinen Zweifel daran gelassen, daß Ungehorsam gegenüber den Befehlen eines abwesenden Nachtklubbesitzers unter die Rubrik Meuterei fällt und durch zehn bis zwanzig Jahre Hängen bestraft werden kann. (Da hängt man ziemlich lange.) Hier (dies ist für mich der tiefe Süden) verläßt mich nie der Gedanke, daß Häftlinge immer noch aneinandergekettet werden; das kleinste Vergehen meinerseits könnte Gouverneur Meyner (für mich heißen alle Gouverneure außerhalb New Yorks Gouverneur Meyner [Robert B. Meyner war zwischen 1954 und 1962 Gouverneur von New Jersey]) erhebliche Gründe zu bieten hat, mich an einen lautstarken Schwergewichtler fesseln zu lassen und dafür zu sorgen, daß ich nie wieder das Innere eines Max's Special [ein Sandwich] erblicke.

Und so verbringe ich meine Zeit mit kluger Zurückhaltung in den Grenzen meines luxuriösen Kein-Zimmer-Apartments und bemühe mich zu verhindern, daß der Spiegel durch die Klimaanlage beschlägt. Der Nachtklub ist übrigens eine Studie in Antimaterie und verkehrt sich in sich selbst. Jede Schublade wimmelt vor Rokokobalkons, und prächtige Bundglasfenster geben einem das Gefühl, im wirklichen Kristallpalast zu sein. Man merkt, die Franzosen sind hiergewesen, und nun verschwunden...

Aber zugegeben, das Amüsierviertel der Stadt muß man gesehen haben. Wie es der Zufall will, gefällt mir dieser schöpferische, Greenwich-Village-artige Stadtteil, und ich habe mich mit einem örtlichen Künstler angefreundet, der enorme Sachen mit Knetmasse anstellt. Er hat ein paar interessante abstrakte, nichtobjektive Stücke, auf die das Museum ganz erpicht ist. Er sagt, er will sie für ein Butterbrot verkaufen, doch obwohl mir scheint, daß er große Fähigkeiten und Tiefe erkennen läßt, habe ich gerade weder Butter noch Brot bei mir.

Meine einzige Rettung ist die Oper. Es gibt nämlich keine. Viel mehr habe ich nicht mitzuteilen, außer daß ich vorhabe, bald zu Hause zu sein, gesetzt den Fall, es gelingt mir, meine Bettlaken effektiv zusammenzuknoten. Ich freue mich darauf, Euch alle wiederzusehen, wenn auch vielleicht nur hinter Gittern hervor. Inzwischen spähe ich jeden Tag in die Post, um zu sehen, ob meine persönliche Lobotomie eingetroffen ist. Bis zum Herbst bleibe ich freundschaftlich Euer blöder kleiner Schlaffi. Seht zu, daß Ihr meine Provisionen nicht zu hemmungslos verbratet.

Bitte, entschuldigt die literarischen Mängel, denn ich schreibe dies in der Badewanne. [Der Brief war getippt.]
Woody Allen

Woody fand sich mit den Unannehmlichkeiten des Tourneelebens ab, weil er wußte, daß dies die einzige Möglichkeit war, sich als Komiker zu etablieren. Doch Komiker zu sein, war nur eines seiner Ziele. Um diese Zeit machte er eine Liste dessen, was er im Laufe seiner Karriere erreichen wollte, nämlich letzten Endes als Autor und Regisseur (nicht jedoch als Schauspieler) seine eigenen dramatischen Filme zu machen. Die Frage war, wie das zu bewerkstelligen sei. Er wußte, daß ihm zu diesem Zeitpunkt niemand eine Million Dollar (damals die gängigen Herstellungskosten) für einen Film geben würde. Der beste Weg schien, sich zuerst einen Ruf zu erwerben, dann Drehbücher zu schreiben, die andere inszenieren würden, und sich schließlich in eine Position hinaufzuarbeiten, in der er sein eigenes Material schreiben und inszenieren konnte. Dieser Plan des Mittzwanzigers war eine verbesserte Version eines Plans, den er mit sechzehn oder siebzehn Jahren gemacht hatte, als er noch nicht mit den Filmen Luis Buñuels und Ingmar Bergmans vertraut war und noch kein Interesse am Filmemachen hatte. Diese Pläne waren beeinflußt von den Ratschlägen, die Abe Burrows ihm hinsichtlich des Theaters gegeben hatte, und je mehr Stücke er las und sah, desto sicherer war er, daß er ernste Dramen für den Broadway schreiben wollte. Doch die Methode, die seinen Aufstieg förderte, war gleichzeitig sein größtes Hindernis. Er hatte ein solches Gespür für Komik, daß er schon sehr jung sofort als Autor engagiert worden war und relativ rasch Erfolg als Bühnenkomiker gehabt hatte. Dann, als er Filme zu drehen begann, waren sie so witzig, daß *Time* ihn sehr bald aufs Titelblatt brachte und als ein »komisches Genie« feierte. In gewisser Weise war er zu erfolgreich, was seine Pläne betraf. Er schuf eine so originelle komische Manier und Ausdrucksform, daß seine späteren Versuche, ernste Filme zu drehen, den Erwartungen vieler seiner Zuschauer zuwiderliefen. »Ich hatte keinen Erfolg mit meiner zweiten Wahl, und ich war glücklich darüber«, erklärte er, »aber es war nicht das, was ich letzten Endes tun wollte.«

Im Herbst 1987 wartete Woody gegenüber dem Duplex, wo er eine Szene für *Eine andere Frau* drehte. Er erläuterte: »Ich bin sehr zufrieden mit dem bisherigen Verlauf dieses Films. Ich glaube, daß er eine Chance ist und daß die Menschen darauf reagieren werden. Mit *Innenleben* bekam ich einen Fuß in die Tür, und mit *September* [der kurz vor der Uraufführung stand] müßte ich ihn ein bißchen weiter vorschieben können. Natürlich könnte ich aufs Kreuz fallen, und dann wäre es der nächste oder der übernächste, der gelingt. Aber im Moment sehe ich dies als den Abschluß einer Reise, die, wie ich meinte, zehn Jahre dauern würde, die jedoch über fünfundzwanzig Jahre gedauert hat.« Der Film brachte jedoch nicht den gehofften Erfolg. *Verbrechen und andere Kleinigkeiten* – ein Erfolg bei der Kritik und in finanzieller Hinsicht – brachte ihn ein wenig weiter, auch wenn dies nicht der ernste Film war, den er drehen wollte. Ein zusätzliches Problem für den Dramatiker Woody Allen besteht darin, daß er nicht den Luxus einer kontinuierlichen Entwicklung genossen hat, der ihm als jungem Autor von komischem Material zuteil wurde. Sein Erfolg auf anderen Gebieten verhindert seine Fortschritte in einem neuen Bereich: Er muß ausgewachsene dramatische Erfolge schaffen, um anerkannt zu werden. Seine ernsten Filme werden an seinen Komödien gemessen, nicht an einem eigenen Maßstab, und die Toleranz für interessante Mißerfolge oder reizvolle knappe Fehlschläge ist gering, sogar Erfolge finden nur begrenzte Anerkennung.

Als Woody im Herbst 1963 während einer seiner Tourneen nach Los Angeles kam, arbeitete Cavett gerade als Texter für Jerry Lewis, der eine zweistündige Live-Show für NBC bestritt (»Live ist hier ein Anagramm von ›vile‹ [scheußlich]«, sagt Cavett). Die beiden Freunde verbrachten einen großen Teil ihrer Freizeit miteinander. Eines Tages mieteten sie einen großen schwarzen oder einen großen rosa Cadillac (die Farbe ändert sich von einer Erzählung zur anderen), um nach Santa Barbara, etwa neunzig Meilen küstenaufwärts, zu fahren und in einem Restaurant am Meer Hummer zu essen. Es war ein Ausflug, der in der Erinnerung witziger ist, als er es in Wirklichkeit war. Woody, der kein besonders guter Fahrer ist, nahm beim Fahren ein Stück Klippe mit, und das Restaurant war geschlossen. Danach beschränkten sie ihre Ausflüge auf die nähere Umgebung. An einem Sonntagmorgen spazierten sie durch Beverly Hills: zwei Touristen, die sich nach den Villen der Stars umsahen. Sie fanden das Haus, in dem W. C. Fields gewohnt hatte, und Jack Bennys Haus am Roxbury Drive. Während sie vorbeigingen, stellten sie sich vor, daß Benny, seine Frau Mary Livingstone und Eddie Anderson, der Rochester spielte, gerade die nächste Show vorbereiteten. Die beiden wußten, daß dies nicht wirklich der Fall war, aber nachdem sie sich die Sendung jahrelang im Rundfunk angehört hatten, verfügten sie über ein geistiges Bild von Beverly Hills und dem Haushalt der Bennys, das in vieler Hinsicht realer war als das, was sie vor sich hatten.

Sie aßen häufig im Trader Vic's, wo die Drinks mit Papierschirmchen serviert wurden und wo die chinesischen Speisen einen vagen ozeanischen Einschlag hatten. Cavett erinnert sich: »Eines Abends sagte Woody: ›Ich kann mir nicht vorstellen, daß das Leben lang genug für mich sein wird, alle Projekte, die mir vorschweben, zu verwirklichen.‹ Ich dachte: ›Mein Gott, mir fällt nicht einmal ein *Witz* ein, bevor man mir ein Thema gibt. Mir schwebt kein *einziges* Projekt vor.‹ Was mich verblüffte, während wir bei Austern nach chinesischer Art saßen, war die Tatsache, daß er mehr als eine Sache im Sinn hatte, daß er sein Leben vorplante.«

Das hat sich nicht geändert. Im Sommer 1988 – fünfundzwanzig Jahre, neunzehn von ihm selbst gedrehte Filme und drei im Theater aufgeführte Stücke später – sprach Woody ausführlich über ein Dutzend neuer Filmideen. Dann umriß er ein paar weitere und äußerte sich in groben Zügen über ein paar Stücke und wenigstens einen Roman, die seine Gedanken von Zeit zu Zeit in Anspruch nehmen. Er wäre noch auf andere Projekte eingegangen, aber er war in Eile, da er mit seiner dreijährigen Tochter Dylan spielen wollte. Sie ist so ziemlich die einzige Person auf der Welt, die ihm Vorschriften machen und ihn auf Trab halten kann.

Einer der Gründe dafür, daß Woody so produktiv ist, besteht darin, daß er wie fast jeder große Künstler sein eigenes Leben immer neu aufarbeitet. Seine Ideen, sagt er, haben sämtlich einen autobiographischen Inhalt, da sie aus einem »Keim der Erfahrung« hervorgehen, den er umwandelt und verstärkt. Charlie Joffe erkennt Woodys Fantasien an, doch er meint, daß dessen Arbeit mehr als einen Kern der Realität in sich birgt. »Er verleugnet eine Menge der Wahrheiten in seinem Leben. Das Eingeständnis, daß *Radio Days* autobiographisch ist, fiel ihm leicht, weil er darin als Sechsjähriger auftritt.« Und Mia fügt hinzu: »Mir scheint, jeder in Woodys Leben spielt Rollen und spielt sie in unterschiedlichen Zusammenhängen neu. Einiges in *Hannah und ihre Schwestern* stammt aus meiner Familie oder rührt vielleicht von anderen Schwestern her, die Woody kennt, wie Diane Keaton und ihre Schwestern. Es ist irgendwie nett. In meiner Familie war jedenfalls keiner beleidigt.«

Cavett sah sich in Los Angeles Woodys Shows an und verbrachte die Zeit zwischen den Auftritten mit ihm. Manchmal war er der einzige, der über Woodys Texte lachte, was beide verärgerte: »Eines Abends, als etwa zwölf Perlen hintereinander von den Zuschauern, die dämlich ins Licht blinzelten, nicht zur Kenntnis genommen worden waren, verstummte Woody mit einemmal. Für einen langen, schrecklichen Moment wußte niemand, ob er weitermachen würde. Dann sagte er: ›Wenn ich Preise für das schlechteste Publikum, das mir je untergekommen ist, verteilen würde, dann würden Sie gewinnen.‹«

Die Feindseligkeit, mit der Woody das Publikum bei dieser und anderen Gelegenheiten behandelte – etwa bei einer Show im »hungry i« wo er sich von einer rüden Menge abwandte und auf die Ziegelmauer einredete –, zeigt die Ambivalenz seines Charakters. Er ist zugleich der schüchterne Junge aus Brooklyn, der Probleme mit Mädchen hatte, der Mann, der praktisch nie im Zorn die Stimme erhebt und der zu Beginn seiner Auftritte fast an der Hand auf die Bühne geführt werden mußte, der Entertainer, der sich im Bitter End beim Schlußapplaus die Ohren zuhielt, und der selbstbewußte, sich seines Talents sichere Künstler.

Seine Distanz zu anderen Menschen ist sehr groß. Ein paar Jahre nach der Scheidung sagte Louise Lasser: »Ihm konnte das Allerschlimmste auf der Welt zustoßen, und er ging trotzdem in sein Zimmer, um zu schreiben.« Woody gibt das selbst zu: »Ich konnte schlechte Nachrichten erhalten und mich trotzdem an die Schreibmaschine setzen. Ich bin so häufig deprimiert, vielleicht werde ich deshalb von Schriftstellern wie Kafka und Dostojewski und von Filmemachern wie Bergman angezogen. Ich glaube, mich beschäftigen die gleichen Probleme wie ihre Gestalten: diese Besessenheit vom Tode, diese Besessenheit von Gott oder seiner Abwesenheit, von der Frage, warum wir hier sind. Fast meine gesamte Arbeit ist autobiographisch – übertrieben, aber wahr. Ich bin kein geselliger Mensch. Der Rest der Welt gibt mir nicht allzuviel. Ich wünschte, diese Haltung überwinden zu können, aber ich kann es nicht.«

Diese Worte stammen aus dem Jahre 1972. Sie treffen größtenteils noch heute zu, aber es gibt auch eine andere Seite seines Charakters: Seine engen Freunde halten ihn für ungewöhnlich loyal, gütig und aufmerksam; seine Großzügigkeit ist legendär.

Ebenfalls in einem frühen Entwurf zu *Eine andere Frau* sieht Marion, die gerade fünfzig geworden ist, eine schwangere Frau und erinnert sich an die Abtreibung, die sie vor vielen Jahren hatte: »Mir gefiel der Gedanke, ein Kind zu haben, aber der persönliche Aspekt war zuviel für mich.« Woody wurde mit fünfzig Jahren Vater, und die ambivalente Haltung Marions entspricht seinen eigenen Überlegungen. »Es ist keine Leistung, Kinder zu haben

oder aufzuziehen«, sagte er oft. »Jeder Dummkopf ist dazu fähig.«
Dann begegnete er Mia Farrow, die sieben Kinder hatte. André
Previn ist der Vater der drei ältesten: der Zwillinge Matthew und
Sascha und Fletcher. Dann adoptierten sie Lark und Daisy, zwei
vietnamesische Waisenmädchen, und Soon Yi, eine elternlose kleine Koreanerin. Nach der Scheidung von Previn adoptierte Mia
einen zweijährigen verwaisten Koreaner mit Gehirnlähmung und
nannte ihn Misha Amadeus Farrow. Ein paar Monate später nahm
Woody sie zu einem Basketballspiel der Knicks-76er gegen Philadelphia mit, und sie waren besonders beeindruckt von Philadel-
phias Moses Malone. »Woody bemerkte, was für ein schöner Name
das sei«, berichtet Mia. Kurz darauf wurde Misha zu Moses. Als
sich die Beziehung zwischen Mia und Woody festigte, übernahm er
die Vaterschaft für den Jungen. Dann, im Jahre 1985, adoptierte
Mia ein neugeborenes Mädchen, das sie Dylan O'Sullivan Farrow
nannte. Zuerst dachte Woody, daß Mia »genug Kinder hatte und
daß ihre Zeit schon knapp genug war. Als sie mit Dylan das
Flugzeug verließ, hatte ich zunächst keine Beziehung zu dem Kind.
Ich wollte nur nicht, daß meine Planung unterbrochen wurde. Aber
schon nach drei oder vier Tagen entsteht eine Bindung. Sechs
Monate später sprang ich aus Taxis, die im Verkehr festsaßen, und
rannte zur Wohnung, um fünf Minuten länger mit dem Baby
zusammensein zu können.«

In *Manhattan* liegt Ike (Woody) auf der Couch und diktiert eine
Liste von Dingen in sein Tonbandgerät, die das Leben lebenswert
machen: »Also gut, was macht das Leben lebenswert? Das ist eine
sehr gute Frage. Äh, (räuspert sich, seufzt) also, (seufzt) es gibt,
vermutlich, gewisse Dinge, die das Leben lebenswert machen. Wie
zum Beispiel, äh? Okay ähm, für mich... äh... Oh, also ich würde
sagen... Was, Groucho Marx... um nur ein Beispiel zu nennen,
äh, mhmmmm, und (seufzt) Willie Mays, und äh, äh, der zweite
Satz der Jupiter-Symphonie..2. und, ähm Louis Armstrong, die
Aufnahme von Potatohead Blues... ähmm, schwedische Filme,
natürlich, und die ›Erziehung des Herzens‹ von Flaubert, äh,
Marlon Brando, Frank Sinatra, ähmm, diese unglaublichen... Äp-
fel und Birnen von Cézanne... die Hummerkrabben... bei Sam
wo...« Das ist ganz und gar Woodys persönliche Liste; Ike ist nur
sein Sprachrohr.

Kurz nachdem der Film herausgekommen war, erhielt Woody

einen Brief von einer Frau, die darüber erstaunt war, daß Ikes Kind nicht auf der Liste stand. Ihr Einwand traf damals auf Verständnislosigkeit. »Ich dachte immer: ›Ich hab große Pläne für mich selbst. Ich hab keine Zeit für Kinder‹«, teilte er 1987 einem Bekannten mit, der gerade Vater geworden war. »Erst seitdem ich mit Mia zusammen bin, habe ich begriffen, was Kinder für einen Menschen bedeuten, und daß sie helfen, das Leben zu definieren. Das hätte ich nicht von mir selbst gedacht. Nun scheint es, daß die Frau mir einen vernichtenden Vorwurf gemacht hat. Wenn man einmal ein Kind hat, ist das eine so gewaltige Erfahrung, daß sie nur an erster Stelle stehen kann. Sie stellt alles andere in den Schatten. Es ist ein größeres Vergnügen, wenn dir ein Baby zulacht, als wenn es ein ganzer Zuschauersaal tut. Mit einemmal tue ich dauernd Dinge, die dieses Lachen auslösen, denn es ist ein solcher Genuß. Ich nähere mein Gesicht ganz schnell ihrem, mache alberne, unverständliche Laute – Dinge, durch die man sich, wie ich früher dachte, nur blamieren kann. Es gibt eine ganze Welt, an der ich fünfzig Jahre lang nicht das geringste Interesse hatte.«

Seine Liebe zu der damals noch nicht ganz zwei Jahre alten Dylan war so ausgeprägt, daß er ständig einen Schnuller für Notfälle in der Tasche hatte. Im Frühjahr 1987 traf er sich mit mehreren leitenden Redakteuren im Gebäude der *New York Times*, um über seine Unterstützung für die Kampagne zu sprechen, die die Kolorierung von Schwarzweißfilmen und überhaupt jegliche Änderung der Arbeit eines Regisseurs ohne dessen Einverständnis verhindern sollte. Ein paar Tage später erzählte er nach dem Lunch von Dylan und zog den Schnuller aus der Tasche. Er betrachtete ihn ein paar Sekunden lang und sagte dann mit einem schwachen Lächeln: »Ich erinnere mich, wie ich mit all diesen hervorragenden Journalisten in Straßenanzügen beim Lunch saß und hoffte, daß man mich nicht durchsuchen und ihn finden würde.«

Auch für Satchel O'Sullivan Farrow, seinen und Mias gemeinsamen Sohn, der 1987 geboren wurde, macht er die gleichen Gesichtsverrenkungen und albernen, unverständlichen Geräusche. Der Vorname soll an Satchel Paige, einen von Woodys Helden, erinnern, und sie entschieden sich für Farrow, weil sie nicht wollten, daß ein Kind unter zwei Farrows und sechs Previns Allen hieß. Als Woody seiner Mutter mitteilte, Mia sei schwanger, fragte sie: »Von dir?«

»Ich kann mir keinen engagierteren Vater vorstellen als Woody«, sagt Mia. »Als wir Dylan zu uns nahmen, war ich sicher, daß er ein freundlicher liebevoller Vater sein würde. Das ist schließlich bei achtundneunzig Prozent der Leute so, die Kinder haben – weshalb sollte er eine Ausnahme sein? Aber ich war nicht auf ein solches Ausmaß von Liebe und Wärme seinerseits vorbereitet. Die Kinder machen ihn wirklich glücklich, und das ist keine Kleinigkeit im Leben, schon gar nicht für Woody.« Aber trotz – und teilweise wegen – der Kinder bleibt er in fast jeder anderen Hinsicht so verzagt und pessimistisch wie je. »Die Kinder verdeutlichen und intensivieren meine schlimmsten Gefühle und Befürchtungen und Ansichten, was das Leben betrifft«, erklärt er. »Man bekommt wirklich einen Eindruck von dem, was für ein Horror alles ist, wenn man sich, wie in meinem Fall, diese beiden lieben, unschuldigen Kinder ansieht, die keinem etwas getan haben und für die es doch unzählige negative Möglichkeiten gibt: Krankheit, Räuber, Entführer. Es bestärkt mich nur in meiner Vorstellung von der Welt als einem fürchterlichen, entsetzlichen Ort.«

Er macht sich keine Sorgen darüber, daß man ihn aufs Korn nehmen könnte. Das ist ein geringfügiges, fast triviales Problem – obwohl er manchmal von Spinnern verfolgt wird, die Jagd auf Berühmtheiten machen, und obwohl er sich zu Recht unbehaglich fühlt, wenn ein vorgeblicher Fan in die Handtasche oder die Einkaufstasche greift; wer weiß, ob er – oder sie – ein Autogrammheft oder eine Pistole hervorzieht? In seinem Stück *Death (Tod)*, in dem ein umherschweifender Mörder sich als der Tod entpuppt, ist der Feind größer und komplexer als ein bloßer Mensch. Doch wie unpersönlich eine solche Macht auch sein mag, Woody fühlt sich persönlich betroffen: »Es ist sehr wichtig, sich klarzumachen, daß wir es mit einem bösen, heimtückischen, feindlichen Universum zu tun haben. Es macht dich krank, läßt dich altern und bringt dich um. Und da draußen ist jemand – oder etwas –, der oder das uns aus irgendeinem irrationalen, unerklärlichen Grund tötet. Die einzigen Fragen von wirklichem Interesse sind die Grundfragen; um nichts anderes braucht man sich Gedanken zu machen.«

Andererseits kann man den Verstand verlieren, wenn man sich dauernd mit diesen Grundfragen auseinandersetzt. Deshalb sorgt Woody bewußt für Ablenkungen. »Eine Idee für eine Kurzgeschichte ... über, äh, pff, Leute in Manhattan, die sich, äh, ständig, diese wirklich überflüssigen, äh, neurotischen Probleme schaffen, weil es sie davon abhält, äh, sich mit den unlösbaren, bedrohlichen Problemen, äh, des Universums zu beschäftigen«, sagt Ike in *Manhattan*, bevor er seine Liste von Dingen, die das Leben lebenswert machen, zusammenstellt. Zu Woodys Neurosen gehört vielleicht das Bedürfnis, sich durch geistige Arbeit von den größeren Fragen abzulenken. Einer seiner berühmten Aussprüche lautet: »Ich möchte nicht durch meine Arbeit unsterblich werden, sondern dadurch, daß ich am Leben bleibe.« Aber wie die meisten seiner Neurosen nutzt er auch diese zu seinem Vorteil. Er stellt sich den ganzen Tag hindurch intellektuelle Aufgaben, damit kein Moment vergeht, in dem sein Geist nicht beschäftigt ist. Wenn er sechs Etagen mit dem Lift fährt oder in New York eine Strecke von sechzig Blocks zu Fuß zurücklegt, gibt er sich ein Problem auf, das er während dieser Zeit zu lösen versucht. Es kann ein Drehbuchproblem oder Überlegungen zur Arbeit des nächsten Tages sein, aber was es auch ist, es hat den Zweck, ihn durch Gedanken mit Beschlag zu belegen, über die er Kontrolle ausüben kann, und es hat zur Folge, daß er mit ungeheurer Geschwindigkeit arbeitet. »Er ist produktiv und zwanghaft getrieben«, sagt sein Freund Tony Roberts. »Keine schlechte Kombination.«

»Warum entscheidet man sich nicht für ein Leben voller einmaliger Freuden, statt für ein Leben voll zermürbender Arbeit?« fragte Woody eines Tages. »Wenn du an der Himmelspforte stehst, kommt der Kerl rein, der dauernd hinter Frauen her war und ein genußsüchtiges Leben geführt hat, und du kommst auch rein. Du machst dir vor, daß es einen Grund gibt, ein sinnvolles Leben zu führen, ein produktives Leben der Arbeit und des Ringens und der Vervollkommnung deines Berufes oder deiner Kunst. Aber die Wahrheit ist, daß du statt dessen deine Neigungen ausleben könntest – vorausgesetzt, du kannst es dir leisten –, denn ihr endet beide am selben Ort.«

Solche Gedanken geben seinem Werk Substanz und sie erklären ein wenig, weshalb er dauernd unterschiedliche Filme dreht, statt sich auf garantierte Erfolge nach dem Vorbild von *Der Stadtneurotiker* und *Hannah und ihre Schwestern* zu beschränken. Da garantierte Erfolge ihn nicht reizen, dreht er stets jeweils den Film, der ihn am meisten interessiert, sei es eine Komödie oder eine ernste Arbeit. »Ich gehorche nur meinem künstlerischen Instinkt«, sagt er. »Es kommt einzig auf die Verwirklichung eines Projekts an; kritische und finanzielle Erfolge sind nicht allzu wichtig. Ideen umzusetzen und dich auszudrücken, deine eigenen Kriterien aufrechtzuerhalten – das ist wichtig. Die Menschen, mit denen ich meine Zeit und mein Leben verbringe, denken genauso. Wir haben unsere eigenen Ansichten – ob sie nun bewundert oder geschmäht werden –, und wir bleiben bei unserem eigenen Urteil. Wenn mir etwas nicht gefällt, ist mir gleichgültig, wie viele Preise es bekommen hat. Es ist entscheidend, deinen eigenen Kriterien zu folgen und dich nicht den Trends des Marktes unterzuordnen.«

Aus seinen Ängsten und Befürchtungen heraus entstanden Filme wie *Stardust Memories* und *Verbrechen und andere Kleinigkeiten*, die »etwas Nörglerisches an sich haben«, wie er weiß, wenn auch die Nörgelei nicht persönlicher Art ist, wie oft angenommen wird. Vielmehr »beklage ich mich einfach über die menschliche Befindlichkeit«. Zudem hat er sich einen Ruf als Einsiedler erworben, der »nirgendwohin geht und sich nie an irgend etwas beteiligt« und dies, obwohl er öffentlich eine Reihe von Kampagnen für die Rechte von Künstlern und für eine liberalere Sozialpolitik unterstützt. Er räumt ein, daß sein Ruf zum Teil verdient ist, aber: »Ich bin im Grunde kein Einsiedler, obwohl ich mich jedesmal, wenn man Bilder von mir in den Zeitungen sieht, vor Paparazzi verstecke oder jemanden verklage. Ich hoffe, man wird irgendwann begreifen, daß ich nicht jemand bin, der bloß Unzufriedenheit leidet und daß es mir nicht um den Gewinn von Macht geht. Ich möchte nur etwas herstellen, das die Menschen unterhält, und dabei gebe ich mir alle Mühe.«

Er glaubt, daß das Publikum, wenn er wieder und wieder unverfälschte Komödien drehte, dieser Filme – den allgemeinen Prognosen zum Trotz – bald überdrüssig werden würde. »Die Leute gehen in deine Filme, weil sie eine bestimmte Machart von dir erwarten«, kommentierte er 1973 nach der Herstellung von *Der Schläfer*. »Aber nach vier oder fünf Filmen sagen sie plötzlich: ›Das ist das gleiche alte Zeug.‹ Du mußt ein bewegliches Ziel präsentieren. Wenn du zu lange stillhältst, wird dich jemand erwischen.«

Wie viele Stars findet er es angenehm, erkannt zu werden, doch nur aus der Ferne. Er schätzt seine Intimsphäre und würde die Gelegenheiten, zu denen er sich der Öffentlichkeit präsentiert, am liebsten selbst auswählen. Überraschende Publizität macht ihn nervös. Während eines Engagements in Las Vegas wurde er einmal durch den Manager zweier Künstler zu deren Show eingeladen. Er akzeptierte und erklärte dem Manager, er wolle auf keinen Fall von der Bühne her vorgestellt werden, doch die Künstler unterbrachen ihren letzten Auftritt und äußerten, während sich ein Spotlight über den Fußboden zu Woodys Tisch vortastete, ihre Freude über seine Anwesenheit. Als das Spotlight ihn erreichte, war Woodys Gesicht aschfahl und seine Hände zitterten. Hätte er genug Raum und Zeit gehabt, wäre es ihm gelungen, unter den Tisch zu sinken, womit er begonnen hatte, sobald er merkte, was sich abspielte.

Woody zögert jedoch seinerseits nicht, andere Menschen zu überrumpeln. Im Jahre 1963 gastierte er mehrere Male in *Candid Camera*, einer Show, die ihn ihrer Spontaneität wegen immer noch »unwiderstehlich anzieht«. In einem der Scherze spielt er einen Buchverkäufer, der Kunden die Handlung von Kriminalromanen verrät, während er ihr Geld entgegennimmt. Eine Frau war so verärgert, daß sie versuchte, aus dem Geschäft zu rennen, bevor er ihr die Lösung des zweiten von ihr gekauften Romans mitteilen konnte. In einer anderen Show spielte er jemanden, der entschlossen war, einem Taxifahrer genau zehn Prozent des Fahrpreises von vierzig Cent als Trinkgeld zu geben. Als der Fahrer sagte, er habe keine sechs Cent Wechselgeld, erwidert Woody: »Gut, sagen wir fünfzehn Prozent«, und bat um vier Cent.

In seiner Lieblingsperiode der *Candid Camera* trug Woody einen dunklen Anzug und ließ sich in einem sehr nüchternen, geschäftsmäßigen Büro nieder. Dann wurde eine Aushilfsstenotypistin nach der anderen hereingeführt. Woody saß am Schreibtisch und die Stenotypistin neben ihm. Nachdem er ihr erklärt hatte, daß seine ständige Stenotypistin krank sei, begann er, ihr den am wenigsten geschäftsmäßigen Brief zu diktieren, der ihm einfiel. Nach ein paar Zeilen machte die Stenotypistin gewöhnlich ein diskret verblüfftes Gesicht. Je mehr er diktierte, desto komischer wurde ihre Reaktion. Eines der Mädchen war besonders köstlich.

»»Du wandelst in Schönheit wie die Nacht‹, Anführungszeichen, Komma schrieb der Dichter: Doppelpunkt Und er muß – Gedankenstrich an Dich gedacht haben. Punkt Absatz«, diktierte Woody zum Schluß des Briefes.

»Bis wir uns wiedersehen, Komma mein Liebling, Komma glaub mir: Doppelpunkt Ich liebe Dich! Ausrufezeichen. Ich muß Dich haben!! Zwei Ausrufezeichen. Du bist alles für mich!!! Drei Ausrufezeichen. Die Welt dreht sich um Dich? Fragezeichen«

»Nach ›dreht sich um Dich‹?« fragte die verdutzte Stenotypistin.

»Ja. Ich liebe Dich. Ich liebe Dich. Womit sollte ich enden?«

»*Sie* schreiben den Brief doch«, sagte die Stenotypistin. Dann, weniger erbittert: »Entschuldigen Sie, mit einem Brief wie diesem hatte ich nicht gerechnet.«

»Finden Sie, daß es ein komischer Brief ist?« fragte Woody.

»Er ist nicht komisch, wenn man solche Gefühle für einen anderen hat, aber ich hätte angenommen, daß Sie sich selbst hinsetzen und diesen Brief schreiben würden.«

»Aber ich habe ihn verfaßt.«

»Sie wollen einen Liebesbrief doch nicht etwa tippen lassen? Und wenn es kein Liebesbrief ist, was dann?«

»Es *ist* ein Liebesbrief.«

»Sie wollen einen Liebesbrief tippen lassen?«

»Es ist eine elektrische Schreibmaschine.«

Sie traute ihren Ohren nicht. »Darauf kommt es doch nicht an! Und wenn's auch eine elektrische Schreibmaschine ist. Das ist nicht persönlich...«

»Können Sie alles noch mal vorlesen?«

»Aber ja.«

»Mit Zeichensetzung, bitte.«

Die Stenotypistin warf ihm einen entgeisterten Blick zu. »Liebster, Komma teuerster Schatz, Komma ich kann ohne dich nicht mehr leben; Semikolon ich brauche dich mehr, Komma als ich je einen Menschen gebraucht habe (Klammer auf und wenn ich je sage, Komma meine ich *je*), Klammer zu. Punkt. Zitat: Doppelpunkt, ›Du wandelst in Schönheit wie die Nacht‹, Zitatende, Komma schrieb der Dichter, Komma und er muß – Gedankenstrich an Dich gedacht haben. Punkt

Absatz Ich a) brauche dich b) will dich c) vermisse Dich. Punkt Es ist mein sehnlichster Wunsch... Punkt Punkt Punkt, Komma daß du mich a) liebst b) brauchst c) vermißt. Punkt Bitte kreuze zwei davon an. Punkt Bis wir uns wiedersehen, Komma mein Liebling, Komma glaub mir: Doppelpunkt Ich liebe Dich! Ausrufezeichen Ich muß Dich haben!! Zwei Ausrufezeichen Du bist alles für mich!!! Drei Ausrufezeichen Die Welt dreht sich um Dich? Fragezeichen Ich bin Dein...

»Untertäniger Diener?«

»Nein, nein, nein, nein.«

Nach einer Pause fuhr er fort: »Noch ein Diktat. Mr. Allen Funt.«

»Allen!«

»Sie kennen Allen Funt?«

»*Candid Camera!*«

Woody lächelt und diktiert: »Lieber Allen, wieder einmal haben wir eine Sekretärin im Fernsehen auftreten lassen, ohne daß sie es bemerkte. Ihr Verhalten war unschätzbar.« In der Tat. Keine noch so gute Schauspielerin hätte die Szene besser spielen können.

»Ich diktierte ungefähr fünfzehn Liebesbriefe an eine anonyme Empfängerin«, sagte Woody nach diesem Programmteil zu Funt. »Susan Sowieso. Und auf dem Heimweg, als es vorbei war, fing ich an, Susan zu vermissen.«

»Zu Beginn meiner Karriere mußte ich erniedrigende Dinge tun«, meinte Woody, nachdem er sich 1989 eine Aufnahme der Show angesehen hatte, auch wenn er ein-, zweimal vor Vergnügen gekichert hatte. »Aber sie sind witzig. Witzig im Rahmen der Show. Ich machte die Sachen nur, um meine Karriere zu fördern. Nun versuche ich, Dostojewski zu verfilmen«, setzte er mit einem Lachen hinzu, »um diesen Mist vergessen zu lassen.«

Aber die Show und die drei einzigen Werbeanzeigen, die er gemacht hat für Smirnoff-Wodka und in den frühen Sechzigern, für Foster-Grant-Sonnenbrillen und ein paar Jahre später für Arrow-Hemden; sie erschienen nur in Exemplaren von *Time*, die an College-Abonnenten verschickt wurden, erfüllten ihren Zweck. Woody versuchte, sich einen Namen zu machen, und Jack Rollins war der Ansicht, er solle sich der Öffentlichkeit auf jede denkbare Weise bekannt machen. Die Anzeigen brachten wenig oder kein Geld ein, aber immerhin erhielt er einen Kleiderständer mit Arrow-Hemden und zahlreiche Kisten Wodka, der bei seiner ersten Silvesterparty mit Louise Lasser serviert wurde. Woody baute eine ausgeschmückte Version der Wodka-Vereinbarung in seinen Auftritt ein: »Ich machte eine Wodka-Anzeige. Eine große Wodkafirma brauchte eine eindrucksvolle Anzeige. Man wollte Noel Coward engagieren, aber er war nicht frei. Er hatte die Rechte von *My Fair Lady* erworben, strich die Musik und die Liedtexte und machte die Sache wieder zu *Pygmalion*. Und dann bemühten sie sich um Laurence Olivier. Schließlich kriegten sie mich. Ich werde Ihnen sagen, woher sie meinen Namen hatten. Ich stand auf einer Liste in Eichmanns Tasche, als er geschnappt wurde. Also, ich sitze zu Hause und sehe fern. Es war eine Spezialbearbeitung von *Peter Pan*, mit Kate Smith in der Hauptrolle. Man hatte Mühe, sie fliegen zu lassen. Die Ketten brachen dauernd. Das Telefon klingelt, und eine Stimme am anderen Ende fragte: ›Was würden Sie davon halten, der Wodka-Mann dieses Jahres zu werden?‹ Und ich antwortete: ›Nein. Ich bin Künstler. Ich mache keine Werbung. Ich begünstige Laster nicht. Ich trinke keinen Wodka. Und wenn ich es täte, würde ich nicht Ihren Wodka trinken.‹ Er meinte: ›Zu schade. Wir zahlen fünfzigtausend Dollar.‹ Ich sagte: ›Einen Moment. Ich hole Mr. Allen ans Telefon.‹« Das Ziel war, Woodys Bekanntheit zu fördern, und Smirnoff mietete überall im Lande Reklameflächen, was genau Rollins' Wünschen entsprach. »Laß dich nicht durch den Erfolg in New York täuschen«, warnte er Woody. »Es dauert lange, bevor es durchsickert.« Woody war dankbar dafür, daß die Anzeigen seinen Bekanntheitsgrad erhöhten, doch er hat alle weiteren Angebote ausgeschlagen.

»Ich sträube mich, Werbung zu machen, weil ich glaube, daß sie meine Glaubwürdigkeit irgendwie untergraben könnte«, sagt er. »Ich meine, wenn ich plötzlich sonstwas im Fernsehen verkaufe... Man hat mir Goodwill-Firmenwerbung angeboten, aber auch Mayonnaise. Ich weiß nicht, ich hätte große Schwierigkeiten, wenn man mit einer wirklich atemberaubenden Summe zu mir käme. Wahrscheinlich würde ich mich nicht darauf einlassen, denn wenn man es einmal getan hat, kann man seinen Namen nicht zurückkaufen.« Nach seiner Reaktion auf bisherige Angebote zu urteilen, müßte die Summe in der Tat atemberaubend sein. Vor ein paar Jahren teilte Charlie Joffe ihm mit, eine Firma wollte ihn für eine Anzeige engagieren, die innerhalb von ein oder zwei Tagen gedreht werden könne. Woody lehnte ab.

»Es bringt eine Million Dollar«, sagte Joffe.

»Ich habe schon eine«, erwiderte Woody. Jüngst hat er sogar ein Angebot über fünf Millionen Dollar ausgeschlagen.

Während seiner Zeit als Bühnenkomiker lehnte er jedoch nie einen Auftritt in einer Fernsehshow ab. Er erschien in Komiksendungen, trat in Jack Paars Show und in *Hootenanny* auf, war Dutzende von Malen Gast oder stellvertretender Gastgeber der *Tonight Show* und hatte zwei eigene Sendungen. Außerdem ging er für zwei Runden mit einem boxenden Känguruh in den Ring und sang »Little Sir Echo« mit einem sprechenden Hund. Und natürlich gastierte er im berühmtesten aller Unterhaltungsprogramme, der *Ed Sullivan Show*.

Woody sieht sich keinen seiner Filme an, nachdem er sie fertiggestellt hat und sie in den Kinos laufen. Er ist der Meinung, daß er nur auf Dinge aufmerksam würde, die korrigiert werden müßten, und wenn er beim Fernsehen auf einen seiner Filme stößt, schaltet er so rasch wie möglich um. Er hat keine Videokassetten seiner Filme zu Hause, besitzt aber einige Aufnahmen von seinen Bühnenauftritten, und bei den Dreharbeiten zu *Verbrechen und andere Kleinigkeiten* bat man ihn, ein paar Kommentare zu diesen Aufnahmen abzugeben. Für ihn war dies eine unangenehme Aufgabe. Bei einem seiner ersten Auftritte in Jack Paars Show stellte der Gastgeber ihn mit den Worten vor: »Ein Humorist aus Indiana schrieb mal ein paar heitere Worte, die aber auch für unseren Freund Woody Allen gelten könnten: ›Woody Allen sieht so aus wie ein Zuschauer, der auf die Bühne kommt, wenn ein Zauberer ihn dazu auffordert‹« Das Publikum lachte laut.

Woody, mit einem Cordanzug und einem dunklen Schlips bekleidet, bewegte sich emsig und rackerte sich ab. Er erzählte dem Publikum: »Ich ging mal mit einem Mädchen aus, und wir wollten heiraten, aber es gab einen religiösen Konflikt. Sie war Atheistin und ich war Agnostiker. Wir wußten nicht, in welcher Religion wir unsere Kinder aufziehen sollten.«

»Ich tue alles, was ich an den Leuten in solchen Shows hasse«, sagte Woody, während er sich einen weiteren Sketch, in dem er die Rolle eines Fernsehautors übernahm, ansah und anhörte. »Ich bin ein bißchen nachsichtig, weil ich's mit mir selbst zu tun habe, aber wenn das jemand anders wäre, würde ich« – er schnalzte mit den Fingern – »den Sender wechseln. Ich hole das letzte aus dem Witz heraus. Diese Nummer gefiel mir nie, aber damals schrieb ich so viele Texte. Es ist hölzern.« Er lauschte der Geschichte über die Schummelei beim Metaphysikexamen. »Der einzige lohnende Witz in dieser Sache kriegt keinen einzigen Lacher: ›Ich guckte in die Seele des Jungen neben mir.‹ Es ging einfach« – er schnalzte wieder mit den Fingern – »über ihren Horizont.« Er schaute sich das Band noch etwas länger an, ohne daß sich seine Stimmung verbesserte.

»Ich bin mit Sicherheit für ein Erschießungskommando. Es braucht ja nicht der qualvolle Tod zu sein, wie ich ihn den meisten Menschen, die so etwas tun, wünschen würde. Aber es hat mit Sicherheit ein Erschießungskommando verdient. Ich bin nicht besser als jeder schlechte Komiker, jeder aufdringliche Komiker. Ich bin aufdringlich. Und ich halte mich für raffinierter als ich bin.«

Woody fuhr fort: »Ich hasse das, was ich hier verkörpere: all die blöden Witze über die Jagd auf Mädchen und Sexwitze und, na ja, selbstironisches Zeug. Heute stößt es mich ab. Damals war es wahrscheinlich einfach leicht zu erzielendes Gelächter. Und vermutlich fühlte ich mich eher wie ein Kind und akzeptierte diese Rollen. Wenn ich heute vor ein Publikum träte, würde ich mich gleichberechtigt fühlen und wie ein Erwachsener mit den Leuten sprechen. Aber damals versuchte ich, mich einzuschmeicheln. All der Quatsch darüber, klein und ungeliebt zu sein. Es würde mir heute leichtfallen, diese Arbeit zu machen. Ich würde immer noch versuchen, witzig zu sein, aber ich würde niemals das gleiche Material verwenden. Und ich würde nicht als einer posieren, der keine Frauen kriegen kann oder der klein und ungeliebt ist.«

Der beste Gastgeber und die beste Show für Woody waren Johnny Carson und die *Tonight Show*, die damals von New York aus gesendet wurde. Carson ist unübertroffen, wenn es darum geht, Gästen Stichworte zuzuspielen, die sich wie beiläufiges Geplauder anhören, ihnen jedoch gestatten, ihr für die Show vorbereitetes Material zu verwenden. Trotzdem, es ist keine Kleinigkeit, präparierte Texte im Plauderton vorzutragen, und Carson schätzt Woodys Fähigkeit, für sich das Beste aus der Show zu machen. »Woody ist einer der wenigen, die präparierte Texte vortragen und es wie spontane Einfälle klingen lassen konnten«, sagt Carson. »Seine Wortwahl und sein Timing sind ein Teil seines Genies.«

Die Silvestershow von 1965 liefert ein gutes Beispiel für die Zusammenarbeit der beiden. Woody betrachtete die in der Show gezeigte Menschenmenge auf dem Times Square, die auf das neue Jahr wartete, und sagte: »Das läßt mich an unseren Soundtrack in *Radio Days* denken, den wir draußen auf dem Studiodach machten. Wildes Gehupe. Klingt das nicht toll?« Er lächelte. Dann, nachdem das neue Jahr eingeläutet worden war, erschien Woody. Während er sich selbst beobachtete, schwand das Lächeln.

»Ich bin ungeheuer aufgeregt«, sagte er zu Carson. »Das ganze

Jahr habe ich darauf gewartet, und wenn's Mitternacht ist, werde ich auf den Putz hauen.«

Carson: Tut mir schrecklich leid, es dir als erster sagen zu müssen, aber das neue Jahr hat vor ungefähr fünfzehn Minuten begonnen.

W (traurig): Es ist vorbei, stimmt's?

C: Es ist vorbei.

W (nüchtern): Ich habe das neue Jahr zum erstenmal in meinem Leben mit anderen verbracht. (kühner, wie in einer Dankesrede) Und es rührt mich, und ich möchte den vielen Fans und Freunden danken, die mit mir heute abend den Beginn des Jahres 1966 teilen, in dem ich manche Sorgen und manchen Seufzer, manche langsamen und manche zarten Momente erwarte. [nimmt die Hand einer neben ihm sitzenden hübschen Frau]

C: Sind das einige deiner Vorsätze? Es sind erst fünfzehn Minuten des neuen Jahres vergangen.

W: Laß uns nicht sentimental sein. Ja, ich habe etwas Champagner zum Diner getrunken.

C: Erinnerst du dich, vor zwei Jahren haben wir hier im Studio Champagner getrunken? Und das war das letzte Mal.

W: Ich werde immer noch gefragt, ob ich am Silvesterabend vor zwei Jahren betrunken war, aber davon kann keine Rede sein. Ich war angenehm beschwingt, und [er ging zu einem vorbereiteten Witz über] ich kehrte nach der Show heim und sprang nackt in einen Bottich voll kalter Zehncentstücke mit Roosevelts Konterfei. [lautes Lachen] So amüsier ich mich eben.

C: Was machst du normalerweise zur Neujahrsfeier? Gehörst du zu denen, die Partys oder Nachtklubs besuchen?

W: Letztes Jahr – Neujahr –, laß mich nachdenken. Ich war in Paris, denn wir drehten *What's new, Pussycat? [Was gibt's Neues, Pussy?]*, und ich wand mich vor Qual in meinem Hotelzimmer, denn ich konnte kein Date für Silvester kriegen. Ich wohnte seit ungefähr vier Monaten in Paris, und das einzige französische Wort, das ich aussprechen konnte, war *potage*, das heißt Suppe. Ich ging dauernd auf der Straße auf fremde Frauen zu und sagte: »Potage!«, und wenn das Mädchen Jüdin war, kochte sie mir eine Suppe.

C: Du hattest dort mit einigen schönen Frauen zu tun.

W: Oh, kann ich dir etwas erzählen?

C: Klar.

W: Du weißt, ich bin ein Kenner schöner Frauen. Das ist mein Metier. [»Hier hat er mich an meinen Text herangeführt«, sagte Woody anerkennend. »Man traf sich nachmittags mit seinem Talentkoordinator und arbeitete die Fragen aus.«] Und die großartigste Frau der Welt war für mich immer Brigitte Bardot. Mir schien immer, daß sie zweifellos das Wunderbarste auf der Welt sei. Und Sophia Loren gefiel mir. Sie brachte mich nicht aus dem Häuschen, aber ich werde demnächst operiert, und dann sieht's anders aus. Und Julie Christie, das Mädchen mit der Hauptrolle in *Darling* – auch sie kam mir sensationell schön vor. Und ich war keiner von ihnen je begegnet, aber in den letzten zehn Tagen habe ich alle drei getroffen. Glaubst du mir das? Ich war mit der Bardot auf einer Party, und ich hatte Lunch mit Sophia und an einem Abend ging ich mit Julie Christie in ein Jazzkonzert. Möchtest du etwas darüber hören? [Die Geschichte stimmte, abgesehen von dem Partybesuch mit Brigitte Bardot.]

C: Ja, ja.

W: Also, nichts passierte.

C: Mit der Großen oder der Kleinen? Das sind für mich Erlebnisse aus zweiter Hand.

W: Nun, Bardot fand ich sehr gut. Gute Qualität, grundsätzlich. Alle zweiunddreißig Zähne. Selbstsicher. Und Loren war ein bißchen grob für meinen Geschmack. Sie war ein bißchen zu, wie soll ich's nennen *zaftig* [lautes Lachen des Publikums]. Ich weiß nicht, was für ein Wort das ist. Jüdisch wahrscheinlich. Es bedeutet üppig konstruiert. [Wieder lautes Lachen, auch von Carson]

C: Ich glaube, das trifft den Nagel auf den Kopf.

W: Und ich amüsierte mich prächtig. Ich kannte Sophias Mann, Carlo Ponti. Ich hasse es, mit berühmten Namen anzugeben, aber ich werd's trotzdem tun. [Gelächter] Und er wollte, daß ich ein Drehbuch für ihn schreibe. Wir sprachen darüber. Ursprünglich war die Rede davon, daß Sophia Loren und Marcello Mastroianni die Hauptrollen übernehmen würden. Ich traf mich zum Lunch mit der Loren und schlug vor, daß ich anstelle von Mastroianni in dem Film spielen sollte, schließlich war es eine Liebesgeschichte und keine Komödie. Sie lachte ungefähr anderthalb Stunden lang. Dann machte sie irgendeine komische italienische Geste.

C: Und damit war der Lunch beendet.

W: Ja. Sie schob die Rechnung zu mir rüber.

»Meine Schauspielerei ist nicht schlecht, aber was ich tue, ist ekelhaft«, sagte Woody verdrossen, während er sich das Band ansah. »Ich glaube, daß ich die Rolle gut spiele. Es hat den Anschein, daß ich nachdenke. Dabei hätte ich die Geschichte nur so runterrasseln können.«

C: Ich weiß nie, ob du mir die Wahrheit sagst oder ob du dir das alles ausdenkst, zum Beispiel, was die Mädchen betrifft. Lügst du oder meinst du es ernst?

W: Das stimmte. Aber ich bin ein zwanghafter Lügner. Ich zögere nie zu lügen, wenn ich etwas beweisen will. Ich hatte eine schlimme Kindheit, und ich log, um das auszugleichen. Meine Eltern wollten mich nicht. Das ist wahr. Sie legten einen lebendigen Teddybär in mein Bett.

»Das ist ein schlecht einstudierter Text«, kommentierte Woody, während er sich sagen hörte: »Als Kind identifizierte ich mich immer mit Superman. Meiner Meinung nach hatten Superman und ich vieles gemeinsam, denn er ging dauernd in Telefonzellen und zog sich aus.« Er schüttelte den Kopf.

»Die Witze haben eigentlich kein Thema, und sie sind meistens nicht sehr gut.«

In dieser Aufnahme stand Woody von seinem Platz neben Carson auf und trug seinen Text weiter vor. Woody erklärte beim Zusehen: »Jetzt sieht es so aus, als würde ich auf einer Bühne stehen, ich benehme mich nicht mehr wie ein Mensch.« Die Nummer endete folgendermaßen:

Ich fahre mit der Subway nach Brooklyn, komme zur Station an der Avenue J, gucke raus auf den Bahnsteig und sehe, wie Hermina Jaffe belästigt wird. Sie ist fünf Jahre alt, aber nicht zu bremsen. Sie hatte einen Überbiß. Den größten Überbiß in Brooklyn. Wenn sie ein Stück Toast aß, wurde sie zuerst mit dem

Rand fertig. Der Zug hält, die Türen öffnen sich, und ich springe auf den Bahnsteig. Ich ziehe mein Cape über. Sie wird von Guy de Maupassant Rabinowitz angegriffen, einem der schlimmsten Burschen in Brooklyn. 1944 im Wahlkampf zwischen Roosevelt und Dewey stimmten seine Eltern für Hitler...

C: Du hattest eine faszinierende Kindheit.

W: Kann ich noch schnell eine Geschichte erzählen?

C: [lachend] Wir haben noch ungefähr eine Minute.

W: Hör dir das an, ich wurde als Halbwüchsiger einmal in der Subway terrorisiert. Ich war unterwegs zu einem Amateur-Musikfestival. Ich komme aus einer halbmusikalischen Familie. Mein Vater spielte früher Tuba. Er versuchte, den »Hummelflug« zu spielen. Fast hätte er sich die Leber ausgeblasen. [lautes Gelächter] Ich bin also im Zug, und diese zwölf Ganoven kommen rein, so Typen mit richtig behaarten Knöcheln... Und sie fangen an, zu fluchen und zu brüllen und die Sitze zu zerreißen. Ich starre einfach vor mich hin und lese weiter *Heidi*. Der Anführer packt mich an der Zunge, hebt mich schnell hoch und jagt mir das Knie in die Weichteile. Ich brachte eine der besten Imitationen von Lily Pons, die du je gesehen hast: ein L über dem hohen C. Ich kam zu spät zum Musikwettbewerb, aber ich wurde Dritter. Ich gewann zwei Wochen in einem Lager für die Verständigung der Religionen, wo ich sadistisch von Jungs aller Rassen und Bekenntnisse verprügelt wurde.

»Wenn ich nicht meine Komikerrolle spiele, wenn ich zum Beispiel mit anderen auf einem Podium sitze, bin ich weniger abscheulich«, sagte Woody mit leisem Lachen. »Ich verhalte mich gekünstelt, so gekünstelt wie jeder Komiker. Wenn ich meinen Auftritt habe, dann ist das so eindeutig geprobt. Damals war es etwas weniger offensichtlich. Heute ist's widerlich. Es hält keiner Prüfung stand, weil jedes Thema fehlt. Ich bin einfach nur ein Kerl, der da oben Witze macht. Das einzig Positive, das ich darüber sagen kann – denn ich hasse es –, ist wahrscheinlich, daß ich eine gewisse Aufmerksamkeit dafür aufbringen mußte, dem Publikum und gleichzeitig Johnny die Geschichte zu erzählen. Es war schon ein gewisses und auch effektives Maß an Schauspielerei nötig. Am liebsten wäre es mir, wenn diese Dinge nie von jemandem gesehen würden, denn sie sind kein sehr schmeichelhaftes Zeugnis dessen, was ich tat – oder was ich damals tat, war meistens ziemlich schauderhaft.«

Die einzige Aufnahme, für die er wenigstens schwaches Lob hatte, war sein Auftritt bei der Eröffnung des Londoner Playboy Clubs im Jahre 1966. Woody – er trug ein Jackett und eine Krawatte – kam auf die Bühne. Er nahm das Mikrofon vom Ständer und schwenkte die Schnur nach vorn. »So sah ich in Klubs aus«, sagte er beim Zuschauen. Auf dem Bildschirm redete er über sein Jackett. »Es hatte innen einen zusätzlichen Knopf«, erklärte er dem Publikum. »Ich wußte nicht, wozu. Man sagte mir, wenn du einen Knopf verlierst, nimmst du den von der Innenseite und nähst ihn an der Außenseite an. Ich hatte das Jackett seit zwei Wochen, und wie es das Pech wollte, verlor ich an der Außenseite – ein Knopfloch.«

Während das Publikum auf dem Band lachte und applaudierte, meinte Woody: »Hier bin ich etwas besser, weil ich mich nicht für ganz so raffiniert halte. Ich war ein bißchen weniger abscheulich. Das Ganze hatte eine gewisse Energie. All die Faxen mit der Schnur und so sind Schwindel. Auffallend ist, daß ich in jedem Film mindestens einmal dies hier mache«, sagte er, nahm die Brille ab und rieb sich die Augen. »Das lenkt von der Primitivität der Texte ab. Sie hören sich dann nicht so sehr wie Witze an. Was mir an Bob Hope immer gefiel, war der Umstand, daß er sich einen ganzen Film hindurch anhören konnte wie jemand, der ein Gespräch führt, obwohl er all diese Gags loswird.«

Woodys Einschätzung seiner Bühnenauftritte überraschte sogar ihn selbst. »Ich war absolut überzeugt, daß ich mir nach Jahren, wenn alles andere scheitern sollte, wenigstens die Aufzeichnungen meiner Nachtklubauftritte anhören und mir denken könnte: ›Das war sehr gut.‹ Aber nun klingt es einfach schrecklich. Ich wirke ziemlich abstoßend und unangenehm, und das Ganze scheint mir einfach nichts zu taugen. Das ist keine falsche Bescheidenheit. Ich versuche nur, aufrichtig zu sein.«

Wie schrecklich Woody seine Auftritte auch finden mochte, sie waren von brillantem Witz. Der Maßstab, an dem er sich selbst mißt, ist höher als der jedes anderen. Er wäre noch bereit zuzugeben, daß seine Auftritte witzig waren. Im Rückblick, verglichen mit seiner späteren Entwicklung, erscheint ihm jedoch diese Vergangenheit, mit der ihn die Aufnahmen konfrontieren, unangemessen, enttäuschend. Eine Fotoseite in *Life* von 1964, die ihn in der Badewanne zeigt, während seine »Frau« seine Spielzeugboote versenkt, läßt sich nicht mit dem Bild des jetzigen ernsten Filmemachers in Einklang bringen, ebensowenig wie eine *Esquire*-Titelgeschichte von 1964, in der er Ratschläge für das Überleben im College erteilt. Er hat Angebote zur Zusammenstellung von Videoaufnahmen seiner besten Bühnennummern abgelehnt, weil »ich das hasse«. Er setzt zwar hinzu, daß er das Videoband herstellen würde, wenn ihm das Material gefiele. Seine Ressentiments gründen sich zum Teil in der großen Distanz des heutigen Woody Allen zu dem nach Lachern angelnden Komiker. Was seine Karriere antreibt, ist der Gedanke, daß er stets voranschreiten müsse, um eine »bewegliche Zielscheibe« zu bieten. Er macht also auch deshalb nicht eine ungehemmte Komödie nach der anderen, weil er die Herausforderung bis an die Grenzen – und gelegentlich über die Grenzen – seiner Fähigkeiten zu gehen, liebt. »Ein interessanter Fehlschlag« – so beschrieb er *Innenleben*, einen Film, der mit jedem Besuch besser wird, kurz nach den Dreharbeiten. Zudem weiß er, daß man, wenn man dem Publikum jahrein, jahraus das gleiche liefert, gleichsam in einen aus Juwelen bestehenden Treibsand sinkt: Die Reichtümer sind gewaltig, aber nach einer Weile kommt man nicht mehr heraus.

Statt dessen versucht Woody, ein Œuvre unterschiedlicher Werte zu schaffen in der Hoffnung, daß all seine Filme im Rückblick einen gewissen Grad an Wertschätzung finden werden.

Kurz nach der Freigabe von *Eine andere Frau* sagte Woody: »Ich bin ein individueller Filmemacher und habe so viele Filme gedreht – und drehe hoffentlich auch weiterhin –, daß man in hundert Jahren, und ich will nicht anmaßend sein, zu bestimmten Zeiten immer noch alle zeigen wird. Ich meine, selbst diejenigen, die nicht populär waren, als sie herauskamen, werden im Zusammenhang mit den populären von ergänzendem Interesse sein, denn es gibt in all diesen Filmen wenigstens ein paar Dinge, die sich zu sehen lohnt.

Es gibt einen Zwiespalt zwischen meiner Selbsteinschätzung und der öffentlichen Meinung über mich. Meine Filme sind Kunstfilme, wenn auch nicht durch und durch. Jahrelang habe ich kommerzielle Komödien gedreht, die im Grunde nie richtig kommerziell waren. Filme wie *Woody – der Unglücksrabe* und *Bananas* waren Vorläufer von Streifen wie *Airplane [Die unglaubliche Reise in einem verrückten Flugzeug]*, obwohl sie nicht einmal ein Fünfzigstel der Einnahmen von *Airplane* brachten. Zuerst hielt man mich für einen Komiker, der komische Filme dreht, und dann für jemanden, der höherwertige kommerzielle Filme wie *Der Stadtneurotiker* und *Manhattan* macht. Und als ich versuchte, neue Gebiete zu erschließen und ausgefallenere Filme zu drehen, geriet ich irgendwie in den Bereich des Kunstfilms – aber sie werden nicht als Kunstfilm eingestuft, weil ich von hier stamme, weil ich Amerikaner bin und weil man mich seit Jahren als ein kommerzielles Wesen kennt. Folglich betrachtete man sie nicht wie ausländische Filme, wie Truffaut- oder Buñuel-Filme, obwohl sie auch nicht mehr Massenwirkung haben.

Eigentlich sollte ich entweder nur witzige kommerzielle Filme drehen, also Komödien oder politische Satiren, auf die sich jeder freut und über die jeder lacht, oder Kunstfilme. Aber ich liege sozusagen in der Mitte. *Purple Rose* und *Zelig* und *Radio Days* sind nicht populär, aber sie sind auch nicht so abgehoben, daß man sie eindeutig als Kunstfilm bezeichnen könnte. Sie fallen in eine Zwischenkategorie. Wenn sie Kunstfilme sind, dürfen sie nur wenig gekostet haben und müßten in zwölf Städten gezeigt werden. Aber sie laufen in hundert – oder wer weiß wie vielen – Städten.

Ich habe mich mit den Jahren geändert. Ich bin nicht dem Weg gefolgt, den ich zuerst eingeschlagen hatte. Theoretisch könnte ich in diesem Stadium meines Lebens – und wahrscheinlich meinen sehr viele Leute, daß ich genau das tun sollte – eine amerikanische Komödie pro Jahr drehen. Wenn ich eine Komödie mache, ist sie witzig und kommerziell und wahrscheinlich literarischer als die meisten gegenwärtigen Komödien. Aber ich bin absichtlich einen anderen Weg gegangen. Meine Popularität nahm also nicht zu, sondern sie war relativ hoch und sackte dann gewaltig ab – nicht, daß sie je wirklich *hoch* gewesen wäre; sie war immer im unteren Bereich der Skala. Wenn also ein Film wie *Hannah und ihre Schwestern* herauskommt, der überall wahnsinnig gut besprochen wird, dann bringt er ganz anständige Einnahmen – nach meinen Maßstäben. Das heißt, er bringt vierzig Prozent dessen, was ein Film wie *Cocktail*, und fünfundzwanzig Prozent dessen, was ein Film wie *Big* schafft. Trotzdem, wenn ich dauernd solche Filme für Orion machte, würden alle reich werden. Aber solange ich solchen Unsinn mache wie den Schwarzweißfilm *Danny Rose* oder *Purple Rose*, der ein sehr pessimistisches Ende hat, oder *Zelig*, der nur einen speziellen Geschmack trifft, solange werde ich keine gewaltigen Hits haben.«

Viele Kritiker betonen, daß der geheime Ehrgeiz eines jeden Komödianten darin bestehe, in Tragödien zu spielen; ein Zeitungsartikel endete mit den Worten: »Woody Allen möchte nicht den Hamlet spielen. Er möchte Ingmar Bergman sein.« Es ärgert Woody, daß man ihn so eilfertig abstempelt. »Ich kann Überschriften wie ›Woody sehnt sich danach, ernst genommen zu werden‹ nicht ertragen«, fuhr er fort. »Sie gehen völlig an der Sache vorbei. Ich *will* nicht ernst genommen werden. Ich *werde* längst ernst genommen. Genauso wie meine komischen Filme. Das ist nicht der entscheidende Punkt. Ich habe gewisse Ideen, die nicht komisch sind, das ist das Wesentliche. Ich sitze nicht zu Hause und wünsche mir, den Hamlet zu spielen oder ernst genommen zu werden. Ich möchte nur die Freiheit haben, jegliche Arbeit zu machen, die mir einfällt, und dabei mein Bestes zu tun.« Die Klage, daß er nicht dauernd nur Komödien produziert, ist das gleiche, als wolle man Picasso vorhalten, er hätte niemals seine »blaue Periode« beenden sollen.

Unter den Gästen der Silvesterparty, die Woody im Jahre 1976 gab, war auch S. J. Perelman. (*Jeder* im Alphabet der Stars war anwesend – zu den »Ms« gehörten Arthur Miller, Bette Midler und Norman Miler). Einer von Woodys Bekannten erwähnte Perelman gegenüber, wie sehr Woody ihn bewundere und wieviel Mühe er sich am Anfang seiner Schriftstellerkarriere gegeben habe, so wie Perelman zu schreiben.

»Sie können sich nicht vorstellen, wieviel Mühe *ich* mir gegeben habe, so wie ich selbst zu schreiben«, erwiderte Perelman mit einem nicht ganz glücklichen Lachen.

Perelmans Zwiespalt fand besondere Resonanz bei Woody, als er die Geschichte hörte, ebenso wie James Thurbers Verhalten bei einer Geburtstagsparty – ein paar Jahre zuvor – für Larry Adler, das Mundharmonika-Genie. Am Ende des Abends traten ein paar Gäste auf: George London, der Opernsänger, gab ein Lied zum besten, und Adler, der auch ein vorzüglicher Pianist ist, spielte Klavier. Danach stand Thurber auf und ging, mit einem Becher Scotch in der Hand, zum Klavier hinüber.

»Jamie, setz dich«, rief seine Frau.

»Nein, ich möchte etwas sagen«, erklärte Thurber. Inzwischen war es im Zimmer still geworden und alle Augen richteten sich auf ihn. »Ich liebe Musik«, fuhr er mit erhobener Stimme fort. »Ich habe immer Musik geliebt. Ich wollte immer Musiker werden. Und was bin ich?« schrie er und klatschte auf das Klavier. »Nichts als ein gott[klatsch]verdammter[klatsch] Humorist.«

Wie streng Woody seine Bühnenkomik heute auch beurteilen mag, er gibt bereitwillig zu, daß sie »kommerziell vorzüglich geeignet war, mich als Künstler zu lancieren«. Und er hat völlig recht. Genau wie sich Rollins und Joffe vorgestellt hatten, führte Woodys Karriere als Bühnenkomiker direkt zu seiner Filmkarriere. Seine ständige Sorge ist jedoch, als ein hochgeachteter älterer Gentlemen zu enden, der voller Bedauern ist, weil er nicht wenigstens versucht hat, alles zu tun, was er sich wünschte.

Vierter Teil:
Kein Dolce vita, s'il vous plaît

Philosophie I: Alles von Plato bis Camus wird gelesen, und die folgenden Themen werden behandelt.:

Ethik: Der kategorische Imperativ und sechs Möglichkeiten, ihn sich zunutze zu machen.

Ästhetik: Ist die Kunst der Spiegel des Lebens, oder was?

Metaphysik: Was passiert mit der Seele nach dem Tode? Wie wird sie damit fertig?

Erkenntnislehre: Ist das Wissen wißbar? Wenn nicht, wie können wir das wissen?

Das Absurde: Warum das Dasein oft als lächerlich betrachtet wird, besonders von Männern, die weißbraune Schuhe tragen. Vielheit und Einheit werden in ihrem Verhältnis zur Andersheit untersucht. (Studenten, die die Einheit begriffen haben, steigen zur Zweiheit auf.)

»Das Frühjahrsprogramm«, zuerst veröffentlicht in *The New Yorker.*

Eines Abends im Jahre 1964 waren Shirley MacLaine und ein konservativ gekleideter Endfünfziger mit dunklem Anzug und unauffälliger Krawatte unter dem Publikum des Blue Angels. Während Shirley MacLaine schallend lachte, saß der Mann mit der seiner Kleidung entsprechenden Nüchternheit da. Er ähnelte Clark Gable, doch sein Name war Charles K. Feldman, und während er den surrealen, geistreichen Witzen und Geschichten lauschte, bei denen sich das Publikum vor Lachen krümmte, hörte er vor allem das Klingeln einer Registrierkasse. Feldman war Filmproduzent und auf der Suche nach einem Autor, der ein oberflächliches Don-Juan-Lustspiel mit dem Titel *Lot's Wife* (Lots Weib), verfaßt vom tschechischen Schriftsteller Ladislaus Bus-Fekete, in eine zeitgemäße Komödie verwandeln konnte, die jemandem wie Capucine – sie war zufällig Feldmans Freundin – eine Rolle als Co-Star bot. Er hatte die Rechte an dem Stück mehrere Jahre zuvor für Cary Grant gekauft und seitdem mehrere Versionen des Drehbuchs – darunter eine von I. A. L. Diamond, einem Meister der Farce – in Auftrag gegeben, doch keine gefiel ihm. Während Shirley MacLaine und das Publikum hemmungslos lachten, kam Feldman zu dem Schluß, daß Woody die Lösung für sein verschlepptes Problem liefern könne, obwohl er keine Filmerfahrung hatte. Feldman erkannte, daß Woody »ein modernes Publikum ansprach«, wie er nach den Dreharbeiten sagte. »Mir schien, wenn er die Zuschauer durch ein Mikrofon erreichen konnte, dann auch durch ein Drehbuch.« Am nächsten Tag schickte er seinen Abgesandten Sam Shaw, einen Fotografen, Produzenten, Graphiker und ein allgemeines Showbusineß-Wunder, zu Verhandlungen mit Rollins und Joffe. Sie waren vielleicht die beiden einzigen im Showgeschäft, die Shaw nicht kannte. Feldman ermächtigte Shaw, bis zu 60 000 Dollar für Woodys Dienste zu bieten. Shaw ging zu Rollins' und Joffes Büro, damals ein mit Zeitungen übersäter Raum an der West Fifty-seventh Street. Mit Tennisschuhen und einer alten Hose bekleidet, einen Stapel Zeitungen unter dem Arm, schlenderte Shaw ins Büro und ging auf Joffe zu, der ihn für einen der Verrückten von der Straße hielt.

»Wieviel wollen Sie für den Knaben Allen, wenn er uns ein Filmskript schreibt?« fragte Shaw.

Joffe, der sich nie die Möglichkeit eines guten Geschäfts durch die Lappen gehen ließ, auch nicht mit einem Verrückten, antwortete: »Fünfunddreißigtausend Dollar.« Es war eines der wenigen Male, bei denen er seinen Klienten unter Wert verkaufte.

»In Ordnung«, sagte Shaw. »Feldman wird sich mit Ihnen in Verbindung setzen.«

Als der Film 1965 in die Kinos kam, beschrieb Woody dieses Gespräch in der New Yorker *Herald Tribune*: »Ein Vertreter von Charles K. Feldman suchte meinen Manager auf und bot ihm eine sechsstellige Summe für meine Dienste an. Nach langem Feilschen gaben sie sich mit einer der Stellen zufrieden, und das Geschäft war gemacht... Ich habe mehrere Ideen, vornehmlich für einen Thriller, der sich auf die Benutzung jambischer Pentameter durch die metaphysischen Dichter stützt. Feldman war zuerst nicht allzu begeistert von der Idee, aber ich glaube, ich kann ihn überzeugen. Dies ist eine Chance, wahre Kunst in ein gewöhnlich steriles Medium einzubringen.«

Ein paar Tage später nahm Feldman tatsächlich mit den beiden Verbindung auf, und man einigte sich, daß Woody nicht nur das Drehbuch schreiben, sondern auch eine Rolle in dem Film übernehmen würde – kein schlechtes Geschäft für einen relativ unbekannten achtundzwanzigjährigen Komiker. Und es war auch kein schlechtes Geschäft für Feldman, der zu Recht angenommen hatte, daß Woody die Lösung seines Problem war. *Lot's Wife* wurde zu *Was gibt's Neues, Pussy?*, Feldman verdiente Millionen Dollars (der Film wurde zu der bis dahin profitabelsten Komödie), und Woody erwarb sich von einem Moment zum anderen einen Namen als Drehbuchautor und Schauspieler, wiewohl sein Skript von Feldman verstümmelt wurde. Nachdem er drei eigene Filme gedreht hatte, sagte er über *Was gibt's Neues, Pussy?*: »Wenn sie mich hätten machen lassen, wäre er doppelt so witzig und halb so erfolgreich geworden.«

Dies kennzeichnet die wichtigste der vielen Differenzen zwischen Woody und Feldman – und fast jedem anderen im Filmgeschäft: Woody wollte damals wie heute künstlerische, Feldman dagegen kommerzielle Erfolge.

Hollywood war wie geschaffen für Leute wie Feldman. Als

ehemaliger Anwalt, Agent und nun Produzent hatte er, einem Freund zufolge, »die Seele eines Spielers«. Als Agent war er für etwa dreihundert Klienten zuständig gewesen, darunter John Wayne, Gary Cooper, Richard Burton, Kirk Douglas, Greta Garbo, Marlene Dietrich und Marylin Monroe. Er war auch der erste Agent, der Pauschalgeschäfte abschloß (die heute in Hollywood allgemein akzeptiert sind), das heißt, er vermittelte Drehbuchautor, Star und Regisseur (gewöhnlich Klienten von ihm) an ein Studio, das die Finanzierung und den Verleih des Films übernahm.

Bis zu seinem Tode 1968 im Alter von dreiundsechzig Jahren lebte Feldman entsprechend dem Klischee eines Produzenten. Er hatte Häuser in Beverly Hills, an der Französischen Riviera, in New York, Rom, London und Paris. Er wurde mal der »König Midas des Zelluloids«, mal der »Kalif der Komik« genannt, was die Spannweite seiner Filme recht gut wiedergibt: Sie reichten von *A Streetcar named Desire (Endstation Sehnsucht)* und *The Glass Menagerie (Die Glasmenagerie)* bis hin zu *The Seven Year Itch (Das verflixte siebente Jahr)*, von *The Group (Die Clique)* bis hin zu *Pussycat* und seinem letzten Film, *Casino Royale*.

Feldman war ein überzeugter Verfechter des Starsystems und hoher Stargagen. »Niemand hatte je von Ali Khan gehört, bevor er Rita Hayworth heiratete«, verkündete er einmal, »und niemand hatte je von Prinz Rainer gehört, bevor er Grace Kelly heiratete.« Feldman war großzügig gegenüber Stars, die seinen Filmen gute Dienste leisteten; er freute sich so sehr über Peter Sellers' Hilfe und Kooperation während der Dreharbeiten an *Was gibt's Neues, Pussy?*, daß er ihm zum Dank einen neuen Rolls-Royce schenkte.

»Charlie war großzügig, ein Mann, an den man sich wenden konnte, wenn man einen Gefallen brauchte«, sagte Woody ein paar Jahre nach der Arbeit an *Was gibt's Neues, Pussy?*, »aber es war Mist, für ihn zu arbeiten. Ich habe trotzdem enorme Sympathie für ihn. Wenn man sich diese anderen großen Produzenten anguckt, die waren so miserabel und rührselig. Charlie war charmant und witzig. Manchmal ging er an den Bakkarattisch und verlor hunderttausend Dollar, so wie andere ein Einwegfeuerzeug verlieren. Ich war nicht zufrieden mit *Was gibt's Neues, Pussy?*. Der Film war eindeutig nur für die Stars gedacht. Aber ich denke in kleinen und Charlie Feldman dachte in großen Maßstäben. Folglich war er Multimillionär, als er starb, und ich muß in Las Vegas auftreten.«

Feldman und Woody gerieten sofort aneinander. Woody wurde mitgeteilt, worum es in Diamonds Drehbuch ging, aber er las es nicht, und zwar aus Prinzip, denn er glaubt einerseits, daß fremde Drehbücher ihm keine Hilfe bieten können, und er möchte andererseits nicht von ihnen beeinflußt werden. Feldman riet ihm, »etwas zu schreiben, das uns allen die Möglichkeit gibt, nach Paris zu reisen und Mädchen nachzustellen«. Woody folgte diesem Rat im wesentlichen und las das Drehbuch dann Feldman und Warren Beatty vor, der für Feldman eine Art Ersatzsohn war und eine Hauptrolle in dem Film spielen sollte. Woodys erste Fassung existiert nicht mehr, doch sie enthielt »eine Million wunderbarer Witze. Aber man merkte sofort, daß Feldman der alten Hollywood-Schule angehörte. Ich hatte der weiblichen Hauptfigur den jüdischen Namen Becky gegeben. Das gefiel ihm nicht. Und wenn sie der männlichen Hauptfigur begegnet, die Warren spielen sollte, gibt sie sich selbstbewußt; zum Beispiel sagte sie: ›Also, ich bin eine großartige Frau, und ich sehe toll aus.‹ Das konnte Charlie nicht verkraften, weil es unbescheiden war und gegen das Klischee der Heldin verstieß.« Außerdem war das Drehbuch von Anspielungen auf andere Filme durchsetzt, von berühmten Zitaten, die Woody aus Dutzenden von Streifen kannte.

Beatty, der ein Fan von Woody war und sich ein paarmal dessen Auftritte im Bitter End und im Blue Angel angesehen hatte, machte sich weniger aus den Anspielungen, aber ihm schien, daß Woodys ursprünglich kleine Rolle komischer war als seine. Zudem habe Woody, wie Beatty 1974 sagte, »nicht ganz begreifen können, was an einem notorischen Don Juan komisch ist«. Also schrieb Woody eine neue Version, die sich stark von der ersten unterschied. Feldman gefiel sie immerhin so gut, daß er die Arbeiten an dem Film, dem noch ein Titel fehlte, einleitete. Beatty lieferte den Titel. Er wohnte in Feldmans Haus in Beverly Hills und telefonierte dauernd mit schönen Frauen. Seine übliche Begrüßung war: »What's new, Pussycat?« Es heißt, Feldman habe ihn einmal gehört und sofort gerufen: »Das ist der Titel!«

»Im ursprünglichen Skript erschien Woodys Rolle auf vielleicht sechs Seiten«, sagte Beatty. »Nach seiner ersten Umarbeitung fand man seine Gestalt auf zwölf oder fünfzehn Seiten, und sie war komisch. Dann wurden es zwanzig oder dreißig Seiten. Als wir eine Fassung hatten, die Woody für akzeptabel hielt, nahm seine

Rolle fast die Hälfte des Skripts ein. Meine war fast genauso groß, aber nicht ganz so gut.«

Das Drehbuch durchlief etliche Versionen, doch das, was schließlich auf der Leinwand zu sehen war, hatte nur entfernt mit Woodys Vorlagen zu tun. Er schrieb nahezu in ganz Europa an dem Drehbuch, denn die Vorproduktion war beispielhaft dafür, wie ein Film nicht gedreht werden sollte, wenn man den Etat einhalten will. Zuerst hielten sich Woody, Joffe, Feldman und dessen Stab sechs Wochen lang in London auf. Dort erfuhr Woody (»Ich war immer der fünfzigste, der irgend etwas erfuhr«), daß Beatty ein anderes Projekt übernehmen werde und Feldman das Skript deshalb an Peter O'Toole geschickt habe. Dann glaubte Feldman, er werde in Rom gute Geschäftsbedingungen für die Dreharbeiten vorfinden; deshalb fuhren alle für sechs Wochen dorthin. Währenddessen redete Woody Feldman zu, den Film in Paris zu machen, da er »etwas Gallisches« an sich habe. Feldmans Antwort war laut Woody: »Ach, Sie können die Sache nach Rom verlegen. Rom ist genau richtig.« Für Feldman war ein Drehbuch etwas, das sich wie ein Hemd wechseln läßt. Monate vergingen, und Woody wurde immer gereizter; er stritt sich mit Feldman über die Änderungen und den Drehort und drohte, das Projekt aufzugeben. Joffe versuchte, Frieden zu stiften, und riet Woody, Feldman entgegenzukommen, denn schließlich geschehe es nicht alle Tage, daß ein Komiker aus dem Blue Angel plötzlich das Drehbuch und eine Rolle in der vielleicht größten Komödie des Jahres übernehme. Er legte Woody nahe, nicht launisch zu sein und davonzulaufen, sondern vielmehr das Beste aus dieser Gelegenheit zu machen. Das war ein guter Ratschlag. Die Arbeit machte Woody viel Ärger, aber dafür lernte er Europa von einer Seite kennen, wie es sich niemand aus seiner Gegend in Brooklyn auch nur hätte vorstellen können, und das ganze Projekt, bei dem er eher zuschaute als wirklich beteiligt war, bot ihm zumindest Luxus und interessante Erfahrungen.

Er trank ein paar Gläser mit Darryl Zanuck an der Via Veneto und traf sich zum Dinner mit Peter O'Toole oder William Holden oder Jules Dassin. Er erlebte üppige Partys und begegnete wunderschönen Frauen. Mit Geld ging man genauso verschwenderisch um wie mit Drehbuchseiten. Eine Zeitlang wurden Woody und Joffe von Feldman in Südfrankreich untergebracht. Feldman hatte immer eine Reihe attraktiver Frauen um sich, die er dafür bezahlte, Freunden und an dem Film mitarbeitenden Kollegen Gesellschaft zu leisten. Als er eintraf, machte Feldman ihn mit einer der Damen bekannt, die ihn den Abend hindurch betreuen sollte. Woody warf nur einen einzigen Blick auf sie und erbleichte. Sie erinnerte ihn an eine seiner Tanten – das war für ihn das Ende des Abends. Später empfahl Feldman den beiden, eine Woche Urlaub zu machen und auf seine Kosten nach Florenz zu reisen. »Es war absolut unglaublich«, erinnerte sich Woody ein paar Jahre später. »Capucine rief mich an einem Wochenende an und sagte ganz ohne romantische Hintergedanken: ›Ich habe nichts zu tun. Soll ich Ihnen Paris zeigen?‹ Plötzlich wurde ich in diese Dolce-vita-Rolle hineingestoßen.«

Der Film, der sich von einer kleinen Komödie zu einem Riesenprojekt ausgewachsen hatte – sein Etat betrug rund 4 Millionen Dollar, eine astronomische Summe für die damalige Zeit –, wurde letzten Endes in Paris gedreht. Es war deshalb ein Riesenprojekt mit einem gewaltigen Etat, weil viele große Stars engagiert wurden: Peter Sellers auf dem Höhepunkt seiner Karriere; Peter O'Toole, der gerade die Hauptrolle in *Lawrence von Arabien* und *Becket* gespielt hatte; Ursula Andress, die mit *Dr. No (James Bond – 007 jagt Dr. No)* den Durchbruch geschafft hatte; Romy Schneider, Paula Prentiss.

Woody liebte Paris, auch wenn er kein Französisch sprach und sich auch nichts aus der Sprache machte. »Ich habe in ein paar Wochen mehr Italienisch gelernt, als ich während meines ganzen Aufenthalts Französisch lernen werde«, schrieb er Richard O'Brien, den Jack Robbins den »größten Presseagenten der Welt« genannt hat. O'Brien steuerte die sehr erfolgreiche Berichterstattung der Zeitschriften über Woody und leistete über 20 Jahre lang einen Beitrag zu seinen Witzen. »Es ist eine grobe Sprache, und der Klang begeistert mich nicht gerade.« Trotzdem schlug er sich nicht schlecht durch. »Ich posierte mit einigen der nackten Schönheiten im Crazy Horse für Reklamefotos und plauderte ganze anderthalb Stunden mit ihnen«, schrieb er O'Brien. »Die Tatsache, daß ich kein Wort verstand, war nebensächlich. Ich nickte nur, lächelte und sperrte die Augen auf.« In seiner Filmrolle arbeitet Woody als Kostümier in einem Striptease-Klub und hilft den Mädchen, ihre Strümpfe, Strumpfhalter und »letzten Hüllen« anzulegen. »Wie hoch ist das Gehalt?« fragt Peter O'Toole. »Zwanzig Franc«, antwortet Woody. »Nicht viel«, sagt O'Toole. Woody zuckt die Achseln. »Mehr kann ich mir nicht leisten.«

Er fuhr in dem Brief fort: »Habe ein Kindheitsidol aufgespürt, Claude Luter, der die Bechet-Tradition im Jazz fortführt und hervorragend ist. Ich höre ihn mir dauernd in einem Laden an, der Slow Club heißt. Für junge weiße Männer klingt es wirklich authentisch, und sie werden offensichtlich von den schwarzen Begründern beeinflußt, denen sie großen Respekt zollen, nicht diese Geringschätzung haben wie so viele moderne Musiker. Ich habe mich zusammen mit ihm fotografieren lassen.« Luter gefunden zu haben linderte Woodys Enttäuschung darüber, daß er zwei andere seiner Idole verpaßt hatte. »Mein ganzes Leben lang wollte ich nach Frankreich reisen, um Sidney Bechet und Budd Powell, den Jazzpianisten, zu hören. Bechet war ein paar Jahre zuvor gestorben, und Powell kehrte bei meiner Ankunft gerade nach New York zurück.« Immerhin traf Woody Samuel Bechet in einem Café. Später nannte er die Begegnung den einzigen erregenden Moment seines sechsmonatigen Aufenthalts in Paris. Es war ein kulturelles Vergnügen für Woody, sich die Pariser Kathedralen und andere Bauwerke anzusehen und immer wieder den Louvre zu besuchen, dessen Kollektionen er so systematisch betrachtete, wie er es im Metropolitan Museum in New York getan hatte. Nicht alle Sehenswürdigkeiten waren unbelebt. »Als ich in ein Kino ging, kam ich an der Bardot vorbei.« schrieb er. »Sie war prachtvoll. Ich wurde kalkweiß, wie Charlie Joffe später sagte, und Dampf kam aus meinen Ohren. Schwarze Strümpfe, blonde Zöpfe. Welch ein Gesicht! Ich folgte ihr eine Weile und wurde schließlich von einem Gendarm wegen verdächtigen Benehmens verwarnt. Ob ich sie wohl je treffen werde, und ob sie je einen kleingeratenen Mann mit rotem Haar und meinem Namen lieben könnte?«

Er brauchte allerdings nicht alle blonden Filmstars aus der Ferne zu bewundern. Wie mehrere an dem Film Mitwirkende wohnte Woody im Hotel George V. Zu ihnen gehörte auch Peter Sellers, der mit Britt Ekland verheiratet war. Woody hatte etliche Male gehört, daß Sellers und er einander ähnelten. »Das erstaunt mich«, schrieb er, »denn wir haben keine Ähnlichkeit, [aber] Britt sagte, es sei sehr seltsam gewesen, als ich einen Raum betrat, in dem sie gerade beim Lesen war. Für einen Sekundenbruchteil hielt sie mich für ihren

Mann. Ich stellte mich mit Peter vor ihr auf, und sie hielt die Sache für merkwürdig, kam dann aber zu dem Schluß, daß ich Stan Laurel sogar noch mehr ähnelte.«

Wie zehn Jahre zuvor von den Autoren der *Colgate Variety Hour* wurde Woody nun auch von den Darstellern des Films mehr oder weniger »adoptiert«. O'Toole kam eines Tages mit einem Pullover zurück, den er Woody gekauft hatte; das Problem war nur, daß der Pullover O'Tooles Maßen – und er ist um etliches größer als Woody – entsprach. Neben Capucine spielte auch Paula Prentiss für Woody die Fremdenführerin. Aber Woody war ebenso zufrieden, wenn er keine Gesellschaft hatte, und er nutzte seine Freizeit, um an einem Stück (es wurde letztlich zu *Dont' Drink the Water*) für Max Gordon – den legendären Broadway-Produzenten von Hits wie *Design for Living (Serenade zu dritt)*, *Born Yesterday (Die ist nicht von gestern)* und *My Sister Eileen (Meine Schwester Ellen)* – zu arbeiten. Woodys nüchternes Einsiedlertum verschaffte ihm den Ruf eines Exzentrikers: Täglich übte er ohne Begleitung in seinem Hotelzimmer auf der Klarinette; das Gerücht ging um, er gebe dem Hotelpersonal kein Trinkgeld, weil die Bedienung im Zimmerpreis eingeschlossen sei; und er nahm sechs Monate lang jeden Tag das gleiche Abendessen in demselben Restaurant (»La Boccador«) zu sich: Tagessuppe, Seezungenfilet und Crème Caramel. Diese Neurose, die ihm jeden Wandel verhaßt macht und ihn veranlaßt, monatelang die gleiche Mahlzeit zu essen, hat auch ihre guten Seiten, wenn es um Freundschaften geht. Woody ist außerordentlich loyal allen ihm Nahestehenden sowie den Handwerkern und Technikern seines Filmteams gegenüber, die sich als fähig erwiesen haben. Wenn er einmal jemanden oder eine Sache gefunden hat, die er mag, widerstrebt es ihm, sich von ihnen zu trennen. Was für seinen persönlichen Bereich gilt, ist im künstlerischen jedoch genau umgekehrt: Wiederholungen sind ihm nicht willkommen, er vermeidet sie.

Woodys »Trübsinn und Zynismus« gestatteten ihm nicht, sich dem gesellschaftlichen Leben, das mit dem Film verbunden war, uneingeschränkt hinzugeben. Es gefiel ihm nicht, so lange von zu Hause fort zu sein. Er weigerte sich, europäisches Fleisch zu essen, weil er Negatives darüber gehört hatte; deshalb schickten Louise Lasser und United Artists ihm Steaks. Außerdem »wurde mein Film zerstückelt – das gefiel mir nicht. Ich hatte keine Lust, mich jeden Abend den Geselligkeiten anzuschließen. Es war also keine angenehme Erfahrung für mich. Meistens hatte ich das Gefühl, unter Philistern zu sein.«

Auch in Europa war er nun als Komiker ständig gefragt. Er flog nach London, um Shows für das amerikanische wie für das englische Fernsehen zu machen, und trat bei einer Kundgebung am Eiffelturm auf, die »Americans Abroad« zur Unterstützung von Präsident Lyndon Johnsons Wahlkampagne abhielt. Woody wurde – neben Rudolf Nurejew, Johnny Carson, Carol Channing und anderen – zu einem Auftritt bei Johnsons Amtseinführung im Jahre 1965 und ein paar Monate später zu einem Dinner im Weißen Haus eingeladen. Er war der Meinung, die Einladung nicht ausschlagen zu können, obwohl sie nur ihm und nicht Louise galt, die damals seine Partnerin war. »Heute würde ich mich unter solchen Umständen nicht darauf einlassen«, sagt er. »Mia wurde von den Reagans ins Weiße Haus eingeladen, ich jedoch nicht. Sie lehnte aus vielen Gründen ab, aber einer war: ›So geht es einfach nicht.‹

Aber man wußte nichts von Louise und schickte nur mir eine Einladung zum Dinner. Ich nahm das Pendelflugzeug, und weil ich nicht im Smoking fliegen wollte, zog ich ihn in einer Toilette am Washington National Airport an und steckte meine Sachen in ein Schließfach. Ich fuhr zum Weißen Haus, und wie bei allen Dinners und Partys, für die ich die Einladung annehme, war ich als erster dort. Ungefähr zehn Minuten später kam Richard Rodgers herein und umarmte mich. Ich kannte ihn nicht persönlich, aber er hatte von mir gehört und ich wußte natürlich, wer er war. Er sagte: ›Gott, wenn unsere Großeltern uns jetzt bloß sehen könnten!‹ Das war Richard Rodgers am Ende einer der glänzendsten Karrieren, und er war so fassungslos. Und mir ging es genauso.

Dann marschierten berühmte Gäste herein. Der nächste war Jimmy Durante. Als Johnson zum Dinner herunterkam – man servierte Filet mignon, aber ich war überrascht, denn es schmeckte wie Anstaltsessen –, spielte ein kleines Militärorchester ›Hail of the Chief‹ oder so was. Ich dachte: ›Einfach erstaunlich, daß man diesem Mann jeden Abend bei seiner Mahlzeit etwas vorspielt.‹ Es war ein wunderbarer Abend. Es hätte direkt aus *Vom Winde verweht* sein können, denn hier war es schon ein wenig südlich und da es ein warmer Abend war, hatte man die Türen zum Garten geöffnet und ihn zum Tanzen mit Laternen geschmückt. Später kam eine von Johnsons Töchtern auf mich zu. Sie hatte in der Zeitung gelesen, daß ich gesagt hatte, ich sei zum Dinner ins Weiße Haus eingeladen worden und vielleicht sollte ich etwas Kuchen oder so mitbringen. Das hielt sie für witzig. Und dann sagte ihre Mutter zu mir: ›Wir dachten alle, Sie trügen eine Perücke‹, denn mein Haar war damals ziemlich albern.

Weil ich Louise unbedingt beeindrucken wollte – schließlich war sie meine Freundin – fragte ich, ob ich telefonieren könne. Man führte mich in ein kleines Privatzimmer mit einem Telefon. Ich wollte sagen: ›Hallo, ich rufe aus dem Weißen Haus an.‹ Aber sie war nicht da. Es war sehr ärgerlich.«

Der Wirbel um *Was gibt's Neues, Pussy?* sorgte dafür, daß man auch anderswo auf Woody aufmerksam wurde. Er erhielt Angebote, ein Broadway-Stück zu inszenieren, Bücher zu Filmskripten zu machen und weitere Rollen zu übernehmen – »alles interessante und große Projekte«, teilt er O'Brien mit. Aber Jack Rollins riet ihm, alles auszuschlagen, wenn es sich nicht um ein Drehbuch für ihn oder um einen interessanten Originaltext handele, den er selber schreiben könne. Trotz all dieser Erfolge verlief seine Karriere in einer Hinsicht enttäuschend. Colpix Records hatten ein Album mit seinen Nachtklubauftritten auf den Markt gebracht, und obwohl es seinen Weg in die Hitlisten fand, schienen Woody die Verkaufsziffern zunächst rätselhaft niedrig. »Ich kann einfach nicht begreifen, weshalb mein Plattenalbum nicht das große Geschäft macht«, beschwerte er sich bei O'Brien kurz nach Erscheinen der Platte. »Das Album kommt in diesen Tagen in London heraus, und die Vorexemplare sind sehr wohlwollend aufgenommen worden. Der Reporter vom Londoner *Express* will mich diese Woche interviewen.

Ich muß einfach eine größere Gefolgschaft haben, als die Plattenverkaufszahlen anzeigen; bis jetzt habe ich viel schlechter abgeschnitten als jeder andere einigermaßen bekannte Komiker. Komiker, die seltener im Fernsehen auftreten, haben viel mehr verkauft (das erste [Bob-] Newhart-Album, Mel Brooks etc.). Komiker, die viel öfter im Fernsehen auftreten, haben auch mehr verkauft ([Shelley] Berman, Nichols und May, Jonathan [Winters]). Andere jüdische Komiker haben mehr verkauft (Mel Brooks, Shelley Berman)... Schwarze Komiker auch... Ich weiß, daß das Album witzig ist, denn es enthält all das, wodurch meine Karriere in Gang kam, und einiges mehr; wenn es hier in London gespielt wird, sind die Leute begeistert – also, ich kann's nicht begreifen. Meine Verkaufszahlen sind schrecklich . . . Es kann nicht daran liegen, daß ich zu intellektuell bin, denn das ist nicht der Fall, und außerdem übertreffen auch Mort Sahl und Nichols und May mit ihren hochgeistigen Arbeiten meine Zahlen. Es ist ein Rätsel – das Publikum lacht über mich, mein Preis steigt, meine Karriere macht Fortschritte – und niemand kauft mein Album???« Am Ende seines nächsten Briefes an O'Brien schrieb Woody: »Ich möchte unbedingt noch eine Platte machen, um einfach herauszukriegen: Ist es meine Stimme, die Plattengesellschaft oder ein Familienfluch?« Er schloß mit einer verblüffenden Bemerkung und einer inbrünstigen Bitte: »Ich habe nun zwei Wochen hintereinander Liebesszenen mit Romy Schneider gedreht, und ich bin so grün und blau, als wäre sie Sonny Liston. Bete dafür, daß meine Arbeit unverwässert und ungekürzt bleibt und daß der Film sich bezahlt macht.«

Wenn auch die niedrigen Plattenverkäufe und die Mißhandlung seines Drehbuchs Woody enttäuschten, so gab es doch auch positive Entwicklungen. United Artists, die für Finanzierung und Verleih von *Was gibt's Neues, Pussy?* zuständig waren, bemühte sich sehr um Woody. Man kaufte ihm eine Klarinette, damit er während der Dreharbeiten entspannt blieb – dies hielt er für eine nette Geste, auch wenn das Instrument miserabel war –, und man überhäufte ihn mit Schokoladenriegeln, die er damals ständig aß. »Buchstäblich Hunderte liegen in meinem Zimmer«, ließ er O'Brien wissen, »[und] Freunde in den Staaten haben mir Salamis geschickt. Sie hängen als Verzierung an meinen antiken französischen Türknäufen.«

So entgegenkommend die Direktoren von United Artists auch waren, Woody wußte, daß sie ihn bei seinen Auseinandersetzungen mit Feldman, die sich im Laufe der Dreharbeiten verschlimmerten, nicht unterstützen würden. Der Kern seines Problems mit Feldman war der gleiche wie mit dem Fernsehen: Ihm gefiel nicht, was man mit seinen Texten anstellte – dies war schließlich einer der Gründe dafür gewesen, daß er sie lieber persönlich auf der Bühne vortrug. Nun, nachdem er sich endlich als Komiker durchgesetzt hatte, steckte er wieder in dem gleichen Morast, aus dem er sich vier Jahre zuvor herausgearbeitet hatte, und dies verdroß ihn. Aber er hatte nicht die Macht, irgend etwas zu ändern. Er war kein

Filmstar, kein bewährter Drehbuchautor, er hatte nie einen Film inszeniert oder produziert. Die Tatsache, daß er höchstwahrscheinlich einen besseren Film hätte machen können, war nebensächlich. Im Vordergrund stand, daß er, »verglichen mit den anderen, ein Floh war. Sie hatten den Höhepunkt ihrer Popularität erreicht und ich war ein totales Nichts.« Und Flöhe können zwar beißen und ein Ärgernis darstellen, aber letztlich werden sie zerquetscht.

Eine Zeitlang konnte Feldman Woody dazu bringen, gute Texte vorzulegen, indem er ihn aufforderte, etwas für sich selbst zu schreiben; danach ging die Szene dann häufig an Sellers oder O'Toole. Doch das kümmerte Woody weniger als Feldmans überzogene Produktion. »Alles, was sie taten, war klotzig und überdreht«, sagte Woody später. »Sie konnten nichts Einfaches machen.«

Die Handlung von *Was gibt's Neues, Pussy?* sieht etwa folgendermaßen aus: Ein Psychiater namens Fritz Fassbinder (Peter Sellers), dessen Ehe in Schwierigkeiten ist, hat einen Patienten namens Michael James (Peter O'Toole), den Feuilletonredakteur einer Wochenzeitschrift. James hat nichts anderes im Sinn, als Carol Werner (Romy Schneider), einer Berlitz-School-Lehrerin, treu zu bleiben und sie zu heiraten. Sie ist seit vielen Jahren seine eifersüchtige, doch geduldige Verlobte, und er hat sie mit den meisten Frauen Europas betrogen. Drei sinnliche und verführerische Frauen, die ihm bisher irgendwie entgangen sind – Rene, Liz und Rita (Capucine, Paula Prentiss und Ursula Andress) –, bemühen sich unabhängig voneinander um seine Gunst. Die Schwachheit des Fleisches und verschiedene unwahrscheinliche Zufälle – etwa die, daß ein Lift steckenbleibt und daß ein Fallschirm abgetrieben wird, wodurch die Springerin in einem fahrenden Auto landet – haben zur Folge, daß die Frauen ihr Ziel erreichen, allerdings nur kurz. Am Ende triumphiert die Liebe, und die Hochzeit findet statt.

Es gibt zwei Nebenhandlungen. Die eine dreht sich um Fassbinders Manie, wenigstens einmal das zu versuchen, was James sich nicht versagen kann, und um den ständigen Präcoitus interruptus durch seine brunhildehafte Ehefrau, »das Geschöpf, das Europa verschlang«. Die andere Nebenhandlung betrifft das Woody-Allen-hafte Gestümper von Victor Shakapopolis (Woody), dessen Liebesleben bereits beendet scheint, bevor es auch nur begonnen hat.

Das Tempo ist halsbrecherisch: Dritte Personen stolpern in harmlose Zwischenspiele hinein und machen sie zu kompromittierenden Situationen; eifersüchtige Ehefrauen verfolgen abspenstige Ehemänner; eifersüchtige Ehemänner verfolgen abspenstige Ehefrauen; eifersüchtige Liebhaber verfolgen eifersüchtige Liebhaberinnen; angehende abspenstige Ehemänner/Ehefrauen/Liebhaber werden vor der Tat ertappt – meistens jedoch ohne den Elan, den eine derartige Farce verlangt. Es gibt Verfolgungsszenen durch Wohnungen und Straßen; unterbrochene Selbstmorde; weitere Verfolgungsjagden auf Landstraßen und in Hotelzimmern; eine vorletzte Szene, in der sich alle Beteiligten in einem ländlichen Gasthaus versammeln, wo alle durch Flure rennen und sich in Schränken, Zederntruhen, Wäschekörben und unter Betten verstecken. Die letzte Verfolgungsjagd findet auf einer Go-cart-Bahn statt. Man stellt sich Georges Feydeau vor, wie er sich in seinem *armoire* umdreht.

»So, wie Feldman den Film produzierte, erinnerte er an die Milton-Berle-Show, nur ohne dessen Genie«, erklärte Woody später. Die Eröffnungsszene zeigt nicht das Haus eines gewöhnlichen Psychiaters und seine nicht unüblichen Eheprobleme, sondern eine seltsame, schloßartige Jugendstil-Villa. Man sieht aus der Ferne, wie zwei kleine Gestalten einander jagen. Schreie sind zu hören; Personen erscheinen an Fenstern, auf Balkons und Türmchen; die Kamera schwenkt zu Sellers, der mit einer Perücke und einem Knickerbockeranzug aus rotem Samt als Page verkleidet ist, während er seiner riesenhaften Frau auf den Leib rückt. Das Innere des Fahrstuhls, in dem O'Toole und Capucine gefangen sind, ist prächtiger ausgestattet als eine Präsidentsuite. Der Trikotanzug, den Ursula Andress trägt, als sie mit dem Fallschirm in O'Tooles Auto springt, ist aus Schlangenleder.

In einer Szene, in der sich Romy Schneider und Peter O'Toole ihre Liebe in einem Dialog erklären, der absichtlich an einen schlechten romantischen Film erinnert, sollte laut Woodys Drehbuch eine kleine »Autorenmitteilung« am Fuß der Leinwand aufflackern. Feldman hielt dies für unnötig, während Woody betonte, daß es sich ohne die Mitteilung nur um eine langweilige, flaue Liebesszene handeln werde. In diesem Fall setzte Woody sich schließlich durch, aber es war ein Pyrrhussieg. Feldman ließ den Text nicht mit kleinen Buchstaben, sondern im Rokokodesign des

Titelvorspanns einfügen, so daß er überkandidelt wirkte. Aber Woody gab zu, daß »der Film keine Fließbandarbeit war. Es war nicht Doris Day.«

Wie übersteigert *Was gibt's Neues, Pussy?* auch sein mag, viele Zuschauer halten den Film für witzig, und er schaffte das, worauf Feldman spekuliert hatte. »Heute gibt es ein großes neues Publikum«, sagte er mit den Übertreibungen eines geborenen Verkäufers. »Nämlich die jungen Erwachsenen der Welt, die jung denken, jung handeln und jung leben. Ich mache meine Filme für ein bestimmtes Publikum. Disney-Filme wie *Mary Poppins* wenden sich an die gesamte Familie. Meine Filme dagegen sind für ein spezifischeres, zeitgenössisches Publikum gemacht. Sie wenden sich an die Leute, die man bei Baseball- und Footballspielen findet, die sich in den Diskotheken drängen, die verrückte Moden bevorzugen und sich ihren Rhythmus nicht vorschreiben lassen.« Zu seinem Glück brauchte Feldman nie von seinen Texten zu leben, doch seine Ideen fanden ihr Publikum.

Dieses Publikum fand einen neuen Star in Woody Allen, auch wenn er sich während der Dreharbeiten nicht wie ein Star fühlte. Selbst dann, wenn Sellers oder O'Toole nicht die für seinen Part gedachten Texte übernahmen, war die Kamera praktisch immer auf sie gerichtet. Als Sellers sich anschickt, Selbstmord zu begehen, kommt Woody an den Kai und richtet, ohne Sellers zu beachten, ein Picknick für eine Person, komplett mit Champagner, her. Sellers, dessen Fahrt nach Walhalla unterbrochen ist, fragt Woody zornig, was er tue. Woody erklärt, er komme stets an seinem Geburtstag hierher (es war an einem eiskalten 1. Dezember und, wie es der Zufall wollte, tatsächlich Woodys neunundzwanzigster Geburtstag). Sellers macht ein wenig Klamauk und verzichtet dann auf den Selbstmord.

Woodys Groll wuchs. »Eines Abends bei der Mustervorführung empfahl ich Feldman, sich zum Teufel zu scheren. Die Feldman-Clique war da, und irgendwelche Ausländer hingen herum; ich weiß nicht, wer sie waren: Engländer, Franzosen, internationale Geldleute. Sie sahen sich meine Gags an – es waren Kerle, die nicht das geringste mit Filmen zu tun hatten – und sagten: ›Oh, das halte ich nicht für witzig‹, oder: ›Ich finde, in dieser Szene müßte er verrückter sein.‹ Es ist ohnehin ziemlich schwer, sich Muster anzugucken. Du rackerst dich den ganzen Tag ab, du hast Hunger, und dann siehst du dein Gesicht abends um sieben auf der Leinwand und bist nicht so komisch, wie du gedacht hast. Es war in vieler Hinsicht eine alptraumhafte Erfahrung. Ich machte dauernd gehässige Bemerkungen, bis Feldman sich schließlich an Charlie Joffe wandte und fragte: ›Könnten Sie Ihren Knaben nicht vielleicht veranlassen, nicht dauernd auf mir herumzuhacken? Das kränkt mich.‹«

»Woody kränkt Sie vielleicht, aber Sie quälen ihn zu Tode«, entgegnete Joffe. »Sie werden von ein paar Leuten beeinflußt, die keine Ahnung von Komik haben.«

»Feldman war ein unerschütterlicher Gentleman«, sagt Woody über die Episode. »Ich war nicht einmal seiner Verachtung wert. Meine Ausbrüche glitten einfach an ihm ab. Wahrscheinlich war er so oft verflucht worden, daß es ihn gar nicht mehr störte.«

Etwa nach der Hälfte der Dreharbeiten hatten Woody und Joffe schließlich genug. Joffe teilte Feldman mit, daß Woody nicht mehr zu Änderungen bereit sei und nichts dagegen habe, wenn er nicht als Drehbuchautor genannt werde. Spätere Änderungen gingen auf fast jeden einzelnen der am Film Beteiligten zurück.

Trotz ihrer Streitigkeiten meint Woody, daß Feldman »mich mochte und mich gut behandelte. Er war ein Genie« – oder wenigstens eine bestimmte Art von Genie, die Filme zustande bringen konnte. »Ich sah, wie er Peter Sellers an einem, United Artists an einem anderen und die italienische Regierung an einem dritten Telefon hatte. Er sagte: ›Vielleicht kann ich Peter Sellers für diesen Film kriegen‹, dann wandte er sich an United Artists: ›Ich brauche Zweihunderttausend Dollar mehr, um Sellers zu kriegen‹, und die italienische Regierung erwiderte: ›Sie können den Film drehen, aber unter ganz bestimmten Bedingungen‹, und so weiter, und so weiter. Er war ein großartiger, charmanter Schwindler, und ich traute ihm keine Sekunde lang. Für mich war er einfach ein hundertfach überführter Erzlügner. Das wußte ich, während ich mit ihm arbeitete. Aber ich wünschte, er wäre noch am Leben, nicht nur um seinetwillen, sondern auch, weil ich ihm zu gern zeigen möchte, daß ich's geschafft habe, eigene Filme zu machen. Er hat mir auf die Beine geholfen, und ich glaube, meine Filme würden ihm gefallen.«

Woody war nicht der einzige, dem Feldman auf die Beine half, oder der einzige Neuling, den er zu bevormunden suchte. Er engagierte eine ganze Ladung junger, talentierter und einfallsreicher Unbekannter für *Was gibt's Neues, Pussy?*: Clive Donner, der gerade *Nothing But the Best (Man geht wieder über Leichen)* und *The Caretaker (Der Hausmeister)* inszeniert hatte, dessen Erfahrung sich jedoch hauptsächlich auf das englische Fernsehen beschränkte; Burt Bacharach, der den Titelsong schrieb, und Tom Jones, der ihn sang; Mia Fonssagrives und Vicky Tiel, zwei neunzehnjährige Kostümbildnerinnen, die gerade die Designerschule in den Vereinigten Staaten beendet hatten und in Paris ungeheuer begehrt waren; sowie Dick Williams, der den Vorspann und Nachspann machte. Aber während Feldman ein einmaliges Gespür für die Entdeckung neuer Talente und für die Spekulation mit ihnen besaß, fehlte es ihm an der Klugheit, seinen Leuten freie Hand zu lassen. Daß Woody am Ende als einziger Autor genannt wurde, war eine Seltenheit für Feldman, der es, wie viele Produzenten, für selbstverständlich hielt, die Arbeit von drei – oder auch sechs – Autoren zu kombinieren.

»Ich glaube, Charlie spürte, daß ich mich mit einer bestimmten Art Komik auskenne und daß es schwierig war, mich durch einen anderen zu ersetzen.« Dies ist nach Woodys Einschätzung der Grund dafür, daß Feldman ihrem Gezänk zum Trotz keinen anderen Autor heranzog.

Was gibt's Neues, Pussy? lief im Juni 1965 unter vorwiegend gleichgültigen, wenn nicht gar feindseligen Besprechungen an. Bosley Crowther, der Kritiker der *New York Times*, schrieb:

> Woody Allen, dem Nachtklubkomiker, wird formell das Vergehen zur Last gelegt, daß angebliche Drehbuch von *Was gibt's Neues, Pussy?* geschrieben zu haben. Aber Mr. Allen kann dies leugnen, wenn er will, und man wird ihm zweifellos Glauben schenken. Er braucht nur zu erklären, daß niemand, der bei klarem Verstand ist, dieses armselige Skript geschrieben haben kann... Die Idee ist neurotisch und unnatürlich, es fehlt ihr an Witz, und die Schauspieler, die durch den Film poltern, sind keine wirklichen Komiker.

Kate Cameron in den New Yorker *Daily News* stimmte zu, daß es dem Film »völlig an gutem Geschmack fehlt«. Doch Andrew Sarris von *The Village Voice* nannte ihn »den bis jetzt besten Film des Jahres und die bei weitem witzigste Komödie«.

Was gibt's Neues, Pussy? sollte in zwei New Yorker Kinos sechs Wochen lang laufen, doch die Zuschauer waren begeistert und die Kinos füllten sich durch Mundpropaganda. Feldmans unangezapfte Publikumsquellen flossen plötzlich, und die 17 Millionen Dollar, die der Film einspielte, waren ein Rekord für eine Komödie.

Noch überraschender als die Einnahmen war die Aufmerksamkeit, die Woody zuteil wurde. Wer den Film mochte, rechnete ihm das Drehbuch als Verdienst an, obwohl er darauf gern verzichtet hätte. Wer den Film ablehnte, war, wie Crowther, bereit, zu vergeben und zu vergessen, so daß seiner Beliebtheit kein Abbruch getan wurde. Man lud Woody zu Talk-Shows ein, Zeitungen und Zeitschriften brachten Artikel über ihn. Zum Teil lag das wohl daran, daß er in Amerika und verfügbar war, die Hauptstars jedoch nicht. Er erhielt mehr Publizität als jeder andere, der an dem Film mitgearbeitet hatte und übernahm die Hauptlast der Wertung für den Streifen. »Für mich war das Beste am Film der Titelsong«, sagte er einmal in der *Tonight Show*, »aber leider ließ man nicht zu, daß ich ihn sang. Dabei hatte ich einen herrlichen Song geschrieben.« Woraufhin er immer wieder zu seiner eigenen schrecklichen Melodie »What's new, Pussycat? What's new, Pussycat? What's new, Pussycat?« sang, was bei der Lektüre nicht komisch wirken mag, aber auf der Bühne sehr erfolgreich war.

Über seinen eigenen Beitrag zu dem Film sagt Woody: »Ich konnte der Öffentlichkeit nicht einfach erklären: ›Es ist nicht meine Schuld, einen solchen Film würde ich nicht machen. Es war genau die Einstellung zum Filmemachen, die ich hasse, und ich habe seitdem gezeigt, daß dies nicht meine Art Film ist. Aber ich habe nie etwas so Einträgliches gemacht. *Was gibt's Neues, Pussy?* war einfach zum Erfolg geboren. Es gab keine Möglichkeit, die Sache zu verhunzen, soviel Mühe man sich auch gab. Es war eines dieser Dinge, wo die Bestandteile zufällig genau zusammenpassen.«

Woody machte auf Joffes Rat hin Werbung für den Film. Joffe war der Meinung, daß *Was gibt's Neues, Pussy?* – egal, was kommen mochte – ein enormer Erfolg werden würde und daß es nützlich sei, mit ihm in Verbindung gebracht zu werden. Letzten Endes traf dies zu. Zudem hatte Woody eine neue Materialquelle für seine Auftritte. In einem Interview mit John S. Wilson von der *New York Times* ließ er wissen: »Die Frauen, bei denen ich Pech habe, sind nun hochklassiger als früher, aber meine Probleme bleiben die gleichen.

Ich schäme mich in den meisten Situationen noch genauso. Ich habe noch genausoviel Angst, ausgeraubt, zusammengeschlagen oder überfallen zu werden.«

Eine hochklassige Frau, bei der er kein Pech hatte, war Louise Lasser. Am 2. Februar 1966 unterrichtete er seine Eltern, die Louise anbeteten, einige Stunden vorher von der Trauung, jedoch ohne sie einzuladen. Die Trauungszeremonie fand am selben Abend unter Vorsitz eines Obersten Bundesrichters des Staates New York im Haus der Lassers in der 155 East Fiftieth Street statt. Außer den Hauptpersonen waren noch fünf andere Personen zugegen: Louises Eltern, Mickey Rose und seine Frau Judy sowie Jean Doumanian, die auch als Trauzeugen fungierten. An jenem Abend, an dem es einen gewaltigen Schneesturm gab, hatte Woody zwei Showauftritte in der Royal Box im Americiana Hotel. Das Hochzeitsgeschenk von Louises Eltern war ein Projektor, so daß die beiden sich zu Hause Filme ansehen konnten.

Woodys Eltern waren besser über die Trauung informiert als die meisten von Woodys und Louises Freunden. Woody schrieb damals den Dialog zu einem japanischen James-Bond-artigen Film mit dem Titel *Kizino Kizi*. An dem Projekt waren auch Mickey Rose, Len Maxwell, Frank Buxton sowie Louise beteiligt. Die Charaktere hatten Namen wie Phil Moskowitz, Liebenswerter Schurke, Kobramann und Wing Fat. Maxwell schuf die Stimme für die beiden letzten und ein paar andere Gestalten. Die Handlung, die sie sich ausdachten, drehte sich um die Jagd nach einem Eiersalatrezept, und das Endprodukt war *What's Up, Tiger Lily?*. Am Morgen des 3. Februar lasen Maxwell und die anderen in den Klatschspalten, daß Woody und Louise am Vortag geheiratet hatten. Sie trafen wie gewöhnlich um 9 Uhr morgens in dem Studio ein, das Produzent Henry Saperstein gemietet hatte, doch Woody und Louise waren nicht da. Nach einer Weile erschien Woody und wurde von dem absehbaren Lärm seiner Freunde begrüßt. Maxwell fragte, wo Louise sei.

Woody antwortete Maxwell: »Wahrscheinlich ist sie mit 'ner Schubkarre zu meiner Bank unterwegs, verdammte Scheiße.«

»Louise war so witzig«, fuhr Maxwell fort. »Sie kaute an seinen Fingernägeln. Das sparte ihm eine Menge Arbeit. Übrigens sagte er wohl nicht ›verdammte Scheiße‹. In einer seiner Geschichten hieß es: ›Ich sah meine Exfrau in einem Restaurant, und Lebemann, der ich bin, schwebte ich schwungvoll zu ihr hinüber und fragte: »Wie wär's, wenn wir nach Hause gehen und uns noch einmal lieben?« Sie antwortete: »Über meine Leiche.« Und ich sagte: »Warum also nicht? So haben wir's doch immer getan.« Jemand, der schreiben kann: ›Ich schwebte schwungvoll zu ihr hinüber‹, braucht nicht ›verdammte Scheiße‹ zu sagen.«

Nicht eine einzige Zeile von *Tiger Lily* war zu Papier gebracht worden. Bevor man in ein Studio zog, um die Voice-overs herzustellen, mietete Woody ein Zimmer im Stanhope Hotel an der Fifth Avenue, stellte einen Projektor auf und führte den Film mehrere Male vor. Alle sagten das, was ihnen gerade einfiel, während die Szenen liefen. »Wenn Woody ein Vorschlag gefiel, verwendete er ihn«, berichtet Maxwell. »Ob etwas witzig war, erkannte ich daran, daß Woody vor Lachen brüllte. Ich kannte niemanden, der so gern lachte wie Woody, auch über das Zeug, das er selbst geschrieben hatte.«

Woody zögerte nicht, sich auf einen Streit mit Saperstein einzulassen, als dieser versuchte – und letztlich mit Erfolg – den Film zu beenden, bevor Woody es für richtig hielt. Er zögert nie, wenn es darum geht, seine Arbeit zu verteidigen. Aber es war und ist etwas anderes, wenn es zum Beispiel darum geht, einen Fremden in einem Restaurant zu korrigieren.

Dick Cavett sagte vor ein paar Jahren über Woodys Ehe mit Louise, daß sie »immer gut miteinander auskamen; daß es nun offiziell war, schien wenig zu ändern«. Sie zogen in ein zweistöckiges Apartment mit sechs großen Zimmern in einem braunen Sandsteingebäude in der East Seventy-ninth Street und lebten laut Louise »wie zwei Kinder in einem Schloß. Wir überließen der Haushälterin alle Entscheidungen, was die Wohnung betraf.« In einem Zimmer stand ein antiker Billardtisch, den Woody im Norden des Staates New York, in der Nähe von Jack und Jane Rollins' Landsitz für zweihundert Dollar erworben hatte; er nahm so viel Platz ein, daß man für die Stöße von einer Seite in kurzes Queue benötigte. Ein anderes Zimmer war holzgetäfelt und sah laut Cavett »wie der Athenaeum Club« aus; es wurde allerdings nie möbliert. Zeitweise standen dort eine Juke-Box, eine elektrische Orgel und ein Stapel Kartons. »Man hatte das Gefühl: ›Oh, ihr seid noch nicht eingezogen‹, sagte Cavett. »Es war einer der schönsten Abstellräume, die ich je gesehen habe. Der Rest der Wohnung war elegant ausgestattet.« Ein Teil der Ausstattung bestand aus einer umfangreichen Sammlung von Zauberei-Utensilien.

In professioneller Hinsicht sammelte Woody in den Monaten nach der Freigabe von *Was gibt's Neues, Pussy?* vor allem Aufträge: Er erhielt 66 000 Dollar für *Tiger Lily*; David Merrick erklärte sich bereit, sein Stück *Don't Drink the Water* am Broadway zu produzieren; ABC bat ihn, eine Fernsehsendung zu machen; man bot ihm Filmrollen und Drehbücher an. Einer der Aufträge war, *Don Quixote, U. S. A.* – ein satirisches Buch von Richard Powell über einen naiven amerikanischen Peace-Corps-Vertreter in einem von einem Diktator beherrschten karibischen Land –, zu einer Komödie für Robert Morse zu machen. Der Film sollte von dem Filmkonzern Metro-Goldwyn-Mayer produziert werden, der auch mit Woody verhandelte, um ihn als Regisseur zu gewinnen. Woody zog Mickey Rose heran, und die beiden schrieben im Laufe von zwei Wochen etwa vierzig Seiten in Woodys Apartment. Die derben Witze der Geschichte, die sie versuchsweise *El Weirdo (El Kauz)* nannten, machten ihnen so viel Spaß, daß sie beschlossen, Morse und seinem Produzenten den Text zu zeigen. Diese hielten nicht viel davon. Später wurde *Bananas* daraus, doch vorläufig legte man das Drehbuch beiseite. Woody und Mickey begannen dann mit der Arbeit an *Woody – der Unglücksrabe*. Mickey, der Texte für die *Tonight Show* geschrieben hatte, doch kurz zuvor entlassen worden war – er sollte noch viele Male als Autor für diese Show engagiert und entlassen werden – ging jeden Tag ins Plaza Hotel, wo Woody, der noch nicht mit Louise verheiratet war, wohnte, während sein Apartment renoviert wurde. Woody hatte die Story bereits in groben Zügen entwickelt, und innerhalb von drei Wochen verwandelten die beiden sie in ein Drehbuch, wobei Woody drauflostippte, während sie die Witze ausarbeiteten.

»Manchmal platzten wir während der Arbeit einfach los«, erinnert sich Rose. »Zum Beispiel über die albernen Scherze, mit denen wir Virgil Starkwells Bande beschrieben: Gesucht wegen Mordes und wegen Tanzes mit seinem Postboten.«

Dann machte Woody etwas merkwürdig Anmutendes, wenn man all die Angebote bedenkt, aus denen er auswählen konnte: Er akzeptierte Feldmans Angebot, in einer James-Bond-Parodie mit dem Titel *Casino Royale* eine Rolle zu übernehmen, und flog am Frühjahrsbeginn 1966 zu sechswöchigen Dreharbeiten nach London. Am Ende verbrachten Charlie Joffe und er dann sechs Monate in London; während dieser Zeit lebten sie gut von ihren Spesen und spielten häufig Poker mit anderen Leuten aus dem Showbusineß.

In einem Brief an Richard O'Brien schrieb Woody:

Casino ist ein Irrenhaus. Ich habe noch nicht mit den Dreharbeiten begonnen, aber man hat mir die Kulissen für meine Szenen gezeigt. Sie sind das Höchste an schlechter, teurer Pop-art-Vulgarität. Habe die Muster gesehen und bin im Zweifel, milde ausgedrückt, aber wahrscheinlich wird der Film Geld wie Heu einspielen (bzw. nur Heu). Ich spiele den Schurken (das darf ich verraten) und James Bonds unehelichen Neffen (was ich nicht verraten darf); meine Rolle ändert sich jeden Tag, wenn neue Stars eintreffen. (Unter anderem sollte er als der größte Zwerg der Welt angekündigt werden.)

Ich habe hier ein paar Jazzplatten für Sophia Loren gekauft, weil sie interessiert ist und ich ihr etwas Gutes nahebringen wollte. Zum Beispiel das Sofa. Habe noch nicht mit Julie Christie über ein Buch gesprochen, das, wie jemand vorschlug, einen guten Film für sie und mich abgeben würde. Ich bezweifle, daß sie Interesse daran hätte, aber man kann nie wissen. Die Chance, neben mir eine Rolle zu übernehmen, bietet sich nur einmal im Leben...

Habe einen Plattenspieler gekauft und bin überhäuft mit Scheiben, die meinen Geschlechtstrieb sublimieren sollen. Mache aus irgendeinem Grunde sehr viel Glücksspiele. Ich bin der einzige Mensch auf der Welt, der ein Pokerblatt mit fünf Karten kriegt, bei dem keine zwei Farben übereinstimmen. Apropos Farben, lasse mir von einem sehr bekannten, vorzüglichen englischen Schneider ein paar Cordanzüge machen, was seltsam ist, denn er arbeitet gewöhnlich nur mit feinen Tweedstoffen. Trotzdem, sollte er sich wirklich eine Wäscheklammer an die Nase klemmen, wenn er bei mir Maß nimmt? Selbstverständlich habe ich meine Hose, mein Jackett und meinen Pullover nicht gewechselt, seit ich hier eintraf. Ich möchte, daß ganz deutlich wird, daß ich nicht Drehbuchautor von *Casino* bin. Ich füge meiner Rolle ein paar improvisierte Witze hinzu, aber das ist alles. (Unter uns gesagt), haben wir sogar ein Schreiben verlangt, in dem steht, daß mein Name nicht als der eines Autors auf der Leinwand erscheinen darf. Denn hier will einfach jeder, der ein Komma beigesteuert hat, seinen Namen unbedingt auf der Leinwand sehen, und das Autorenverzeichnis lautet Terry Southern, Ben Hecht, Michael Sayers, Frank Buxton, Mickey Rose, Peter Sellers, Val Guest, Wolf Mankowitz etc. (Billy Wilder, John Huston und Joseph Heller gehörten zu den anderen, die sich die Drehbuchehren teilten.) . . .

Das Wetter ist lausig (schloß er in einem anderen Brief). Ich versuche, mir Material für mich selbst zu beschaffen. Charlie versucht, sich Mädchen zu beschaffen. Keiner von uns hat bisher große Fortschritte erzielt, aber was er macht, ist lustiger.

Grüße an alle im Büro.

Vom Wolf im Schafpelz

Woody Allen

In London wurde er auch zu einer Wohltätigkeitsveranstaltung eingeladen und Königin Elizabeth vorgestellt. Er wußte nicht, was er zu ihr sagen sollte, und entschied sich für: »Wie geht's? Haben Sie Gefallen an Ihrer Macht?« Ein Foto des Ereignisses zeigt ihn mit weißer Krawatte und Frack, flankiert von Raquel Welch und Ursula Andress, die der Königin die Hand schüttelt. »Die Mädchen sehen toll aus, aber ich wirke wie ein Zauberer«, kommentierte er ein paar Jahre später. Der Höhepunkt seines Aufenthaltes in London war der Kauf eines »lediglich schönen« Nolde-Aquarells als Überraschung für Louise, das er von seinen Pokergewinnen bezahlte. »Er ist seit langem einer meiner Lieblingsmaler (schrieb er O'Brien), und man stellte ihn in dieser Woche zusammen mit einigen Klees aus. Die Klees waren zu teuer, aber ich konnte gerade genug Kohle zusammenkratzen, um mir einen der, wie ich finde, reizenderen Noldes zuzulegen. Seine Aquarelle waren auf dieser Ausstellung besser als seine Ölgemälde.« Aber das war so ziemlich das einzige, was ihn zufriedenstellte. Er hatte Jack Rollins' Lektion sehr gut gelernt, die besagt, daß die Persönlichkeit durch die Rolle hindurchscheinen müsse und daß ein guter Text nicht genüge, um den Erfolg eines Komikers zu sichern. Leider hatten die Macher von *Casino* diese Lektion nicht gelernt, so daß er O'Brien mitteilen mußte:

Ich warte immer noch auf die Dreharbeiten und werde morgen endlich anfangen. Ich glaube, der Film ist miserabel, genau wie meine Rolle. Es gibt keinerlei Intrigen, keine Handlung und keine Bedeutung. Es ist albern wie ein alter Berle-Sketch, verglichen mit einem eleganten Nichols-und-May-Sketch. Es fehlt jegliche ernsthafte oder reife Haltung. Wir haben es mit einer unkomischen Burleske zu tun. Ich kann nur hoffen, daß ich durch Improvisationen ein paar Lacher kriege, und ich muß versuchen, mir die Werbung zunutze zu machen, die meine Smirnoff-Werbung an reiner Wirkung wahrscheinlich übertreffen wird, wenn das möglich ist. Ich glaube, man kann in einem Film keinen »Treffer« erzielen, wenn das Publikum nicht an der Rolle Anteil nimmt. Julie Christie hatte in *Darling* Erfolg, (Alan) Arkin in *Russians [The Russians Are Coming, the Russians Are Coming (Die Russen kommen! Die Russen kommen.)]* oder (Steve) McQueen in *The Great Escape (Gesprengte Ketten)*, nicht nur, weil sie ausgezeichnete Arbeit leisteten, sondern auch, weil das Publikum Interesse an den fiktiven Gestalten, die sie porträtierten, und an deren Problemen innerhalb der Handlung hatte... Das Publikum hätte auf viele Schauspieler in diesen Rollen reagiert. In den genannten Fällen war dann auch noch die Darstellung hervorragend. Im Gegensatz dazu scheint mir, daß wer immer meine Rolle in *Casino Royale* spielt, nichts zu gewinnen hat. Das Publikum könnte nicht uninteressierter sein, und die Rolle lebt und stirbt mit den Witzen. Wobei übrigens meistens das zweite passiert, denn die Witze sind sterbenslangweilig. Als ich für meinen eigenen Film *Woody – der Unglücksrabe* Situationen schuf wie Virgils Gefängnisausbruch, bei dem er nicht erfährt, daß der Versuch abgeblasen worden ist, oder wie ich seine Zusammenkettung mit sechs Häftlingen entwickelt habe, habe ich für komische Voraussetzungen gesorgt, die so stark waren, daß die Sache allein auf den Lachern aufgebaut werden konnte. Aber die sind nicht leicht zu bekommen. In *Casino* gleicht alles einer schlechten Modenschau, und man könnte genausogut Bob Hope als Conferencier einsetzen wie mich.

In den fünfzehn Jahren seiner Karriere als professioneller Autor war Woody Zug um Zug an einer umgekehrten Pyramide hochgeglitten: zuerst Witze für Zeitungskolumnisten, dann für Rundfunkberühmtheiten; Sketche für Fernsehkünstler, dann Texte für Komiker. Es war eine allmähliche Vorwärtsbewegung. Plötzlich jedoch tat er fast alles gleichzeitig: Er trat mit seinem eigenen Material auf der Bühne auf, machte Fernsehsendungen, schrieb Filmskripte für andere und spielte in Filmen, deren Drehbuch er verfaßt hatte. Daneben verfaßte er Beiträge für *The New Yorker*, die Zeitschrift, die praktisch jedem bedeutenden amerikanischen Humoristen der letzten sechzig Jahre als Aushängeschild dient, und war Autor eines kurz darauf anlaufenden Broadway-Stückes.

Seine erste Arbeit für den *New Yorker* war der 1966 veröffentlichte »Der Briefwechsel zwischen Gossage und Vardebedian«. Eine zunehmend feindseligere Korrespondenz zweier Männer, die Briefschach miteinander spielen (allerdings nicht dasselbe Spiel, nach der Position der Figuren auf den Brettern zu urteilen); beide sind überzeugt, daß der andere geistesgestört ist. In der für die Zeitschrift kennzeichnenden höflichen Art erkundigten sich die Redakteure bei Woody, ob er bereit sei, das Ende umzuschreiben. »Bereit« war eine Untertreibung. »Ich wäre bereit gewesen, das Ende in ein Luftkissenfahrzeug zu verwandeln«, wie er ein paar Jahre später sagte, denn er wollte unbedingt von der Zeitschrift gedruckt werden. Das ursprüngliche Ende existiert nicht mehr, was jedoch angesichts des neuen Endes recht unerheblich ist:

Gossage,
   Läufer nach d5. Schachmatt.
   Tut mir leid, daß Sie dem Turnier nicht gewachsen waren, aber wenn es Sie tröstet: Mehrere örtliche Schachmeister sind beim Beobachten meiner Technik übergeschnappt. Sollten Sie eine Revanche wünschen, schlage ich Scrabble vor, ein relativ neues Interesse von mir, bei dem ich möglicherweise nicht so mühelos gewinnen würde.

                                                          Vardebedian

Vardebedian,
   Turm nach b8. Schachmatt.
   Bevor ich Sie mit den weiteren Einzelheiten meines Mattsieges quäle, und da ich glaube, daß Sie im Grunde ein anständiger Mensch sind (eines Tages wird mir irgendeine Form der Thera-

pie recht geben), nehme ich Ihre Einladung zum Scrabble frohen Mutes an. Holen Sie Ihr Brett heraus. Da Sie beim Schach mit den weißen Figuren spielten und deshalb den Vorteil des ersten Zuges genossen (wären mir Ihre Grenzen bekannt gewesen, hätte ich Ihnen eine größere Vorgabe eingeräumt), werde ich diesmal beginnen. Die sieben Buchstaben, die ich gerade aufgedeckt habe, sind O, A, E, J, N, R und Z – ein aussichtsloser Wirrwarr, der auch den Argwöhnischsten von der Redlichkeit meiner Wahl überzeugen dürfte. Zum Glück hat mich jedoch ein umfangreicher Wortschatz, verbunden mit einem Hang zu Esoterika, in den Stand gesetzt, etymologische Ordnung in das zu bringen, was einem weniger Gebildeten als Mischmasch erscheinen könnte. Mein erstes Wort ist »ZANJERO«. Schlagen Sie es nach. Nun legen Sie es waagerecht aus, mit dem E auf dem mittleren Quadrat. Zählen Sie sorgfältig, ohne den doppelten Wortwert für den Eröffnungszug und den Fünfzig-Punkte-Bonus für meinen Gebrauch aller sieben Buchstaben zu übersehen. Es steht jetzt 116:0.

Ihr Zug.

Gossage

S. J. Perelman war der Meister beleidigender Briefwechsel, und sein Einfluß auf Woody ist unverkennbar. Unter allen Autoren humoristischer Prosa ist Perelman der charakteristischste und der am häufigsten imitierte. Seine Prosa ist ein Dickicht aus Witzen, die sich zu komischen Sätzen und komischen Absätzen entwickeln. Er machte Namen, die oft denen realer Personen nachgebildet waren, zu einer Kunstform.

»Perelman ist so ganz und gar einmalig und vielschichtig«, sagte Woody einmal. »Man kann sich nicht nur ein bißchen von ihm beeinflussen lassen, sondern man muß so tief vordringen, daß sich sein Einfluß immer wieder deutlich zeigt. Es ist unmöglich, ein bißchen wie Perelman zu schreiben, genau wie es unmöglich ist, ein bißchen wie Errol Garner zu spielen.« Woodys früheste Geschichten waren »purer Perelman«. Er entzog sich Perelmans Einfluß dadurch, daß er dessen Stil vereinfachte – und folglich eher wie Robert Benchley schrieb. Die Arbeit beider löst ungehemmte Heiterkeit aus, doch während Perelman auf komplexe Weise amüsant ist, erscheint Benchley deutlich und einfach; während Perelman einen Faustschlag aufs Auge verabreicht, begnügt Benchley sich mit einem Soufflé. Ganz allgemein gesprochen, ist Perelman schlechtgelaunt, spezifisch und persönlich – eine seiner Sammlungen trägt den Titel *The Rising Gorge* (Die aufsteigende Galle) –, während Benchley und Woody nachdenklich, allgemein und unpersönlich sind. Benchley verfaßte »Opernabrisse: ein paar Musterzusammenfassungen großer Opernhandlungen für das Heimstudium«, von Woody stammt »Ein Führer durch einige der unbedeutenden Ballette«.

Komische Namen sind ein wesentlicher Bestandteil einer komischen Geschichte, und Woody orientierte sich bei seiner Wahl, wie er sagt, eher an Benchley als an Perelman.

Woody erfand die Europäer Fürchtegott Hoffnung, Horst Wassermann und Günther Eisenbud; die Mafiosi Thomas (»Der Fleischer«), Covello, Albert (»Der Logische Positivist«), Corillo, Little Petey (»Big Petey«) Ross und Kid Lipsky; die Schachmeister Gossage und Vardebedian; sowie den unerschrockenen Kaiser Lupowitz, einen Privatdetektiv, dessen Name von Perelman stammen könnte. In Woodys Stück *Gott* gibt es eine Reihe von Gestalten, deren Name offenbar vom Ärztehandbuch inspiriert wurde: Trichinosis, Hepatitis und Diabetes; außerdem kommen bei ihm die jedem Schriftsteller bekannten Verleger Feil & Söhne vor.

»Witze, richtige Einzeiler, haben etwas Bündiges«, erläuterte Woody eines Tages. »Auf sehr komprimierte Art drückt man einen Gedanken oder ein Gefühl aus, und alles hängt von der Ausgewogenheit der Wörter ab. Natürlich tut man das nicht bewußt. Zum Beispiel« – er machte eine Pause und murmelte vor sich hin, um eine geeignete Zeile zu finden –, »›Ich habe keine Angst vorm Sterben, ich möchte nur nicht dabei sein, wenn's passiert.‹ Das drückt auf komprimierte Art etwas aus. Wenn man ein Wort mehr oder weniger benutzt, ist es nicht so gut. Wenn ich experimentiere, könnte ich vielleicht eine bessere Formulierung finden, aber diese schien genau richtig, als sie mir einfiel. Man tut es instinktiv, man zählt keine Silben oder so. Dichter tun das gleiche. Sie zählen ihr Metrum nicht aus, sondern sie fühlen es.«

In den letzten zwanzig Jahren gab es mehrere Phasen in Woodys Leben, in denen er sich intensiv mit Poesie beschäftigte. Wenn man seine Fähigkeit, die amerikanische Kultur einzufangen, bedenkt, ist es kein Wunder, daß er sich zu Dichtern mit einer speziell amerikanischen Diktion hingezogen fühlt: etwa zu Carl Sandburg und Walt Whitman, William Carlos Williams und Robert Frost, Emily Dickinson und E. E. Cummings. (»Ich liebe Dinge, von denen amerikanische Bilder und Redeweisen ausstrahlen; sie hören sich für mich immer sehr schön an.«) Auch T. S. Eliot, den er den »großen Dichter der Stadt« nennt, gefällt ihm, und William Butler Yeats findet er einfach »erstaunlich«. Woody war jedoch schon über dreißig, als er sich ernsthaft mit Poesie auseinanderzusetzen begann. Nachdem er ein Verständnis für moderne Kunst entwickelt hatte, war er fähig, das eine mit Hilfe des anderen zu würdigen.

»Vor Jahren dachte ich, mit der Dichtung ist es so wie mit einem Stück Papier oder einer Leinwand, die man jemandem gibt; er kleckert Farbe darauf und sagt: ›Ja, das ist es, was De Kooning oder Kandinsky tun. Ich könnte pro Tag zehn davon schaffen.‹ Er begreift es nicht. Man möchte ihm erklären: ›Das ist es nicht, was sie tun. Du schmierst bloß mit Farbe rum, sie aber nicht.‹ Genauso war's mit der Dichtung. Je mehr ich mich mit ihr beschäftige und je mehr ich darüber lerne, desto großartiger finde ich Yeats. Er geht mit der Sprache um wie Shakespeare. Ich glaube, wenn ich eine bessere Ausbildung gehabt hätte, könnte ich Poesie schreiben, denn ein Komödienautor hat eine der nötigen Voraussetzungen. Man hat es mit Nuancen und einem gewissen Metrum und Klang zu tun, und eine Silbe weniger in irgendeinem Prosatext von mir verdirbt die komische Wirkung. Manchmal korrigiert ein Lektor etwas in einer meiner Storys, und ich sage: ›Sehen Sie denn nicht, daß der ganze Witz ruiniert wird, wenn Sie nur eine einzige Silbe hinzufügen?‹.«

Abgesehen davon, daß »ich, wie jeder andere, gern die russischen Romane geschrieben hätte«, empfindet Woody keinen Neid auf andere Schriftsteller: »Ich habe nie den Wunsch verspürt, etwas anderes geschrieben zu haben.« Benchley und Perelman sind abwechselnd seine Lieblingshumoristen, und er liest gern Autoren, die seiner Meinung nach eine komische Begabung haben: den Romanschriftsteller Peter De Vries und die Essayisten Russel Baker, Art Buchwald und Fran Lebowitz. Er ist verblüfft darüber, wie besonders Essayisten so häufig Komisches produzieren können. Doch unter den zeitgenössischen Schriftstellern stellt er Saul Bellow »ganz oben an die Spitze, was Leistungen im komischen Fach betrifft. In *Humboldts Vermächtnis* ist der Witz so sprudelnd und wunderbar, daß ich an mein Gefühl bei der ersten Begegnung mit Mort Sahl erinnert werde: diese endlosen Einfälle großartiger Witze und großartiger komischer Ideen, eine nach der anderen.«

Zwischen 1966 und 1980 veröffentlichte Woody fünfzig weitere humoristische Texte, hauptsächlich in *The New Yorker*, ein paar erschienen auch in *The Kenyon Review* und anderen Zeitschriften. Hier parodierte er ein breites Spektrum von Themen. Eine willkürliche, doch repräsentative Auswahl: »Bekenntnisse eines Vollgefressenen (nach der Lektüre Dostojewskis und der neuen *Weight Watchers*-Zeitschrift auf derselben Flugreise)«; »Aus Allens Notizbüchern« »*Ob ich W. heirate? Nicht, wenn sie mir nicht auch die anderen Buchstaben ihres Namens sagt.*« »Von der Entdeckung und dem Gebrauch des falschen Tintenkleckses«; »Ein kurzer Blick auf das organisierte Verbrechen« »Die Cosa Nostra ist wie jede Regierung oder große Firma – oder wie jede Gangstertruppe, um beim Thema zu bleiben – aufgebaut. An der Spitze steht der *capo di tutti capi* oder ›Der Boss aller Bosse‹. Zusammenkünfte finden bei ihm statt, und er ist dafür verantwortlich, daß kalter Aufschnitt und Eiswürfel da sind. Läßt er's daran fehlen, bedeutet das den sofortigen Tod. (Übrigens ist der Tod eins der schlimmsten Dinge, die einem Mitglied der Cosa Nostra passieren können, und viele zahlen lieber einfach eine Geldbuße.)«

»Wenn die Impressionisten Zahnärzte gewesen wären (Ein Phantasiestück zur Erhellung von Gemütsveränderungen)« ist ein Briefwechsel zwischen Vincent van Gogh und seinem Bruder. Er beginnt:

Lieber Theo,
wird das Leben mich niemals anständig behandeln? Ich gehe an Verzweiflung zugrunde! Es hämmert in meinem Kopf! Frau Sol Schwimmer verklagt mich, weil ich ihre Brücke ganz nach meinem Gefühl und nicht zu ihrem lächerlichen Munde passend gemacht habe. Das stimmt! Ich kann nicht auf Bestellung arbeiten wie ein normaler Handwerker! Ich hatte beschlossen, ihre Brücke solle kolossal und brandend sein, mit wilden, streitsüchtigen Zähnen, die wie Feuer in alle Richtungen züngeln! Jetzt ist sie völlig fassungslos, weil sie nicht in ihren Mund paßt! Sie ist so bürgerlich und dumm, ich möchte sie am liebsten in

tausend Stücke hauen! Ich versuchte, ihr die falschen Zähne in den Mund zu pressen, aber sie stehen heraus wie ein venezianischer Kronleuchter. Ich finde sie trotzdem schön. Sie behauptet, sie kann nicht kauen! Was kümmert es mich, ob sie kauen kann oder nicht! Theo, ich kann so nicht mehr weiter! Ich fragte Cézanne, ob er mit mir zusammen eine Praxis betreiben wolle, aber er ist alt und gebrechlich und außerstande, die Instrumente zu halten, und sie müssen ihm an den Handgelenken festgebunden werden, aber außerdem arbeitet er nicht sorgfältig, und einmal in einem Mund, ruiniert er mehr Zähne, als er rettet. Was ist zu tun?

Vincent

In einer Geschichte mit dem Titel »Die frühen Essays« wird eine populäre literarische Form des siebzehnten Jahrhunderts auf den laufenden Stand gebracht; die Einführung könnte einem College-Lehrbuch entnommen sein:

Es folgen einige der frühen Essays von Woody Allen. Es gibt keine späten Essays, weil ihm die Beobachtungen ausgingen. Mit dem Älterwerden wird Allen vielleicht mehr vom Leben verstehen und es niederlegen und sich dann in sein Schlafzimmer zurückziehen und dort für unbestimmte Zeit verharren. Wie Bacons Essays sind Allens kurz und voll nützlicher Weisheiten, allerdings gestattet der verfügbare Platz nicht die Einbeziehung seiner profundesten Aussage: ›So ein Tag, so wunderschön wie heute.‹

Über die Freude, einen Baum im Sommer zu betrachten
Von allen Wundern der Natur ist ein Baum im Sommer vielleicht das erstaunlichste, mit der denkbaren Ausnahme eines Elchs in Gamaschen, der »Halt ich dich in meinen Armen« singt. Sieh die Blätter, wie grün und blättrig sie sind (wenn nicht, ist was verkehrt). Schau, wie sich die Äste gen Himmel recken, als wollten sie sagen: »Wenn ich auch nur ein Ast bin, würde ich doch gerne Arbeitslosenhilfe beziehen.«

In der zweiten Hälfte der sechziger Jahre schrieb Woody Dutzende von Arbeiten für *The New Yorker*. Im Durchschnitt benötigte er für jede sieben oder acht Tage. Häufig kamen ihm die Ideen während Dreharbeiten, und dann arbeitete er drei oder vier Wochenenden daran. Er schreibt gern und ist dankbar für jede Chance, mit dieser Beschäftigung einen Tag zu Hause zu verbringen: »Sogar an einem Film ist das die vergnüglichste Arbeit. Tennessee Williams sagte einmal: ›Es ist nervtötend, ein Stück auf die Bühne zu bringen. Am schönsten wäre es, sie nur zu schreiben und dann in eine Schublade zu werfen.‹ Das ist auch meine Meinung.«

Eine Idee kann jedoch Jahre der Reife fordern, und häufig ist es nicht die fertige Arbeit, sondern die Idee, die in einer Schublade liegenbleibt. Woody versuchte im Laufe von sieben Jahren zehnmal, »Wir aßen für Sie im ›Fabrizio's‹« fertigzustellen, eine Restaurantkritik mit zornigen Leserbriefen nach Art einer besonders hochtrabenden akademischen Zeitschrift, bevor sich eines Tages alles zusammenfügte. Eine andere Geschichte, die sich über Jahre herauskristallisierte, bevor er sie rasch niederschrieb, ist »Das Zwischenspiel mit Kugelmass«. Darin erfährt ein College-Professor, der seiner zweiten Ehefrau überdrüssig ist und sich nach einer aufregenden Affäre sehnt, von einem Zauberer, namens der Große Persky, daß »(er) alle Frauen kennenlernen (könne), die die besten Schriftsteller der Welt geschaffen haben«. Er entscheidet sich für Emma Bovary und wird mit Hilfe von Perskys »billig aussehendem, schlecht lackiertem chinesischen Schränkchen« nach Yonville transportiert, wo sie ihn »in dem gleichen feinen Englisch, das die Taschenbuchausgabe auszeichnet« begrüßt: »Immer habe ich davon geträumt; es erschiene irgendein geheimnisvoller Fremdling und entrisse mich der Monotonie dieses unkultivierten Landlebens.« Das Verhältnis vertieft sich, während Kugelmass in der Zeit hin- und herwandert (er kehrt immer zu Kapiteln zurück, in denen es keine Konkurrenz durch andere Männer gibt, um zum Beispiel eine Verabredung mit seiner Frau bei Bloomingdale's nicht zu verpassen). Unterdessen fragten »Schüler in Klassenzimmern überall im Lande ihre Lehrer«: »Wer ist denn bloß diese Figur auf Seite 100? Ein glatzköpfiger Jude küßt Madame Bovary?« Und wenn Kugelmass Emma nach New York bringt, sagt ein Professor aus Stanford: »Ich komm' da nicht nach. Erst ist da eine unbekannte Gestalt namens Kugelmass, und jetzt ist sie plötzlich aus dem Buch verschwunden. Tja, ich nehme an, das ist das Kennzeichen eines Klassikers, daß man ihn tausendmal wiederlesen kann und immer was Neues findet.« Die Geschichte endet unglücklich für das Liebespaar – wie alle Beziehungen, die auf unrealistischen Erwartungen beruhen – und besonders traurig für den armen Kugelmass. Auf mehr Glück bei dem »Äffchen« in *Portnoys Beschwerden* hoffend, tritt er in Perskys Schränkchen, das, während es ihn transportiert, in Flammen aufgeht. Kugelmass landet nicht in *Portnoys Beschwerden*, sondern in einem Spanischlehrbuch, wo er »in einem öden, felsigen Gelände um sein Leben« rennt, »während das Wort *tener* (›besitzen‹) – ein großes, haariges, unregelmäßiges Verb – »auf spindeldürren Beinen hinter ihm herjagt«.

Woody schreibt seine Geschichten mit winzigen, präzisen Buchstaben auf einen Notizblock, wobei er auf seinem Bett liegt. Sein Bleistift und seine Nase sind an den Notizblock gepreßt, während er Wörter streicht und hinzufügt und den Text mit Hilfe von Pfeilen, Querstrichen und Randbemerkungen ummodelt. Ab und zu lacht er über eine Formulierung, die ihm gerade eingefallen ist, »denn es überrascht mich oft selbst, was da entsteht«, und denkt: ›Warte, bis die Leute das lesen – es ist so witzig‹ –, und häufig sind genau dies die Formulierungen, die seine Lektoren für nicht ganz gelungen halten und herausnehmen. Alle zwei Stunden legt er eine Pause ein, um auf seiner Klarinette zu üben oder einen Spaziergang zu machen, und kehrt dann an die Arbeit zurück. Seine Arbeitseinteilung ist ähnlich, wenn er an einem Drehbuch sitzt, doch für ihn besteht ein erheblicher Unterschied zwischen dem Schreiben von Dialogen und von Prosa.

»In der Prosa kommt es auf jedes Wort an«, sagt er. »Wenn man Dialoge schreibt, könnte man sie fast vor sich hinsprechen, so wie auf der Bühne, und sie dann rasch tippen. Wenn ich die Sache im nächsten Moment anders spiele, schreibe ich einfach einen neuen Satz. In den meisten Fällen ist er genauso gut, denn in einem Film ist das Verhalten interessant, der Text bedeutet nicht soviel. Deshalb kann ich mit einer Szene, die ich für beispielsweise Diane Keaton oder Mia geschrieben habe, in einen Film hineingehen und dann sehen wir sie uns an und ändern sie völlig, solange wir ein Gespür für das richtige Verhalten haben.« Seine Filmentwürfe füllen selten auch nur eine einzige Seite. »Ich brauche es nicht aufzuschreiben, nachdem es mir eingefallen ist. Ich schreibe: ›Alvy trifft Annie. Romantische Rückblende zu ihrer ersten Begegnung.‹ Ich schreibe acht solcher Sätze, und wenn ich bei dem neunten ankomme, habe ich schon kein Interesse mehr, weil ich die Handlung so gut kenne.«

Der Schlüssel zu Woodys Kreativität ist seine große Diszipliniertheit. Er läßt sich nicht in die Falle locken, die viele Autoren verleitet, nach einem »Vorwand« zu suchen, »damit sie auf die Unannehmlichkeit, früh aufzustehen und den ganzen Tag allein zu sein, verzichten können«. Er stellt sich stets ein Problem, das gelöst werden muß, und wenn er nicht weiter kommt, kann ein Tapetenwechsel von Nutzen sein. »Jeder kurzfristige Wechsel löst einen frischen Energiestoß aus«, meint er; deshalb verläßt er ein Zimmer, wenn er dort nicht gut arbeiten kann, und geht in ein anderes. Nachdem Abe Burrows ihm erzählt hatte, daß der Dramatiker Robert Sherwood auf der Straße dahinspazierte, im Geiste seinen Text schrieb und die ihm einfallenden Dialogzeilen vor sich hinsprach, griff auch Woody sehr gern zu dieser Methode, bis man ihn so oft erkannte, daß seine Konzentration gestört wurde. Heute schlendert er auf der Terrasse hin und her, die sein Apartment umgibt. Doch selbst dort wird er erkannt. Als der Produzent Bobby Greenhut einmal im Central Park war, blickte er auf und sah Woody mit gebeugtem Kopf hin und her schreiten. Er machte sich Sorgen und rief Woody an, um sich zu vergewissern, daß alles in Ordnung war.

Die Dusche hat sich als einer der Orte zum Nachdenken erwiesen; jedenfalls kann man erwarten, hier nicht gestört zu werden. Besonders hilfreich ist diese Methode bei kaltem Wetter. »Dies klingt albern«, sagt Woody, »aber wenn ich arbeite, brauche ich manchmal eine Dusche, um mein schöpferisches Pensum zu schaffen. Dann ziehe ich mich aus, toaste mir ein Milchbrötchen, und wenn ich ein wenig abgekühlt bin, kann ich's kaum erwarten, unter die Dusche zu kommen. Dann stehe ich dreißig bis vierzig Minuten lang unter dem dampfenden Wasser und tue nichts anderes, als mir eine Geschichte auszudenken und Ideen zu entwickeln. Danach trockne ich mich ab, lasse mich aufs Bett fallen und überlege dort weiter.«

Ein anderes Hilfsmittel ist, ein Problem mit lauter Stimme zu formulieren. »Dadurch verläßt es das Reich der Fantasie, es wird konkret. Also rufe ich Mia an und spreche mit ihr über die Probleme. Natürlich kann sie unmöglich eine Lösung finden, weil sie nicht die geringste Ahnung hat, worüber ich in den letzten paar

Tagen nachgedacht habe. Aber meine eigene Schilderung zu hören, ist eine große Hilfe. Allerdings muß ich mich vor der kleinen Sartreschen Falle in acht nehmen, was bedeutet, daß ich mich eigentlich schon entschieden habe und ihr das Problem auf eine Art darlege, die auf ihre Zustimmung abzielt.«

Woody lernte von Danny Simon, daß »Schreiben keine Kleinigkeit ist. Ich lernte, früh am Morgen anzufangen und zu feilen und neu zu schreiben und umzudenken und meinen Text zu zerreißen und neu zu beginnen. Mir wurde eine kompromißlose Haltung beigebracht: Man wartet nie auf Inspiration, sondern man arbeitet an dem Text und biegt ihn hin, bis er genau richtig ist. Ich glaube, es ist millionenfach bewiesen worden – von Amateurfilmern bis hin zu Buñuel –, daß ein Film auch dann wirkungsvoll sein kann, wenn er schlecht gedreht wird, solange das Drehbuch gut ist. Ist das Material jedoch schlecht, kann man sich totdrehen, und es klappt trotzdem nicht, welchen Stil man auch verwendet.«

Die frühen Gelegenheitsarbeiten für *The New Yorker* unterschieden sich natürlich voneinander, aber sie glichen sich darin, daß sie kurz, witzig und exakt waren. In Woodys erster Sammlung, einem 1971 veröffentlichten Bestseller mit dem an Perelman erinnernden Titel *Getting Even (Wie du dir so ich mir)*, umfaßte siebzehn von ihnen. *Without Feathers (Ohne Leid kein Freud)*, 1975 publiziert, hatte eine größere Bandbreite und enthielt auch zwei Dramen, *Gott* und *Tod*. »Aus Allens Notizbüchern«: »Wie unrecht Emily Dickinson hatte! Die Hoffnung ist nicht ›das Etwas mit Federn‹. Das Etwas mit Federn hat sich als mein Neffe entpuppt. Ich muß zu einem Spezialisten in Zürich mit ihm.« *Side Effects (Nebenwirkungen)*, 1980 veröffentlicht, enthält die letzten von ihm geschriebenen Geschichten. In einem Dutzend der sechzehn Texte des Buches geht es ihm vor allem darum, möglichst viele Lacher zu erzielen; je häufiger man lacht, desto gelungener kommt ihm der Text vor. Aber man findet auch »echte« Kurzgeschichten, die das Ergebnis eines in seinen Filmen erkennbaren Bemühens, nicht immer wieder das gleiche zu machen, sind. »Ich möchte mich als Autor weiterentwikkeln«, sagte er, kurz bevor *Side Effects* herauskam. »Ich möchte amüsante Kurzgeschichten und hoffentlich auch einen amüsanten Roman schreiben. Auf keinen Fall möchte ich Jahr um Jahr nur Gelegenheitsarbeiten herstellen; fünfzehn Jahre nach deinem Anfang ändert sich das Thema, aber du schreibst immer noch das gleiche. Wenn man sich Benchley und Perelman ansieht – und sie sind eindeutig die besten, absolut brillant –, auch sie schrieben nach fünfundzwanzig Jahren noch das gleiche. An ihrer Stelle hätte ich mit Kurzgeschichten und Romanen experimentiert; das wäre interessant für mich gewesen.« Woody schreibt keine Gelegenheitsarbeiten mehr, »weil ich nicht eines Tages zum Bücherregel aufblicken und zehn Sammlungen von mehr oder weniger Gleichartigen sehen möchte.«

»Das Zwischenspiel mit Kugelmass«, »Der oberflächlichste Mensch«, »Der zum Tode Verurteilte« und »Die Vergeltung« – alles Texte aus *Nebenwirkungen* – sind bemerkenswerte Ausnahmen unter seinen zumeist kürzeren und allein auf Lacher abzielenden Arbeiten. Diese Geschichten haben realistische, wenn auch überzeichnete Charaktere, sie sind vielschichtig, mit zahlreichen Personen und unerwarteten Wendungen. »Die Vergeltung« zum Beispiel ist die Geschichte eines Dreiecksverhältnisses zwischen einem Mann, einer Mutter und ihrer Tochter. Sie beginnt:

> Daß Connie Chasen meine verhängnisvolle Schwäche für sie im ersten Augenblick erwiderte, war ein Wunder ohnegleichen in der Geschichte von Central Park West. Groß, blond, mit hohen Wangenknochen, Schauspielerin, Gelehrte, Zauberin, unwiderruflich entfremdet, mit aggressivem, scharfsinnigem Witz begabt, dessen Anziehungskraft nur von der lasziven, schwülen Erotik übertroffen wurde, die sich in jeder ihrer Rundungen andeutete, war sie der konkurrenzlose Wunschtraum jedes jungen Mannes auf der Party. Daß sie sich für mich entschied, Harold Cohen, einen dürren, langnasigen vierundzwanzigjährigen angehenden Dramatiker und Quengelbruder, war so unlogisch wie die Geburt von Achtlingen.

Wie bemerkenswert solche Ausnahmen auch sein mögen, sie gehören immer noch zum Genre humoristischer Kurzgeschichten, die dem, was Woody zehn Jahre zuvor geschrieben hat, so nahekommen, daß er nicht in diesem Sinne fortfahren, sondern warten will, bis er als Filmemacher weniger aktiv ist und er mehr Zeit für kompliziertere Arbeiten hat, etwa für einen Roman. Vorläufig gönnt er sich eine Pause.

Woody schloß *Don't Drink the Water* (Vorsicht, Trinkwasser!) ab, bevor er im Frühjahr 1966 nach London flog, um in *Casino Royale* mitzuwirken. Er hatte mehr als zwei Jahre lang für Max Gordon daran gearbeitet; Gordon war seit einiger Zeit im Ruhestand, kündigte jedoch ständig an, er wolle wieder ein Drama produzieren – was er nie tat. Woody und er korrespondierten während der Dreharbeiten an *Was gibt's Neues, Pussy?* regelmäßig über das Stück, doch am Ende entschied Gordon sich dagegen, da er angeblich mit dem Aufbau und den Gestalten zu viele Schwierigkeiten hatte. Ob dies zutraf oder nur ein Vorwand für ihn war, weiterhin im Ruhestand zu bleiben, läßt sich nicht beantworten. »Manche glauben, er hätte kein einziges Bühnenstück auf der Welt übernommen«, sagt Woody. »Andererseits hatte er vielleicht einen guten Riecher. Schließlich hatte er viele erstklassige Produktionen hinter sich, und er spürte, daß diese noch nicht soweit war. Ich weiß es im Grunde nicht. David Merrick dagegen übernahm das Stück sofort, und zwar sehr gern.

Don't Drink the Water schildert das Mißgeschick eines Lebensmittellieferanten aus New Jersey und seiner Familie, die in einem ungenannten Land hinter dem Eisernen Vorhang Urlaub machen, fälschlich für Spione gehalten werden – der Vater hat einen untrüglichen Blick für Militäranlagen als Hintergrundmotiv für seine Fotos – und in der amerikanischen Botschaft Zuflucht suchen. Dort hält sich auch der Erzähler auf, ein Priester, der bereits so lange in der Botschaft ist, daß er einige Zauberkunststücke – Blumentricks und ähnliches – gemeistert hat, aber an anderen, etwa der Befreiung aus einer Zwangsjacke, noch scheitert. Als Woody anfing, Dramen zu schreiben, fragte er sich manchmal, welchem erfolgreichen Stück seine Idee ähnelte. *Don't Drink the Water* basiert auf dem Gedanken, daß sich die Mitglieder einer allzu eng zusammenlebenden Familie gegenseitig auf die Nerven gehen – ein Komödienstoff, der sich in Kaufmans *You Can't Take It With You* (Lebenskünstler) ausgezeichnet bewährt hatte. Woody knüpfte daran ebenso wie an das Strukturmuster von *Teahouse of the August Moon* (*Das kleine Teehaus*) an, eine Komödie von John Patrick über amerikanische Heeresoffiziere auf Okinawa nach dem Zweiten Weltkrieg. Woody war zwar bereit, sich beim Aufbau seiner Arbeit an erfolgreichen Stücken zu orientieren, aber er wollte sich beim Schreiben keinesfalls von damals gerade laufenden Dramen beeinflussen lassen –

rund ein Jahr, bevor *Don't Drink the Water* Premiere hatte, sah er sich kein einziges Stück an.

»Am Anfang benutzte ich andere Stücke, um Anhaltspunkte für den Aufbau eines Dramas zu bekommen, inzwischen habe ich mir diese Dinge angeeignet und sie sind mir zur zweiten Natur geworden«, erklärt Woody. »Ich brauche nicht mehr darüber nachzudenken, ich spüre es. Noel Coward erteilte einmal einem jungen Bühnenautor – in *Present Laughter* – Ratschläge, wie man lernen kann, Stücke zu schreiben. Er sagte, man müsse mit dem Theater verwachsen, sich eine Arbeit als Inspizient, was auch immer, besorgen, dauernd Dramen lesen. So etwas ähnliches würde ich jemandem raten, der zum Beispiel ein Gefühl für Jazz entwickeln will. Man kann sich einige der besten Klarinettisten der Welt anhören, und sie würden New-Orleans-Jazz nicht so authentisch spielen wie ich, obwohl sie mich turmhoch überragen. Wenn du etwas bewunderst und dich jahrelang darin versenkst, dringt es schließlich auf nicht zu entschlüsselnde Art in dich ein. Du merkst mit einemmal, wie es zu deiner persönlichen Ausdrucksweise wird. Und genau so ist's mit dem Schreiben. So war es bei mir. Heute ist mir die Konstruktion von Handlungen wie angeboren. Aber es gab eine Zeit, in der mir dieses Selbstbewußtsein fehlte. Nun habe ich im Laufe der Jahre so viele Dinge geschrieben: zwanzig Filme und drei Dramen und viele andere Arten von Geschichten. Dazu eine Reihe von nicht produzierten Stücken und Einakter wie *Tod* und *Gott*. Deshalb mache ich den Aufbau jetzt nach dem Gefühl. Ich arbeite nicht mehr so bewußt daran.«

Der einzige, den Woody von Anfang an für die Rolle des Vaters im Sinn hatte, war Lou Jacobi als schnurrbärtige, traurig dreinblickende Verkörperung des jüdischen Selfmademans im Mittelpunkt dieser Karikatur. Gordon hatte Woody zugestimmt, doch Merrick war zunächst anderer Meinung; er wollte einen kommerziell zugkräftigeren, weniger offenkundig jüdischen Schauspieler. Am Ende setzte Woody sich durch, doch während er zu den Aufnahmen von *Casino Royale* in London war, telegraphierte Merrick ihm, er wünsche sich Vivian Vance für die weibliche Hauptrolle, obwohl Woody beim Schreiben an »eine jüdischere Gestalt« für den Part gedacht hatte. Merrick war überzeugt, daß sie vorzüglich für die Komödie geeignet und außerdem eine große Publikumsattraktion sein würde. Woody gab letzten Endes nach, sagte jedoch später, dies sei ein Fehler gewesen – nicht etwa, weil Vivian Vance als Schauspielerin grundlegende Schwächen gehabt habe, aber »sie war einfach die falsche Person für die Rolle. Es war ein dummer Versuch, nicht der Besetzung, sondern dem Markt gerecht zu werden. Genauso falsch wäre es gewesen, etwa Kim Stanley die Rolle zu geben. David gab sich zuviel Mühe, die Sache zu anglisieren. Er ist kein Antisemit, aber er hat eine Abneigung gegen alles zu Jüdische.« Das gleiche Problem ergab sich auch für die Filmfassung, in der Jackie Gleason die Hauptrolle spielte. »Ich bewunderte ihn«, sagt Woody. »Er ist ein Genie. Aber hier ist er fehl am Platze.«

Von den Verhandlungen mit Gordon war Regisseur Bob Sinclair übriggeblieben, der solche von Gordon produzierten Erfolge wie *The Women (Die Frauen), Pride and Prejudice (Stolz und Vorurteil)* und *Dodsworth (Zeit der Liebe, Zeit des Abschieds)*, jedoch seit rund dreißig Jahren kein Stück mehr inszeniert hatte. Da Woody mit ihm mehrere Gespräche über das Projekt geführt hatte, fühlte er sich verpflichtet, an Sinclair festzuhalten. Zudem galt Sinclair als Protegé von George S. Kaufman, »aber das war«, wie Woody später einsah, »bloßes Gerede«.

Die ersten Vorstellungen außerhalb New Yorks fanden in Philadelphia statt, wo das Stück gemischte Kritiken erhielt. Es gab zahlreiche Lacher, aber sie konnten über das wüste Durcheinander der Produktion nicht hinwegtäuschen. »Die Regie war katastrophal«, sagt Woody. »Niemand wußte, was er zu tun hatte. Die Schauspieler standen einfach herum. Es war ein Stück ohne jegliche Inszenierung.« Dazu wurde es auch offiziell, als man Sinclair entließ, obwohl kein anderer Regisseur gewonnen werden konnte. Woody sprang für kurze Zeit als Regisseur ein und konzentrierte sich vor allem auf die Arbeit mit Tony Roberts, der den Gehilfen des Botschafters spielte, an einer Klamaukszene, in der dieser eine Frau umarmte und über eine Couch stürzte. »Es war sehr komisch. Er machte es immer wieder vor, und wir lachten uns kaputt«, erinnert sich Roberts. »Er sah immer sehr unbeholfen aus. Er ist so geschickt bei dieser Art physischer Komik, wie es Charlie Chaplin war. Und ich schaffte es natürlich nicht. Ich weiß nicht, entweder war ich zu groß oder ich sah nicht richtig aus, und schließlich ließen wir die Szene einfach fallen.«

Woody schrieb, allein in seinem Hotelzimmer, ganze Abschnitte des Stückes um. Das Ensemble, das eine halbe neue Version spielte, die nicht ganz zu der halben alten Version paßte, erhielt am Mittag die Textänderungen für die 13-Uhr-Vorstellung. Nach Art guter Schauspieler lernten sie den Text blitzschnell, aber dies war fast unerheblich, denn nur wenige Zuschauer stellten sich ein; bei einer Samstagsmatinee waren kaum sechs Reihen gefüllt.

Don't Drink the Water wurde gerettet, als Stanley Prager die Regie übernahm. Sein größter Beitrag bestand darin, daß er Begeisterung, Selbstbewußtsein und Kompetenz mitbrachte. »Er war kein Meisterregisseur«, meint Woody, »aber mit ihm kam frischer Wind auf. Schon seine Energie sorgte für Auftrieb. Er kam rein und sagte: ›Okay, laßt uns ranklotzen. Wir müssen dem Stück eine faire Chance geben.‹ Und das taten alle.«

Prager konzipierte und inszenierte das Stück neu, und die Truppe zog weiter nach Boston, wo Woody an hohem Fieber und einer beginnenden Lungenentzündung erkrankte. Er blieb in seiner Suite im Ritz, wo »eine enorme Rechnung für Säfte und Umschläge« auflief, arbeitete jedoch weiter an dem Text. Dort hatte er den Einfall, den Priester zum Erzähler zu machen, und dann »schien die Show zu gerinnen. Aber die Lacher blieben erhalten, obwohl sie schwache Stellen hatte und pflaumenweich war.«

Ein Teil der Schwächen ging vom Ensemble aus. Die Rolle der Naiven und des Botschafters mußten mehrere Male umbesetzt werden. Insgesamt kam es zu dreizehn Änderungen; die wichtigste war die Ablösung von Vivian Vance durch Kay Medford. »Plötzlich wurde die Mutter zu einer amüsanten Gestalt«, sagt Woody. Aber auch Schauspieler, die ihre Rolle vortrefflich spielten, wurden ständig von Problemen heimgesucht: Richard Libertini, der Priester/Erzähler, brach eines Abends zusammen und konnte nicht mehr weitermachen; am Abend vor der Bostoner Premiere starb die Frau eines der Hauptdarsteller, und der Inspizient mußte einspringen. Zudem erwog Merrick, das Stück abzusetzen und es in einem Theater in Florida auf die Bühne zu bringen, wo man sich seiner Meinung nach unter weniger Druck auf den Broadway vorbereiten konnte.

Woody und Merrick, dem ein herrisches Wesen nachgesagt wird, kamen gut miteinander aus, jedenfalls meistens, denn Merrick ist ein hervorragender Produzent, der in der Lage war, Woodys Wünsche zu erfüllen. Aber er konnte »wie ein Todesengel« sein. »Manchmal kam er zur Vorstellung und sagte: ›Oh, am Montag wird der Kulissenwagen hinten ans Theater rangefahren.‹« Als er zu einer Aufführung in Boston erschienen und mitten im Stück hinausgegangen war, rief Woody ihn am nächsten Tag in New York an. »Wie können Sie so etwas machen?« fragte er. »Diese Leute haben schwer gearbeitet!« Merrick lauschte und »war sehr einsichtig, sehr nett. Ich mochte ihn. Probleme gab es nur, wenn er entschieden anderer Meinung war. Dann konnte er ein fürchterliches Schwein sein. Aber normalerweise war er nicht so. Mir schien er charmant, lustig, witzig und intelligent. Aber er hatte einen üblen Ruf, und es gefiel ihm wohl, diesem Image gerecht zu werden.«

Ein solcher Vorfall spielte sich zwei Abende vor der New Yorker Premiere des Stücks ab. Woody schlug vor, der Diktator solle Lou Jacobi in einer Szene, in welcher der Vater wütend über ihn wurde, fragen: »Sind diese Leute Juden?« Dadurch würde die Szene provozierender, was Prager gefiel, nicht jedoch Merrick.

»Also, hören Sie, ich bin der Autor«, verkündete Woody.

»Okay«, erwiderte Merrick, »aber wenn die Zeile verwendet wird, schmeiße ich den Regisseur raus.«

Zwei Jahre später in Washington, D. C., konnte Woody sich rächen, als *Mach's noch einmal, Sam* dort zu Probevorstellungen lief. Merrick, der einen überaus eleganten blauen Maßanzug trug, wollte, daß Woody, der seine wenig eleganten Cordsachen anhatte, eine Textänderung vornahm. »David«, entgegnete Woody, »ich hab in meinem Leben mehr als eine Million Dollar dadurch verdient, daß ich nicht auf Männer in blauen Anzügen höre.« Solche Zusammenstöße waren jedoch eher die Ausnahme, denn Woody hielt Merrick für »einen Produzenten, mit dem man in Streßsituationen sehr gut auskommen konnte. Er war im großen und ganzen ein Pfundskerl.«

Am Abend der Broadway-Premiere am 17. November 1966 gingen Woody und Mickey Rose ins Morosco Theater an der West Forty-fifth Street, sahen sich die Bühnenausstattung an und machten sich zum Dinner ins »Automat« auf. Danach schlenderten sie hinüber zu McGirr's Billard Academy und spielten ein paar Partien. Jack und Jane Rollins gaben nach der Show eine Party, und Woody wartete dort auf die Besprechungen: Sie waren gemischt, aber gut genug, um den Kartenverkauf für anderthalb Jahre sicherzustellen.

Die größte Stärke des Stückes bestand darin, daß die Zuschauer sich mit den Gestalten – so burlesk diese auch wirkten – identifizieren konnten, genau wie sich Woodys Kabarettpublikum mit seinen übertriebenen Monologen identifizierte. Wäre man nicht gezwungen gewesen, zweimal in andere Theater umzuziehen, hätte das Stück noch länger als achtzehn Monate laufen können.

Nicht, daß *Don't Drink the Water* der Gipfel der dramatischen Kunst wäre. Die Handlung und der Aufbau sind dürftig. Aber es *ist* witzig. »Ich habe es der Lacher wegen geschrieben«, sagt Woody. »Anders wäre ich nicht über die Runden gekommen, und Lou Jacobi und Kay Medford waren zum Schreien komisch. Lou heimste jeden der geplanten Lacher ein und bekam durch seine Gestik noch zwanzig mehr. Er ist ein ulkiger Mann. Das Stück lief einfach glänzend. Es war so possenhaft und albern – ähnlich wie Kaufmans Sachen, aber ohne deren Finesse.«

Ein Teil der Kritik richtete sich darauf, daß der unablässige Humor das Stück behindere, was nicht heißen soll, daß die Show witziger gewesen sei, als ihr gut tat. »Die Legende, daß ein Stück dieser Art mehr Witze enthalten kann, als ihm guttut, ist eben nur eine Legende. Gewiß hätte Aristophanes demjenigen, der einen solchen Gedanken äußert, eine Kopfnuß versetzt«, schrieb Walter Kerr kurz nach der Premiere in der *New York Times.* »Was wirklich geschieht, ist folgendes: Der dramatische Strom hört auf zu fließen, die Bühne füllt sich nicht bis zur Wassermarke. Die Gags kommen hageldicht, und das Reservoir leert sich stetig. Komödien benötigen, wie jede Form des Theaters, einen inneren Antrieb. Der Antrieb rührt von der Handlung her und sprudelt in Situationen über, die auch dann lustig wären, wenn man es mit einem völlig nüchternen Text zu tun hätte... Auf die Konstruktion kommt es an, nicht auf den Flitter.«

Kerr mag recht gehabt haben – seine Kritik ist eine weitere Lektion über die Bedeutung starker Stichwortzeilen –, aber dem Publikum war es gleichgültig. »Die Lacher waren *enorm*«, berichtet Woody. »Bühnenarbeiter, die seit dreißig Jahren am Morosco-Theater gewesen waren, sagten, sie hätten noch nie so viele Lacher gehört. Die Show wurde von Lachern getragen, andere Vorzüge hatte sie nicht. Ich weiß, daß sie die allerschlimmsten Schwächen hatte. Schließlich war ich gerade erst ins Wasser gesprungen, um mir die Füße anzufeuchten. Ich habe das Stück seit Jahren nicht gelesen. Wahrscheinlich ist es unsagbar scheußlich – aber voll von

Gags. Ich erinnere mich, als Neil Simon kam, brüllte er vor Lachen über eine improvisierte Bemerkung, die mir bei der Probe eingefallen war: Die Tochter verliebt sich in den glücklosen Gehilfen des Botschafters und verlobt sich mit ihm; kurz bevor die Mutter und der Vater eilig aus dem Land hinausgebracht werden, bittet die Mutter: ›Während wir auf dem U-Boot sind, telegraphiert uns euer Tafelsilbermuster.‹ Dies löste auch in der Show lautes Gelächter aus. Das Stück war einfach eine Lachmaschine, und ich hatte nie die geringsten Zweifel an ihm, selbst wenn wir nur vor sechs Zuschauerreihen spielten.«

Nachdem Woody »sich die Füße angefeuchtet« hatte, war er bereit, sich in ein Stück zu versenken, das seine Begabung nicht nur als Autor, sondern auch als Darsteller zeigte. Ein großer Teil von *Mach's noch einmal, Sam* wurde 1968 geschrieben, als Woody während eines Engagements bei Mister Kelly's in den Astor Towers in Chicago wohnte. Es ist die Geschichte von Allan Felix, der als Kritiker für eine intellektuelle Filmzeitschrift arbeitet und immer wieder bei Frauen scheitert, wenn er versucht, nicht das zu sein, was er ist; mit Hilfe des Geistes von Humphrey Bogart lernt er, daß sich der Erfolg nur dann einstellt, wenn man sich selbst treu bleibt. Der Humor und die Sanftheit der Komödie lassen sich daran ermessen, daß er schließlich bei der Frau seines besten Freundes Erfolg hat, ohne daß dies kitschig wirkte.

Wie in vielen anderen seiner Arbeiten benutzte Woody auch in *Mach's noch einmal, Sam* Zaubereffekte. Personen erscheinen und verschwinden in Rückblenden und in der realen Zeit, und der wiedergeborene Bogart ist eine raffinierte Illusion. Jerry Lacy, der Bogart spielte, sah wirklich wie Bogarts Doppelgänger aus. Obwohl Bogart Mittelpunkt der Handlung ist, wurde er ihr erst am Ende hinzugefügt. Woody – der sich als einen chronischen Träumer bezeichnet – begann, über einen Filmkritiker zu schreiben, der Wachträume hat. Eines Tages schrieb er: »Humphrey Bogart kommt«, denn an den Wänden von Felix' Apartment klebten zahlreiche Plakate von Bogart-Filmen. Ein paar Seiten weiter dachte er plötzlich, daß es schön wäre, Bogart zum Leben zu erwecken, und bald wurde dieser zu einer Hauptfigur, dem welterfahrenen Mann, der Allan Ratschläge über die Frauen erteilt. Woodys Fähigkeit, Bogart zu einer so glaubwürdigen Gestalt zu machen, ist auch ein Ausdruck für die zentrale Rolle, die Filme in seiner Jugend spielten und noch heute spielen. Bogart und Dutzende anderer Stars begegneten ihm nahezu täglich im Kino, und er wurde mit ihnen vertraut. Als er schrieb: »Humphrey Bogart kommt«, war dies für ihn eher die Anrufung eines freundlichen Idols als eine dramaturgische Übertreibung. »Der erste Humphrey-Bogart-Film, den ich sah, war *The Maltese Falcon (Der Malteserfalke)*«, schrieb Woody im März 1969 in einer *Life*-Titelgeschichte, die er »My Secret Life with Bogart« nannte. »Ich war zehn Jahre alt und identifizierte mich sofort mit Peter Lorre.«

Sein gesamtes Erwachsenenleben hindurch besuchte Woody regelmäßig Programmkinos in Manhattan, um sich seine alten Lieblingsfilme anzusehen. Dann, im Jahre 1979, nachdem *Manhattan* angelaufen war, kaufte er sich *das* Spielzeug für einen Filmbesessenen: einen eigenen Vorführraum, der eine Hälfte seines Studios aus Büro- und Schneideräumen einnimmt, eines früheren Damen-Bridgeklubs in einem feudalen Gebäude an der Park Avenue. Die umfassenden Montagevorrichtungen gestatten ihm, seine Filme zu schneiden, Dialoge neu aufzunehmen und Musikbänder herzustellen, ohne daß er das Haus verlassen muß. Der Vorführraum erlaubt ihm nicht nur, sich jederzeit an einem bequemen Ort Muster und Rohfassungen seines gegenwärtigen Films anzuschauen, sondern er ist gleichzeitig auch als Privatkino zu benutzen. Im ersten Sommer nach der Anschaffung sah Woody sich fast jeden Tag einen seiner Lieblingsfilme an. Jean Doumanian und ihre Gefährtin Jacqui Safra kamen häufig vorbei, bevor Woody Mia kennengelernt und bevor er (das eine hängt nicht mit dem anderen zusammen) ein Magengeschwür hatte –, und die drei verbrachten jene Tage, indem sie vielleicht ein oder zwei Flaschen Romanee-Conti tranken und sich Filme in einem privaten Modell der dunklen, klimatisierten Kinos seiner Jugend ansahen. Da es so viele alte Filme gibt, die ihm gefallen, und so wenig neue, aus denen er sich etwas macht, bleibt dies ein großes Vergnügen für ihn, das er mit Mias Kindern teilt. Sie stellen sich oft an Wochenenden ein und lassen sich einen Film vorführen, während Woody im Nebenzimmer am Schnitt eines eigenen arbeitet.

»Jeder von uns hat in seinem Leben einen gewissen unerklärlichen Fundus von Erinnerungen«, sagte er einmal. »Man weiß nicht, warum man sie hat – manchmal ist es nur ein freudiger, bedeutungsloser Moment. Sehr viele von meinen Erinnerungen haben mit Filmen zu tun. Ich erinnere mich, wie ich während des Schneesturms von 1947 in Manhattan ins Kino ging, um *Dick Tracy Versus Cueball* zu sehen. Ich erinnere mich, wie ich mit Diane Keaton an einem verschneiten Tag in der Schlange am Tower East Theater in Manhattan stand, wo *The Boys in the Band (Die Harten und die Zarten)* gezeigt wurde. An sie habe ich sehr angenehme Erinnerungen. Ich erinnere mich, wie Mia und ich nach unserer ersten Begegnung abends zu einer Vorführung im Paramount-Gebäude fuhren, wie ich eine Menge Autos mit Stars halten sah und krankhaft reagierte: ›Laß uns nicht reingehen, laß uns darauf verzichten.‹ Also machten wir einen Umweg und fuhren hinüber zum Regency – damals ein Programmkino –, wo wir uns die zweite Hälfte eines (durch nostalgische Verklärung) wunderbaren Esther-Williams-Films ansahen. Ich erinnere mich an einen grauen Morgen, an dem ich als Junge wußte, daß das Kino um eins geöffnet werden und ich einen Charlie-Chaplin-Film sehen würde. Ich erinnere mich an den Tag vor meiner Bar-Mizwa-Feier, einen Freitag, an dem ich allein nach der Schule ins Kino ging und *Canon City* sah, einen halbdokumentarischen Film über einen Gefängnisausbruch.

Ich glaube, daß Filme deshalb in meiner Erinnerung eine so wichtige Rolle spielen, weil der Kontrast zwischen dem realen Leben im allgemeinen und meinem Leben im besonderen so stark war. Die Intensität des Kinoerlebnisses – meines Kinoerlebnisses – war so enorm, so gigantisch, wenn sie an dem, was das reale Leben ist und was meines war, gemessen wurde. Ohne Zweifel habe ich auch eine Art angeborenen Sinn für Dramatisches. Ich erinnere mich z. B. heute an einen glühendheißen Sommertag vor vier oder fünf Jahren, an dem Mia mit den Kindern in der Stadt war. Wir gingen in meinen Vorführraum und verbrachten den ganzen Tag damit, die beiden ersten *Godfather-(Der Pate-)*Filme anzusehen. Ich erinnere mich daran, weil es einfach ein Tag war, der sich gelohnt hatte.«

Woodys Fähigkeit, seine intensiven Filmerlebnisse in ein Theaterstück umzusetzen, verbunden mit der Schaffung einer Bühnengestalt, die sich an seine Identität als Komiker anlehnt, macht *Mach's noch einmal, Sam* zu einem doppelten Vergnügen. Bogart und die Casablanca-Thematik liefern dem Publikum eine nostalgische Freude und einen Bezugsrahmen, und Woodys Auseinandersetzung mit dem zeitlosen Problem des Mannes, der kein Mädchen für sich gewinnen kann, läßt das Stück aktuell werden. Wenn Linda (Diane Keaton) den niedergeschlagenen Allan Felix fragt, ob er sich zum Essen immer nur »TV-Dinners« aufwärmt und er antwortet: »Wer macht sich die Mühe, sie aufzuwärmen? Ich lutsche einfach das gefrorene Zeug«, ist Woody in der Lage, seinen Nachtklubmonolog in eine überaus betörende Handlung umzusetzen.

Das Stück und der 1972 von Herbert Ross inszenierte Film (*Mach's noch einmal, Sam*) sind durch und durch zeitgenössisch, doch Woodys Schreibstil wurde stark von den Dramen beeinflußt, die das Group Theatre – mit Autoren wie beispielsweise Eugene O'Neill, Clifford Odets und Maxwell Anderson – in den Dreißigern und frühen Vierzigern auf die Bühne brachte. Woody sieht sich »was auch geschieht, als intellektuelles, künstlerisches und emotionales Produkt jener Gruppe von New Yorker Dramatikern. Sie wurden ihrerseits von Stanislawski und Tschechow und deren Theater beeinflußt. Mit dieser Gruppe von Menschen fühle ich mich immer am wohlsten, sie kenne ich, und sie üben großen Einfluß auf meine Arbeit aus, wenn ich keinen Wandel erzwinge. Ihre Zeit war die Ära des gutgemachten Dramas, der Drei- oder Zweiakter mit einem gewissen altmodischen Aufbau. Meine Arbeit ist auf die eine oder andere Weise davon durchdrungen. Ich sage ›was auch geschieht‹, denn dies führt zu dialogorientierten Stükken, die dem Theater angemessen sind, dem Medium des Films jedoch weniger entsprechen. Wenn ich also einen Film drehe, der wirklich ›filmisch‹ sein soll, muß ich einen mir etwas fremden Weg einschlagen. Ich glaube, ich wäre in den Zwanzigern und Dreißigern sehr glücklich gewesen und hätte gut mit all den Leuten zusammenarbeiten können. Ich wäre wohl einer von ihnen gewesen, das kann ich nicht beurteilen, aber ich hätte zu jener Theatergruppe von Kaufman und Robert Sherwood und Odets gehört.« Jo Mielzeiner, ein Idol jener Jahrzehnte, war für die Bühnenausstattung von *Don't Drink the Water* verantwortlich.

Das handwerkliche Können von Odets und den anderen färbte auf Woody ab, denn als er zu schreiben begann, las und sah er ständig die letzten Dramen jener Schule. »Tatsache ist, hinge es nur von mir selbst ab und hätte der Film sich nicht weiterentwickelt und hätte die Kunstform nicht ihre eigenen Regeln – sie sind viel elastischer geworden –, dann würde ich immer dazu neigen, ob ernst oder komisch, etwas mit einem sehr altmodischen Aufbau zu schreiben. Das ist unzweifelhaft zu erkennen, egal, wie sehr ich es zu verbergen suche.«

Woody ist nicht der einzige, der diese Neigung hat. Auch Ingmar Bergman wurde stark vom Theater beeinflußt, und er überwand diesen Einfluß durch die Entwicklung seines prächtigen Filmstils. Viele von Woodys Filmen – zum Beispiel *Hannah und ihre Schwestern*, *Verbrechen und andere Kleinigkeiten*, *Manhattan*, *Der Stadtneurotiker* und *The Purple Rose of Cairo* – haben etwas von einem gutgemachten Drama an sich. Und *Mach's noch einmal, Sam* ist ein viel gelungeneres Stück als *Don't Drink the Water*.

Etwa zum Zeitpunkt der Premiere von *Mach's noch einmal, Sam* wurde Woody mit der Aussage zitiert, er habe das Stück geschrieben, um Mädchen zu treffen. Daran war ein Fünkchen Wahrheit. Er zögerte nie, eine weitere Rolle für eine schöne Frau einzubauen. Warum auch nicht? Nach den vorhersehbaren und nicht ungewöhnlichen Problemen, die er als Teenager mit Mädchen gehabt hatte, bot sich ihm nun die Möglichkeit, jedes beliebige Szenarium für sich selbst zu schreiben. In diesem Szenarium – vom ersten Entwurf von *Was gibt's Neues, Pussy?* über *Mach's noch einmal, Sam* bis hin zu vielen seiner Filme – konnte er das Mädchen für sich gewinnen, wenn sie auch am Ende nicht immer zusammenbleiben: Allan gibt Linda auf, so wie Bogart in *Casablanca* Ingrid Bergman aufgibt; Ike verliert Tracy in *Manhattan*, weil er die Bindung an sie scheut; Alvie behält Annie nur als gute Freundin in *Der Stadtneurotiker*. Der einzige Film, in dem er das Mädchen nicht einmal kurzfristig für sich gewinnt, ist *Verbrechen und andere Kleinigkeiten*, wo er es mit allen Kräften, aber vergeblich versucht.

Unter allen Frauen in *Mach's noch einmal, Sam* ist natürlich Diane Keaton diejenige, auf die es ankommt. Das Stück markierte den Beginn einer Liebesbeziehung, die bis heute in Form einer sehr engen Freundschaft fortlebt. Die beiden waren einander nie begegnet, als sie zum Vorsprechen erschien. Sie war von Lucian Scott, ihrem Schauspiellehrer am Orange Coast Junior College in Kalifornien, für die Rolle vorgeschlagen worden; Scott hatte auch den Regisseur Joe Hardy ausgebildet. Hardy erinnerte sich, daß Diane Keaton ihm als Maria in einer College-Produktion von *The Sound of Music (Meine Lieder – meine Träume)* und danach in *Hair* am Broadway gefallen hatte. Ein anderer Befürworter war Sanford Meisner vom Neighborhood Playhouse, der Diane ebenfalls unterrichtet hatte und sie, wie Woody sich erinnert, »das begabteste Mädchen in New York« nannte. Nachdem sie drei- oder viermal neu bestellt worden war, las sie eine Szene mit Woody, der »genausoviel Angst vor mir hatte wie ich vor ihm«. Er fürchtete auch, sie könne etwas zu groß sein, denn weder er noch Hardy wollten, daß der Witz auf seinem kleineren Wuchs beruhte. Am Ende verdrängte Dianes Talent die Besorgnis der beiden.

Jedenfalls, was ihre Eignung für die Rolle betraf. Die Seelenverwandtschaft der beiden Gestalten basiert zum Teil auf ihren offenkundigen Neurosen. Nachdem Woody eingesehen hatte, daß Diane die bestmögliche Linda war, befielen ihn plötzlich Selbstzweifel, die gut zu ihrem Bekenntnis, daß »ich mich immer unsicher fühle«, paßten.

»Sie war so nett und so hübsch, daß ich mir dachte: ›Wenn ich bloß keine Enttäuschung für sie bin. Sie ist am Broadway aufgetreten, und ich hab noch keine einzige Show gemacht. Hoffentlich bin ich gut genug für sie‹«, erinnert sich Woody. Außerdem – und dies war ein untypischer Kleinmut, was seine Arbeit angeht – hatte er schwere Zweifel an seinem Können als Autor des Stücks. Er war stets überzeugt, daß er das Publikum zum Lachen bringen konnte, aber er fragte sich, ob er drei Akte geschrieben hatte, die als Ganzes stimmig waren.

Die Proben begannen, ohne daß diese Befürchtungen ausgesprochen worden wären. Überhaupt sagten Woody und Diane, von ihrem Text abgesehen, kaum etwas zueinander. Er war damit beschäftigt, sich seinen Text einzuprägen, da er nie etwas Ähnliches getan hatte – ein Stück unterscheidet sich erheblich von einem Monolog. Und Diane war schrecklich schüchtern. Sie kam zur Arbeit, gab sich große Mühe und verschwand, sobald sie fertig war – ohne ein Wort an das Ensemble – in Gesellschaft eines jungen Mannes, der sie jeden Tag abholte.

Den meisten Spaß hatte Tony Roberts, der Lindas Mann Dick spielte. Neben Diane Keaton gab es ein halbes Dutzend schöner Frauen im Ensemble. Woody hielt nichts davon, Arbeit und Vergnügen miteinander zu verbinden, doch Roberts »war wie ein Junge in einem Süßwarenladen«. Woody verband Arbeit und Vergnügen immerhin so weit, daß er enge Freundschaft mit Tony schloß, was bei *Don't Drink the Water*, wo Tony ebenfalls mitwirkte, nicht der Fall gewesen war. Damals, als Woody lediglich Autor und nicht Ensemblemitglied gewesen war, hatte er größere Distanz zum Ensemble gewahrt.

Woody ging zu jener Zeit häufig mit einer Frau aus, die für das Stück vorgesprochen und eine kleine Rolle ausgeschlagen hatte. Louise und er hatten sich gerade getrennt. Am Abend vor einem Rendezvous zogen sich die Proben länger als sonst hin, und Woody und Diane gingen zu einem Imbiß zu Kim Downey's, einem heute nicht mehr existierenden Restaurant in der Eighth Avenue. Während sie sich zum erstenmal ohne festgelegten Text unterhielten, entdeckte Woody, daß sie »unglaublich amüsant« war. »Ich hörte überhaupt nicht auf zu lachen.« Bald fragte er sich, warum er am nächsten Abend nicht mit ihr, sondern mit einer anderen Frau ausgehen sollte. Einer der Gründe war der junge Mann, der sie allabendlich abholte. Später erfuhr er, daß er nur ihr Manager war.

Dann, während der Probevorstellungen in Washington, D. C., lud er sie nach einer Show zum Dinner ein. Sie trafen sich immer häufiger, und kurz nach ihrer Rückkehr nach New York zog Diane in sein Apartment, wo sie ein Jahr lang wohnte. Als die Filmfassung von *Mach's noch einmal, Sam* im Jahre 1972 gedreht wurde, waren sie bereits kein Paar mehr, aber immer noch die besten Freunde, die zwischen den Szenenaufnahmen vergnügt über ihre Lieblingseissorten plauderten. Wie es mit Harlene der Fall gewesen war, »entwickelten wir uns einfach auseinander«, sagt Woody. »Diane war völlig naiv und unerfahren nach New York gekommen. Sie war Anfang zwanzig und hatte zu mir eine der ersten wichtigen Beziehungen ihres Lebens. Sie reifte heran und entwickelte sehr ausgeprägte eigene Vorlieben und Abneigungen. Ihre Interessen auf manchen Gebieten ließen mich ziemlich kalt, und umgekehrt. Zum Beispiel fing sie an, sich mit Malerei und Fotografie und Graphik zu beschäftigen, und sie verbrachte einen Teil ihrer Zeit in Kalifornien und am Grand Canyon und in Santa Fe. Sie wurde zu einer sehr kultivierten Frau und entwickelte unzählige Bedürfnisse und Pläne; ich hatte meine eigenen Pläne, von denen einige mit ihren zusammenfielen und andere nicht. Wir trennten uns ohne Groll.« Das Wesen ihrer Freundschaft besteht darin, daß sie über alles miteinander sprechen können; Woody legt besonderen Wert auf ihre Ansichten. Er diskutiert seine Projekte ausführlich mit ihr, und sie erkundigt sich danach, was er über ihre Pläne denkt.

»Diane Keaton leistete einen wichtigen Beitrag zu meiner künstlerischen Entwicklung«, sagte er eines Tages, nachdem er telefonisch mit ihr über einige Schauspieler für *Verbrechen und andere Kleinigkeiten* gesprochen hatte. »Sie half mir sehr, meinen Geschmack zu entwickeln, und mein Geschmack verrät viel von ihrem Einfluß. Sie war künstlerisch von Anfang an absolut unabhängig. Als ich ihr zuerst begegnete, zögerte sie nie, so jung sie war, ihre Neigungen und Abneigungen deutlich zu machen, gleichgültig, wie sehr sie gegen den Strich gehen mochten. Wenn ihr etwas Unpopuläres gefiel, hielt sie es nicht für nötig, sich zu verteidigen – so war es eben. Und wenn ihr etwas nicht gefiel, konnte man den ganzen Tag lang auf sie einreden, daß diese oder jene Stücke von Shakespeare Meisterwerke seien – es war ihr egal. Sie glaubte unerschütterlich an ihren eigenen Geschmack, und der war vorzüglich. Sie weiß, welche Gemälde gut sind, wer witzig ist und wer nicht. Irgendwie hat sie einen ungetrübten Instinkt, der nie durch den Druck ihrer Umgebung verpfuscht worden ist.

Ich glaube, daß sie meine besten Fähigkeiten förderte. Als ich ihr *Woody – der Unglücksrabe* noch vor der Premiere vorführte und sie den Film für gut und witzig befand, brauchte ich nichts anderes mehr zu hören. Ich wußte, er würde seinen Platz haben, ob er beim Publikum ankam oder nicht. Und im Laufe der Jahre habe ich immer wieder den gleichen Eindruck gehabt. Wenn ihr meine Sachen gefallen, hat sich die Mühe gelohnt. Sie hat immer einen absolut großartigen künstlerischen Instinkt besessen. Heutzutage ergibt sich nicht immer die Möglichkeit, ihr meine Filme vor dem Abschluß zu zeigen. Wenn ich sie um ihre Meinung frage, nachdem der Film fertig ist, fühlt sie sich verpflichtet, mich zu ermutigen und zu unterstützen. Aber wenn sie ihn sieht, bevor er ganz abgeschlossen ist, hat sie keine Bedenken zu sagen: ›Dies ist wunderbar, und diese Schauspielerin ist toll, und diese kleine Geschichte ist schrecklich, und du mußt das da in Ordnung bringen, und das nehme ich dir keine Sekunde lang ab.‹ Sie ist als Kritikerin immer sehr wichtig für mich.« Das läßt sich an Woodys Miene ablesen, wenn er nach der Vorführung des Rohschnittes eines seiner Filme auf Dianes Reaktion wartet. Sein höflich-forschendes Verhalten, das er normalerweise an den Tag legt, wenn er die meisten anderen Freunde und Bekannten um ihre Ansicht bittet, wird im Gespräch mit Diane vom Ausdruck besorgter

Erwartung, verbunden mit der Hoffnung auf ihren Beifall, abgelöst.

Ihre neue Beziehung hatte keinen schädlichen Effekt auf ihre Darstellung in *Mach's noch einmal, Sam,* das am 13. Februar 1969 am Broadhurst Theater in der West Forty-fourth Street Premiere hatte. Beide meinen, ein Unterschied sei nur dann zu spüren gewesen, wenn einer der Ersatzschauspieler für sie einspringen mußte. »Es war künstlich«, sagt Woody. »Ich war viel wirklicher als mein Ersatz, und sie war viel wirklicher als ihr Ersatz. Die beiden machten es von außen her, das war ein großer Unterschied.«

Die Tatsache, daß Woody und Diane »von innen her« miteinander arbeiteten, barg gewisse Gefahren. Eine war, daß Diane ihn auf der Bühne genauso heftig zum Lachen bringen konnte wie im Privatleben. An manchen Abenden während der Laufzeit des Stückes wurde er derart von Lachkrämpfen geschüttelt, daß er still sitzen und warten mußte, bis er die Beherrschung wiedergewann. Und dann prustete Diane plötzlich los. Da die Show so lustig war, wurde dieses Problem den Zuschauern nur selten bewußt, und selbst wenn sie etwas merkten, schien das Lachen auf natürliche Weise aus der Handlung hervorzugehen. Zum Glück, denn Woody, Diane und Tony lachten immer wieder außerplanmäßig. Ein Filmbeispiel ist die Szene in *Der Stadtneurotiker*, in der Alvy und Annie, beide sehr zimperlich krabbelnden Krustentieren gegenüber, versuchen, in einem Strandhaus Hummer zuzubereiten. Es war die erste Szene, die für den Film gedreht wurde, und weder Woody noch Diane schauspielerten. Ihr Lachen war völlig spontan, was der Szene eine Vitalität verleiht, wie sie nicht geplant werden kann.

»Wenn Woody seinen Text verpatzte, war er einfach hilflos«, sagte Diane Keaton ein paar Jahre nach dem Ende der Laufzeit. »Er konnte die Szene nicht weiterspielen. Tony und ich konnten patzen und einfach weitermachen, Woody jedoch nicht. Und dann fing man an zu lachen. An einigen Abenden war die Disziplin wirklich schlecht. Tony stand einmal ohne Hose da, als Woody von der Bühne kam, um ein Glas Wasser zu holen, und als Woody auf die Bühne zurückkehrte, lachte er so sehr, daß er nicht sprechen konnte. Und an zwei Abenden vereinbarten Woody und Tony vorher, daß sie Groucho und Sidney Greenstreet nachahmen würden.« Manchmal verschworen sich auch die Umstände, so daß die

Schauspieler die Fassung verloren. Die wunderbar bühnenwirksamen, von William Ritman entworfenen Kulissen gestatteten den Personen, wie durch Zauberei aufzutauchen. Direkt über der Bühne angebrachte Punktscheinwerfer hatten drei Lichtstärken, und in den Wänden waren Lücken, die man aus dem Zuschauerraum nicht erkennen konnte. Wenn Woody zum Beispiel links auf der Bühne sprach, konnte die Frau, von der er redete, rechts von der Mitte erscheinen. Oder eine Person konnte sich umdrehen und durch eine Wand verschwinden. Wenn Woody von Bootsfahrten im Central Park sprach, wurde ein mit Leder überzogener Rosenholzsessel plötzlich zu einem Ruderboot. Das alles war vortrefflich, wenn man es richtig einsetzte. Aber eines Abends sollte Diane durch eine Tür abgehen und schritt statt dessen durch eine Wand.

Obwohl Woody die Gestalt Alan Felix auf seine eigenen Stärken und Fähigkeiten zuschnitt »Ich bin diese Gestalt. Ich schrieb sie so natürlich wie möglich für mich selbst«, sagte er einmal, hatte er zunächst Mühe, den Übergang vom Komiker, der einen Monolog vorträgt, zum Schauspieler, der auf das Zusammenspiel mit anderen Darstellern angewiesen ist, zu schaffen. »Er glaubte, er werde Bühnennummern abziehen«, sagt Hardy. »Aber er lernte sehr schnell, daß man in einem Drama keine Bühnennummern bringen kann. Ich mußte darauf abzielen, seine Persönlichkeit auf der Bühne zu erweitern.« Woody mußte lernen, nicht als einzelner Künstler auf das Publikum zu reagieren, sondern als Teil eines Ganzen, dessen innere Realität einen Schritt von der des Publikums entfernt ist. Zum Beispiel verpaßte Tony Roberts eines Abends, während das Stück die Probevorstellungen außerhalb der Stadt durchlief, sein Stichwort und hielt sich in seiner Garderobe auf, statt auf der Bühne in einem von Allan Felix' Tagträumen zu erscheinen. Woody wußte nicht, was vorging oder was zu tun sei, und blickte hilflos um sich. Noch ein paar Sekunden, und »ich wäre von den Instinkten eines Bühnenkomikers, der unmittelbaren Kontakt zum Publikum hat, überwältigt worden und hätte gesagt: ›Hört zu, Leute, es tut mir leid, ich habe keine Ahnung, was hier los ist.‹ Und dann hätte ich einen Witz gemacht. Aber die Schauspielerin, die auf der Bühne war, hatte Erfahrung, übersprang einen Textteil und machte weiter.«

Roberts war »verblüfft darüber, daß Woody unfähig war, etwas zu improvisieren, wenn jemand ein Stichwort verpaßte oder eine

In Paris, bereit zum Drehen seiner ersten Szene mit
Peter Sellers in *Was gibt's Neues, Pussy?* »Glauben
Sie, daß ich Angst hatte?« Außerdem war es sein
neunundzwanzigster Geburtstag – der 1. Dezember
1964.

Oben: Bei den Dreh-
arbeiten von *Der
Stadtneurotiker*. Mit
Helen Ludlam, Diane
Keaton und Colleen
Dewhurst.
Rechts: Ein feuchter
Kuß mit Charlotte
Rampling in *Stardust
Memories*.

BRIAN HAMILL

BRIAN HAMILL

Rechts: Herbert Ross gibt hieb- und stichfeste Anweisungen bei der Regie von *Mach's noch einmal, Sam* in San Francisco. Mitte: Dylan Farrow besucht ihren Vater bei den Dreharbeiten von *Eine andere Frau.*

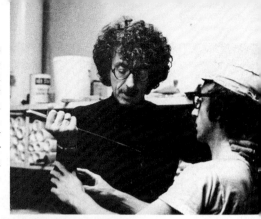

BRIAN HAMILL

BRIAN HAMILL

Rechts: Als Regisseur bei einer Szene von *Broadway Danny Rose* am Tisch der Komiker. Woodys Vater sitzt an der Wand.

Beim Schnitt von *Der Stadtneurotiker* 1976
mit Ralph Rosenblum.

Zeile vergaß. Er mußte dann immer die Bühne verlassen, oder er ging nach hinten, wo er sprachlos blieb oder sich vielleicht sogar vor Lachen krümmte. Das war ziemlich furchterregend für einen normalen Schauspieler. Aber es entsprach seiner Arbeitsweise, Allan Felix zu *sein*, die Bühnenidentität nicht nur vorzutäuschen, wie wir übrigen es taten. Wir täuschten vor, die Personen zu sein, die er erfunden hatte, während er eine von ihnen *war*. Wenn die Handlung also einen Moment lang unterbrochen wurde, so war dies für ihn eine existentielle Überraschung. Wir anderen dagegen waren imstande, uns aus dem Stegreif etwas einfallen zu lassen.«

Trotz alledem war die Bühnenschauspielerei für Woody nicht annähernd so nervenaufreibend wie die Arbeit als Bühnenkomiker. Es kam ihm vor wie der Unterschied zwischen einem Soloauftritt und der Mitwirkung in einer Band: Die Gruppe spielt, und zufällig hört ihr jemand zu. »Du tust nichts Ungewöhnliches. Es ist kein bißchen lästig. Ich konnte mit meinem Corned-Beef-Sandwich ins Theater schlendern und auf der Bühne sitzen und hören, wie das Publikum reinkam und der Inspizient sagte: ›Licht auf halb‹, erzählte Woody einmal, wobei er auf einem imaginären Sandwich kaute. »Und dann hören, wie er sagte: ›Licht aus‹«, fuhr Woody fort und tat so, als stecke er das Sandwich weg. »Dagegen konnte ich drei Stunden vor einem Nachtklubauftritt gar nichts essen – wegen des unmittelbaren Kontaktes, den ich zum Publikum haben würde. Du gehst raus und sprichst mit *ihm*. Aber in *Mach's noch einmal, Sam* ging ich raus und sprach mit Diane Keaton und Tony Roberts, und es machte uns einfach Spaß, auf der Bühne zu sein.«

Ein wenig verlegen erzählte er weiter: »Noch jetzt, während ich darüber spreche, kann ich die Furcht spüren, die ich vor einem Monolog hatte. Ich erinnere mich, wie oft ich mit Diane Keaton in Las Vegas hinter der Bühne saß, und wenn Edie Adams ein gewisses Lied anstimmte, wußten wir, daß es das vorletzte war, bevor man mich ankündigen würde. Und ich wurde sofort nervös. Ganz einfach eine Pawlowsche Reaktion. Es war so albern, weil ich wußte, daß sie begeistert von mir waren, meine Kritiken waren gut, man hatte mich engagiert, weil ich beim Publikum ankam, die Leute waren da, um mich zu sehen, und jeden Abend fanden sie mich umwerfend. Dabei spielte es keine Rolle, wieviel von meinem Engagement ich schon hinter mir hatte. Es konnte ein Donnerstagabend in meiner dritten Woche sein, und ich wußte, daß ich großartig sein würde, weil ich es in der Schau zuvor und am Abend zuvor und in der Woche zuvor gewesen war. Trotzdem machte es mir zu schaffen. Aber sobald ich auf der Bühne stand, wurde ich ruhig. Da war vielleicht noch ein Rest an nervöser Energie, aber ich empfand nicht die geringste Spannung. Nicht einmal am Anfang. Es war alles Erwartungsangst.«

Dies bedeutete nicht, daß Woody vor der Premiere des Stückes nicht nervös gewesen wäre. Seine Premierenangst führte sogar zum Teil zu seiner Freundschaft mit Roberts, der schließlich *engagiert* worden war, seinen Freund zu spielen und der diese Rolle weiterhin in Woodys Filmen übernimmt. Ihre Gespräche, ob auf der Leinwand oder im Alltag, furios, voll von Anzüglichkeiten und kessem Sportjargon – und im wirklichen Leben voll von Verkürzungen, wenn von Menschen und Ereignissen die Rede ist, deren Diskussion sie für ihre Privatsache halten. »Es sind die Aussprüche von zwei mit allen Wassern gewaschenen Burschen – einer aus Brooklyn, der andere aus Manhattan –, die sich ein Duell liefern«, sagt Roberts. Doch in all den Monaten der Proben und Testvorführungen von *Don't Drink the Water* und während der achtzehnmonatigen Laufzeit des Stückes hatten sie praktisch keine persönliche Beziehung zueinander. Nach der Premiere sah Tony Woody bei keiner einzigen Vorstellung mehr. Die Ungezwungenheit, mit der sie einander auf der Leinwand behandeln, griff auf das wirkliche Leben über, nachdem Woody seine Nervosität vor der Broadway-Premiere von *Mach's noch einmal, Sam* offenbart hatte.

»Der Grund, weshalb ich die Rolle von Woodys Freund in seinen Filmen erhielt, liegt darin, daß unsere Freundschaft eine Chance hatte, sich während *Mach's noch einmal, Sam* zu entwickeln. Er kam dauernd in meine Garderobe, lief aufgeregt hin und her, und er war plötzlich emotional nackt.« Roberts fährt fort: »Ich fühlte mich sehr sicher, denn ich wußte, wenn ich meinen Text und meine Konzeption kannte und eine Zeitlang geprobt hatte, würde ich zwar gehöriges Lampenfieber vor der Premiere haben, aber in dem Moment, wo der Vorhang hochginge und ich auf der Bühne war, würde ich vollauf konzentriert sein. Ich wußte, was zu tun war, denn es war nicht das erste Mal. Du denkst an dein nächstes Stichwort, und du konzentrierst dich auf den Partner, und du hörst, wie deine Stimme aus deinem Mund erklingt, und schließlich wirst du gelöst und es macht dir Spaß. Deshalb bin ich

Schauspieler. Ich war also nervös, aber ich dachte gleichzeitig: ›Oooh, dies ist eine herrliche Sache.‹ Woody dagegen war wie jemand, der sich auf den Weg zur Guillotine macht. Er *haßte* das Ganze.«

Jedenfalls, bis er allabendlich auf der Bühne stand. Dann wurde seine Nervosität entweder von dem gemeinsamen Gelächter mit Diane und Tony oder vom Zorn über ein teilnahmsloses Publikum verdrängt, das jede Show gelegentlich hat. »Du wirst wütend«, erläutert Woody, »weil du dir sagst: ›Himmel, ich habe dieses Stück sechsunddreißigmal hintereinander gespielt, und alles hat gelacht, jetzt machen wir genau das gleiche und die sitzen wie tot da.‹ Du denkst: ›Reißt euch zusammen. Ihr habt bezahlt, um das Stück zu sehen, und wir sind gut wie jeden Abend – also was ist das Problem?‹« Bald merkte er, daß es häufig gar kein Problem gab. »Du gingst raus, um dich zu verbeugen, und kriegtest stürmischen Beifall. Wie sich zeigte, waren sie während der ganzen Vorstellung begeistert gewesen. Ich lernte, nicht aufzugeben, nur weil keine Lacher zu hören waren.« Er lernte auch, durch die Vorstellungen mit schlechter Publikumsreaktion hindurchzurasen und das Stück manchmal um zehn Minuten zu verkürzen, ohne die Pointen zu beeinträchtigen. Es war eine Abwandlung dessen, was er als Komiker zu tun gelernt hatte, wenn sich die Lacher an zähen Abenden nicht einstellen wollten: Dann straffte er die Zwischentexte und ging schnell zur nächsten Pointe über, bei der die Reaktion oftmals allerdings nicht besser wurde. »Man versuchte, ihre Energie anzufachen«, sagte er eines Tages. »Du konntest deine üblichen Pausen nicht einlegen, weil du deine üblichen Lacher nicht bekamst, und dein für eine Stunde geplanter Auftritt war nach dreißig Minuten vorbei.« Er unterbrach sich. »Ich möchte noch hinzufügen, daß du, wenn so etwas geschieht, gewöhnlich qualvoll untergehst.«

Wie sich Bühnenschauspielerei von einem Nachtklubauftritt unterscheidet, so gibt es auch einen Unterschied zwischen der Mitwirkung in einem Film und einem Drama. »Auf der Bühne kennt man sich bald so gut aus, daß man beim Spiel an alles mögliche denken kann«, fuhr er fort. »Ich stand manchmal mitten in einer Szene auf der Bühne, erntete Riesenlacher und dachte dabei: ›Tatsache, diese Szene ist nicht schlecht geschrieben. Sie ist gut aufgebaut, aber vielleicht hätte ich da noch...‹« Schauspieler erzählen immer wieder Geschichten darüber, wie zum Beispiel Laurence Olivier ein

Publikum zu Tränen rührte, während er daran dachte, daß die Wäscherei am Morgen eine Garnitur Unterwäsche zu wenig zurückgeschickt hatte. »Das stimmt«, sagt Woody. »Wenn man in einem Stück spielt, kann man mühelos den größten Teil seiner Gedanken bei der Aufführung lassen, während ein Teil zu wandern beginnt. Aber in einem Film, wo du nur ganz kurze Szenen hinlegst, ist es etwas anderes. Für mich ist es eine Last, in einem Film zu spielen. Es macht mir Spaß, alles vorzubereiten, aber dann muß ich mein Kostüm anziehen und der Kragen juckt, ich muß vor die Kamera treten und genug Energie aufbringen, um entsetzt zu wirken, wenn sie ein Messer zieht. Es ist so mühsam. Aber einer der Gründe dafür, daß ich so ein- und ausschalten kann, läßt sich mit dem Pokern vergleichen. Wenn ich um Geld spiele oder auf einer Party bin und jemanden beeindrucken möchte, dann gibt es einen Schalter, der angeknipst wird. Was mir außerdem hilft, beim Drehen sofort bei der Sache zu sein, ist die Tatsache, daß ich den Text geschrieben habe und ihn deshalb besser verstehe als die meisten Schauspieler. Ich schreibe, um schon existierenden Gefühlen gerecht zu werden. Ich versuche, nichts zu schreiben, wozu ich nicht fähig bin.«

In *Ödipus ratlos* gibt es am Ende eine Szene, in der Sheldon Wills (Woody) nach Hause kommt und einen Abschiedsbrief von der von Mia Farrow gespielten Figur vorfindet. Ihre Beziehung ist gespannt, seit Sheldons Mutter in der magischen Box eines Zauberers verschwand, nur um – als die größte wißbegierige Mutter der Welt – am Himmel über New York wiederaufzutauchen. »Dieser Film wird in Israel Furore machen«, sagte Woody eines Tages während der Dreharbeiten. »Er wird das *Vom Winde verweht* Israels sein.« In seiner Verzweiflung zieht Sheldon eine Seherin, gespielt von Julie Kavner, heran. Sie ist zwar eine Betrügerin, aber wohlmeinend und nett und schickt Sheldon mit den Resten eines Huhns, das sie für ihn gebraten hat, nach Hause. Als Sheldon bekümmert den Brief liest, ertönt hinter den Kulissen »All the Things You are«. Er erinnert sich an das Huhn, wickelt die Aluminiumfolie auf, zieht ein von Sülze triefendes Bein hervor und hält es sich mit solcher Zartheit und Gefühlstiefe unter die Nase, als sei es eine einzelne Rose von Grace Kelly. Die Szene ist ergreifend und witzig zugleich. Sie wurde gedreht, lange bevor Woody wußte – was die Sache erleichtert hätte –, welche Musik zu ihr passen würde.

»Ich drehte die Szene und wußte, daß sie von einer hübschen Melodie untermalt werden würde«, erklärte er eines Tages. »Dabei verstelle ich mich so, wie es jeder Schauspieler tun würde. Ich hebe das Hühnerbein auf, und mir ist klar, daß ich daran riechen und es romantisch aussehen lassen muß. Ich«– er lachte –»täusche etwas vor. Ich denke dabei nicht, daß ich diese Gestalt bin, und auch nicht: ›O Gott, ich liebe sie‹, sondern: ›Okay, ich hab lange genug gewartet. Ich habe den Brief fallen lassen, und nun stehe ich da, und es wird langweilig, wenn ich mich jetzt nicht bewege; genug Zeit ist verstrichen, um das Huhn zu bemerken. Mach weiter so, sei nicht zu feminin bei alledem.‹ Ich denke nicht an die Motivation, sondern an die Technik.

Das alles ist ganz leicht, wenn man zu minimaler Schauspielerei fähig ist, und genau das bin ich. Ich könnte nicht Richard III. oder Tschechow spielen. Meine Schauspielkunst ist beschränkt, aber sehr einfach für mich. Als ich Danny Rose war, mußte ich durch einen Flur gehen und darauf reagieren, daß mein Klient mich verließ. Man sieht es auf der Leinwand, und es ist ein hübsch gespielter Moment. Ich habe ein ganz winziges Repertoire, und ich weiß, daß ich zu dem, was ich tue, fähig bin, weil ich das Drehbuch geschrieben habe. Ich mute mir nichts zu, was meine schauspielerische Fähigkeit übersteigt, und alles andere schüttele ich aus dem Handgelenk – auf Abruf morgens oder spätabends, immer wieder, wenn es sein muß. Es ist so wie mit jemandem, der sich hinsetzt und ein Kaninchen zeichnet. Ich könnte den ganzen Tag damit verbringen und es nicht schaffen. Oder es ist wie das Schreiben eines Witzes. Die Leute fragen immer: ›Wie verfaßt man Witze?‹ Wenn man es kann, ist es ganz einfach.«

Woody dreht unter anderem deshalb am liebsten Filme mit Schauspielern, die er kennt und denen er vertraut – wie Louise Lasser, Diane Keaton, Tony Roberts und seit elf Jahren Mia Farrow –, weil er von ihrem Können so überzeugt ist, daß er sich nur über seine eigene Darstellung und die technischen Einzelheiten des Filmemachens Gedanken zu machen braucht: Ist die Kameraeinstellung optimal? Entfernen sich die Schauspieler zu weit? Stimmt der Szenenaufbau? Zwischen der Inszenierung eines Theaterstücks und eines Films bestehen erhebliche Unterschiede: Das Theater hat menschlichere Dimensionen; es gibt keine störenden Apparate und keine fünfundsiebzig Mitarbeiter, die Requisiten und Beleuchtungsgerät von einem Ort zum anderen schleppen; die Produktion hängt allein von der Textvorlage und von den Schauspielern ab; die Handlung konzentriert sich auf einen einzigen Ort, die Probebühne, wo man keine Rücksicht auf Wetter oder auf die Probleme von Außenaufnahmen zu nehmen braucht.

Andererseits ist ein Theaterstück den Schauspielern auf Gedeih und Verderb ausgeliefert. Der Regisseur sieht, wie sie bei den Proben Wunderbares leisten, und betet dann, daß sie es ein ums andere Mal vor einem Publikum wiederholen. Gute Bühnenschauspieler finden das Gleichgewicht zwischen Kontrolle und Spontaneität.

Im Film muß es nur ein einziges Mal gelingen. Und nachdem das Ganze auf Zelluloid gebannt ist, können der Regisseur und der Cutter und der für Spezialeffekte zuständige Techniker es im Schneideraum auf dutzendfache Weise intensivieren. »Der Regisseur ist im Theater wie eine Hebamme«, sagt Ulu Grosbard, der sowohl Dramen wie Filme inszeniert. »Läuft das Stück erst einmal, hängt alles nur noch von den Schauspielern und dem Publikum ab.«

Schon beim Schreiben erweist sich für Woody der Unterschied zwischen einem Filmskript und einem Theaterstück. Seine Filmskripte sind keine festen Formen, sondern sie dienen eher als Wegweiser. Im Laufe der Arbeiten an einem schreibt er das Drehbuch ständig um und macht immer wieder neue Aufnahmen, und die Schauspieler werden dazu ermuntert, ihren Text – allerdings nicht dessen Inhalt – zu ändern, wenn sie ihn besser mit eigenen Worten übermitteln können. Woody zögert nicht einmal, die Dreharbeiten an einer Szene zu unterbrechen, wenn er den Dialog umschreiben möchte. Ein Drehbuch ist folglich für ihn nicht im selben Maße Literatur wie ein Theaterstück. Sobald er sich über die Idee eines Drehbuches im klaren ist, schreibt er den Entwurf innerhalb von vier oder sechs Wochen; in diesem Stadium geht es weniger um den Inhalt als um die Form, weshalb die Übung eher eine Notwendigkeit denn schöpferisches Vergnügen ist.

Wenn Woody früher an einem Ausdrucksmittel für sich selbst arbeitete, zog er gern einen Koautor heran, etwa Mickey Rose *Woody – der Unglücksrabe* und *Bananas* – oder Marshall Brickman *Der Schläfer*, *Der Stadtneurotiker* und *Manhattan*. In diesen Fällen besprachen sie Szenen und entwickelten den Dialog bei Spaziergängen durch New York. Im Gespräch mit einer anderen Person ergibt sich eine normale Dialogstruktur von selber; etwas, was für einen allein in seinem Zimmer arbeitenden Autor schwerer nachzuvollziehen ist. Brickman, der ebenfalls mehrere Film geschrieben und inszeniert hat, meint: »Wenn man allein ist, muß man sich selbst rhetorische Fragen stellen: Was würde ich tun? Was würde die Gestalt tun? Ich schreibe mir diese Fragen manchmal auf, um das Gefühl eines Koautors im selben Zimmer zu erwecken«.

Woody schrieb den ersten Entwurf der Drehbücher, die er zusammen mit Rose und Brickman verfaßte, aber er erklärt, ihr Beitrag zu Handlung und Dialog sei seinem gleichgekommen. Außerdem halfen sie, Handlung und Dialog so eng wie möglich an die Woody-Allen-Identität anzupassen. Woody traf aber die letzten Entscheidungen und schrieb die letzte Fassung. Wie Brickman hervorhebt: »Das Ziel war, herauszufinden, wie man Woody als Leinwandpersönlichkeit am effektivsten einsetzen kann. Als Autor und Regisseur konnte er natürlich das beste Urteil fällen.«

Brickman begann seine Karriere als Banjospieler in der Folkband »The Tarriers«, die von Rollins und Joffe gemanagt wurde. Während eines Gastspiels in einem Café in Greenwich Village Mitte der sechziger Jahre trat Woody vorher im selben Programm auf. Brickman war derjenige, der mit dem Publikum plauderte, während die anderen ihre Instrumente stimmten, weil er, wie er sagte, etwas schneller war als die übrigen Mitglieder der Band. Er war auch der Witzigste von ihnen. Charlie Joffe schlug vor, daß Woody und Marshall sich zusammentun sollten, und die beiden kamen sofort miteinander zurecht. Rollins und Joffe hielten *The Filmmaker*, ihre erste gemeinsame Arbeit, nicht für so herausragend, daß man sie hätte produzieren sollen, aber *Der Schläfer* gefiel ihnen sehr.

Während ihrer mehrere Jahre währenden Zusammenarbeit gehörten Woody und Marshall, die auf Spaziergängen über ihre Drehbücher diskutierten, gleichsam zur Manhattaner Szenerie. Ein Teil von Brickmans Aufgabe bestand darin, eine detaillierte Struktur zu erarbeiten. »Ich versuchte immer, von A zu B zu C zu D vorzurücken«, entsinnt er sich. »Ich stelle physikalische Analogien und überhaupt Analogien zu Wissenschaft und Architektur her. Dadurch bleibe ich auf der Erde und fliege nicht hinaus ins All. Aber für Woody ist die Struktur wahrscheinlich weniger beherrschend, weniger wichtig. Ihm kam es vor allem auf die individuellen Momente und die Gedankensprünge an, und dies ist ein besonderes und einzigartiges Talent. *Der Stadtneurotiker* liefert das perfekte Beispiel. Ich glaube nicht, daß irgend jemand anders einen solchen Film hätte machen können. Vielleicht Jean-Luc Godard in einem anderen Universum – jemand, der die Kühnheit und kreative Fähigkeit hat, solche Sprünge zu machen, bei denen ein einziges Wort eine Szene auslöst und sich dann weiterentwickelt. Das ist typisch für Woodys Denken. Er ist sehr intuitiv. Ich versuchte immer, es logisch anzugehen. Mit anderen Worten, wenn ich eine Idee für eine Szene oder einen Gag hatte, versuchte ich, alles folgerichtig zu entwickeln: Schön, was würde die Gestalt tun? Wenn dies, dann folgt daraus... Und Woody saß da, blickte mich an und fragte: ›In Ordnung, aber wäre es witzig, wenn der Bursche einen Kaninchenanzug anhätte?‹ Oder so ähnlich. Natürlich war es kein Kaninchenanzug, sondern etwas Besseres. Worauf ich hinaus will: Er war immer zu einem intuitiven Sprung imstande, der zu der gewünschten Lösung führte. Das ist eine seiner wahren Begabungen. Um sie zu nutzen, braucht man wirklich Mut.

Ein Witz ist etwas, das ein Element der Überraschung und der Wahrheit und eine bis dahin unvorhergesehene Verbindung zwischen zwei Dingen enthält. Woody versteht sich darauf, all dies zu finden. Hier ist ein Beispiel: Eines Tages gingen wir die Straße entlang und jemand kam uns entgegen. Ich fragte: ›Ist das nicht Jack Soundso?‹ Und Woody sagte: ›Ja. Er hat sich scheiden lassen.‹ Ich fragte: ›Hatte er früher nicht 'nen Schnurrbart?‹ Und Woody meinte: ›Ja, seine Frau wollte das ganze Gesicht einklagen und gab sich mit dem Schnurrbart zufrieden.‹ Es ist ein großes Talent, wenn man diese Denkweise auf Struktur- und Charakterisierungsprobleme anwenden kann, wenn man fähig ist, innerhalb eines vorgegebenen Rahmens mit einer Überraschung und etwas Interessantem aufzuwarten.«

Trotz aller Vorteile, die die Zusammenarbeit an Drehbüchern Woody bietet, läßt sich dieses Verfahren nicht auf die Arbeit an Theaterstücken, die für ihn unteilbar ist, übertragen. »Der Spaß an der Sache ist, es zu schreiben. Du mußt darin schwelgen. Ein Stück mit einem anderen zu schreiben wäre so, als wolle man bei einem Film einen zweiten Regisseur hinzuziehen. Ich liebe das reine Vergnügen, zu Hause aufzuwachen, zu frühstücken, allein in ein Zimmer zu gehen und zu schreiben. Drei Monate lang stehst du auf und schreibst einfach. Ich bin viel gelöster, wenn ich mich ganz allein in einem Zimmer aufhalte, weil ich keinen Kontakt mit der Wirklichkeit habe. Erst wenn du mit den Proben anfängst, stürmt die Wirklichkeit auf dich ein. Du siehst und hörst zu, wie dein Text gespielt wird, und dir wird klar, daß er sentimental und kitschig und nicht komisch ist.« Doch sobald die Wirklichkeit auf ihn einstürmt, nimmt Woody sich das Stück vor und schreibt es immer wieder um.

Als Beispiel mag die Arbeit an *The Floating Light Bulb* dienen, einem Stück, das in gewissem Grade – mit seinem hoffnungslosen häuslichen Leben und seinem Besucher aus besseren Kreisen – eine tragikomische Brooklyner Version von Tennessee Williams' *Glasmenagerie* ist. Regisseur Ulu Grosbard war der Meinung, daß der Vater nicht hinreichend charakterisiert sei; die beiden rangen mit seiner Beziehung zur Haupthandlung und versuchten, sein Leben jenseits der häuslichen Szenen in die Geschehnisse zu integrieren.

»Was mir bei der Arbeit mit Woody ganz außergewöhnlich vorkam, waren seine Bereitschaft, auf Probleme einzugehen, und sein Tempo«, sagte Grosbard nach der Premiere des Stücks. »Er machte beträchtliche Änderungen: fünf Entwürfe von unserem ersten Gespräch an bis zur Premiere. Wir trafen uns donnerstags, und montags hatte er alles schon weitgehend umgeschrieben. Meiner Erfahrung nach ändert ein Dramatiker vielleicht sieben Zeilen und hält das für eine Neufassung. Bei den Proben ging er sehr brutal mit seinem eigenen Material um, manchmal allzu brutal, wenn die Schauspieler oder ich an dem Problem schuld waren. Er war immer bereit, die Schuld bei sich zu suchen. Oft verschwand er in der Garderobe und kam mit vier Änderungsvorschlägen zurück.«

Ebenso bereitwillig übernimmt Woody die Verantwortung für die Unzulänglichkeiten seiner Filme, denn bei der Freiheit, die Orion ihm einräumte, seien es letzten Endes seine eigenen Mängel, die einen Film hinderten, seinen Erwartungen gerecht zu werden. Dadurch, daß Woody die Schuld – oder das Verdienst, wenn alles gelingt – auf sich nimmt, identifiziert er sich völlig mit der Produktion. Andererseits erwartet er, daß seine Mitarbeiter genauso engagiert sind wie er selbst. Eine hohe Erwartung, wenn man bedenkt, daß niemand sich so sehr für ein Projekt engagieren kann wie dessen Schöpfer. »Wir probten Stunde um Stunde«, sagt Grosbard.

»er konnte nicht begreifen, daß das Ensemble erschöpft war, als wir uns den Voraufführungen näherten.« Die Arbeit am Text setzte sich bis kurz vor den Voraufführungen fort, und dann wurde das Stück fixiert. Woody hatte getan, was er konnte, aber irgendwie blieb das Gefühl zurück, daß das Stück nicht so gut wie möglich umgesetzt wurde. »Unsere Probleme waren in der Prämisse verwurzelt«, sagt Grosbard. »Ich weiß nicht, ob wir sie je lösten. Wir gingen so weit, wie wir konnten. Woodys Stärke in diesem Stück ist seine Empfindung für das Theater, sein Realitätssinn was die Personen betrifft, dadurch entsteht Humor durch wirkliche Situationen und durch den Aufbau des Stücks, nicht durch Gags. Es war eine Wahrheit, die lustig und manchmal schmerzlich wirkte. Und es war, in Verbindung mit der Zauberei, großartiges Theater.«

Grosbard fährt fort: »Woody war sehr aufgeschlossen, was die Arbeit betraf, aber er war im persönlichen Bereich nicht zugänglich.« Dazu gehörte auch, daß er bei der Premiere am 27. April 1981 nicht anwesend war. An jenem Tag flog er mit Jean Doumanian und Jacqui Safra nach Paris. Dies ist jedoch nicht als Mißachtung des Ensembles zu verstehen. Woody versucht stets, den Premieren seiner Werke möglichst zu entfliehen; auch bei der Erstauführung von *Manhattan* zum Beispiel war er nicht in New York.

»Es ist am angenehmsten, nicht in der Nähe des Erdbebens, keiner der Reaktionen ausgesetzt zu sein«, erklärt er. »Ich brauche nicht zu hören, wie toll ich bin oder wie entsetzlich ich bin.« Er rechnet stets mit einer Katastrophe. »Wenn ich einen Film beginne, strotze ich immer vor Enthusiasmus und Selbstbewußtsein. Ich zweifle nie daran, daß er prächtig sein wird – bis ich fertig bin und sehe, was ich vor mir habe. Und dann frage ich mich: ›Mein Gott, was habe ich mir nur vorgestellt? Ich muß völlig verrückt gewesen sein. Wie konnte ich je glauben, ein vernünftiges Publikum mit so etwas abspeisen zu können?‹ *Manhattan* ist ein vortreffliches Beispiel. Ich kam auf die Titelseite von *Time* und des *New York Times Magazine*, und sie schrieben, der Film sei das Allergrößte. Aber wenn man zwei Wochen vorher bei United Artists zu mir gesagt hätte: ›Gut, hör zu, was wir machen werden. Wenn du für uns zwei Filme ohne Gage drehst, verbrennen wir das Negativ von diesem hier‹, dann wäre ich sofort einverstanden gewesen.« Tatsächlich dachte er ernsthaft daran anzubieten, einen neuen Film ohne Gage zu drehen, damit *Manhattan* nicht freigegeben wurde.

Woody – der Unglücksrabe wurde wie das Bühnenstück *Mach's noch einmal, Sam* ausdrücklich für Woody als Star geschrieben; dies ging so weit, daß in den ersten Drehbuchfassungen nicht von »Virgil Starkwell«, sondern von »Woody« die Rede war. »Woody« wurde auch für alle von ihm verkörperten Gestalten in *Was sie schon immer über Sex wissen wollten* benutzt.

Während Woody seine ersten Filme machte, war er versessen darauf, Komiker zu sein und vor allem in Filmen zu erscheinen, die ihm diese Möglichkeit boten. »Genau das schafften die frühen Filme, und das war ihr Zweck«, erklärte er eines Tages bei den Dreharbeiten an *Ödipus ratlos*. »Ich habe mich immer als einen Komiker gesehen. Ohne anmaßend sein zu wollen, aber so, wie man an die Chaplin- oder die Keaton- oder die Bob-Hope-Figur denkt, so dachte ich auch an meine Leinwandfigur. Und ich hoffe, daß ich im Laufe der Jahre gewachsen bin. Nicht jeder meint, ich sei gewachsen, genau wie manche Leute über Fellini sagen: ›Tja, wir waren begeistert von *La Strada* und *Die Nächte der Cabiria* und *Vitelloni* und den anderen Filmen, in denen man eine Handlung erkennt und die ergreifend und interessant sind. Aber wenn es um Sachen wie das *Satyricon* und *Roma* und den Opernfilm geht, das ist nichts für uns.‹ Ich glaube, mit meinen Filmen gewachsen zu sein, und ich fühle mich der Figur des Komikers nicht mehr so verpflichtet. Als ich *Hannah und ihre Schwestern* schrieb, hätte ich entweder meine Rolle oder die von Michael Caine als Hannahs Mann spielen können. Seit ein paar Jahren lege ich keinen Wert mehr darauf, mich als Komiker zu präsentieren. Wenn es eine Rolle für mich gibt, übernehme ich sie. Aber es gab nichts für mich in *Radio Days* (er ist jedoch der Erzähler, und der ganze Film beschäftigt sich in Wirklichkeit mit ihm), in *September* oder in *Eine andere Frau*. Zufällig gibt es etwas in diesem kleinen Streifen. Und ich werde für diesen Herbst etwas schreiben, worin ich auftrete, denn ich möchte meine Beziehung zu Orion nicht allzusehr ausnutzen. (Der Film, den er schrieb, war *Verbrechen und andere Kleinigkeiten*.) Ich denke nicht mehr darüber nach; ich denke nicht mehr, daß die Filme ein Ausdrucksmittel für einen Komiker sein sollten. Im Gegenteil.«

Steven Spielberg sagte einmal, daß Filmemacher solche Filme drehten, die sie selbst in ihrer Jugend gern gesehen hätten. Woody stimmt ihm vorbehaltlos zu: »Als ich anfing, Filme zu machen, war ich an solchen interessiert, die mir gefielen, als ich jünger war:

Komödien, wirklich lustige Komödien und romantische, elegante Komödien. Und als ich etwas mehr Können entwickelte, schob sich der Teil von mir, der auf ausländische Filme reagierte, in den Vordergrund.«

Doch während er *Woody – der Unglücksrabe* schrieb, dachte er ausschließlich an ein Vehikel für seine Persönlichkeit und sich als Komiker. Die Frage war, wer Regie führen würde. Er war bereits einmal als Regisseur im Gespräch gewesen (das aufgegebene Robert-Morse-Projekt, aus dem schließlich *Bananas* wurde), aber Woody glaubte zunächst nicht, in diesem Fall als Regisseur in Frage zu kommen. Jack Rollins hatte leichte Bedenken, weil er fürchtete, Woody könne den Eindruck eines selbstverliebten Junggenies erwecken, das Filme schreiben und inszenieren und dann noch die Hauptrolle in ihnen übernehmen wolle. Rollins hatte zwar genau das für Woody ins Auge gefaßt, doch es schien ihm noch ein wenig früh. Aber niemand konnte entscheiden, wer Regie führen sollte. Val Guest, einer der Regisseure von *Casino Royale* (er hatte die Episode mit Woody inszeniert), war im Gespräch. Dann schickte man Jerry Lewis das Drehbuch, und dieser erklärte sich einverstanden. Also reiste Woody nach Los Angeles und führte mit Lewis ein Gespräch in dessen Haus. Lewis war dafür, einen Farbfilm zu drehen, während Woody Schwarzweiß bevorzugte, um einen Wochenschaueffekt zu erzielen. Immerhin war es eine freundschaftliche Begegnung, in der man sich weitgehend einigte, und Lewis fuhr Woody danach zu dessen Hotel zurück. Aber dann beschloß man bei United Artists recht überraschend, Lewis nicht zu engagieren, und Charlie Joffe verbreitete in allen Studios, die sich für das Projekt interessierten, daß Woody die Regie übernehmen solle. Als man Woody fragte, weshalb er meine, den Film inszenieren zu können, erwiderte er: »Ich glaube, ich könnte ihn witzig machen.«

Am Ende stellten Palomar Pictures Woody ein Budget von 1,7 Millionen Dollar zur Verfügung, und der nahezu gescheiterte Filmproduktionsstudent wurde nun zu dem, was keiner aus seiner Klasse erreicht hatte: einem Filmemacher. Er fragte ein paar Regisseure, u. a. Arthur Penn, der gerade *Bonnie and Clyde* inszeniert hatte, um Rat, doch er las wenig über das Filmemachen. »Ich habe keine technische Vorbildung; es ist ein von der Filmindustrie verbreiteter Mythos, daß technische Vorkenntnisse unbedingt nötig seien. Dabei genügt gesunder Menschenverstand, wenn man durch die Kamera blickt. Was man über Kameras und Beleuchtung wissen muß, kann man innerhalb von zwei Wochen lernen. Viel wichtiger ist, ob man sich die Zeit nehmen will, Leute zu suchen, die nicht nur begabt sind, sondern mit denen man auch gut zusammenarbeiten kann.« Diese Zeit nahm er sich von Anfang an. »Ich bin bei meinen Filmen von viel Fachwissen umgeben. Ich kann den Leuten sagen, was ich möchte, und es am nächsten Tag noch einmal drehen, wenn es sein muß.«

Er behauptet jedoch nicht, daß ein hervorragender Cutter und ein hervorragender Kameramann einem schlechten Regisseur zu einem hervorragenden Film verhelfen könnten.

Er umgibt sich zudem mit einem vorzüglichen Ensemble, das nicht nur authentisch *aussieht*, sondern auch zu spielen versteht. Woody hat nie gezögert, Amateure für kleinere Rollen einzusetzen. Folglich wirken die Figuren wie »richtige« Menschen und nicht wie Schauspieler, die versuchen, »richtige« Menschen darzustellen. Zum Beispiel wurden die Bankkassierer in *Woody – der Unglücksrabe* von Lehrern gespielt, der Versicherungsvertreter war ein Werbefachmann, und einer der Männer unter den zusammengeketteten Gefangenen war der Besitzer eines Sexshops.

Die Verkörperung der schönen Heldin, die jede Komödie benötigt, in diesem Fall eine freundliche und fröhliche Wäscherin namens Louise, fand Woody in Gestalt Janet Margolins. Sie war der seelenvolle Typ, nach dem er als Teenager verrückt war; er interviewte sie beim Lunch im Russian Tea Room. »Sie war so schön«, erinnerte er sich zwanzig Jahre später. »Ich kehrte zu Rollins und Joffe zurück, saß zehn Minuten lang da, starrte ins Leere und sprach Hindi oder Suaheli.« In dem Film ist Virgil so begeistert von ihr, daß er sagt: »Nach fünfzehn Minuten wollte ich sie heiraten. Nach dreißig Minuten hatte ich die Idee, ihre Handtasche zu klauen, völlig aufgegeben.«

Woody – der Unglücksrabe wurde im Sommer 1969 in San Francisco gedreht. Die Gefängnisepisoden wurden in San Quentin aufgenommen. Die Gefängnisbehörden und sogar die Insassen waren entgegenkommend, aber es gab einen Vorbehalt: »Die Wärter ließen uns wissen: ›Wenn ihr als Geiseln genommen werdet, tun wir alles, um euch herauszuholen, aber die Tore können wir natürlich nicht öffnen‹«, berichtet Mickey Rose. »Wir wurden ständig von einem Wärter begleitet. Aber eines Tages gingen wir mit einem Wärter, der, wie sich herausstellte, ein kostümierter Schauspieler war, über den Hof.«

Der Film ist ein Mosaik aus visuellen, kinematographischen und verbalen Gags, von denen viele vor Ort, bei den Dreharbeiten entwickelt wurden. Louise besucht Virgil im Gefängnis in einer Standardszene, in der beide an entgegengesetzten Seiten des Gitters Platz nehmen. Sie schiebt ein hartgekochtes Ei durch das Gitter, und er fängt die Krümel auf. Unterdessen hantieren ein Gefangener und ein Besucher im Hintergrund jeweils mit einer Bauchrednerpuppe. Bei der Arbeit in der Gefängniswäscherei findet Virgil einen Büstenhalter unter den schmutzigen Sachen. Er betrachtet ihn und schleudert ihn dann mit einem Achselzucken zusammen mit den übrigen Kleidungsstücken in die Waschmaschine. Virgil meldet sich freiwillig für die Erprobung eines Impfstoffes, um möglicherweise vorzeitig entlassen zu werden. »Das Experiment ist ein Erfolg«, sagt der Erzähler, »abgesehen von einem zeitweiligen Nebeneffekt: Er wird für mehrere Stunden in einen Rabbi verwandelt.« Eine problemlose Szene (jedenfalls auf dem Papier), in der ein Huhn während eines Ausbruchs über den Gefängnishof tippeln sollte, während die Kommentarstimme zu Virgil sagte: »Ich bin Ed«, wurde gestrichen, als das Huhn sich nicht von der Stelle rührte. Interviews mit Virgils Eltern (verkleidet mit Brillen, an denen falsche Nasen und Schnurrbärte haften) und mit seinen Komplizen sind eingeschoben.

Ein Musiklehrer erinnert sich, wie Virgil das Cellospiel übte, aber »er hatte wirklich keine Ahnung, wie man es macht. Er blies hinein.« Szenen wie die mit zusammengeketteten Häftlingen sind eine Parodie auf Filme wie *Cool Hand Luke (Der Unbeugsame)* und *The Defiant Ones (Flucht in Ketten)*. Daneben gibt es »Blackout-Sketche«, die mehr auf dem geschriebenen Wort als auf der Schauspielerei beruhen; der berühmteste kommt in der Szene vor, in der Virgil einem Bankkassierer eine Überfallnotiz reicht.

BANKKASSIERER

Was soll das heißen?

VIRGIL

Können Sie nicht lesen?

BANKKASSIERER

Ich bin nicht imstande, das hier zu lesen.

VIRGIL

Das heißt: Bitte legen Sie 50 000 Dollar in diese Tüte und benehmen Sie sich ganz natürlich.

BANKKASSIERER

Ach so.

VIRGIL

Ich habe einen Revolver auf Sie gerichtet.

BANKKASSIERER

Das heißt »Revolter« und nicht »Revolver«.

VIRGIL

Nein, nein, das heißt schon »Revolver«.

BANKKASSIERER

Nein. »Revolter«. Das ist ein »t«.

VIRGIL

Nein, das ist ein »v«. Revolver.

BANKKASSIERER

(indem er einen Kollegen ruft) George, kommen Sie bitte mal! Wie lesen Sie das?

GEORGE

Bitte legen Sie 50 000 Dollar in diese Tüte und venehmen Sie sich ganz natürlich. Was soll das heißen, venehmen?

VIRGIL

Benehmen!

BANKKASSIERER

Und das? Heißt das nach Ihrer Meinung »Revolter« oder »Revolver«?

GEORGE

»Revolver«, doch, doch. Aber »venehmen«... was soll das bedeuten?

VIRGIL

»Benehmen«. Das heißt: »Benehmen Sie sich natürlich.« Das heißt: »Bitte legen Sie 50 000 Dollar in diese Tüte und benehmen Sie sich ganz natürlich.«

BANKKASSIERER

Oh! Jetzt verstehe ich. Das ist ein Banküberfall.

VIRGIL

Ja.

BANKKASSIERER

Kann ich Ihren Revolver sehen?

VIRGIL

O ja. (Er zeigt ihn ihm)

BANKKASSIERER

Nun gut, ich muß Ihren Zettel durch einen unserer Vizepräsidenten unterzeichnen lassen. Ohne diese Unterschrift kann ich Ihnen kein Geld geben.

VIRGIL

Bitte, aber ich habe es eilig.

BANKKASSIERER

Es tut mir wirklich leid, aber das ist Vorschrift. Sehen Sie diesen Herrn dort, der ganz in Grau gekleidet ist?

Virgil geht zu dem Vizepräsidenten, und die gleiche Auseinandersetzung schließt sich an. Bald darauf versuchen alle in der Bank, den Zettel zu entziffern. Der Sketch endet damit, daß Virgil Louise vom Polizeirevier anruft, um ihr zu sagen, daß er ihre Verabredung an jenem Tag nicht einhalten könne. Er fährt fort: »Am besten rufe ich dich an, in ... äh ...« Der Polizist neben ihm ergänzt: »Ungefähr zehn Jahren.«

Der Schluß des Films zeigt Virgil wieder in seiner Gefängniszelle. Er war zuvor eingelocht worden, weil er versucht hatte, einen Panzerwagen auszurauben – mit einem gestohlenen Revolver, der sich als Feuerzeug erwies. Virgil war es fast gelungen, mit Hilfe eines Revolvers zu entkommen, den er aus einem Stück Seife, gefärbt mit Schuhcreme, hergestellt hatte. Doch leider regnete es heftig, und bis er mit den Wärtern, die er als Geiseln genommen hatte, über den Gefängnishof zum Tor gekommen war, blieb von dem Revolver nur noch eine Handvoll Schaum übrig.

Nun sitzt Virgil wegen versuchten Raubes; er wurde von seinem potentiellen Opfer geschnappt, einem Polizisten in Zivil, der ihn als Mitglied der Musikkapelle ihrer Kindheit erkannte. Virgil ist zu achthundert Jahren verurteilt worden, doch optimistisch wie je erklärt er, daß er die Strafe bei gutem Benehmen halbieren könne. Als der Erzähler ihn fragt, ob er es bedauere, sich für ein Leben als Verbrecher entschieden zu haben, erwidert Virgil:

Ich glaube, daß sich Verbrechen zweifellos bezahlt macht und daß es ... äh ... wissen Sie ... großartig ist ... Die Arbeitszeit ist gut, und du bist dein eigener Herr, und du kommst viel herum

288

und du... du triffst interessante Menschen, und... äh... Ich meine einfach, es ist im allgemeinen ein guter Job.

ERZÄHLER

Was ist mit Ihren Kumpanen... Was ist aus denen geworden... all den Burschen, mit denen Sie in verschiedenen Banden zu tun hatten?

VIRGIL

Sehr viele von ihnen sind... äh... homosexuell geworden, und einige haben sich für die Politik und den Sport entschieden.

ERZÄHLER

Also, wie verbringen Sie Ihre Zeit im Gefängnis... Haben Sie irgendwelche Hobbys oder so was?

VIRGIL

Ja. Ich... ich... ich habe daran gearbeitet... Ich... ich habe eine Menge in der Werkstatt hergestellt, und... äh... ich habe sehr geschickte Hände. Ich... äh... Wissen Sie, ob es draußen regnet?

Von seinem ersten Film an war es ein Problem für Woody, ein geeignetes Ende zu finden. In diesem Fall sollte Virgil nach Art von *Bonnie and Clyde* niedergeschossen werden. Nach der Beerdigung bleibt Louise auf dem Friedhof zurück. Plötzlich hört sie eine Stimme aus dem Grab: »Psst. Ich bin's. Hol mich raus.« Doch trotz des Witzes, daß er in Wirklichkeit noch am Leben war, schien das Ende zu blutig für eine Komödie.

Es gab noch andere Probleme. Während Woody lernte, einen Film zu inszenieren, mußte er sich gleichzeitig die Schnittechnik aneignen. Er versuchte, *Woody – der Unglücksrabe* mit Hilfe des Cutters James Heckert zu gestalten, aber »obwohl der Film einigermaßen gut geschnitten war, schien er unterzugehen«, bis Ralph Rosenblum auftauchte, der *The Producers (Frühling für Hitler)* geschnitten hatte. »Der Film war wie ein Mensch ohne das Herz. Ich hatte alle möglichen schrecklichen Fehler gemacht. In vielen Szenen hatte ich auf Musik verzichtet, so daß sie kalt und trocken wirkten«, sagte Woody, während er *Ödipus ratlos* schnitt.

Um zu sehen, wie *Woody – der Unglücksrabe* auf ein Publikum wirkte, organisierte Woody mehrere Vorführungen vor Soldaten der United Service Organization. Da der Film noch im Rohschnittzustand war, hatte er weder Vor- oder Nachspann, keine Toneffekte und keine Musik, ohne daß das dem Publikum erklärt worden wäre. Vielleicht ein Dutzend junger Männer sah sich jede Vorführung an – stets schweigend und ohne eine Miene zu verziehen. Woody war jedesmal niedergeschmettert. »Ich wußte nicht, was ich tat«, sagt er heute. Dann kam Rosenblum, um an dem Film mitzuarbeiten. »Sehen Sie«, erklärte er Woody, »Sie haben eine Menge witziges Material herausgeschmissen, und Sie müssen hier etwas Musik unterlegen«, oder: »Sie können an dieser Stelle keine triste Melodie verwenden, die sich wie ein Trauerlied anhört.« In einer dieser Szenen bereitet Woody sich auf eine Verabredung mit Janet Margolin vor (seine Kleidung hängt in einem alten Kühlschrank, seine Schuhe sind im Gefrierfach). Er dreht den Hahn der Badewanne auf, stellt sich unter die Dusche und macht verschiedene Verrichtungen – zieht sich die Hose an, blickt in den Spiegel, versucht, weltgewandt auszusehen –, doch das alles wurde von einer düsteren, kummervollen Melodie begleitet. Rosenblum ersetzte sie durch ein Ragtimestück von Eubie Blake und sagte: »Sehen Sie. Sehen Sie, was passiert, wenn Sie lebhafte Musik verwenden.« Woody sah es. »Das Ganze wurde lebendig. Plötzlich hüpfte ich nur so dahin. Es war ein Riesenunterschied. Es gab eine Million Kleinigkeiten, von denen ich einfach nichts gewußt hatte. Wahrscheinlich fünfundsiebzig Prozent des Films, der in die Kinos kam, stammten aus meiner ersten Fassung, aber Ralph sorgte für den Unterschied zwischen Leben und Tod. Meine Version war der Tod. Ich schnitt den Film, aber ich erweckte ihn nicht zum Leben. Ralph ließ ihn atmen. Ich glaube, daß er den Film für mich rettete.«

Rosenblum schlug Woody vor, Teile eines langen Interviews mit Virgils Eltern, das größtenteils herausgeschnitten worden war, als komische Überleitung für die Episoden zu benutzen, die nicht auf natürliche Weise ineinander übergingen. Es war ebenfalls seine Idee, größere Passagen aus den Interviews des Erzählers Jackson Beck mit Virgil zu benutzen, um die Mischung zu festigen. Die Erzählerstimme ist eines von Woodys liebsten Ausdrucksmitteln. In *Zelig* und *Radio Days* ist sie das Bindemittel, das die Geschichte zusammenhält. Woodys Fähigkeit, sich in eine Ecke zurückzuziehen und rasch den erforderlichen Dialog oder Kommentar auf Papierfetzen niederzuschreiben, wurde durch die Fähigkeit des Komponisten Marvin Hamlisch ergänzt, in kürzester Frist mit geeigneten Melodien aufzuwarten. Doch trotz ihrer gemeinsamen

Fähigkeit, rasch brillante Ergebnisse zu erzielen, konnten sie nicht zusammen arbeiten – ein Beispiel für die Einzigartigkeit des Genies. Während Woody stets ruhig und geduldig ist, hatte Hamlisch endlose Fragen, auf die er eine sofortige Antwort erwartete.

Er »entwickelte die Gewohnheit, ständig im Schneideraum anzurufen«, schrieb Rosenblum in seinen Memoiren, *When the Shooting Stops*. »Unfähig, auch nur ein paar Sekunden zu warten, bestand er darauf, neue Arrangements sofort telefonisch vorzuspielen, während Woody und ich mit den Gedanken woanders waren und Mühe hatten ihm zu folgen. ›Marvin war wunderbar‹, sagt Woody, ›aber er machte uns einfach verrückt. Er rief sechs- oder achtmal am Tag an, besessen von allem möglichen und nervös über alles mögliche. Ob ich rüberkommen und mir ein Musikstück anhören könne, ob Ralph kommen könne, welche Einführung für diese Episode nötig sei, ob ich jenes Musikstück kaufen würde, ob dies gut klinge, ob es nur Klavier oder Klavier und Posaune sein solle, ob es witzig zu sein habe, ob wir eine Szene ein bißchen erweitern könnten, weil ihm das helfen würde – eine Million Fragen nach allem möglichen.‹« Der schlimmste Moment kam laut Rosenblum bei der Aufnahme der Ballade, die Hamlisch als Titelmusik komponiert hatte. »Woodys gleichgültige Reaktion – ›was war das?‹ fragte er achselzuckend, als die Band aufgehört hatte – brachte den jungen Komponisten so sehr aus der Fassung, daß er sich, nachdem Allen den Raum verlassen hatte, auf den Fußboden legte und weinte.«

All das sollte die Bedeutung von Hamlischs Beitrag zu dem Film nicht schmälern, ebensowenig wie die seiner Kompositionen für *Bananas*, für Rosenblum »eines der großen nichtanerkannten Filmarrangements«. Eine Komödie verlangt musikalische Begleitung, und die Musik ist ein wichtiger, fast unterbewußter Teil von *Woody – der Unglücksrabe*. Woody hält das Arrangement für so wesentlich, daß in der großen Mehrheit seiner Filme von ihm selbst ausgewählte Musik verwendet wird. Zwar ließ er Dick Hyman für *Radio Days* und *Zelig* Songs arrangieren und einige Originalmelodien schreiben, doch dies war eine Ausnahme, denn meistens verwendet er klassische Titel aus den dreißiger, vierziger und fünfziger Jahren als Begleitung für seine Filme. Nachdem Rosenblum ihn mit dem Prinzip vertraut gemacht hatte, Schallplattenmusik zur Intensivierung von Szenen in *Woody – der Unglücksrabe* zu benutzen, merkte

Woody, daß ihm dies nicht schwerfiel. Heute meint Woody – abgesehen von seiner offensichtlichen »Stärke«, mit einer gediegenen Story und einem gediegenen Drehbuch zu beginnen –, daß »Arrangement und schauspielerische Leistungen in meinen Filmen in jeder Einstellung eine weitere Stärke sind. Vielleicht schreibe ich manchmal nicht das Richtige, aber in diesen beiden Bereichen bin ich immer sehr gut.«

Woodys Talent als Arrangeur von Filmmusik wird gewöhnlich übersehen oder für so selbstverständlich gehalten, daß man kein Wort darüber verliert. Die Musik ist ein so unverbrüchlicher Bestandteil von Woodys Filmgestaltung, und seine Verwendung von Melodien aus der Zeit zwischen 1900 und 1950 ist so prägnant, daß man einen Woody-Allen-Film allein an den Arrangements erkennen kann. Obwohl er Ingmar Bergman gern als großes Vorbild der Regiekunst hinstellt, unterscheidet er sich von diesem in wenigstens einer wichtigen Hinsicht: »Bergman sagt, er habe aufgehört, Arrangements zu benutzen, weil die Verbindung von Musik und Film barbarisch sei. ›Barbarisch‹ war wirklich das Wort, das er verwendete. Ich denke das Gegenteil.«

Nachdem Rosenblum und Woody den Film neu geschnitten und Diane Keaton ihn gelobt hatte, sahen sich die Manager von Palomar *Woody – der Unglücksrabe* an. Ebenso wie die Soldaten der United Service Organization vor dem Neuschnitt verzogen sie keine Miene. Nach der ersten Rolle drehte sich einer der Manager um und fragte Mickey Rose: »Sind die übrigen Rollen genauso?« Man sprach davon, den Film nicht freizugeben, doch Charlie Joffe überredete das Management, dem Film eine Chance zu geben. Zwei Abzüge des Films wurden hergestellt, und er hatte am 19. August 1969 Premiere im Playhouse an der 68th Street, einem kleinen Kino im östlichen Manhattan, das häufig Kunstfilme und ausländische Filme zeigte. Während die Palomar-Manager den Film nicht verstanden hatten, galt das Gegenteil für Vincent Canby und die meisten New Yorker. »Die angenehmste Überraschung von *Woody – der Unglücksrabe* ist der Nachweis, daß (Woody) fähig ist, den wortorientierten Humor des Autors und Schauspielers visuell zu ergänzen... Allen hat einen Film gemacht, der im Grunde eine spielfilmlange, zwei Spulen umfassende Komödie ist – etwas sehr Besonderes und Exzentrisches und Witziges«, schrieb

Canby in der *New York Times*. Am folgenden Sonntag fuhr er in einem weiteren Artikel fort: »Wie ein Kabarettmonolog hat der Film eine recht lockere Form. Man hat den Eindruck, daß Szenen und vielleicht ganze Akte ausgetauscht werden könnten, ohne die Gesamtwirkung allzusehr zu beeinträchtigen. Dies ist ein Vorzug, denn alles sieht so mühelos aus. Allen und Mickey Rose ... haben mit feinen, absurden Einzelheiten die Welt dargestellt, von der Allen seit vielen Jahren spricht.« *Woody – der Unglücksrabe* brach alle Kassenrekorde des Kinos.

Die Chefs von United Artists waren von dem Film so beeindruckt, daß sie Woody für ihre Gesellschaft gewinnen wollten, zumal sie nur 750 000 Dollar als Etat für *Woody – der Unglücksrabe* geboten und dadurch die Gelegenheit versäumt hatten, den Film zu produzieren. Bei einer Wahlveranstaltung des damaligen New Yorker Oberbürgermeisters John Lindsay im Madison Square Garden begegnete Charlie Joffe dem Präsidenten von United Artists, David Picker. Während sie unter der Tribüne plauderten, fragte Picker, zu welchen Konditionen Woody zu United Artists überwechseln würde, und Joffe antwortete: »Einen Etat von zwei Millionen, absolute Kontrolle, nachdem Sie die Handlungsidee genehmigt haben, und einen Vertrag über drei Filme.«

»Schön«, sagte Picker. »Setzen Sie Ihre Anwälte in Bewegung.« Sie besiegelten die Vereinbarung durch einen Handschlag. Der einzige Zusatz zu ihrer Abmachung bestand darin, daß Woody, Rollins und Joffe den Mehrbetrag aus ihren Honoraren zu decken hätten, wenn ein Film den Etat überschritt. Woody als Autor, Regisseur und Schauspieler erhielt 350 000 Dollar, Rollins und Joffe als Produzenten teilten sich 125 000 Dollar. United Artists würde etwaige Mehrkosten übernehmen, die über die Gagen der drei hinausgingen, und die Gagen würden ausgezahlt werden, wenn der Film Gewinn einspielte. Zusätzlich sollten sie eine Zahlung von 200 000 bzw. 50 000 Dollar erhalten, wenn der Film seine Kosten gedeckt hatte – dieser Betrag belief sich damals im allgemeinen auf das 2,7fache der realen Produktionskosten (heute im Zeitalter der 50-Millionen-Dollar-Filme ist der Faktor geringer).

Woody erhielt daneben fünfzig Prozent des Nettogewinns, den er sich mit Rollins und Joffe und anderen teilte. Trotz der steigenden Filmkosten und der höheren Gagen, die andere Regisseure bezogen, weigerte Woody sich sieben Jahre lang, einen neuen

Vertrag auszuhandeln, abgesehen davon, daß er Rollins und Joffe gestattete, für sich weitere 25 000 Dollar an Produzentengagen herauszuholen. So attraktiv fünfzig Prozent des Nettogewinns auch wirken mögen, die Hollywooder Buchführung kennt unzählige Methoden, Filme nie einen Gewinn ausweisen zu lassen. Es ist zum Beispiel unwahrscheinlich, daß *Woody – der Unglücksrabe* offiziell je in den schwarzen Zahlen erscheinen wird.

Zufrieden über seine Vereinbarungen mit United Artists, legte Woody sein erstes Skript – ein Drama mit dem Titel *The Jazz Baby* – vor. »Alle wurden kreidebleich«, erinnert sich Woody. Auch Rollins und Joffe waren nicht begeistert. Sie wollten, daß Woody sich etablierte, bevor er sein Wirkungsfeld erweiterte. 1976 bei *Innenleben* sah die Lage anders aus, und die beiden unterstützten sein Bemühen um ernste Dramatik. Picker und seine Kollegen wußten, daß Woody sie zur Einhaltung des Vertrages und zur Produktion des Films zwingen konnte; sie gestanden diesen Sachverhalt ein, gaben jedoch zu bedenken, daß ein solcher Film ungeeignet für ihn sei. Woody drängte sie nicht. »Ich werde nicht mit Gewalt einen Film machen«, sagte er. »Wenn ihr nicht wollt, dann eben nicht.« Er kehrte heim und kam zwei Wochen später mit *Bananas* zurück.

Der Vorstandsvorsitzende von United Artists war Arthur B. Krim. Im Jahre 1951 waren Robert Benjamin und er zu dem einst mächtigen Unternehmen gestoßen, das von Charlie Chaplin, Mary Pickford, Douglas Fairbanks und D. W. Griffith gegründet worden war. Inzwischen verlor es hunderttausend Dollar pro Woche und war im Grund bankrott. Chaplin und Pickford waren über die Führung des Unternehmens so zerstritten, daß sie nicht mehr miteinander redeten, aber beide wußten natürlich, daß ein neues Management benötigt wurde. Dies fanden sie in Krim und Benjamin, zwei Anwälten mit Erfahrung im Filmgeschäft. Da die Gesellschaft am Rande des Konkurses stand, brauchten die beiden jedoch einen gewissen Anreiz, um einen Rettungsversuch einzuleiten. Sie übernahmen die Leitung für eine Garantie fünfzigprozentiger Eigentumsrechte, falls sie in einem der ersten drei Jahre ihrer Arbeit einen Gewinn erzielten. Dies schafften sie – hauptsächlich infolge ihrer Weitsicht und ihrer unwiderstehlichen Persönlichkeiten – bereits im ersten Jahr. 1956 kauften sie die andere Hälfte des Unternehmens mit Hilfe einiger Partner von Chaplin und Pickford. Ein 1948 gefälltes Urteil – bekannt als Consent Decree –, das

Filmstudios verbot, gleichzeitig über das Eigentum an Kinos zu verfügen, kam ihnen zustatten. Die Marktautomatik, welche die Blüte des Studiosystems ermöglicht hatte, war beseitigt. Durch einen glücklichen Zufall hatte United Artists weder eine Filmproduktionsstätte noch besaß es irgendein Kino, so daß es der geschäftlichen Umstrukturierung, denen die Studios zum Opfer fielen, entging. Zudem hatte es keinen Grundstücks- und Immobilienbesitz, der gewaltige Summen für Steuern und Instandhaltung verlangte. Krim und Benjamin begriffen, wie sie das, was jahrzehntelang ein schrecklicher Nachteil gewesen wäre, zu ihrer Rettung machen konnten.

Der gute Name von Krim und Benjamin sorgte dafür, daß sie Bankkredite bekamen und die Gesellschaft am Leben erhalten konnten. Dann übernahmen sie die Finanzierung und den Verleih von Filmen. Als Gegenleistung für die Mittel zur Produktion eines Films und zum Ausgleich für das Kapitalrisiko wurde United Artists an den Gewinnen aus der Vermietung des Films an die Kinos beteiligt. Dies war revolutionär, denn vor dem Consent Decree hatten die Studios Produktionshonorare und Studiogebühren eingesteckt und nur geringe Verleihkosten gehabt, da ihnen die Kinos, die ihre Filme zeigten, gehörten. Die Folge war, daß die Studios, nicht die Produzenten, den Löwenanteil erhielten. Nun aber würden die Produzenten, Stars und Finanziers besser abschneiden. Das Zeitalter des unabhängigen Produzenten, nach Art von Charles Feldman, hatte begonnen.

In *Final Cut*, Steven Bachs Bericht über die Wiederauferstehung von United Artists unter Krim und Benjamin und seinen Untergang nach dem Desaster von *Heaven's Gate* im Jahre 1980, schreibt der Autor: »... das dauerhafteste und verlockendste Vermächtnis, das Krim und Benjamin den Produzenten, United Artists, und schließlich der Industrie hinterließen, (war) die unabhängige Produktion in einer Atmosphäre von Autonomie und schöpferischer Freiheit. Diese Laisser-faire-Einstellung zur Produktion – eher als der sorgfältige Verleih, eher als das Fehlen von Gemeinkosten, sogar mehr noch als die Verheißung von Gewinnen – machten den entscheidenden Unterschied aus, der United Artists zuerst einzigartig und dann zum tonangebenden Unternehmen in der Industrie werden ließ.«

Nicht etwa, daß Krim und Benjamin den Produzenten gestattet

hätten, völlig nach eigenem Belieben zu verfahren. Man schloß strenge Verträge, und United Artists behielt sich weitgehende Rechte zur Billigung von Projekten und den an ihnen Beteiligten vor. Aber Krim und Benjamin waren nicht die Diktatoren, die früher die Studios betrieben hatten, und was immer sie an Unabhängigkeit anboten, wirkte, mit der Vergangenheit verglichen, sogar noch besser. Zudem hatten sie ein gutes Gespür dafür, welches Projekt zu einem guten Film werden würde und welches nicht, und dieser Instinkt half ihnen, auch hochbegabte Künstler zu gewinnen. Die Filme, die unter der Ägide von United Artists entstanden, umfassen eine Skala von *The African Queen* bis hin zu *Around the World in Eighty Days (In achtzig Tagen um die Welt)*; von *Some Like It Hot (Manche mögen's heiß)* bis hin zur *West Side Story*; von *Witness for the Prosecution (Zeugin der Anklage)* bis hin zu den James-Bond- und den Rosaroter-Panther-Serien.

Die Aura von Autonomie und schöpferischer Freiheit, die zum Merkmal von United Artists wurde, machte Krim und dessen Unterstützung so wertvoll für Woody. Krims Respekt vor Woodys Begabung – und die beispiellose Freiheit, die Krim ihm einräumte –, haben Woody erlaubt, künstlerisch zu wachsen, ohne finanziell motivierte Einmischungen von Seiten seiner Geldgeber erdulden zu müssen.

Krim lernte Woody im Jahre 1964 kennen, als er einer Gruppe einflußreicher Förderer der Demokratischen Partei vorstand und als Woody bei einer Finanzierungsaktion für Lyndon Johnson auftrat. Sie hatten engere Kontakte, nachdem Woody bei United Artists unterschrieben hatte, obwohl er zunächst hauptsächlich mit David Picker verhandelte. Zu dem Zeitpunkt, als Woody *Die letzte Nacht des Boris Gruschenko* drehte, also im Jahre 1974, hatte Woody jedoch immer häufiger mit Krim zu tun, der seine Einzigartigkeit erkannte. In den Vereinbarungen mit United Artists gab es Komplikationen, weil Woody zum Beispiel nicht wollte, daß seine Filme im Fernsehen oder in Flugzeugen gezeigt würden. In solchen Fällen mußte der Vorsitzende als Schiedsrichter fungieren. Krim gab Woody nach und hat ihm im Laufe der Jahre Zugeständnisse gemacht wie keinem anderen Künstler, denn er meint: »Wir sind glaubwürdig, wenn wir sagen, daß wir Woody entgegenkommen, weil er etwas Besonderes ist.«

Im Jahre 1978 verließen Krim und vier seiner Spitzenmanager

United Artists und gründeten die Orion Pictures Corporation mit Krim als Vorstandsvorsitzenden. United Artists hatte im Jahre 1967 mit der Transamerica Corporation fusioniert, doch bereits 1974 war die Ehe in Nöten. Anfang 1978 wurde Krim von der Zeitschrift *Fortune* mit den Worten zitiert: »Sie werden hier kein Vorstandsmitglied finden, das der Meinung ist, Transamerica habe *irgendeinen* Beitrag geleistet.« John Beckett, der Vorsitzende von Transamerica, erwiderte: »Wenn es den Leuten von United Artists nicht gefällt, können sie ja kündigen und sich selbständig machen.« Genau das taten sie. Woody wäre Krim am liebsten sofort gefolgt, aber er wollte seinen Vertrag mit United Artists erfüllen, der noch zwei Filme für die Gesellschaft vorsah.

»Wie ich höre, haben Sie diese Firma Orion gegründet«, sagte Woody eines Tages zu Krim, als er ihm auf der Straße begegnete.

»Wir nennen sie ›Warten auf Woody‹«, antwortete Krim.

United Artists bot Woody alle möglichen Köder an, um ihn zum Bleiben zu bewegen, aber wenn er eine Wahl hat, gilt seine Loyalität stets Menschen und nicht Organisationen, und so schloß er sich im Jahre 1981 Orion an. Die Gesellschaft besaß eine eigene Kreditlinie zur Finanzierung ihrer Filme, arbeitete aber in einem gewissen Sinne auch mit Geld von Warner Brothers. Krim und Orion ließen Woody wissen: »Dreh, was du drehen willst, innerhalb eines bestimmten Etats.« Warner Brothers waren jedoch weniger begeistert von Woody als Orion, und der großzügige Spielraum, den Orion für ihn verlangte, trug nicht zuletzt zur Auflösung der Partnerschaft zwischen den beiden Firmen bei. Krim, ein eleganter Mann von Anfang achtzig, erklärt gern, er sei mit Charlie Chaplin ins Filmgeschäft gekommen und werde mit Woody Allen aus ihm scheiden. Woody seinerseits meint, daß Krim einen erheblichen und positiven Effekt auf seine Karriere ausgeübt hat, und er ist sehr zufrieden mit ihrem persönlichen und geschäftlichen Verhältnis. Krim war schon sehr früh der Ansicht, daß Woody »diese sehr ausgefallene, von Talent durchdrungene Arbeit macht. Und wir waren in der Lage, sie als solche zu etablieren, ohne unseren anderen Produzenten Sorgen zu bereiten.« Heute sagt er: »Ich meine, die Tatsache, daß Woody schon so lange bei uns ist, motiviert andere schöpferische Spitzenkräfte, zu uns zu kommen.« Woodys Sonderstatus sei verdient und werde akzeptiert. »Er hat ein so unvergleichliches Talent. Warum war Rembrandt etwas Besonderes?«

»Oh, sicher«, sagte Woody, als er dies erfuhr. »Wie bei Rembrandt werden sie warten, bis ich tot bin, bevor sie einen Gewinn aus meinen Filmen rausholen.«

Woodys langjährige Vereinbarung mit Orion bringt ihm fünfzehn Prozent der Bruttoeinnahmen, die er sich mit Rollins und Joffe sowie mit Robert Greenhut teilt, der die Produktionsleitung bei all seinen Filmen seit *Der Stadtneurotiker* hatte. 1976 war Greenhut stellvertretender Produktionsleiter für Rollins und Joffe in *The Front (Der Strohmann)*, einem der wenigen nicht von ihm selbst geschriebenen Filme, in denen Woody mitspielte. Neben fünfzehn von Woodys Werken hat Greenhut auch etliche andere Filme – wie *Arthur*, *Big* und *Working Girl* – produziert.

Eine der Lektionen, die Woody aus *Woody – der Unglücksrabe* lernte, besagt, daß man in einem solchen Film nie genug Witze haben kann. Deshalb schrieben Mickey Rose und er sogar noch mehr Gags für *Bananas*. Noch während der Dreharbeiten nahm er die Gags mit, wo er sie nur finden konnte: Zum Beispiel stellt ein bejahrtes Streichquartett, das ein Diner im Palast begleiten soll, sein Spiel pantomimisch dar, weil die für die Szene gemieteten Geigen bei Aufnahmebeginn noch nicht eingetroffen waren. Dieser Film war nicht im Dokumentarstil gehalten wie der erste, sondern er sah konventioneller aus.

Der Film enthielt Woodys erste Traumszene: Mönche tragen einen Mann an einem Kreuz. Als sie auf der Straße anhalten, um in einen Parkplatz zurückzusetzen, versucht eine zweite Gruppe von Mönchen, die einen Mann am Kreuz tragen, ihnen zuvorzukommen, und eine Schlägerei bricht aus. Träume sind ein häufiges Element in Woodys Filmen, aber er hält überraschend wenig davon, seine eigenen Träume zu benutzen.

»Nichts, was ich je geschrieben habe, hat auch nur entfernt seinen Ursprung in einem Traum«, sagte er eines Tages in einem Gespräch über den Regisseur Robert Altman, der den Vertrag für *Three Women (Drei Frauen)* auf der Grundlage eines seiner Träume abschloß. »Mit einer Option auf zwei weitere Träume vermutlich«, wie Woody vermutet. »Ich verwende in meiner Arbeit ganz gerne ab und zu einen Traum, weil das äußerst anschaulich sein kann. Ich erinnerte mich an meine Träume, als ich eine Psychoanalyse machte und gab mir Mühe, mich an sie zu erinnern. Doch irgendwann merkte ich, daß es eine vergebliche Mühe war und hörte damit auf.

Wenn du zum erstenmal in psychoanalytischer Behandlung bist und Träume für dich, mit dir interpretiert werden, verspürst du eine gewisse Erregung, weil du ein Puzzle zusammensetzt. Aber ich habe in Jahren und Jahren der Behandlung gemerkt, daß es – abgesehen von der Freude am Puzzle, am Spiel – nicht die geringste Auswirkung auf mein Leben hatte. Ich lernte aus einem Traum nie auch nur ein Fünkchen über mich selbst.«

In einer Szene in *Der Stadtneurotiker* verbinden sich Rückblenden mit Tagträumereien. Alvy und seine zweite Frau Robin sind auf einer für die New Yorker Westside typischen Party, voll städtischen Intellektuellen. Alvy hat sich ins Schlafzimmer zurückgezogen, wo er sich im Fernsehen ein Basketballspiel der New York Knicks anschaut. Da kommt Robin herein.

ROBIN

Ah, hier bist du. Da sind Leute drunten.

ALVY

Robin, man sollte es nicht für möglich halten, aber vor zwei Minuten waren die Knicks noch mit vierzehn Punkten vorn, und jetzt (räuspert sich) nur noch zwei Punkte.

ROBIN

Sag mal, Alvy, was ist eigentlich so faszinierend an einer Gruppe von Kerlen, die an einer Überfunktion der Hypophyse leiden und einen Ball in einen Korb stopfen wollen?

ALVY

Was daran – faszinierend ist? Hm ja, daß es körperlich ist! Verstehst du, das eine sind die Intellektuellen, sie sind der Beweis dafür, daß man absolut brillant sein kann, ohne die geringste Ahnung zu haben, wo's eigentlich langgeht. Auf der anderen Seite (räuspert sich) hast du den Körper. Der Körper, wie wir jetzt erst wissen, lügt nicht!
(Alvy zieht Robin aufs Bett, küßt sie und zieht seine Füße aufs Bett)

ROBIN

Hör mit diesem Theater auf!
(Robin sitzt am Bettrand, Alvy liegt halb auf dem Bett und gestikuliert.)

ALVY

(fällt ihr ins Wort) Doch! Stell dir vor, wie toll, während alle diese

299

Philosphen dort drin... (undeutlich) sie reden und reden über Entfremdungstendenzen – und wir rammeln hier in aller Stille.

ROBIN

Alvy, nicht! Du benutzt Sex nur, um deine Wut auszudrücken!

ALVY

Hm, »Warum mußt du immer meine animalischen Triebe auf psychoanalytische Kategorien r-r-reduzieren?« (räuspert sich) sagte er, während er ihr den BH auszog.

(Alvy fängt an, an ihrem BH zu fummeln, Robin entzieht sich ihm und steht auf.)

ROBIN

Alvy! Nebenan sind Leute vom »New Yorker« Magazin. Himmel, was sollen die denken!

(Sie richtet ihr Haar und geht zur Tür.)

Hier endet die Szene im Film, doch Woody drehte noch mehr:

(Sie schließt die Tür. Alvy wirft einen letzten Blick auf das Spiel im Fernsehen. Wir sehen das Spiel; es sind die Knicks gegen eine echte Mannschaft.)

ALVY

(murmelt) Intellektuelle – was hat man davon...

REPORTERSTIMME

Knicks am Ball – im Aus – Jackson zu Bradley – Wurf! Daneben! Abpraller – Kierkegaard...

(Schwenk zum Bildschirm.)

... weiter zu Nietzsche – rascher Break zu Kafka! Höchste Spannung – es sind Kafka und Alvy – ganz allein – beide von Beklemmung gepackt – und von Schuldbewußtsein, keiner von beiden kann werfen! Nun bringt Earl Monroe den Ball an sich! Und die Knicks sind vier gegen zwei...

Der nicht verwendete Teil, in dem Alvy Basketball spielt, wurde im Madison Square Garden gefilmt, wo Woody Dauerkarten hat. Er war von Kindheit an ein Basketballfan. Für viele von Woodys Mitarbeitern war es die Erfüllung eines Traumes, zusammen mit Spielern der Knicks auf dem Spielfeld des Madison Square Garden zu stehen, und sie nutzten jede Gelegenheit zu Korbwürfen. Woody, der auf dem Schulhof ein guter Spieler war, zog es vor – was aufschlußreich ist –, sich die Vollkommenheit der Fantasievorstellung zu bewahren, da ihre Verwirklichung nicht genauso vollkommen sein konnte. »Ich widerstand der Verlockung, auf den Korb zu werfen«, erinnerte er sich eines Tages. »Es war ein Vergnügen, das ich mir versagte. Für mich ging es um alles oder nichts – gebt mir einen Vertrag, oder ich werfe überhaupt nicht.« Woody präsentierte sich der Öffentlichkeit zuerst als ein amüsanter Mann, der sein Publikum unbedingt zum Lachen bringen will. Gerade als man glaubte, ihn richtig einstufen zu können, machte er eine Verwandlung durch. Woody hat keine gute Meinung von *Alles, was Sie schon immer über Sex wissen wollten*, wenn er damit auch seine Fähigkeit beweisen konnte, einem Film jede gewünschte Gestalt zu verleihen. Während er sich vorher damit zufriedengegeben hatte, sich auf die Witze zu konzentrieren, gewannen nun alle Bestandteile eines Films die gleiche Bedeutung für ihn. Im Jahre 1973 schlüpfte er aus seiner Larve. Während der Dreharbeiten zu *Der Schläfer* rief der Cutter Ralph Rosenblum aus New York bei dem Produzenten Jack Grossberg an, um sich zu erkundigen, wie Woody mit den Aufnahmen in Los Angeles vorankomme. »Langsam«, lautete die Antwort. Woody wolle dauernd, daß man den Aufbau ändere, Requisiten hervorhebe und Szenen neu drehe. Dieser Film werde ganz anders aussehen als all seine früheren Arbeiten.

»Wieso das?« fragte Rosenblum.

»Der Schmetterling ist ausgeschlüpft«, erwiderte Grossberg, »und er hat rotes Haar.«

Fünfter Teil:
Die Millionen-Dollar-Finessen

»Gott sei Dank sieht das Publikum nur das Endprodukt.«
Woody Allen beim Schneiden von Verbrechen und andere Kleinigkeiten

Zu den vielen Begabungen Woody Allens gehört auch die Fähigkeit, Imitationen schöpferisch einzusetzen. Der Tonfall von Bob Hope, die Sprache von S. J. Perelman, der Stil von George Lewis, die Weltsicht von Mort Sahl, die Obsessionen von Ingmar Bergman, die Possenhaftigkeit der Marx Brothers, der seelenvolle Charakter von Buster Keaton, das existentielle Dilemma von Jean-Paul Sartre, die übertriebene Bizarrheit von Federico Fellini und ungezählte andere Einflüsse haben sich in seinem Wesen zu einer einzigartigen Persönlichkeit verbunden.

Woodys Anmerkungen zu seiner Arbeit sind voller Verweise auf diese Helden von einst, denen er heute jedoch in den meisten Fällen ebenbürtig ist – er kannte Perelman und Groucho und wurde von ihnen bewundert, er kennt Sahl und Bergman und wird von ihnen geschätzt. Wenn er etwa Bergman heraufbeschwört, so ist dies auch ein Hinweis auf seinen Ehrgeiz, ein vergleichbares Gesamtwerk zu schaffen. Keineswegs ist dies die Stimme eines Jungen aus Brooklyn, der einen hoch über ihm stehenden Künstler anbetet. Denn wenn einmal die Filmgeschichte des letzten Drittels des zwanzigsten Jahrhunderts geschrieben wird, werden Woodys Filme gewiß zu der kleinen Gruppe hervorragender Arbeiten gehören. *Alice*, *The Purple Rose of Cairo*, *Stardust Memories*, *Zelig*, *Radio Days*, *Manhattan*, *Verbrechen und andere Kleinigkeiten* und andere fangen das Leben auf originelle und eindrucksvolle Weise ein.

Natürlich ist nicht jeder seiner Filme ein Meisterwerk. Manche, wie *Eine Sommernachts-Sexkomödie*, sind Trivialitäten, andere, wie *September*, erzielen dramaturgischer Schwächen wegen nicht ganz die beabsichtigte Wirkung. Aber unabhängig davon, ob ein einzelner Film in jeder Hinsicht gelungen ist, sind sie alle in der einen oder anderen Hinsicht gelungen, und wenn sie mißlingen, dann auf eine interessante Art und mit einem gewissen Flair. Die anderthalb Stunden, die sie dauern, sind in keinem Fall vergeudete Zeit. Es ist leicht, sich von einem Woody-Allen-Film unterhalten zu lassen, und schwierig, sich zu langweilen, weil Intelligenz und Visionen des Regisseurs stets deutlich werden.

Schon nach der Hälfte seiner Karriere sind seine Leistungen imposant, und bei seinem Arbeitstempo wird er mühelos zwanzig oder dreißig weitere Filme herstellen. Die vorliegenden zwanzig von ihm geschriebenen und inszenierten Filme sind eine eklektische Mischung von Themen und Stilen. Man findet reine Komödien (*Bananas*), ernsthafte Dramen (*Innenleben, Eine andere Frau*), Pseudodokumentarfilme (*Woody – der Unglücksrabe, Zelig*),surrealistische Fantasien (*Stardust Memories, The Purple Rose of Cairo*), gesellschaftliche Beobachtungen und Romantik (*Der Stadtneurotiker, Manhattan*), drollige Reminiszenzen an die Freuden des Rundfunks (*Radio Days*), verschlungene, anekdotenhafte Geschichten (*Broadway Danny Rose, Ödipus ratlos*), eine Idylle (*Eine Sommernachts-Sexkomödie*), eine Verspottung erotischer Sitten, verbunden mit einer Parodie von Filmgenres und Regiestilen (*Was Sie schon immer über Sex wissen wollten*), »Filmromane«, wie Woody sie nennt (*Hannah und ihre Schwestern, Verbrechen und andere Kleinigkeiten*), ein Filmdrama (*September*), ein futuristisches Fantasiegebilde (*Der Schläfer*), eine Comic-Strip-Version von *Krieg und Frieden* (*Die letzte Nacht des Boris Gruschenko*), und eine Meditation über den Nutzen oder Schaden, die ein Mensch der Welt bringt (*Alice*).

Er ist von einem Komiker, der in *Woody – der Unglücksrabe* gleichsam einen Monolog verfilmte, zu einer Persönlichkeit geworden, die vielfältige Filmtechniken (Mehrfachbilder, Karikaturen, Rückblenden, Erzählerstimme, Bewußtseinsstrom, Fantastik) benutzt, um ihre Geschichte in *Der Stadtneurotiker* vorzutragen. Danach wurde er in *Verbrechen und andere Kleinigkeiten* zu einem ironischen Kommentator menschlicher Werte und künstlerischer Erfüllung. Seine filmischen Ausdrucksformen reichen von grobem Handkamerastil in *Woody – der Unglücksrabe* über kontrastreiches Schwarzweiß in *Manhattan* und karikierende Helligkeit in *Radio Days* und *Alice* bis hin zu den reichen Herbsttönen von *Hannah und ihre Schwestern, Eine andere Frau* und *September*.

In seinen Filmen hat er gewitzelt, gejammert, sondiert, Zweifel geäußert und menschliche Schwächen und Dummheit, Schäbigkeit und Hoffnung bloßgelegt. Er hat in *The Purple Rose of Cairo* gezeigt, daß die Fantasie am Ende von der Realität besiegt und beherrscht wird, er hat der Tugend der Loyalität in *Broadway Danny Rose* gehuldigt, die Heimtücke der Egozentrik in *Manhattan* analysiert, den befreienden Charakter der Liebe in *Zelig* beschrieben, in *Eine andere Frau* dargestellt, daß wir unseren Emotionen beim besten Willen nicht entkommen können, und sich in *Verbrechen und andere Kleinigkeiten* auf eine ihm hoffnungslos scheinende Gottsuche begeben. Er hat versucht, das große Thema der Familienbeziehungen in *Innenleben* und die Schmetterlinge eines Augusttages in *Eine Sommernachts-Sexkomödie* einzufangen.

Woody hat sich humorvoll und ernsthaft mit Mord, Moral, Wahnsinn, Lust, Hoffnung, Gewissen, der Unberechenbarkeit der Liebe sowie mit der Frage auseinandergesetzt, was das Leben in einem feindlichen Universum lebenswert mache. Die meisten seiner Filme lassen die Zuschauer nicht nur über die Personen auf der Leinwand, sondern auch, wie sie bald merken, über sich selbst lachen. Andere Filme berühren den Nerv der Selbstverwirklichung auf dramatische Weise. Nahezu alle haben eine Wirkung gemeinsam: Sie bringen den Zuschauer zum Nachdenken. Was wie leichte Unterhaltung daherkommt, erweist sich später als elementare Thematik voller Widerhaken, so daß sich die Filme nicht aus dem Gedächtnis verbannen lassen. Seine Filme sind so voll von Details und Wahrnehmungen, daß jedes Wiederansehen neue Einblicke vermittelt.

Die frühesten Filme zielten auf Gelächter, nicht auf Reflexionen ab. *Woody – der Unglücksrabe* (1969) und *Bananas* (1971) sind nach Woodys Meinung auf infantile oder jugendliche Art witzig. »Sie stützen sich«, wie er sagt, »auf das, was Noel Coward die Begabung, andere zu amüsieren, nannte.« *Was Sie schon immer über Sex wissen wollten...* (1972) ist technisch ausgefeilt, doch Woody hält ihn für eine weniger sinnvolle Arbeit. Die Idee zu dem Film keimte, als Woody ein Interview Johnny Carsons mit dem Autor des gleichnamigen Buches, Dr. David Reuben, in der *Tonight Show* sah. Als Reuben gefragt wurde, ob Sex schmutzig sei, verwendete er einen von Woodys Scherzen aus *Woody – der Unglücksrabe*: »Er ist schmutzig, wenn man es richtig macht.« Während die beiden ersten Filme technisch nicht sehr anspruchsvoll waren, ist *Was Sie schon immer über Sex wissen wollten...* geradezu ein Kompendium von Filmtechniken. In einer Episode werden Horrorfilme parodiert, in einer anderen wird der Regiestil von Michelangelo Antonioni nachgeahmt. *Der Schläfer* (1973), der sich anschloß, hatte eine abgerundetere Handlung zu bieten als die früheren Arbeiten. Woody bemühte sich darin verstärkt um die handwerkliche Seite des Filmemachens, obwohl er diese Geschichte eines heutigen Mannes, der sich in einer futuristischen Gesellschaft wiederfindet und dort fehl am Platze ist, als »Kinderkram« bezeichnet.

Die letzte Nacht des Boris Gruschenko (1975) war den Themen Mord, Krieg, gesellschaftliche Verantwortung, Gott sowie natürlich Liebe und Tod gewidmet. Es ist ein sehr witziger Film, »mein witzigster bis dahin« laut Woody, »aber sein Zugang zum Publikum bleibt auf reinem Ulkniveau.«

Mit *Der Stadtneurotiker* (1977) gelang ihm der Sprung von einem Komiker, den eine erhebliche Zahl von Filmbesuchern bewunderte, zu einem Oscar-Gewinner, dem ein breiteres Publikum zulief, was nach Woodys Meinung allerdings erst nach der Preisverleihung verdeutlicht wurde. In technischer Hinsicht zählt er den Film zu dem halben Dutzend seiner besten Arbeiten, doch er distanziert sich von der Handlung. »Sie pflegt die Vorurteile der Mittelschicht«, sagte er einmal. »Man braucht sich des Films nicht zu schämen, aber er ist auch nichts Besonderes. Er bleibt immer noch im Bereich der romantischen Komödie und der ›Beziehungen‹, was ich abwertend meine, denn es sind keine Beziehungen wie in *Anna Karenina* oder in *Rot und Schwarz*.«

Danach drehte er *Innenleben* (1978), das Drama, das all jene Zuschauer verwirrte, die in ihm nur den Komiker sahen. Manche Kritiker klagten, er habe dem Publikum gegenüber eine Art Vertrauensbruch begangen. Sein Ziel war lediglich gewesen, sich als Autor dramatischer Filme zu etablieren. Beide, Woody und sein Publikum hatten viel Spaß an *Manhattan* (1979). Er bezeichnete es als »eine genußvolle, sinnliche Freude, mit diesem Blick auf Manhattan und dieser Gershwin-Musik zu spielen.« Daneben wurde der Film seinem Wunsch gerecht, New York City auf eine deutliche, glanzvolle Art darzustellen. »Wann immer ich die Stadt zeige, rücke ich sie in ein freundliches Licht, aber das ist nur eine Nebensächlichkeit auf dem Weg zu dem eigentlichen Thema des Films. Damals verspürte ich einen starken Drang, New York als ein Wunderland erscheinen zu lassen, und dieses Gefühl trieb ich mit *Manhattan* völlig aus.« Allerdings trieb der Film ihm nicht den Wunsch aus, seine Filme in New York, in der Nähe seines Zuhauses, zu drehen. Woody macht zum Teil Faulheit, in erster Linie jedoch seine enge Bindung an New York als Ort für diesen Wunsch verantwortlich; eine solche Bindung an Orte sieht er auch im Werk von Regisseuren wie François Truffaut, Jean Renoir, Fellini und Bergman. »Die Regisseure, die mich so sehr ansprechen, machen persönliche Filme, und ihre Arbeit scheint eng mit ihrem Leben verknüpft zu sein.«

Andere Filme dienten der – wenn auch zeitweiligen – Erfüllung bestimmter Wünsche. Nach *Stardust Memories* (1980) wollte er für eine Weile auf den dort benutzten barocken Stil verzichten, doch heute verwendet er ihn von neuem. Woody hält diesen Film für seinen bis dahin weitaus besten, aber die Arbeit wurde durch einen kollektiven Seufzer vieler Zuschauer und Kritiker begrüßt; sie meinten, Woody mache sich über sie lustig, da er nach Art von Fellini Schauspieler mit ungewöhnlichen oder sogar verzerrten Gesichtern einsetzte, die den von Woody gespielten Sandy Bates zu packen suchten. Für ihn war es ein Film über einen Komiker und Filmemacher am Rande eines Nervenzusammenbruchs, der die Welt auf verzerrte Art sah; und er bedeutete, was Regieführung und Stil anging, ein höheres Niveau, wie verwirrend das Ergebnis auch für sein Publikum sein mochte. Es ist ein Film, der sich gut gehalten hat und Betrachter, die ihn sich heute aus einer unterschiedlichen Perspektive ansehen, häufig angenehm überrascht.

Eine Sommernachts-Sexkomödie (1982) diente als Verschnaufpause; es war eine schrullige Sexkomödie, die nicht sehr gut ankam. Viele empfanden den Film als einen Schritt zurück, doch in Wirklichkeit bot er ein Sprungbrett in eine gute Phase, und Woody mag ihn recht gern. Wenn er irgendeinen Vorbehalt gegenüber *Zelig* (1983) hat, seiner Geschichte von einem Mann, der jedem, mit dem er gerade spricht, ähnlich wird, dann höchstens den: Die technische Leistung, Leonard Zelig in alte Wochenschauen und Klangkulissen einzufügen und den Film wie einen jahrzehntealten Dokumentarstreifen wirken zu lassen, fiel so sehr ins Auge, daß sie Woodys Aussagen über einen Mann, der Angst vor sich selbst hat, in den Hintergrund rücken ließ.

Er vergleicht *Broadway Danny Rose* (1984) insofern mit *Eine Sommernachts-Sexkomödie*, als es sich um eine »kleine Idee« gehandelt habe. Er wollte den Film machen, damit Mia Farrow eine knallige Gestalt spielen konnte, und er hatte die Geschichte eines Managers, der seine Klienten sorgsam heranzieht, nur um nach jeglichem Anfangserfolg von ihnen verlassen zu werden, seit langem im Sinn gehabt. Er meint, der Film sei im allgemeinen gut gemacht und überwiegend unterhaltsam.

Woody entwickelte sein anfängliches Interesse für *The Purple Rose of Cairo* (1985), weil ihm ein realistisches, keineswegs wirklichkeitsfremdes Ende eingefallen war. Darauf baute der Film auf. Es war ein technisch kompliziertes Werk, da die Leinwandcharaktere mit Personen im Publikum sprechen und da eine der Gestalten aus der schwarzweißen Zelluloidfantasie in die reale Welt komplexer Schattierungen und Farben überwechselt. Als der Mann dort versucht, etwas zu bezahlen, erfährt er im buchstäblichen und übertragenen Sinne, daß die Währung des Kinos wertlos ist. Es ist einer von Woodys Lieblingsfilmen.

In *Hannah und ihre Schwestern* (1986) bediente er sich eines romanhaften Stils, um die Geschichte einer großen Gruppe miteinander verbundener Charaktere zu erzählen. In einer denkwürdigen Szene umkreist die Kamera den Tisch, an dem sich die drei Schwestern beim Lunch unterhalten, und während sie sich um den Tisch bewegt, wird die Beziehung jeder Frau zu den anderen enthüllt. Es war ein sehr populärer Film – für Woody »immer ein verdächtiges Zeichen« –, und er hält ihn für eine intellektuell recht durchschnittliche Arbeit. Vor allem enttäuschte ihn sein Unvermögen, das von ihm gewünschte Ende zu schreiben: Hannahs Mann sollte immer noch in ihre Schwester vernarrt sein, die mittlerweile jemand anderen liebt. Woody war jedoch nicht in der Lage, dies im Film herauszuarbeiten. Das Ergebnis war ein Film, der wie tausend andere mit einem allgemeinen Happy-End schließt: Hannah und ihr Mann haben eine gefestigte Beziehung, und das von Woody und Dianne Wiest gespielte Paar, das angeblich keine Kinder haben kann, entdeckt, daß die Frau schwanger ist – ein zu säuberliches Ende. Das Leben ist zwiespältiger, weniger erfreulich, und Woody legt Wert darauf, es wahrheitsgetreu darzustellen.

Der unbeschwerte *Radio Days* (1987) ist ein weiterer von Woodys Lieblingsfilmen. Sein Ziel war bescheiden, es sollte in erster Linie Spaß machen, und das gelang. Mit Hilfe des Szenenaufbaus, der Kostüme und vor allem der Musik beschwor Woody eine vergangene Ära herauf.

Von dem breit angelegten und uneinheitlichen Gemälde von *Radio Days*, das mit nur schwach zusammenhängenden Geschichten gefüllt war, ging er in *September* (1987) zu der Szenerie eines kleinen Sommerhauses über, in dem sechs Personen ihr Drama ausleben. Tschechow in den Kolonien. Es war ein Bühnenstück, das er zu einem Film machen wollte, obwohl »ich wußte, daß es kaum jemand gefallen würde, denn wenn man so etwas auf seinem erfolgreichsten Niveau sieht, wird es nicht weithin anerkannt, weil zwischen Bühnenstück und Film ein großer Unterschied besteht«. Immerhin, die Idee war eine künstlerische Herausforderung, und damit wurde sie für Woody lohnenswert.

Bei den Dreharbeiten zu *Eine andere Frau* (1988) schien es zuerst als werde Woody sein Ziel erreichen, einen gelungenen ernsten Film zu machen, und zwar ohne seine schauspielerische Mitwirkung. Aber am Ende nannte er ihn nur »einen verbesserten Film. Wie bei *September* und *Innenleben* sind die Ziele hoch gesteckt, was die dramatische Aussage betrifft.« Allerdings meint er: »Ich war nicht so gut, daß der Film das gewünschte Niveau erreichte.«

Das vierzig Minuten lange, burleske *Ödipus ratlos* (1989) forderte eine gewaltige Zahl von Nachaufnahmen, um den Effekt der Mutter zu erzielen, die verschwindet und dann als riesige Besserwisserin am Himmel auftaucht. »Kann man sehen, wie meine Gage zum Fenster rausfliegt?« fragte Woody eines Tages, als er sich anschickte, noch mehr Aufnahmen zu machen. Der Film bildete ein Drittel der *New York Stories (New Yorker Geschichten)*; Martin Scorsese und Francis Ford Coppola inszenierten die beiden anderen Episoden. *Ödipus ratlos* ist ein exzentrischer Film über die Bande zwischen Müttern und Söhnen – ein Thema, das nur wenige zeitgenössische Filmemacher so amüsant und ernsthaft erforschen könnten wie er. Er zeichnet die schlimmsten Ängste eines Sohnes und ringt ihnen Gelächter ab.

Der Erfolg von *Verbrechen und andere Kleinigkeiten* (1989) ließ Woody zu einer Neubewertung finden. »Wenn ich einen Film vorstelle, der nicht nur ganz schwach und zurückhaltend akzeptiert wird, bin ich sofort mißtrauisch. Ein gewisses Maß an positiver Reaktion sorgt dafür, daß ich mich wohl fühle und Stolz empfinde. Geht die Reaktion darüber hinaus, bin ich sofort überzeugt, daß ein Werk von wirklicher Finesse und Subtilität und Tiefe niemals so populär sein könnte.«

Kurz nach der Premiere des Films – er war schon dabei, *Alice* (1990) zu drehen – war Woody finsterer Laune. »Leute, die keine Ahnung von künstlerischer Reifung oder von meinen Filmen haben, sagten mir: ›Der Film gefällt mir. Es ist dein reifster Film.‹ Und sie wissen überhaupt nicht, wovon sie reden. Gestern abend hörte ich, daß man ihn in Hollywood, in irgendeinem Haus in Bel Air, gezeigt hatte. Ein paar Berühmtheiten waren dort, die alle von dem Film begeistert waren und sich freuten, daß er in geschäftlicher Hinsicht in den Vereinigten Staaten an vierter Stelle steht. Vor ihm waren drei wirklich blödsinnige Filme. Das sagten sie natürlich, um mir eine Freude zu machen. Und ich war so deprimiert.

Mia fragte: ›Woran denkst du?‹ Ich saß in der Ecke. ›Warum machst du ein so langes Gesicht?‹

Ich antwortete: ›Ich weiß, daß ich irgendwas falsch gemacht haben muß, wenn mein Film bei einem Hollywood-Typ im Vorführraum gezeigt wird und die Leute meinen, das sei mein bester Film. Dabei stehen diese Leute für viele der Dinge, die ich angreife.‹ Wenn es ein wirklich guter Film wäre, würde er wahrscheinlich nicht dieses Interesse wecken.«

Woodys strenge Kritik seiner Filme und sein Mißtrauen allem gegenüber, was ein schwaches Lob übersteigt, mögen an das Gejammer eines undankbaren Menschen denken lassen, der seinem breiten und loyalen Publikum mitteilt, es sei töricht, seine Arbeit zu mögen und ihn dafür sogar mit Wohlstand und Verehrung zu bedenken. Das ist nicht seine Absicht. Selbstkritik ist seit langem sein Stil; er etablierte sich als Komiker, weil er die Position eines Mannes vertrat, der allen Grund hat, sich zu beklagen. Man sollte im Gedächtnis behalten, daß er sich die Ohren zuhielt, wenn das Publikum seinem Bühnenauftritt applaudierte, und daß es ihn verlegen macht, wenn er um ein Autogramm gebeten wird. Wie er selbst sagt, wünschte er sich als Kind so sehr, bewundert zu werden, daß er nun als Erwachsener vor dieser Bewunderung zurückschreckt, weil er sie als Korrumpierung seines eigenen Wunsches empfindet. Aber was auch die Ursache sein mag, Woody wird – um einen seiner Gags zu borgen – vom hellen Licht des Beifalls nicht gebräunt, sondern er bekommt einen Sonnenstich. In *Der Stadtneurotiker* erklärt Alvy Singer:

> Es gibt da einen alten Witz: Äh: Zwei ältere Damen sitzen in einem Berghotel in den Catskills – sagt die eine: »Gott, das Essen hier ist wirklich schlecht!« – sagt die andere: »Stimmt, und diese kleinen Portionen!« – Nja, und im wesentlichen sehe ich so auch

das Leben. (gestikuliert) Voll Einsamkeit und Elend und Leid und Kummer. Und dann ist es auch noch zu schnell vorbei.

Dann fährt er aufschlußreich fort:

> Ein... mein anderer Lieblingswitz ist der, den man äh Groucho Marx zuschreibt, der aber meines Wissens zuerst in Freuds *Der Witz und seine Beziehung zum Unbewußten* auftaucht. Und der geht so – ich kann jetzt natürlich nicht wörtlich zitieren, äh: »Ich möchte nie einem Club angehören, der Leute wie mich als Mitglieder aufnimmt.«

Woody Allen ist ein Künstler, den viele in die Vertrautheit ausgefallener Komödien verbannen möchten. Als seine Mutter ihm riet, sich hohe Ziele zu stecken, meinte sie dies wahrscheinlich nur im Rahmen einer erfolgreichen Karriere als jugendlicher Gagschreiber, aber das Leitprinzip seiner Laufbahn besteht tatsächlich darin, daß er sich hohe Ziele steckt – und zwar solche, die stets höher sind als das, was man erreicht hat. Für eine Öffentlichkeit, die Menschen so gern kategorisiert und ihnen einen bestimmten Platz zuordnet, ist dies ein gemischtes Vergnügen. Man weiß, was man von einem Film der Marx Brothers oder Ingmar Bergmans zu erwarten hat, aber man weiß nicht, was man von einem Woody-Allen-Film zu erwarten hat, denn seine Werke lassen sich nicht mühelos einordnen. Ein Woody-Allen-Film hat nichts mit einer festgelegten Rolle, sondern einzig und allein mit Kreativität zu tun. Ein solcher Film kann komisch oder ernst oder beides sein. Die Woody-Allen-Figur erscheint in vielen Werken, aber sie ist nur ein Teil des Ganzen. Diese Figur übt so starken Einfluß auf die Wahrnehmung und Erwartung vieler Zuschauer aus, daß sie den hinter ihr stehenden Künstler überschattet. Wenn jemand sich zum erstenmal und ohne Vor- oder Nachspann *Innenleben, Manhattan, The Purple Rose of Cairo* und *Verbrechen und andere Kleinigkeiten* – um vier Filme mehr oder weniger beliebig herauszugreifen – ansähe, würde er den Schauspieler in zwei von ihnen erkennen, doch wahrscheinlich niemals vermuten, daß sie alle von demselben Regisseur gemacht wurden.

Woody mag seine vermeintlichen Fehlschläge bekritteln, aber er spricht andererseits davon, daß man sich seine Filme in hundert

Jahren ansehen wird. Wenn er bereits ein Auge darauf wirft, wie sie in fünf Generationen aufgenommen werden könnten, kann er folglich keine ganz so schlechte Meinung von ihnen haben. Er hofft, daß man die Diskussionen darüber, ob seine Filme komisch oder ernst sind, im Rückblick als nebensächlich erkennt und all seine Arbeiten als ein sich kontinuierlich entwickelndes Ganzes betrachtet, an dem sich Fortschritte ablesen lassen.

In seinem Unbehagen spiegelt sich die Unzufriedenheit mit jeder seiner Arbeiten wider, denn wie hoch er auch zielen mag, nach seiner eigenen Auffassung trifft er nie ins Schwarze. Hinter der Krittelei versteckt sich die Überzeugung: »Na ja, dieser Film war vielleicht nicht schlecht, aber ich habe eine Idee zu einem *wirklich* guten.« Obwohl er behauptet: »Meine eigene Meinung ist nicht sehr weit von der meiner schärfsten Kritiker entfernt«, erklärt er andererseits: »Ich weiß das Lob zu schätzen, das mir zuteil wird. Ich würde mich wohlfühlen, wenn ich halb so wunderbar wäre, wie man mich ab und zu darstellt. Es wäre schön, einige der netten Dinge, die über mich geschrieben werden, glauben zu können. Ein Teil meines Problems beruht auf meiner eigenen Subjektivität. Mir fällt eine Filmidee ein, ich schreibe das Drehbuch und schreibe es neu und arbeite daran, wobei ich jede Aufnahme ein Jahr lang vor der Nase habe. Wenn ich endlich fertig bin, habe ich so viele bittere Erinnerungen an Dinge, die schiefgingen, die sich nicht realisieren ließen und bei denen ich Kompromisse schließen mußte. Dann kommt der Film heraus, und die Leute gehen in ein Kino, zahlen ihre sieben Dollar und setzen sich hin, ohne die geringste Ahnung zu haben, was ich eigentlich vorhatte. Und sie sagen: ›Mann, das ist amüsant – eine neue Idee, und der Film sieht gut aus.‹ Ich will nicht darauf hinaus, daß meine Arbeit degeneriert sei oder die Intelligenz beleidige, aber sie hat eben nicht das Format, das ich ihr wünsche.«

Alljährlich gibt es im Filmgeschäft zwei Ereignisse, auf die man sich verlassen kann: Woody Allen dreht einen Film, und die Academy of Motion Picture Arts und Sciences verleiht ihre Oscars – häufig an ihn oder an Personen, die an seinen Filmen mitwirken. Woody ist fünfmal (für *Der Stadtneurotiker, Innenleben, Broadway Danny Rose, Hannah und ihre Schwestern, Verbrechen und andere Kleinigkeiten*) als bester Regisseur nominiert worden und hat einmal gesiegt (*Der Stadtneurotiker*); man hat ihn achtmal als Autor des besten Originaldrehbuchs (*Der Stadtneurotiker, Innenleben, Manhat-*

tan, *Broadway Danny Rose*, *The Purple Rose of Cairo*, *Hannah und ihre Schwestern*, *Radio Days*, *Verbrechen und andere Kleinigkeiten*) nominiert und ihm zwei Oscars verliehen, für *Der Stadtneurotiker* und *Hannah und ihre Schwestern* (allein Billy Wilder mit dreizehn Nominierungen und drei Preisen ist erfolgreicher); zwei seiner Werke (*Der Stadtneurotiker* und *Hannah und ihre Schwestern*) sind als beste Filme nominiert worden und einer – *Der Stadtneurotiker* – trug den Sieg davon; einmal, ebenfalls für *Der Stadtneurotiker*, nominierte man Woody als besten Schauspieler, und insgesamt wurden neun seiner vierzehn zwischen 1977 und 1989 hergestellten Filme für den Preis in der einen oder anderen Kategorie vorgeschlagen.

Es ist bekannt, daß Woody, wie viele Nominierungen er auch erhält, nicht zu Propagandafeldzügen bereit ist und auch nicht an der Oscar-Verleihung (wie überhaupt an keiner Preisverleihung) teilnimmt. Er läßt nicht einmal zu, daß Anzeigen mit den Nominierungen oder Auszeichnungen in oder um New York City und in Los Angeles geschaltet werden; ebensowenig gestattet er, daß in den beiden Städten Rezensionszitate für Anzeigen verwendet werden. Oscars und Zitate machen jedoch das Geschäft soviel lukrativer für den Verleiher wie für die Kinobesitzer, daß Woody entsprechende Anzeigen in anderen Städten, wo er sie nicht sieht, zulassen mußte. Daneben hat er vier Preise der Writers Guild of America erhalten (und ist weitere zehnmal nominiert worden) und ist Träger ihres besonders prestigeträchtigen Lauren Award for Screen, der – fast immer am Ende einer hervorragenden Karriere, nicht in ihrer Mitte – für ein Gesamtwerk verliehen wird. Auch viele ausländische Akademien haben ihn ausgezeichnet. Nichts von dieser Metallsammlung findet sich in seinem Apartment. Einige Preise sind bei Rollins und Joffe, doch die meisten hat er seinen Eltern schicken lassen. Bei aller Ehre und allem Wert, die Oscars und anderen Preisen zugemessen werden, hält Woody nichts von dem Gedanken, sich um irgendeine Auszeichnung zu bemühen.

»Es gibt zwei Dinge, die mir [an den Academy Awards] zu schaffen machen«, sagte er 1974, nachdem Vincent Canby sich in einem Artikel verwundert darüber gezeigt hatte, daß *Der Schläfer* bei den Nominierungen ausgelassen worden war. »Sie sind politischer Art und gekauft und von Verhandlungen abhängig, obwohl viele würdige Persönlichkeiten verdient gesiegt haben. Das ganze Konzept von Auszeichnungen ist albern. Ich kann mich nicht an das Urteil anderer Menschen halten, denn wenn du akzeptierst, daß du einen Preis verdient hast, dann mußt du es auch akzeptieren, wenn sie meinen, daß du keinen verdient hast. Außerdem ist es schwierig, bei den *Academy Awards* kein bißchen mißtrauisch zu sein, denn abgesehen von den Anzeigen und der Propaganda und den Studio-Bindungen ist es eigentlich ein Popularitätswettbewerb, weil die Chancen des Films leiden, wenn er nicht gut abschneidet.«

Allerdings müßte man ein tibetanischer Mönch sein, wenn einem ein Oscar nicht eine gewisse Befriedigung brächte, besonders wenn man sein Leben lang so sehr in die Filmwelt verwickelt war wie Woody. »Es macht eine gewisse Freude, aber man muß darauf achten, die richtige Perspektive zu behalten«, sagte er nach den Nominierungen für *Verbrechen und anderen Kleinigkeiten*. »Du freust dich, weil es ja wirklich mehr Geld für deinen Film bedeutet, aber sobald du dir erlaubst, so zu denken, leidet die Qualität deiner Arbeit.«

Einer seiner angenehmsten Träume, als er in Brooklyn gerade mit dem Showgeschäft anfing, bestand darin, in die Fußstapfen seines Idols Bob Hope zu treten, der die Fernsehübertragung der Oscar-Zeremonie viele Jahre lang so wunderbar moderierte: »Ich würd's mir immer noch ansehen, wenn er dabei wäre«, sagte Woody einmal. »Niemand konnte so witzig mit den Namen umgehen und die Conference so gut machen wie er.« Aber als man Woody – er hatte gerade angefangen, Filme zu machen – einlud, als Gastgeber der Show zu fungieren, lehnte er das Angebot unter großem Bedauern ab. »Ich weiß, ich könnte das Publikum umhauen«, meinte er vor vielen Jahren. »Manchmal sage ich mir: ›Also, du brauchst keinen Oscar zu präsentieren oder entgegenzunehmen oder dich in die Sache hineinziehen zu lassen, aber du könntest jedenfalls bei der Verleihung auftreten, für zehn Minuten richtig loslegen, und du wirst von mehr Menschen gesehen werden, als deine Filme in den nächsten zwanzig Jahren Zuschauer haben.‹ Aber ich kann mich nicht dazu überwinden.«

In jüngerer Vergangenheit setzte er hinzu: »Was soll man denn über ein System sagen, das einem amerikanischen Kameramann wie Gordon Willis in seiner brillanten Filmkarriere, um die er in der ganzen Welt beneidet wird, eine beiläufige Nominierung für *Zelig* – ausgerechnet – zukommen läßt. Natürlich, das war eine technische Leistung, die mit ihm und den Labors und den Cuttern zu tun hatte. Es war eine Kombination aus der Zusammenarbeit aller. Aber er hat prächtige Bilder für eine große Zahl anderer Filme gemacht und keine Nominierung für *The Godfather [Der Pate]* oder für *Manhattan* erhalten. Wie kann man da eine positive Einstellung zu der ganzen Sache haben, oder wie kann sie irgendeine Glaubwürdigkeit besitzen? Es fällt mir schwer, vieles von dem zu akzeptieren, was da gerühmt und ignoriert wird.«

Als Woody 1975 nach den Dreharbeiten für *Die letzte Nacht des Boris Gruschenko* in Frankreich und Jugoslawien heimkehrte, schwor er, nie wieder außerhalb New Yorks zu arbeiten. Er war zwei Jahre lang überwiegend von zu Hause fort gewesen, denn er hatte zuvor *Der Schläfer* in Colorado und Nord- und Süd-Kalifornien gedreht. Sein nächster Film, in dem er als Schauspieler auftrat, war *The Front (Der Strohmann, 1976)*; das Drehbuch über die schwarzen Listen im amerikanischen Filmwesen stammte von Walter Bernstein, und Martin Ritt führte in New York Regie. Woody verfiel wieder in seinen Manhattaner Trott, das heißt, er traf sich an sieben Abenden der Woche zum Dinner mit engen Freunden wie Tony Roberts, Diane Keaton, Michael Murphy, Marshall Brickman und Jean Doumanian. Er verabredete sich regelmäßig, wenn auch nicht oft, mit Frauen innerhalb und außerhalb des Showgeschäfts. Über mehrere Jahre hinweg, bis er Mia begegnete, lösten sich etliche Frauen ab, mit denen er sich höchstens ein paarmal traf.

Nicht lange nach der Rückkehr aus Europa konzipierte Woody zusammen mit Brickman *Der Stadtneurotiker*. Er brachte in den ersten Entwurf vor allem eine Detektivgeschichte ein, die er sich einige Zeit vorher ausgedacht hatte. In einer Version sollte ein College-Philosophieprofessor namens Dr. Levy tot aufgefunden werden; er hatte offenbar durch den Sprung aus seinem Bürofenster Selbstmord begangen. Annie und Alvy kamen auch in dieser Version vor, und Alvy, der die Lebenseinstellung des Professors kannte, meinte, ein Selbstmord sei ausgeschlossen. Die beiden wollen nachweisen, daß es sich um Mord handelte. Dr. Levy taucht ein Dutzend Jahre später wieder in *Verbrechen und andere Kleinigkeiten* auf, diesmal als echter Selbstmörder. Levy habe ihn seit vielen Jahren bewegt, und nun bot sich endlich die Chance, ihn einzusetzen.

Die Mordgeschichte beginnt genauso wie eine der ersten Szenen der Endfassung des Films, das heißt damit, daß Annie und Alvy sich vor einem Kino treffen und sich streiten. Dann folgten ihre Kapriolen auf der Suche nach dem Mörder. Eine Alternative zur Verwendung der Levy-Rolle bestand darin, sie nach dem Film heimkehren und auf ihren Nachbarn treffen zu lassen, der gerade seine Frau umbringt. Daran schloß sich ein Kostümfilm an – eine Farce, die sich im viktorianischen England abspielte. Woody setzte sich ans Drehbuch, aber noch am selben Tag sagte er zu Brickman: »Wollen wir wirklich so etwas schreiben? Wollen wir nach Boston reisen, um den Film zu drehen und mit Kostümen zu arbeiten und uns mit all den Problemen zu belasten? Laß uns eine moderne Geschichte schreiben.«

Die Geschichte wurde dann zu einer Untermalung des Bewußtseinsstroms von Alvy Singer, einem Mann, der unfähig ist, Vergnügen zu empfinden; die Liebesgeschichte war nur ein Teil des Ganzen. Im ersten Entwurf ist Alvy gerade vierzig Jahre alt geworden und versucht, herauszufinden, wie er zu dem wurde, der er ist. In Rückblenden und Vorausblenden, die an Proust gemahnen, werden Assoziationen hergestellt, die andere Szenen und Erinnerungen auslösen. Es war eine sehr romanhafte, impressionistische Betrachtung eines Charakters. Etliche Monate lang stellte der Name seiner Krankheit sogar den Filmtitel: *Anhedonia*. Aber die Handlung hatte keinen Schwung; im Gegensatz zu einem Roman existiert ein Film in der Zeit, und das Publikum benötigt den Eindruck einer Vorwärtsbewegung. Nachdem Woody den Film geschnitten und vorgeführt hatte, stellte sich heraus, daß die Zuschauer ausschließlich Wert auf die Liebesgeschichte legten, die dramatische Spannung und Energie besaß und das persönliche Interesse des Publikums herausforderte. Auf diese Weise wird Kunst umgewandelt.

Woody würde immer noch »nichts auf der Welt lieber tun, als einen Film über einen Mord drehen. Das wäre ein Geschenk an mich selbst.« Er verzichtet darauf, weil er ein solches Projekt für zu trivial hält – er vergleicht es mit Flughafenlektüre –, doch er hat gute Ideen für einen solchen Film. »Ich fälle ein Werturteil. Ich behaupte nicht, daß meine Arbeit so überragend ist. Aber ich *versuche*, überragende Arbeit zu machen. Dabei scheitere ich vielleicht manchmal, aber meine Pläne sind am Anfang höher gesteckt.

Nun werde ich alle Kriminalromanautoren der Welt beleidigen, aber für mich ist ein Kriminalroman, wie man ihn auch betrachten mag, etwas Zweitrangiges. Ich liebe Kriminalromane.

Dann sagen die Leute zu mir: ›Oh, sei nicht albern. Sieh dir doch Alfred Hitchcock an.‹ Das ist für mich zweitrangiges Zeug. Es ist großartig, aber wie Hitchcock selbst sagte: ›Manche Filme sind ein Stück Leben. Meine sind ein Stück Kuchen.‹ Genau das sind sie: Stücke Kuchen. Man kann einwenden, daß *Macbeth* und *Krieg und Frieden* Krimis seien, aber ich sehe einen Unterschied zwischen ihnen und dem, was ich gerne tun würde. In ihnen sind die Morde nebensächlich; hier handelt es sich um zutiefst menschliche und philosophische und intellektuelle Dramen, und der Mord wird zum Instrument, das diese tiefgehenden Aktionen und Überlegungen in Gang setzt. Das ist etwas anderes als in Filmen wie *Der Malteserfalke*, wo der Nachdruck auf der Suche nach dem Täter und dem Motiv liegt. Costa Gavras machte einen prächtigen Film dieser Art: *The Sleeping Car Murders (Mord im Fahrpreis inbegriffen)*. Aber es ist ein Genre-Film.

Ich bin hin- und hergerissen, weil ich glaube, daß ich in einer Detektivkomödie sehr witzig sein und daß es auf völlig anspruchslose Art enorm unterhaltsam für ein Publikum sein könnte. Aber ich kann mich nicht dazu überwinden. Das ist ein Teil meines Konfliktes. Der Konflikt ist zwischen dem, was ich wirklich bin, und dem, was ich sein möchte. Ich bemühe mich dauernd, tiefgründiger zu werden, einen profunderen Weg einzuschlagen, aber leichte Unterhaltung ist am einfachsten für mich. Seichtes Zeug bereitet mir weniger Schwierigkeiten.« Dann, mit einem Lachen: »Ich bin im Prinzip ein seichter Mensch.«

Woody wurde zu einer Comic-Strip-Figur, während er *Der Stadtneurotiker* drehte. Im Jahre 1976 kam *Inside Woody Allen* zum erstenmal in hundertachtzig Zeitungen in sechzig Ländern heraus; die Reihe wurde von Stuart Hample gezeichnet und enthielt auch Witze aus Woodys Sammlung, die er auf Papierfetzen festhielt. Die Reihe lief acht Jahre lang. Hample, ein Karikaturist, der heute als Bühnen- und Drehbuchautor arbeitet, ist mit Woody seit dessen frühesten Tagen als Bühnenkomiker befreundet. Woody sagt, Hample sei, ebenso wie Diane Keaton und der Schriftsteller Pat McCormick, einer der besten »Lacher«, die man bei einem Nachtklubauftritt im Publikum haben könne. Hample schlug den Comic-

strip vor, und Woody, unterstützt von Rollins und Joffe, hielt dies
für eine gute Werbemethode.

Jeden Samstag, wenn sie sich trafen, um über die Witze zu
sprechen und die Skizzen zu betrachten, brachte Hample einen
Stoß Zeitungen und sonstige Artikel mit, in denen von dem Strip
die Rede war. Einmal hatte er brasilianische Zeitungen bei sich, die
die Zeichnungen auf der Titelseite veröffentlicht hatten.

»Ist es nicht toll?« fragte Hample.

»Woher soll ich das wissen? Ich lese kein Portugiesisch.«

»Du brauchst es doch nicht lesen zu können, um zu sehen, daß
dein Bild und dein Comic-strip auf der Titelseite sind.«

Woody schaute sich die Zeitung eine Weile schweigend an. »Ich
sehe das Wort *juif* nicht.« Dann setzte er hinzu: »Warum bin ich
immer in Ländern populär, wo Menschen gefoltert werden?«

Der Strip wurde in den Vereinigten Staaten weithin gelesen.
Mary Beth Hurt rief ihre Mutter jeden Sonntag in Iowa an. Einmal,
während sie *Innenleben* drehte, wollte ihre Mutter wissen, woran sie
gerade arbeite.

»Ich bin in einem Film.«

»Von wem?«

»Woody Allen hat das Drehbuch geschrieben und führte Regie.«

»Oh, den kenne ich. Er ist der Mann aus dem Comic-strip.«

Woodys Rückkehr nach New York im Jahre 1975 fiel mit einem
neuen Selbstbewußtsein zusammen, was seine Arbeit betraf. Rollins und Joffe hatten ihm während seiner Tage (und Nächte) als
Bühnenkomiker und während der Dreharbeiten an *Die letzte Nacht
des Boris Gruschenko* einzigartigen schöpferischen und psychologischen Beistand geleistet. Als er Filme zu machen begann, zeigte er
ihnen seine Drehbücher sofort nach Fertigstellung, wenn auch auf
eine etwas unorthodoxe Art: Er lud sie zu sich ein und ließ sie
nacheinander das Skript lesen, damit sie sich nicht absprechen oder
beeinflussen konnten. Dann diskutierten alle drei manchmal stundenlang über den Text. Die beiden drängten Woody, *The Jazz Baby*
und *The Filmmaker*, dessen Drehbuch er gemeinsam mit Marshall
Brickman geschrieben hatte, nicht für eine Verfilmung ins Auge zu
fassen, aber davon abgesehen waren sie sehr zufrieden mit seiner
Entwicklung. Rollins wußte, daß Woody fähig war, mehr als ein
Genre zu bewältigen. »Er hielt mich immer dazu an, tiefgründiger,

komplexer, menschlicher, ernster zu sein – und mich nicht auf meinen Lorbeeren auszuruhen«, sagt Woody. Er hält Jack Rollins für einen guten Theoretiker, und die beiden »sprachen pausenlos über diese Fragen. Dann kam Charlie zur Sache, schloß einen Vertrag ab und holte sechsmal so viel heraus, wie wir für möglich gehalten hatten.«

Rollins leistet ihm immer noch Beistand, gleichzeitig ist er einer seiner strengsten Kritiker, wie Woody findet. »Ich habe immer gesagt, wenn der Tag kommt, an dem Jack und ich uns einig sind, daß ich einen fabelhaften Film gemacht habe – wenn der Tag kommt, denn bisher denkt es keiner von uns beiden –, dann werden nicht nur wir überzeugt sein, sondern auch die Kritiker, die mich im Laufe der Jahre grob angefaßt haben.«

Zu dem Zeitpunkt, als er bereit war, *Der Stadtneurotiker* zu drehen, hatte Woodys Vertrauen in seine schriftstellerischen Fähigkeiten derart zugenommen, daß er nicht mehr das Bedürfnis verspürte, seine Drehbücher mit jemandem zu besprechen. Heutzutage überrascht er Rollins und Joffe mit dem fast fertigen Film. Beide berichten ihm ihre ersten Eindrücke, auf die Woody sich verläßt, und er hat Zeit, ihre Anregungen zu verwerten, besonders die von Rollins, der eine frühere Version als Joffe sieht. Joffe zog Ende der siebziger Jahre nach Los Angeles, um die Erweiterung des Büros zu beaufsichtigen und sich halb in den Ruhestand zurückzuziehen. Einmal war er der Meinung, Woody sei über jegliche Hilfe seinerseits hinausgewachsen, und er dachte daran, jede offizielle Verbindung mit Woodys Filmen abzubrechen. Alle Woody-Allen-Filme werden als »A Jack Rollins-Charles H. Joffe-Production« angekündigt. »Es kann mich Millionen Dollars kosten«, erklärte Joffe ihm, »aber die Wahrheit ist, daß es keine Herausforderung mehr für mich darstellt, an deinen Filmen zu arbeiten. Was bringe ich jetzt noch in deine Filme ein?«

»Zieh dich, wenn du willst, aus den anderen Teilen des Geschäfts zurück«, erwiderte Woody, »aber ich möchte einfach wissen, daß du dabei bist.«

Im Jahre 1990 verkauften Rollins und Joffe die inzwischen sehr große Agentur an ihre Kompagnons und kehrten zu ihrer Zwei-Mann-Partnerschaft zurück. Ihre einzigen Klienten sind Woody, David Letterman und der Komiker Rick Reynolds. Joffe ist in Los Angeles geblieben, um sich um Reynolds' Karriere zu kümmern.

Rollins lebt weiterhin in New York. Woody ruft ihn immer an, wenn er ein Problem hat, das ein reifes Urteil fordert. Joffes größter Vorzug sind seine intimen Kenntnisse der Feinheiten des Filmgeschäfts, und Woody verläßt sich auf dieses Wissen. In seinen ersten Jahren als Bühnenkomiker hatte Woody fast ständigen Kontakt zu den beiden, doch die Tage sind längst vorbei, in denen er in der Suite der beiden herumlungerte, auf die Fifty-seventh Street hinunterschaute und zusammen mit Joffe hübsche Frauen taxierte. Woody telefoniert mehrere Male pro Tag mit seiner Sekretärin Norma Lee Clark, um sich nach Anrufen und Posteingängen zu erkundigen, doch Monate, wenn nicht Jahre, können vergehen, ohne daß er das Büro aufsucht oder sich mit Joffe trifft. Das gleiche gilt für Rollins. Rollins und Joffe leisteten perfekte Arbeit als Elternersatz. Sie nahmen einen schüchternen Komiker, der sich unter Menschen so unwohl fühlte, daß er sich beim Eintritt in ein Restaurant hinter Joffes Rücken versteckte, unter ihre Fittiche und zogen ihn heran, bis er zu einem Giganten, einer »Industrie« wurde. Und dann ließen sie ihn seine eigenen Wege gehen, wobei er weiß, daß sie immer für ihn da sind.

Das einzige Mal, daß Woody ihnen ernsthaft Sorgen machte, hatte mit *Stardust Memories* zu tun, das im Herbst 1980 Premiere hatte. Sandy Bates, der von Woody gespielte Komiker und Filmemacher, wird von Studiomanagern, seinen Fans, seiner Sekretärin und seinen Agenten gehetzt, die ihm alle den einen oder anderen Kompromiß aufzwingen wollen. Viele Zuschauer und Kritiker waren schockiert über Woodys scheinbare Bitterkeit ihnen gegenüber. Sie irrten sich – Woody war stets voller Lob für die Unterstützung durch seine Manager, seine Sekretärin und sein Filmstudio und ist seinem Publikum gegenüber immer dankbar gewesen. Eine Zeitlang hatten sogar selbst Rollins und Joffe Zweifel. »Als ich nach der ersten Vorführung hinausging«, sagte Joffe in einem Interview mit der *New York Times* nach der Filmpremiere, »stellte ich plötzlich alles in Frage. Ich dachte darüber nach, ob wir in den letzten zwanzig Jahren zum Unglück dieses Mannes beigetragen hatten. Dann besprach ich die Sache mit meiner früheren Frau, meinen Kindern, die mit Woody aufwuchsen, und stundenlang mit Woody selbst. Er fragte mich: ›Kommt es dir wirklich so vor, daß dies meine Einstellung ist?‹« Danach sah Joffe ein, daß sich niemand zwanzig Jahre lang mit schlechten Geschäftsbeziehungen abfindet und daß

Woody nicht so gehetzt wurde wie Sandy Bates. Woody wußte, daß man Parallelen zwischen ihm und Bates herstellen würde, aber das Ausmaß der Identifizierung überraschte ihn. Wieder einmal hatte man seine eigene Persönlichkeit durch die seiner Filmgestalt verdrängen lassen.

Hier zeigt sich allerdings auch eine gewisse Gedankenlosigkeit Woodys, denn er hätte sich wahrscheinlich stärker im klaren darüber sein müssen, wie man den Film, unabhängig von seinen Absichten, aufnehmen würde. Diese Gedankenlosigkeit zeigt sich auch in seinem Umgang mit Schauspielern. Trotz seiner langjährigen Erfahrung mit der Psychoanalyse verfügt er über ein Maß an Blindheit, was die Wirkung seiner künstlerischen Vision betrifft – einer Vision, die mehr oder weniger kennzeichnend für seine Gefühle und Erfahrungen ist. Sein wachsendes Können in allen Bereichen des Filmemachens, verbunden mit seinem eigenen minimalistischen Leinwandcharakter, hat einen verschlankten, rationellen Arbeitsprozeß hervorgebracht, der mit jedem Jahr stärker internalisiert wird. Es mag diese Isolation – und emotionale Unabhängigkeit – sein, die Woody Allen den Künstler von anderen Menschen unterscheidet. Aber sie distanziert ihn auch.

Stardust Memories folgte direkt auf *Manhattan*, in dem es auch um das Verhältnis zwischen einem Mann in den Vierzigern und einem Teenager geht. In Woodys Filmen sind zahlreiche schöne Schauspielerinnen aufgetreten, aber er meint, die Aufnahmen in *Manhattan* seien Mariel Hemingways Schönheit nicht gerecht geworden. Als er dies Pauline Kael, der Filmkritikerin des *New Yorker*, gegenüber erwähnte, nahm sie seine Klage nicht ernst, denn Mariel Hemingway habe in dem Film hinreißend ausgesehen. Doch etwas später begriff Kael, worauf er hinauswollte. »Sie haben recht«, ließ sie ihn wissen. »Ich habe sie vor ein paar Abenden in einem Restaurant gesehen. Sie ist eine Göttin.«

Die gemeinsame Arbeit an *Manhattan* machte Woody und Mariel viel Spaß, und sie wurden gute Freunde. Nach der Fertigstellung des Films lud sie ihn nach Idaho ein, »damit du siehst, wie wir leben. Dad wird dort sein und [Mariels Schwester] Margaux und ihr Freund. Komm einfach raus und guck's dir an.« Er akzeptierte, gibt jedoch zu, daß er sich niemals auf die Reise eingelassen hätte, wenn er nicht von einer Frau, sondern von einem Mann eingeladen worden wäre. »Um der Wahrheit die Ehre zu geben«, sagte er ein paar Jahre später, »ich mochte sie alle sehr gern, aber die Umgebung war zu anstrengend für mich.«

Es ist schade, daß Woody zum Zeitpunkt seiner Reise nach Idaho seine Bühnenkarriere bereits aufgegeben hatte. Seine Reisebegleitung hätte sich sehr gut für einen Sketch geeignet. Zudem ist sie ein gutes Beispiel für seine Konversation mit Menschen, die er gut kennt; ihnen erzählt er nie Witze, und er hascht nie nach Lachern, aber er ist amüsant, weil sich seine Perspektive von der jedes anderen unterscheidet: »Ich reiste also hin, das Herz in der Hose. Ich mußte irgendwohin fliegen und dann eine kleine Maschine nach Ketchum nehmen, wo sie mich abholte. Dann fuhren wir durch den Schnee zu ihrem Haus. Alle in ihrer Familie sind sehr athletisch. Ich bin zwar auch athletisch, aber auf andere Art. Ich traf gegen drei Uhr nachmittags ein, und wir alle saßen herum und plauschten mit Mom und Dad. Und dann gab's Dinner. Ihr Vater hatte etwas zum Dinner geschossen, und man konnte hören, wie die Schrotkugeln aus meinem Mund auf den Teller plumpsten. Blop, blop...

Nach dem Dinner machten sie und ihr Vater, wie es ihre Gewohnheit war, einen langen Spaziergang. Ich begleitete sie. Wir gingen die Straße entlang, deshalb rasten manchmal Autos mit hellen Scheinwerfern vorbei, und das ist immer entsetzlich. Es war mitten in Idaho, eiskalt, und der Hund rannte neben uns her. Wir machten einen langen Spaziergang, vielleicht eine Meile und dann zurück. Und sie haben für alles ganz bestimmte Bezeichnungen, zum Beispiel ›Wir sind mit ihm zum Grover's Creek gegangen und zurück‹, oder sonst was. Ich legte mich schlafen, stand am nächsten Morgen auf, frühstückte mit der Familie, und wir saßen da und unterhielten uns. Dann aßen wir Lunch zusammen mit Margaux und ihrem Freund, den sie bald heiraten würde. Und alles war bestens.

Aber dann nahmen sie mich mit auf eine Schneewanderung, und mir wurde etwas mulmig. Körperlich war ich gut in Form, das war nicht das Problem. Aber wir machten eine Bergwanderung, und ich hatte keine Stiefel mit, sondern nur ganz leichte Schuhe – sehr elegant und aus Pappe. Wir stiegen einen Berg rauf. Zuerst kletterst du immer weiter, und du kommst ins Schnaufen, weil du durch hohen Schnee stapfst. Dann drehst du dich nach einer Weile um, und soweit das Auge sehen kann, ist nichts als Schnee zu erkennen. Du siehst das Haus nicht, und zum Umkehren ist es zu spät. Du hast ein Gefühl von Panik. Und ihr Vater marschiert dahin und betrachtet die Fauna durch ein Fernglas. Manchmal rief er: ›Oh, seht mal, da ist ein gelbbäuchiger Saftsauger‹, oder so ähnlich. Sie hatten den Weg schon millionenmal gemacht, aber für mich war's eine große Sache. Schließlich stiegen wir einen Berg rauf.

Am Abend, beim Dinner, sagte sie zu Margaux: ›Wir sind mit ihm über den Blind Man's Creek gestiegen‹, und alle lachten. Ich hätte nie gedacht, daß es Leute gibt, die sich so die Zeit vertreiben. An dem Abend ging ich ins Bett und überlegte mir: ›Das ist nichts für mich. Ich möchte keine Schrotkugeln essen und auf schneebedeckte Berge steigen.‹«

Er überlebte den Besuch und denkt gern an die Familie zurück. »Heutzutage sehe ich Mariel selten. Ich wünschte, daß ich eine Rolle für sie hätte. Sie ist eine wunderbare Schauspielerin. Ein Naturtalent.«

Seit etwa Anfang 1980 – um die Zeit, als seine Beziehung zu Mia Farrow begann – wendet Woody die Doktrin des im 14. Jahrhundert wirkenden Philosophen Wilhelm von Ockham – alle unnötigen Teile einer Frage seien auszuschalten – auf sich selbst an. »Ockhams Messer« ist zu »Allens Gesetz« geworden. Woodys Leben und Arbeit nehmen immer komprimiertere Formen an. Der Kauf eines Schneide- sowie eines Vorführraums im Jahre 1979 gestatteten ihm, alles, was mit der Montage seiner Filme zu tun hat, an einem einzigen Ort zu erledigen. Durch Mia konzentriert sich seine Aufmerksamkeit auf eine einzige Frau. Da er nicht mehr bereit ist, die Stadt wegen eines Films zu verlassen, macht er alle Aufnahmen in einer mit dem Auto zu bewältigenden Entfernung von Manhattan. Sein Leben hat sich so entwickelt oder zurückgebildet, daß er praktisch jede Minute der Arbeit, Mia und den Kindern oder seiner eigenen geistigen Bereicherung – etwa Klarinettenspiel oder Lektüre – widmet. Er macht nie Urlaub, abgesehen von zweiwöchigen Reisen nach Europa mit der Familie, und währenddessen schreibt er meist an einem Drehbuch und gibt Interviews zu dem gerade aktuellen Film. Dieser keineswegs glamouröse und etwas zwanghafte Lebensstil erscheint Woody wünschenswert, weil es keine äußeren Ablenkungen gibt und er sich auf seine Filme konzentrieren kann, während er auf dem Höhepunkt seiner schöpferischen und physischen Kraft ist.

Diese Vereinfachung seines Lebens hat komplexe persönliche Wandlungen nicht verhindert, sondern sie vielleicht sogar gefördert. Seine Beziehung zu Mia Farrow ist die längste und engagierteste seines Lebens. Seine Liebe zu ihr bewirkte zuerst seine Teilnahme an einem Familienleben und dann, 1985, den elementarsten Wandel von allen: die Geburt seines Kindes. Die emotionalen Tiefen der Vaterschaft sind nur dann auszuloten, wenn man sie selbst erfahren hat. Doch diese Veränderungen spiegeln sich eher in seiner Einstellung und seinen Gefühlen wider als in seiner Filmarbeit, die einen stetigen Evolutionsprozeß durchmacht. Wie ein brillanter Koch eine Sauce auf ihr Wesen reduziert, so hat auch Woody seine Methode zu den Ursprüngen zurückgeführt. Um zu erkennen, wie er arbeitet, braucht man seinen Filmen nicht chronologisch nachzugehen. Vielmehr sind die Gesichtspunkte, die den einen formen, auch in anderen überaus deutlich.

Schauspieler, die noch nie mit Woody gearbeitet haben, sind fast immer überrascht, denn es gibt keine Probleme, bevor eine Szene gedreht wird. Sogar Schauspieler, die bereits Filme mit ihm gemacht haben, sind manchmal überrascht, aber das, worauf er Wert legt, ist die Spontaneität ihres Spiels. »Es gibt keine theoretische Begründung für meinen Verzicht auf Proben«, sagte er während der Dreharbeiten für *Eine andere Frau*, »aber für mich sieht alles fade aus, wenn ich es zu oft wiederhole. Deshalb schaue ich mir das Drehbuch nicht mehr an, nachdem ich es geschrieben habe. Ich meine, ich schreibe es und werfe einen einzigen Blick darauf. Dann warte ich gern ab, was passiert, wenn die Schauspieler es zum erstenmal umsetzen.« Wenn nötig, kann er jederzeit auf dem Set mit ihnen proben, doch er versucht, es zu vermeiden. »Bergman probt gern. Für mich ist das Gegenteil besser. Das ist Temperamentssache. Er ist ein großer Künstler, und« – Woody lachte leise – »ich bin's nicht. Vielleicht hat es damit zu tun, daß er aus dem Theater und vom Drama kommt, während meine Wurzeln in der Komik liegen. In einer Komödie weiß man den ersten Versuch zu schätzen, bevor die Sache abgestanden wird. Wahrscheinlich irre ich mich in diesem Punkt, denn Chaplin drehte manche Szenen hundertmal. Aber ich bin dafür, die Dinge zu vereinfachen.«

Woody verfaßt ein Drehbuch, damit der Film besetzt und mit Kostümen ausgestattet, damit Drehorte für Außenaufnahmen gefunden oder Kulissen gebaut werden können. Aber im Grunde schreibt er seine Filme, während er sie dreht. Man nehme zum Beispiel Frederick, den von Max von Sydow gespielten launischen Künstler in *Hannah und ihre Schwestern*. Wenn er die erste Fassung eines Drehbuches beendet hat, setzte Woody sich mit der für die Besetzung zuständigen Juliet Taylor zusammen, um mit ihr über die Rollen und die dafür in Frage kommenden Akteure zu sprechen. Nach längeren Erwägungen schlug sie von Sydow vor. Woody hatte nicht im entferntesten an ihn gedacht, doch sobald sie ihn erwähnte, wußte er, daß von Sydow der richtige Mann war. Danach nahm die Rolle Gestalt an, beginnend mit dem Namen, den Woody von Peter zu Frederick änderte, was von Sydows europäischem Äußeren und Akzent eher entsprach. Außerdem wurde er erheblich älter als Hannahs Schwester und seine Gefährtin Lee, gespielt von Barbara Hershey, und er wurde mit einem sehr zornigen Naturell ausgestattet. Die Fabriketage, die der Aufnahmeleiter für die Künstlerwohnung des Films ausgewählt hatte, beeindruckte Woody durch ihre visuelle Stärke, als er dort zu drehen begann.

Woody weiß manchmal genausowenig wie seine Schauspieler, wenn es um die Einzelheiten ihrer Rolle geht. »Ich merke, wenn wir etwas falsch machen«, sagt er. »Ich kann an den Mustern erkennen, wenn etwas nicht stimmt. Aber ich weiß nicht immer ganz genau, was ich tue, sondern ich spüre nur, wenn es nicht das Richtige ist. Deshalb rate ich einer Schauspielerin, die Fragen zu ihrer Rolle hat: ›Tu einfach das, was du im Moment machst.‹«

Hannah zum Beispiel war eine Gestalt, die Mia Farrow nicht verstand, weder am Anfang noch am Ende. Weder Woody noch sie waren je in der Lage, ihren Charakter zu durchschauen. Sie konnten sich nicht entscheiden, ob Hannah wirklich eine reizende, sympathische Frau war, die das Rückgrat der Familie bildete, oder ob sie weniger sympathisch sein sollte. »Manchmal glaubte ich das eine, manchmal das andere«, berichtet Woody. »Mia wollte dauernd einen Hinweis von mir haben, aber ich konnte ihr keinen geben. Ich konnte ihr nur sagen: ›Laß mich sehen, wie du diese Szene instinktiv spielst, und vielleicht kann ich etwas ändern.‹ Aber ich tappe da sehr oft im dunkeln.«

Im elementaren Schauspielunterricht wird gelehrt, wie wichtig es ist, daß die Schauspieler einander vertrauen. Selten jedoch haben Schauspieler ein so absolutes Vertrauen in ihren Regisseur setzen müssen, wie es von Woody gefordert wird. »Ich mag es, wenn der Schauspieler zu mir kommt und mich zum Beispiel fragt: ›Bin ich ein enger Freund dieser Leute?‹, und ich es ihm erklären kann. Und wenn er etwas falsch macht, kann ich es ihm sagen. Es ist wirklich sehr einfach, wenn er nur zuhört. Aber diese Einfachheit befriedigt den Schauspieler nicht immer. Manchmal will er mehr. Aber es hilft nie, es ihm zu erklären.«

Sehr einfach für den Regisseur, jedoch sehr zermürbend für den Schauspieler, obwohl es keine schlechten Leistungen in Woodys Filmen gibt. Er schützt seine Schauspieler und läßt nie zu, daß sie unbeholfen aussehen oder klingen. Autor und Regisseur werden von Woody für jegliche Mängel eines Films oder der Charaktere verantwortlich gemacht. Er allein trägt die Verantwortung für den Film. Ein Schauspieler kann sich darauf verlassen, daß es auf der Leinwand nichts geben wird, was ihn in Verlegenheit bringen könnte. Woody hat zuweilen Szenen sehr bedeutender Schauspieler und Schauspielerinnen aus seinen Filmen herausgeschnitten. Wenn sie auch nur einen Moment lang nachlassen, werden sie diesen Fehler nicht in dem vollendeten Film finden.

Sam Waterston hat in vier von Woodys Filmen mitgewirkt und gelernt, daß »er offenbar die spontanen, natürlichen Geschehnisse auf der Leinwand einfangen will, ohne daß man wirklich merkt, daß gedreht wird. Manchmal plaudert Woody vor einer Einstellung mit Schauspielern, damit sie sich ihren Auftritt nicht zurechtlegen«. Waterstons erster Tag der Dreharbeiten an *Verbrechen und andere Kleinigkeiten* begann nach dem Lunch. Er traf rechtzeitig vor der einstündigen Pause ein und unterhielt sich mit Alan Alda, der erst ein paar seiner Szenen gedreht hatte. Einige andere Schauspieler, die ebenfalls zu wenig Erfahrung mit Woody hatten, schlossen sich bald an und redeten zuerst vorsichtig, dann offener über die fehlenden Proben und den Mangel an Informationen, was ihre Rolle betraf. Zum Beispiel sollten Waterston, Alda und Joanna Gleason, die nie zuvor miteinander umgegangen waren, an jenem Nachmittag Geschwister spielen. Die Schauspieler »waren verwirrt und neugierig, während sie diese Vorgänge beschrieben«, erläuterte Waterston, »und ich nickte nur und sagte: ›Ja, ja, ja.‹ Alan Alda fragte: ›Sie meinen also, daß man sich daran gewöhnt?‹ Und ich antwortete« – er lachte dröhnend –: »›Nein! Nein, auf keinen Fall!‹ Ich erklärte, daß man sich nicht völlig daran gewöhnt, aber in dem Maße, wie man es tut, erweitert man seine Grenzen als Schauspieler, seine Entwicklungsmöglichkeiten.

Ich habe das Gefühl, das ist typisch für Woodys Persönlichkeit und auch dafür, wie er über den Prozeß des Filmemachens denkt, in dem die Schauspielerei nur eine Arbeit unter vielen anderen ist. Wir sind als Gruppe daran gewöhnt, in einer Welt der Illusionen zu leben, in der der Schauspieler während seines Auftritts im Mittelpunkt steht. Ich halte Woodys Methode für sehr erfrischend, obwohl sie so beunruhigend ist. Ich glaube, es ist für mich als Schauspieler außerordentlich gut, so zu arbeiten. Letzten Endes scheint er die einfachsten Dinge zu verlangen, von denen man glaubt, man hätte sie schon als Schauspielanfänger gemeistert. Es sind fundamentale Dinge: Präsent zu sein, die Wahrheit zu sagen, spontan auf alles zu reagieren, was geschehen mag. Nicht aufzugeben, wenn seltsame Dinge passieren. Auf Zufälle zu hoffen. Die Bereitschaft zu improvisieren. Die Bereitschaft, ohne Netz auf einem dünnen Seil zu wandeln. Ein Risiko auf sich zu nehmen. Das ist es, was er will, und das ist es, was wir alle in der Schauspielschule geübt haben. Aber im Laufe der Zeit fängst du an, dich stärker zu beherrschen, deine Darstellung stärker zu kontrollieren, und es gibt Arten der Filmemacherei und der Darstellung, wo es angemessen ist, mehr Kontrolle auszuüben. Aber man sollte wenigstens fähig sein, spontan zu agieren, und das ist verteufelt schwierig.«

Woody sagt, es sei eher sein Stil zu korrigieren, als zu führen: »Ich versuche, den Schauspielern möglichst nichts zu erklären und sie einfach spielen zu lassen, weil sie alle sehr gut sind. Wenn sie von Anfang an großartig in ihrer Rolle sind, ist es das beste, wenn der Regisseur ihnen nicht im Weg steht und ihrer Vitalität freien Lauf läßt. Aber auf hinterhältige Weise tue ich doch etwas, und wenn nötig, helfe ich ihnen im Rahmen meiner Möglichkeiten, sie zu der besten Lesart zu führen.«

Seine Methode ließe sich jedoch am ehesten mit einem Begriff aus der Zauberei beschreiben: Irreführung. Sein Geplauder mit Schauspielern unmittelbar vor einer Szene, seine Aushändigung nur jener Textteile, die für die Rolle notwendig sind, sogar seine vermeintliche Reserviertheit dienen dazu, die Schauspieler an Nebensächlichkeiten ihrer Rolle denken zu lassen. Ein guter Zauberer lenkt von der Illusion ab, bevor er sie Wirklichkeit werden läßt. Das gleiche gilt für Woodys Regieführung. Dadurch, daß er die Schauspieler vom Kern der Sache ablenkt, versetzt er sie in die Lage, ihren Text und ihre Rolle spontaner und weniger vorbedacht auszufüllen. Jeder gute Film ist in gewissem Sinne ein Zaubertrick. Der Regisseur zeigt nur das, was das Publikum sehen soll, um dann im geeigneten Moment Enthüllungen und Überraschungen anbringen zu können.

Woodys Methode hat auch etwas von der eines Musikers an sich, denn da er den Dialog geschrieben hat, spürt er sehr genau, wie der Text klingen sollte. Wenn er das, was ihm vorschwebt, in der Leseart eines Schauspielers nicht hört, bittet er um einen neuen Versuch – und noch einen und noch einen. Zuerst gibt er sich mehr oder weniger ermutigend und sagt zum Beispiel: »Mann, das war großartig. Noch einmal, und dann haben wir's hinter uns.« Natürlich ist es fast nie mit einer einzigen neuen Einstellung getan. In der Regel läßt Woody Schauspieler kommentarlos mehrere Wiederholungen machen – in der Hoffnung, daß die widerständige Partie eine gute Lesart erhält. Wenn auch dies scheitert, rät er vielleicht: »Etwas zorniger.« Wenn die Worte dann immer noch nicht so klingen, wie er es erwartet, erklärt er nicht etwa: »Hören Sie zu, machen Sie's so«, und trägt den Text vor. Das würde, wie er meint, zu bloßer Nachahmung führen. Statt dessen sagt er manchmal: »Kann ich die Szene mal kurz sehen? Was haben wir hier?« Dann nimmt er das Drehbuch und liest die Rollen laut vor, vorgeblich zu seiner eigenen Orientierung, aber in Wirklichkeit, damit der Schauspieler ihn hört und vielleicht begreift: »Oh, *darauf* will er also hinaus. Er hat sich nicht klar ausgedrückt, aber nun weiß ich Bescheid.« Möglicherweise fordert er den Schauspieler auch auf, eine besonders ärgerliche Zeile fallenzulassen oder zu ändern; zuweilen kürzt er den Dialog einer Gestalt um die Hälfte oder mehr, um die gewünschte Version zu erzielen. Es kann allerdings vorkommen, daß nichts gelingt. Er gestattet einem Schauspieler zahlreiche Einstellungen, er ist taktvoll. Dann, nach zehn oder zwölf oder fünfzehn Einstellungen, gibt er sich ungeduldiger, weil er hofft, daß dies zum Erfolg führen könnte. »Davon glaube ich kein einziges Wort«, sagt er vielleicht. »So spricht kein Mensch.«

Manchmal hat es tatsächlich Erfolg. Bei den Aufnahmen zu

Innenleben tadelte er Geraldine Page gelegentlich: »Das war die reinste Seifenoper. Wie nachmittags im Fernsehen.« Aber das Ergebnis war: »Ich glaube, Geraldine Page war in *Innenleben* besser, als ich sie je gesehen hatte. Das sage ich nicht, weil es mein Film ist. Obwohl sie eine unserer größten Schauspielerinnen war, hatte sie die Neigung, theatralisch zu sein und ihre Rolle zu überziehen. Jedenfalls übertrieb sie es, als wir mit den Szenen für *Innenleben* anfingen, und ich mußte ihr sagen: ›Weniger ist mehr.‹«

Bei den Dreharbeiten zu *Eine Sommernachts-Sexkomödie* bat Woody José Ferrer vielleicht dreißigmal, den Satz »Dies sind nicht meine Zähne« zu wiederholen – eine komische Aussage, die sehr stark von der Nuancierung abhing. Nach mehreren gescheiterten Versuchen wurde Ferrer recht wütend auf Woody, zu dessen großem Erstaunen. »Ich kam wunderbar mit ihm aus«, erinnerte Woody sich. »Ich fand, daß er in jeder Hinsicht prachtvoll war. Nur einmal forderte ich ihn auf, einen Satz sehr oft zu wiederholen. Schließlich sagte er [in einem guten Ferrer-Tonfall]: ›Nun kann ich's nicht mehr. Sie haben mich in ein Häufchen Elend verwandelt.‹ Und ich dachte: ›Mein Gott, Sie sind *José Ferrer*. Wie kann ich Sie in ein Häufchen Elend verwandeln? Sie sind ein wunderbarer Schauspieler, und ich sage doch nur, daß dies nicht so ist, wie ich's haben möchte; machen Sie's noch einmal.‹ Also bin ich womöglich unsensibel, denn ich halte es einfach für selbstverständlich, daß die Schauspieler es für selbstverständlich halten sollten.

Manchmal verblüfft es mich, daß ein Schauspieler oder eine Schauspielerin dazu neigen, eine Szene auf eine bestimmte Art zu spielen«, fuhr Woody fort. »Ich gehe immer von dem Standpunkt aus: ›Ich habe dich engagiert, weil ich dich für toll halte. Du hast die Rolle. Du kannst mir sagen, ob dieser Text blödsinnig und dumm ist.‹ Und ich möchte in der Lage sein, hinzugehen und zu erklären: ›Mach es nicht *so*. Man wird uns auslachen, wenn du es so machst.‹ Es gibt Regisseure, wie Sidney Lumet, die ein herzliches Verhältnis zu ihren Schauspielern haben, aber ich kann nicht so arbeiten. Ich lasse mich auf so viel Kontakt ein, wie es professionell notwendig ist. Das Privatleben ist eine ganz andere Welt. Ich weiß, daß bei meinen Dreharbeiten keine schwungvolle Atmosphäre herrscht. Aber ich gehe fast immer von der falschen Annahme aus, daß der Schauspieler sich sicher fühlt, daß wir offen und kritisch miteinander arbeiten können.«

Gene Wilder, der in *Was Sie schon immer über Sex wissen wollten*...
einen Arzt darstellt, der sich in ein Schaf verliebt und schließlich in
der Gosse endet, wo er Weichspülmittel aus einer Flasche trinkt,
beschrieb 1978 in einem Artikel von Kenneth Tynan im *New Yorker*
seine Erfahrung mit Woody und verglich ihn mit Mel Brooks: »Mit
Woody zu arbeiten ist wahrscheinlich so, wie mit Ingmar Bergman
zu arbeiten. Alles ist sehr gedämpft. Wir beide sprechen jetzt recht
leise, aber wenn wir auf Woodys Set wären, hätte uns jemand
schon aufgefordert, unsere Stimmen zu dämpfen. Er sagte bei den
Dreharbeiten drei Dinge zu mir: ›Sie wissen, wo Sie Tee und Kaffee
kriegen?‹; ›Sie wissen, wo es Lunch gibt?‹; ›Werde ich Sie morgen
sehen?‹ Ach ja, und noch eines: ›Wenn Ihnen dieser Text nicht
gefällt, ändern Sie ihn.‹ Mel würde so etwas niemals sagen. Die
Art, wie Woody einen Film macht, ist so, als wolle er zehntausend
Streichhölzer anstecken, um eine Stadt zu beleuchten. Jedes ist eine
kleine Epiphanie aktueller, ethnischer oder politischer Art. Mel
möchte Atombomben des Gelächters auslösen. Woody dagegen
nimmt Pfeil und Bogen oder ein Jagdgewehr und versucht, kleine,
präzise Ziele zu treffen. Mel greift sich eine Schrotflinte, lädt sie mit
fünfzig Kugeln und schießt in die allgemeine Richtung einer enormen Zielscheibe. Von den fünfzig Kugeln treffen wenigstens sechs
oder sieben haargenau ins Schwarze, und das ist es, was man von
seinen Filmen im Gedächtnis behält.« »Wie ich höre, amüsieren
sich alle köstlich bei Mels Dreharbeiten«, sagte Woody einmal.
»Wie ich höre, sind die Mitwirkenden so begeistert, daß sie sich
wünschen, es könnte ewig so weitergehen. Bei meinen Filmen sind
sie *entzückt*, wenn es vorbei ist.«

In vielen Fällen macht Woody die erste Aufnahme einer Szene
fast ohne jeden Kommentar, denn er weiß, daß die Schauspieler
sich eine feste Meinung über die Rolle gebildet haben, bevor sie am
Drehort erscheinen. Woodys Eindruck ist, daß Schauspieler, wenn
sie einen falschen Ansatz haben, die Szene fast immer zu detailliert
wiedergeben. Nur sehr selten tun sie zu wenig. Er vermutet, daß
sie sich beeilen, weil sie nervös sind und die Szene hinter sich
bringen wollen, statt in ihr zu schwelgen. »Ich kenne das Problem,
denn ich selbst hatte es auf den Nachtclubbühnen. Ich wollte
unbedingt raus, meinen Auftritt abziehen und verschwinden. Aber
nur, wenn man sich wirklich auf den Auftritt freut, kann die Arbeit
gelingen.«

Sehr selten scheitert jeder Versuch Woodys, einem Schauspieler die gewünschte Darstellung zu entlocken. Wenn das geschieht, wechselt Woody ihn aus und zwar nach den Dreharbeiten des Tages und ohne Zorn oder Peinlichkeit auf dem Set. Die unangenehme Aufgabe, dem Agenten des Schauspielers die Nachricht zu übermitteln, fällt Juliet Taylor zu, die dann beginnt, nach einem Ersatz zu suchen. Außerdem läßt sie dem betreffenden Schauspieler häufig die Ermunterung zukommen, die er vielleicht benötigt. »Er ist kein Regisseur, der in erster Linie für die Schauspieler da ist«, kommentiert sie. »Aber das liegt an seinem Charakter, es ist keine persönliche Beleidigung. Deshalb kümmere ich mich um diese Dinge. Es ist ein wichtiger, wenn auch kleiner Aspekt meiner Arbeit.«

Es gibt viele hervorragende Schauspieler, besonders »method actors«, die wahrscheinlich nie in einem Woody-Allen-Film mitspielen werden. Woody bewundert zum Beispiel Robert de Niros Leistungen, aber er ist skeptisch, was eine Zusammenarbeit mit ihm betrifft. »Er ist ein unübertroffener Schauspieler, aber es heißt, er braucht eine Menge Zeit, um seine Rolle zu entwickeln. Und ich wünsche ihm viel Glück, denn das Ergebnis ist brillant und fabelhaft, nur kann ich selbst nicht so arbeiten.«

Eine bedeutende Ausnahme von Woodys Regel, keine Schauspieler zu engagieren, die sich allzusehr in ihre Rolle vertiefen, ist William Hurt, der in *Alice* erschien. Er kannte Woodys Einstellung, doch er wollte die Rolle zu Woodys Genugtuung trotzdem. »Ich hatte immer gehört, daß er viel Zeit und Gespräche brauche und seine Rolle gründlich analysiere, aber er war erstaunlich entgegenkommend«, sagte Woody, nachdem der Film beendet war.

Woodys Regiestil im Umgang mit Schauspielern ist davon beeinflußt, daß er so häufig bei seinen eigenen Auftritten Regie führt; er ist der Star in fünfzehn seiner zwanzig Filme. Das Drehbuch steht ihm so deutlich vor Augen, daß Woody Allen der Schauspieler und Woody Allen der Regisseur keinen Vermittler benötigen. Nicht einmal die Veränderung einer Szene bereitet ihm Schwierigkeiten. Er kritzelt den neuen Dialog, oft sogar noch Alternativen, auf einen Papierfetzen oder die Rückseite eines Briefumschlags und zieht ihn vor der Aufnahme aus der Tasche, um ihn rasch zu überfliegen. Woody fällt es leicht, bei seiner eigenen schauspielerischen Arbeit Regie zu führen, denn er ist sich sicher, einen Text geschrieben zu haben, der innerhalb seiner Ausdrucksskala liegt, und er hört es selbst, wenn er ihn schlecht vorträgt. Außerdem ist er sehr präzise auf seine Filmgestalt und auf das eingestimmt, was das Publikum seiner Meinung nach akzeptieren wird.

In *Eine Sommernachts-Sexkomödie* drehte Woody eine Szene, in der acht Personen vier Gespräche führen, immer wieder von neuem. »Sogar nachdem der Film beendet und geschnitten war, kehrte er noch zu dieser verdammten Szene in den Wald zurück«, sagt Tony Roberts. »Es war, als schlafe man ein und habe wieder den gleichen Alptraum.« Woody wollte, daß sich die Dialoge überschnitten und natürlich wirkten, doch gleichzeitig durften sie nicht affektiert erscheinen oder die geringste Vorsätzlichkeit erkennen lassen. »Er wollte, daß alles hörbar war, aber auf eine Weise, die den Zuschauer empfinden ließ, daß er es vielleicht als einziger hörte«, berichtet Roberts. »Der Zuschauer entdeckt diese Dinge also und glaubt, mehr gesehen zu haben, als wirklich beabsichtigt war. Woody zielt darauf ab, dieses Gefühl zu vermitteln. Wenn man sich die Sache zwei-, drei- oder viermal ansieht, fängt man an, das erstaunliche Maß an Kunst zu erkennen, denn nichts ist zufällig.«

Diese Absicht umfaßt nicht nur das, was die Gestalten sagen. Woodys Filme sind voll von unterschwelligen Kommentaren über das, was die Charaktere mögen und nicht mögen, was sie essen und lesen. Sie erwähnen Markennamen, wenn von Produkten und von Kultur die Rede ist. Damit nicht genug: Nach der Premiere von *Radio Days* im Jahre 1987 schrieb die Kritikerin Janet Maslin in der *New York Times*: »In *Hannah und ihre Schwestern* sieht man, daß Mia Farrow Richard Yates' *Easter Parade* liest, einen Roman über zwei Schwestern und ihre lebenslange Rivalität, aber [er] tut nichts, um auf dieses Detail aufmerksam zu machen – es ist einfach da. Man braucht auch nicht zu wissen, daß die Gershwin-Songs in *Manhattan* einen treffenden Kommentar zur Handlung abgeben (›Someone to Watch Over Me‹ an dem Abend, da Isaac sich in die von Diane Keaton gespielte schroffe Intelektuelle verliebt; ›But Not for Me‹ bei seiner letzten Begegnung mit dem Schulmädchen Tracy), um ihren gründlichen Effekt auf die Stimmung des Films zu spüren.«

Mia hält Woody manchmal vor, er gehe zu rücksichtslos mit Schauspielern um, er könne einschüchternd sein und helfe ihnen nicht bei ihrer Darstellung. Sie glaubt, daß Schauspieler immer versuchen, ihr Bestes zu geben, daß sie zu Risiken bereit sind, doch von Woody hin und wieder zu grob angefaßt werden.

Woody ist anderer Meinung. »Meine Kontakte mit Schauspielern sind unorthodox, aber ich habe eine ganz bestimmte Methode. Ich engagiere nicht einfach gute Leute und bin dann unfähig, eine Beziehung zu ihnen zu finden. Meine Methode mag seltsam sein und ziellos wirken, aber es ist eine meiner Stärken, Leistungen aus Schauspielern herauszuholen. Ich weiß, Mia glaubt, ich könne mich einschüchternd verhalten, aber wenn man sich meine im Laufe der Jahre gedrehten Filme ansieht, sagen wir, seit *Der Stadtneurotiker*, findet man eine enorme Zahl von sehr guten Darstellungen. Egal, was man über *Innenleben* oder *Stardust Memories* oder *Eine andere Frau* hört, das Ensemble wird immer gelobt, denn ich habe einen Blick dafür. Also kann Gene Hackman – nicht, daß es ihn beunruhigen würde – für eine Woche Arbeit an *Eine andere Frau* erscheinen und sicher sein, daß ich ihn schütze, daß er nicht schlecht aussehen wird. Und im Laufe der Jahre haben sich manche Schauspieler sehr hervorgetan. Ich glaube nicht, daß Martin Landau oder Alan Alda je besser gespielt haben als in *Verbrechen und andere Kleinigkeiten*; Landau erhielt eine Oscar-Nominierung. Alda wurde mit dem Preis des New York Film Critics Circle ausgezeichnet. Das gleiche gilt für Elaine Stritch in *September* oder Mariel Hemingway in *Manhattan*.«

Dies trifft nicht nur auf die berühmten Schauspieler mit großen Rollen zu. Ein Kennzeichen von Woodys Filmen ist die Natürlichkeit von Nebendarstellern. »Zum Beispiel Hy Ansel«, sagte Woody eines Tages bei der Rollenbesetzung für *Alice*. »Alles, was er liest, klingt natürlich. Bei manchen Leuten weiß man, sobald man sie lesen läßt, daß sie eingesetzt werden können. Ira Wheeler gehört zu ihnen. Er wurde für eine einzige Aussage als Arzt in *Hannah und ihre Schwestern* gebraucht, und sowie er sich hinsetzte und den Text las, hörte man einen wirklichen Menschen. Er klingt wie eine reale Person. Genau wie Martin Landau oder Julie Kavner. Wenn sie sprechen, klingt es genau richtig.« Er unterbrach sich. »Was ist aus ganz normaler Kommunikation geworden?« Normale Kommunikation ist natürlich das Wichtigste, was er von seinen Schauspielern verlangt. Woodys Gestalten sprechen idiomatisch; sie sollen sich anhören wie Menschen, die zum Dinner am Tisch sitzen. Was er an einer Darstellung schätzt, ist der spontane, natürliche Moment, der aus unbefangener Konversation hervorgeht. »Schauspieler machen oft den Fehler, ihren Text nur aufzusagen – und die Leinwand bleibt leer«, fuhr Woody fort. »Im Falle von Brando spielt sich so viel ab, daß man keinen Text benötigt. Das ist Glück. Manche Schauspieler und Schauspielerinnen sind einfach interessant anzusehen. Es gibt eine Menge bedeutender Stars, die gute Arbeit machen – solide Profis, die einen Haufen Geld verdienen. Aber man richte die Kamera auf de Niro oder Al Pacino oder Gene Hackman, auf Jack Nicholson oder Dustin Hoffman oder George C. Scott, und plötzlich geschieht etwas. Joe Mantegna, der damals in *Alice* mitwirkte, hat etwas Besonderes. Einen eigentümlichen Stil, der wunderbar ist.«

Die Zusammenarbeit mit Woody mag zu augenscheinlichen Schwierigkeiten führen, aber sie sind so unbedeutend, daß praktisch jeder Schauspieler darauf brennt, in seinen Filmen zu erscheinen – und zu einer geringeren Gage als sonst. Man weiß in der Filmindustrie, daß es die üblichen Etats einerseits und Woodys Etats andererseits gibt. In beiden Fällen wird gut bezahlt, aber die üblichen Etats sind weitaus erträglicher.

Die Besetzung von Woodys Filmen ist ein langsamer Prozeß, der mit dem ersten Drehbuchentwurf beginnt. Einige Rollen – etwa die auf Woody und Mia und andere regelmäßig Mitwirkende wie Dianne Wiest und Diane Keaton zugeschnittenen – sind von vornherein vergeben. Aber manchmal fordern die Umstände sogar hier Änderungen. Mia sollte die Philosophieprofessorin in *Eine andere Frau* spielen, doch plötzlich wurde sie schwanger. Dianne Wiest war für den Part der Frau vorgesehen, deren Stimme die Professorin durch den Belüftungsschacht aus einer Psychiaterpraxis im selben Gebäude hört, aber persönliche Gründe hinderten sie an der Mitwirkung. Woody schrieb das Drehbuch um und gab Mia die Rolle der jetzt schwangeren Frau, wodurch eine etwas ältere Schauspielerin für die Gestalt der Professorin, verkörpert von Gena Rowlands, benötigt wurde. Die Änderung hatte den Vorzug, daß er die »Nachwuchsfrage« erforschen konnte. Solche Fälle sind jedoch Ausnahmen. Gewöhnlich kann Woody, wenn der Entwurf fertig ist, die lange Serie von Gesprächen mit Juliet Taylor über die Besetzung beginnen. Die Frauenrollen sind unweigerlich leichter zu besetzen als die Männerrollen.

»Wir haben so viele begabte Schauspielerinnen, deshalb ist es nie ein Problem, sondern ein Vergnügen«, sagt Woody. »Aber es ist schwierig, einfach *Männer*, nicht Revolverhelden, zu finden. Es gibt ein paar. Sam Waterston in *September*. Denholm Elliott. Amerikanische Schauspieler sind so fähig wie alle anderen auf der Welt, aber sie sind keine Durchschnittsmänner. Sie sind charismatisch. Wir bringen Helden hervor. Sie sind John Waynes und Humphrey Bogarts und Jimmy Cagneys. Unsere Filmgeschichte besteht aus Mythologie, während es in Europa vorwiegend um Konfrontationen zwischen Erwachsenen geht, also um realistische Geschichten, in denen man einen Mann benötigt. Unsere Schauspieler sind zu schön und zu charismatisch. Dies mußte ich sehr mühsam lernen, durch die Besetzung meiner Rollen. Ich brauche gewöhnlich fünfzig- bis fünfundfünfzigjährige Männer, aber sie sind nicht leicht zu finden. George C. Scott ist ein großartiger Schauspieler, der auch als ein ganz gewöhnlicher Mann glaubwürdig sein kann; Dustin Hoffman ist so talentiert und auch ein wunderbarer Komödiant.

Sam ist jemand, den ich ab und zu als den Burschen von nebenan verwendet habe, als einen gewöhnlichen, identifizierbaren Menschen, der kein Cowboy ist. Man hat nicht das Gefühl, daß er einen Revolver bei sich trägt oder Leute zusammenschlägt. Wir haben nicht viele gewöhnliche Menschen wie beispielsweise Fredric March. Sam ist einer der wenigen.« Deshalb wird Sam Waterston von Woody geschätzt und hat einen Schwiegersohn in *Innenleben*, einen Architekten in *Hannah und ihre Schwestern*, einen hoffnungsvollen Romanautor in *September* und einen blinden Rabbi in *Verbrechen und andere Kleinigkeiten* gespielt.

Der Mangel an amerikanischen Schauspielern, die »einfach nur Männer« sind, hat Woody bewogen, Rollen, die nicht unbedingt einen Nichtamerikaner verlangt hätten, mit englischen Schauspielern wie etwa Michael Caine als den herrlich törichten Ehemann in *Hannah und ihre Schwestern* zu besetzen. Caine erhielt den Oscar für die beste männliche Nebenrolle für diesen Film; Dianne Wiest wurde für die beste weibliche Nebenrolle ausgezeichnet. Woody fand keinen amerikanischen Schauspieler, der als ein gewöhnlicher Mann, das heißt als Buchhalter, glaubhaft gewesen wäre. »Amerikanische Männer sind gefährlich und potent«, sagt er. »Michael kann einen CIA-Agenten oder eine komische Rolle spielen, und beides macht ihm großen Spaß. England hat aufgrund seines lebendigen Theaters eine Tradition von Schauspielern aller Altersgruppen, und die Filme handeln nicht dauernd von Gangstern oder Revolverhelden, die in die Stadt reiten. Dort geht es um normale Menschen.« »Normal«, wie inzwischen deutlich sein dürfte, ist Woodys Lieblingsbegriff, wenn er beschreibt, was er von Schauspielern und ihrer Redeweise erwartet.

Manchmal jedoch eignet sich ein Schauspieler einfach nicht für eine Rolle, so sehr Woody ihn sich auch für einen seiner Filme wünscht. Woody bewunderte Denholm Elliott seit Jahren – er hatte ihn als Kragstadt in Ibsens *Nora* und in mehreren Filmen gesehen – und wollte ihn unbedingt engagieren. Eine Rolle im richtigen Alter war 1977 die des Vaters in *Innenleben*, aber da es sich um eine amerikanische Familie handelte, war ein amerikanischer – oder wenigstens kein auffällig britischer – Akzent vonnöten. Die Frage war, ob Elliott den passenden Akzent beherrschte. Doch die erste Frage war: Konnte man ihn aufspüren?

»Er war nie zu finden«, sagte Woody, nachdem Elliott in *September* erschienen war. »Er wohnte in Ibiza und hatte kein Telefon; deshalb mußte man ihn zu einer bestimmten Tageszeit in einer Bar anrufen. Schließlich machte ich ihn ausfindig und fragte: ›Beherrschen Sie einen amerikanischen Akzent?‹ Und er antwortete: ›Na klar. Möchten Sie, daß ich es Ihnen zeige?‹ und dann rezitierte er den Kinderreim ›Hickory, Dickory, Dock‹. Aber es hörte sich völlig britisch an.« Woody sprach mit englischem Akzent, während er wiederholte: »›HICKory, DICKory, DOCK‹. Ich rufe eine Bar in Ibiza an, und er rezitiert Hickory, Dickory, Dock, aber es klingt total englisch. Ich sagte: ›Na, dann vielen Dank.‹ Und er erkundigte sich: ›Also, wollen Sie mich engagieren? Ich hätte es gern gewußt.‹ Ich erwiderte: ›Lassen Sie mich darüber nachdenken.‹« Die Rolle ging an E. G. Marshall, aber zehn Jahre später hatte Woody einen Part für Elliott.

Woody sieht einen Unterschied zwischen seinen Ansprüchen an die Schauspieler in den ernsten Filmen und in den unbeschwerteren Arbeiten. *September*, mit nur sechs Rollen, machte zahlreiche Änderungen des Ensembles durch, während kein einziger der etlichen Dutzend Schauspieler in *Radio Days* versagte. Wenn man bedenkt, wie viele Filme Woody gedreht hat, sind nur sehr wenige Schauspieler von ihm entlassen worden, aber zu Umbesetzungen kommt es hauptsächlich in den ernsten, nicht in den komischen

Filmen. Er macht weniger die Schauspieler als sich selbst für diese Tatsache verantwortlich. In *The Purple Rose of Cairo* wurde die Rolle des Schauspielers, der von der Leinwand hinuntersteigt, ursprünglich von Michael Keaton verkörpert, dessen Arbeit Woody sehr beeindruckt. Aber der Film spielt in den dreißiger Jahren, und Keaton ist ein ganz und gar zeitgenössischer Schauspieler. Seine Darstellung war ausgezeichnet, aber nach zehntägigen Dreharbeiten wurde deutlich, daß er wie jemand aus den achtziger, nicht aus den dreißiger Jahren wirkte. Deshalb wurde er ohne Bitterkeit durch Jeff Daniels ersetzt.

»Eine Komödie ist lockerer, gröber, ein wenig lackiertes und poliertes Produkt«, sagt Woody. »In gewisser Weise braucht man nicht so perfekt zu sein. In einer ernsten Arbeit muß das Publikum mitgerissen und emotional in die Handlung einbezogen werden, und man darf nicht zulassen, daß dieser Realismus plötzlich durch eine schlechte oder unrealistische Darstellung durchbrochen wird. Am besten ist es also, ein wunderbares Ensemble auszuwählen. Hin und wieder habe ich dann ein wunderbares Ensemble, aber die Sache klappt aus irgendeinem Grunde dennoch nicht – entweder, weil ich unfähig bin, die Schauspieler gut zu führen, oder weil sie unfähig sind, sich in ihre Rolle hineinzuversetzen. Und dann hat man die Wahl, eine keineswegs perfekte oder zweitklassige Darstellung unangetastet zu lassen oder eine Änderung vorzunehmen. Und ich fühle mich immer – den Leuten, die das Geld für den Film aufbringen, allen Mitwirkenden gegenüber und meiner eigenen künstlerischen Integrität wegen – verpflichtet, die Änderungen durchzuführen. In einem Film wie *Hannah und ihre Schwestern* oder *Der Stadtneurotiker* oder *Bananas* kann jemand vor die Kamera treten, und seine darstellerische Tiefe und Sensibilität braucht nicht allzu ausgeprägt zu sein. Die Gestalten reden schnell und munter, lassen Bonmots los, stürzen und rennen herum, und man bemerkt Unvollkommenheiten nicht so sehr, weil es so viel Tamtam und Witze und Albernheiten gibt. Doch wenn man einen ernsten Film dreht, geht die Kamera dichter heran, es ist still, die Personen machen längere Aussagen und sind emotionsgeladener. Man versucht, das Publikum hineinzuziehen, und jeder Darsteller muß gut sein. Das ist nicht immer leicht zu erreichen – aus vielen Gründen: Manchmal ist der Handlungsaufbau schuld oder der Text ist schlecht geschrieben. Manchmal ist der Text gut geschrieben, aber der Schauspieler springt nicht darauf an. Manchmal kann ich mich aus einem Grund, den ich nicht verstehe, nicht verständlich machen.«

Wenn die Besetzung der Hauptrollen feststeht, gilt es, die Nebendarsteller zu finden, die zu der von Woodys gewünschten natürlichen Lesart fähig sind. Als Woody begann, Filme zu drehen, ging er immer ins Büro von Besetzungschefin Marion Dougherty, die zusammen mit Juliet Taylor, ihrer damaligen Assistentin, Schauspieler einlud. Während der ersten Filme nahm Woody nicht direkt an den Interviews teil. Er saß in einem Schaukelstuhl im hinteren Teil des Zimmers, während Regieassistent Fred Gallo oder Produzent Jack Grossberg mit den Kandidaten sprachen. Am liebsten hätte er hinter einem Schirm gesessen. Dies war ein Resultat seiner damaligen Schüchternheit, hatte aber auch einen Zweck: Er konnte die Schauspieler hören und sehen, ohne abgelenkt zu werden. Sogar heute, da er sich direkt mit den Kandidaten unterhält, ist er der Meinung: »Eine Spionglasscheibe wäre ideal. Man könnte sich die Leute ansehen, ohne unterbrochen zu werden.«

Woodys Interviews sind als die kürzesten des Showbusineß bekannt geworden. In Frage kommende Schauspieler und Schauspielerinnen verlassen den Raum gewöhnlich innerhalb von drei Minuten, und sie werden vorher gebeten, sich darauf einzustellen. Diejenigen, die aufgefordert werden, eine Szene zu lesen, verweilen höchstens zehn Minuten. Die Interviews werden nun in Woodys Schneide- und Vorführraum abgehalten. Juliet Taylor kam eines Tages mit einem Verzeichnis der Kandidaten und ihrer früheren Rollen. Sie besucht jedes Broadway- und Off-Broadway-Stück, um nach Talenten Ausschau zu halten, und hält manchmal sogar interessant wirkende Menschen auf der Straße an und gibt ihnen ihre Karte.

(Für *Stardust Memories*, das voll von Menschen mit seltsamen, erstaunlichen und zuweilen Hogarthschen Gesichtern ist, organisierte man einen mehrtägigen Vorsprechtermin in einem Nachtklub an der Upper West Side von Manhattan. Es wurde annonciert, daß Rollen in einem Woody-Allen-Film zu besetzen seien, und ein paar tausend hoffnungsvolle Menschen erschienen. Taylor und andere, die mit der Besetzung zu tun hatten, saßen um einen großen Tisch und hielten Ausschau nach spezifischen Gesichtern für spezifische Szenen, während die Kandidaten vorbeigingen und ihre Bilder und Lebensläufe abgaben. Fernsehteams trafen ein und filmten die um den Block stehenden Schlangen. Ein paar Wächter paßten auf, weil alle möglichen Leute von der Straße hereinkommen konnten; zum Beispiel erschienen zwei mit Handschellen aneinandergefesselte Frauen in Krankenhauskitteln. Man brachte Woody auch Geschenke, etwa riesige Zucchini.)

Woody und seine Assistentin Jane Martin warteten in dem dreizehn Meter langen und sieben Meter breiten Vorführraum auf Juliet Taylor. Vier avocadofarbene Plüschsessel stehen an beiden Seiten der Wände, die mit dem gleichen Stoff bezogen sind. Auf einer Plattform unter dem Projektionsfenster sind zwei weitere Sessel zu beiden Seiten eines kleinen, gelbbraunen Plüschsofas mit großen, weichen Kissen, wo Woody sitzt, während ein Film gezeigt wird. Ein Regiepult, an dem der Ton moduliert werden kann und das ihm gestattet, mit dem Filmvorführer zu sprechen, befindet sich zur Rechten.

»Ich habe von dir geträumt«, sagte Juliet nach der Begrüßung zu Woody. Seine Augen leuchteten auf. »Dein Name war Frankie. Es war sehr witzig.«

»Wieso?« fragte er.

»Frankie heißt mein Goldfisch.«

»Das ist wirklich komisch«, meinte Woody später. »Eine schöne Frau sagt, daß du in ihrem Traum vorgekommen bist, und du machst dir Hoffnungen, aber dann stellt sich raus, daß du nur ihr Goldfisch bist.«

Während sich alle auf ihren Plätzen niederließen, erwähnte Juliet Taylor eine Schauspielerin, die Woody vorgelesen hatte. »Sie weiß, daß sie für eine größere Rolle in Frage kommt, aber wenn du ihr eine kleinere geben willst – das ist das Leben.«

»Du weißt, was ich vom Leben halte«, erwiderte Woody. Wer *Der Stadtneurotiker* gesehen hat, weiß in der Tat, was Woody vom Leben hält:

(Ein Bücherregal. Alvys Hände halten zwei Bücher. Titel auf dem Umschlag: TOD UND WESTLICHES DENKEN und DIE VERLEUGNUNG DES TODES. Alvy geht mit den Büchern auf Annie zu.)
ALVY
Im wirklichen Leben bin ich ein ziemlicher Pessimist, das solltest du wissen über mich, wenn wir schon zusammen ausge-

hen. Für mich zerfällt das Leben in zwei Teile: ins Entsetzliche und ins Elende.

ANNIE

Aha...

ALVY

Das sind die zwei Kategorien...

ANNIE

Mhm...

ALVY

Es ist so, die ... das Entsetzliche wäre... ach, was weiß ich... das wären unheilbare Fälle, ja?

ANNIE

Ah...

ALVY

Ich meine Blinde, Krüppel...

ANNIE

Aha.

ALVY

Ich hab keine Ahnung, wie die mit dem Leben zurande kommen. Ich finde das erstaunlich.

ANNIE

Mhm.

ALVY

Und, verstehst du, das Elende sind dann alle anderen. Das ist es, das ist alles. Ja, und also, wenn man so durchs Leben geht, dann sollte man also dankbar sein, wenn man elend dran ist, weil man dann eigentlich – Glück gehabt hat...

(Annie lacht dazwischen.)

.... wenn man elend dran ist.

Für jedes Interview, insgesamt rund ein Dutzend, waren fünf Minuten vorgesehen. Sie hörten, daß die erste Kandidatin eingetroffen war. Woody sagte: »Laßt uns anfangen. Ich halt's nicht aus, daß die Frau da draußen wartet.« Die junge Schauspielerin – eine von mehreren, die für die Rolle der jungen Gena Rowlands in *Eine andere Frau* in Frage kamen – trat ein. Woody hatte ein zusammengerolltes Bild von Gena in der Hand und verglich es mit jeder einzelnen Bewerberin. Er nahm seinen üblichen Platz in der Mitte des Raumes ein, der, wenn man vom Vorzimmer her eintritt, nicht zu sehen ist. Sobald der Kandidat im Blickfeld erscheint, steht er auf und geht ihm entgegen. Er begrüßte die junge Frau und alle anderen, die folgten, mit den Worten: »Hallo, es geht um einen Film, dessen Dreharbeiten am 13. Oktober beginnen und bis Weihnachten oder Neujahr dauern werden. Juliet meinte, Sie könnten die Richtige für eine der Rollen sein, und heute möchte ich mich nur überzeugen, wie Sie aussehen. Ich kann Ihnen sehr bald Bescheid geben, innerhalb von zwei Wochen.«

Die junge rothaarige Frau – nervös wie die meisten Bewerber – stand still da und antwortete zögernd: »Okay.«

Woody betrachtete sie ein paar Sekunden lang aufmerksam und sagte dann: »In Ordnung, vielen Dank.« Sie schüttelte ihm die Hand und winkte Juliet beim Hinausgehen zu. Zu einer anderen jungen Frau sagte er: »Ich wollte Sie persönlich sehen«, und musterte sie.

»Wunderbar«, erwiderte sie, und dies war ihre ständige Reaktion, wenn eine Antwort nötig schien.

Nicht alle waren so zurückhaltend. Als Woody einer Kandidatin erklärte: »Ich wollte mir nur Ihr Gesicht ansehen«, zuckte sie die Achseln und entgegnete: »Also, hier ist es.«

Woody lächelte. »Vielen Dank, daß Sie es mitgebracht haben.«

Während Woody auf den nächsten Schauspieler wartete, blieb er, wie er es häufig tut, an seiner Stelle stehen und pochte mit dem rechten Fuß den Rhythmus einer Melodie, die er vor sich hinpfiff, diesmal eine lebhafte Version von »Spicy Advice«. Ein Mann kam herein und las eine Szene mit Juliet. Woody lauschte in einem Sessel am anderen Ende des Raumes; seine rechte Hand beschirmte seine Augen, und das Namensverzeichnis der Kandidaten und die Bilder in seiner linken bedeckten den Rest des Gesichts. »Um mich zu verstecken«, erklärte er später. »Nur um mich zu verstecken.«

»Er spricht nicht wie ein normaler Mensch«, sagte Woody, nachdem der Mann verschwunden war. »In der Regel lasse ich die Leute nicht lesen. Gewöhnlich kennen wir sie von anderen Arbeiten her. Es ist schrecklich, lesen zu müssen. Ich würde nie als Schauspieler engagiert werden, wenn ich es tun müßte. Das Problem mit den meisten Schauspielern ist, daß sie gut sind, wenn sie reinkommen und einfach nur dastehen und reden. Dann fangen sie an zu lesen und schalten eine höhere Gangart ein.«

Einem anderen Schauspieler erläuterte Woody, daß es sich bei der Rollengestalt um »einen ganz gewöhnlichen Burschen« handele. Der Mann las den Text und ging hinaus. »Er war recht gut«, sagte Woody. »Er erinnerte sich nicht sofort an zweihundert Jahre Schauspielunterricht. Die Frage ist, ob das auch so ist, wenn die Scheinwerfer an und alle übrigen dabei sind. Aber ich bin immer der Meinung gewesen, daß man es überall tun kann, wenn man bei einem Vorsprechen dazu fähig ist. Es gibt nichts Unnatürlicheres, als in diesen gespenstischen Raum zu kommen, angestarrt zu werden und sich natürlich benehmen zu müssen.«

Nach mehreren Interviews war eine Pause vorgesehen. Woody rieb sich die Hände. »Ein Lunch-Sandwich«, bat er.

Wie es zum Ritual geworden ist, erkundigte sich Jane Martin, eine elegante, hübsche Frau von Anfang dreißig, die seit sechs Jahren Woodys Assistentin und Vertraute war, nach seiner Bestellung; es gibt mehrere Restaurants in der Nähe, die ins Haus liefern. Er war nachdenklich. »Puter, Thunfisch, Krabben, Pasta...«, leierte sie.

Juliet lachte. »Das höre ich jeden Tag«, meinte sie.

Jane hob die Hände. »Ich sage jeden Tag das gleiche.«

»Als ich zwischen zwanzig und dreißig war, rauchte ich ein Päckchen pro Tag«, erzählte Woody. »Ich ging mit einem Freund zum Lunch, bestellte Spiegeleier, eine doppelte Portion Schinken, zwei Tassen Kaffee und rauchte ein paar Zigaretten – und das hielt ich für ein gesundes Essen. Dann, um drei Uhr, kam die Kaffeepause.« Jetzt nicht mehr. Er hält sich an eine Diät, die tierische Fette und fast alles einschränkt, was mit irgendeinem der Buchstaben von »Cholesterin« beginnt.

Während Woody das Puter-Sandwich aß, für das er sich schließlich entschieden hatte, wunderte er sich laut über Mias Fähigkeit, zum Beispiel einen Trecker zu fahren und Häuser zu streichen, und über seine eigene totale Unfähigkeit auf diesem Gebiet: Als er für das Fernsehen Texte schrieb, lud er alle drei oder vier Monate einen anderen Autor zum Dinner ein – nicht, weil sie besonders gute Freunde waren, sondern weil Woody das Farbband seiner Schreibmaschine nicht auswechseln konnte. »Nach dem Essen fragte ich immer: ›Oh, könntest du das vielleicht für mich machen?‹ Ich war zu solchen Sachen nie imstande.« Seine Untüchtigkeit im auch nur vage technischen Bereich ließ sein Entsetzen über Juliets Plan verstehen, mit ihrem Mann im Mittelmeer zu segeln. Die Gefahr des amerikanischen Stadtlebens genügte ihm. Die Vorstellung, daß jemand zu einer Zeit, die für Amerikaner im Ausland so unruhig ist, freiwillig vor der griechischen Küste in einem dreiundzwanzig Meter langen Boot kreuzen könnte, verblüffte ihn völlig.

»Sicher«, entgegnete er auf ihre Erklärung, daß jedes Abenteuer ein Vergnügen sei, »aber du könntest zu Hause bleiben und ein Buch lesen, statt an Händen und Füßen gefesselt, in einem libanesischen Keller zu schmachten.«

Der wichtigste Name auf der Darstellerliste von Woodys Filmen ist natürlich der Mia Farrows, die in seinen elf letzten Werken große und kleine Rollen übernommen hat. Die von ihr verkörperten Gestalten hätten eine separate Liste verdient. Von Tina Vitale, der Mafiabraut in *Broadway Danny Rose*, bis hin zu Alice Tait, dem mustergültigen katholischen Mädchen in *Alice*, hat sie ein breites Spektrum von Frauen porträtiert, was Zeugnis von der Spannweite ihrer Schauspielkunst ablegt. Jeder von Woodys Filmen, mit Ausnahme von *Woody - der Unglücksrabe* und *Stardust Memories*, enthält einen Part (fast immer die Hauptrolle) für eine der drei Schauspielerinnen, mit denen er entweder verheiratet oder eng liiert war. Er meint, der Grund dafür sei unkompliziert: »Ich arbeite am liebsten mit Menschen, die ich kenne.« Das gilt auch für sein Team.

Diese Verbindung von Privat- und Berufsleben ist nicht einzigartig. Auch Charlie Chaplin und Ingmar Bergman, um nur zwei Regisseure zu nennen, setzten Frauen ein, die ein Teil ihres Privatlebens waren. Kein Regisseur jedoch hat das so konsequent getan wie Woody. Louise Lasser spielte die Hauptrolle in zwei (sowie eine Nebenrolle in *Stardust Memories*) und Diane Keaton in fünf Filmen (sowie dem Bühnenstück *Mach's noch einmal, Sam*). Übrigens hatte Woody keine Liebesbeziehung mehr zu Lasser oder Keaton, als sie in seinen Filmen erschienen, doch eine enge Freundschaft war bestehen geblieben. Seine Verehrung für seine Hauptdarstellerinnen, selbst nachdem die Liebesaffäre beendet war, veranlaßte ihn vor ein paar Jahren, im Scherz zu erklären, es könne ihm so ergehen wie dem von Erich von Stroheim gespielten Regisseur in *Sunset Boulevard (Boulevard der Dämmerung)*, der zum Faktotum der einsiedlerischen Filmschauspielerin wird. Woody kommentiert: »Ich bin begeistert von den Frauen, mit denen ich in Filmen gespielt habe, und ich wäre glücklich, als ihr Chauffeur und

Hausgehilfe zu enden. Das würde mir nichts ausmachen, bei keiner von ihnen. Es wäre schön für mich, ihre Fan-Post zu beantworten, ihre Fan-Post zu *schreiben*.«

Diese drei sehr verschiedenen Schauspielerinnen sind kennzeichnend für die Evolution von Woodys Filmen. Seine Beschreibung der Stärken jeder einzelnen gemahnt an die Stärken der Filme, in denen sie erscheinen.

»Louise ist eine ganz und gar städtische Komikerin. Sie ist New York, sie ist die Fifth Avenue. Bei Louise hängt enorm viel vom Kontext ab. Sie strahlt Witz aus und sagt Dinge, die komisch sind.

Bei Diane geht es ausschließlich um Verhaltensmuster. Sie kann alles komisch wirken lassen. Diane kann erzählen, wie sie zum Laden an der Ecke geht, um Zeitungen zu kaufen, und man lacht, weil sie durch ihr Verhalten etwas Witziges ausdrückt.

Mia ist völlig anders. Sie ist von Haus aus keine Komikerin, obwohl sie einen ausgeprägten Sinn für Humor hat.« Die Spannweite ihrer Rollen überraschte das Publikum, das sich daran gewöhnt hatte, sie sanfte Mädchen spielen zu sehen, und war eine Freude für Woody. Einmal, während des Essens in einem ihrer italienischen Lieblingsrestaurants, bemerkte Mia eine Frau mit dunkler Brille und einer blonden Turmfrisur. Sie wandte sich an Woody und sagte: »Mein Gott, so eine Frau würde ich gern einmal spielen.« Aus diesem Wunsch entstand ihre prächtige Rolle und ihre großartige Leistung in *Broadway Danny Rose*.

»Sie ist eine außergewöhnliche Schauspielerin«, fuhr Woody fort. »Und man kann sich unbedingt auf sie verlassen. Sie taucht auf und ist ihrer Rolle immer gewachsen. Ob sie das schüchterne Mädchen in *The Purple Rose of Cairo* oder die alberne Zigarettenverkäuferin in *Radio Days* spielen soll – sie kann es. Wenn sie eine unsympathische Person spielen soll – sie kann es. Wenn sie sexy sein soll – sie kann es. Und sie ist wirklich lieb. Sie kommt ins Studio, stickt ruhig vor sich hin, setzt dann ihre Perücke und die dunkle Brille oder sonst was auf, kreischt ihren Text und stößt dir das Messer in die Nase – und geht dann zurück, um weiterzustikken, umringt von ihren kleinen Waisenkindern.«

Während Woody und seine Cousine Rita eine Wand mit Filmstarbildern vollgeklebt hatten, als sie heranwuchsen, konnte Mia auf so etwas verzichten: Ihre Mutter *war* ein Filmstar, und viele andere Filmstars waren ihre Freunde. Im April 1979, am Ende eines in Martha's Vineyard verbrachten Winters, sah sie ein Foto von Woody, der einen Pullover trug und einen geöffneten Schirm über der Schulter hielt, auf der Titelseite des *New York Time Magazine*. Ein paar Jahre zuvor waren sie einander auf einer Party in Kalifornien einmal flüchtig begegnet, und einmal hat es einen kurzen Briefwechsel zwischen ihnen gegeben, als sie ihm schrieb, daß *Manhattan* ihr gefallen habe, und er ihr höflich dankte. Sie hatte ihn nie als Bühnenkomiker gesehen und kannte nur einen kleinen Teil seiner Arbeit als Regisseur, da sie sich neben *Manhattan* auch *Der Stadtneurotiker* angeschaut hatte. Das Foto in der *Times* schien ihr so attraktiv, daß sie den Artikel über Woody las und ihn »ungeheuer reizvoll« fand; »ich hielt ihn für prima.« Sie riß das Titelblatt der Zeitschrift ab, klebte es aber nicht an die Wand, jedenfalls nicht sofort. Statt dessen steckte sie es in ihr großes *Random House Dictionary*. Etwa sieben Jahre später, mittlerweile waren sie und Woody schon ungefähr sechs Jahre zusammen, fand sie das Foto und ließ es einrahmen. »Eigentlich ist es nicht meine Gewohnheit, solche Bilder aufzubewahren«, erklärte sie eines Tages, »aber ich war damals ein wenig einsam und er hatte ein so interessantes Gesicht. Es war ein langer Winter.« Sie zuckte die Achseln. »Carly Simon kam manchmal vorbei. Sie bestätigte, daß er sehr interessant sei.«

In jenem Herbst wirkte Mia am Broadway in *Romantic Comedy* mit. Eines Abends besuchten Michael Caine und seine Frau die Vorstellung, und hinterher gingen die drei zum Dinner zu Elaine's. Woody saß dort an seinem üblichen Tisch. Caine blieb stehen, um ihn zu begrüßen. Er machte Mia von neuem mit Woody bekannt, und man tauschte ein paar Scherze aus. Einige Wochen später sandte Woody ihr eine Einladung zu seiner Silvesterparty, und sie kam zusammen mit Tony Perkins, der ebenfalls in *Romantic Comedy* auftrat, und dessen Frau. Woody plant die kleinsten Einzelheiten der seltenen großen Partys, die er gibt – in diesem Fall machte er sich sogar Gedanken über den Papiertyp der von Cartier geprägten Einladungen. Als Gastgeber jedoch ist er dann fast unsichtbar. Es macht ihm Spaß, ein imposantes Gebäude wie Harkness House, eine in eine Ballettschule umgewandelte Villa, mit Hunderten von Gästen zu füllen, aber er hat wenig Lust dazu, durch den Saal zu gehen und mit ihnen zu plaudern. Seine seltenen Partys haben magnetische Anziehungskraft für die große Gesellschaft; die Einladungen sind nicht nur in New York überaus begehrt, sondern auch in Los Angeles, von wo ihm Leute mitteilen, daß sie zufällig am Abend des Ereignisses in New York sein werden, und um eine Einladung bitten. Doch während eine der wichtigsten Missionen der Gäste darin besteht, gesehen zu werden und ihren Status bestätigen zu lassen, ist es einer der größten Wünsche des Gastgebers, nicht im Mittelpunkt zu stehen.

Mia amüsierte sich gut, wechselte jedoch nur ein paar Worte mit Woody. Später schickte sie ihm einen Dankesbrief und ein Exemplar von Lewis Thomas' *Medusa und die Schnecke*. Woody, der auch Dutzende Flaschen Champagner und einen Garten voll Blumen von den Gästen erhielt, ließ Norma Lee Clark bei Mia anrufen (»kultiviert, wie ich bin«), um ihr zu danken und ihr irgendwann ein Treffen zum Lunch im Lutece vorzuschlagen. Später stellte sie ein besticktes Tuch her, auf dem das Datum – der 17. April 1980 – festgehalten ist; es hängt an der Wand vor seinem Schlafzimmer. Norma Lee rief Mia weiterhin an und übermittelte Einladungen zum Dinner an ihrem spielfreien Abend. Woody mußte am nächsten Morgen immer sehr früh mit der Arbeit beginnen, weshalb die Treffen sich nicht lange hinzogen. Am Anfang rief Woody nie bei Mia an. Er benutzt das Telefon nicht gern, wenn es nicht unbedingt nötig ist, und es machte Mia nichts aus, von einer Vermittlerin eingeladen zu werden. »Sie erwähnte es nie«, berichtet Woody. Es war ein langes Werben umeinander, das offenbar beiden gefiel. »Wir trafen uns dauernd zum Dinner«, sagt Mia. »Und wir treffen uns immer noch zum Dinner.«

In den ersten paar Jahren, nachdem ihre freundschaftlichen Verabredungen ernsteren Charakter angenommen hatten, stand Woody morgens auf, rief sie an und schrieb danach, während sie sich um die Kinder kümmerte. Gegen 19 Uhr holte er sie ab, um mit ihr zum Dinner, in die Oper, ins Theater oder ins Kino zu fahren, und brachte sie dann nach Hause. An Wochenenden kam sie häufig mit ein paar Kindern zu Woody und blieb bei ihm. Aber beide führten weitgehend ihr eigenes Leben. Das änderte sich im Jahre 1985, als sie Dylan adoptierten und Satchel geboren wurde. Nun teilen sie sich das Vergnügen, die Kinder aufzuziehen.

Ihre Beziehung, die elf Jahre dauert, und ein Ende ist nicht abzusehen, ist die längste, die beide gehabt haben. Es ist schwerlich eine konventionelle Verbindung, aber schließlich sind beide keine konventionellen Menschen. Sie sind nicht verheiratet und leben nicht zusammen – ihre Apartments liegen einander gegenüber, mit dem Central Park dazwischen. Mias Apartment, das neben neun Kindern und einem Kindermädchen etliche Tiere beherbergt, wurde für ihre Szenen in *Hannah und ihre Schwestern* verwendet. »Es ist gerade genug«, sagte Woody eines Tages in seinem Apartment. »Wenn wir zusammenlebten oder einander zu einem anderen Zeitpunkt begegnet wären, würde es vielleicht nicht klappen. Aber es scheint genau richtig zu sein. Ich habe all die freie Zeit, die ich brauche, und es ist ruhig hier drüben, aber dort habe ich jede Menge Trubel. Ich glaube, weil wir nicht zusammenwohnen und sie ihr eigenes Leben hat und ich auch, sind wir in der Lage, diese Beziehung mit der angemessenen Spannung aufrechtzuerhalten. Wenn wir vor Jahren geheiratet hätten und zusammenlebten, würden wir jetzt vielleicht schreien: ›Worauf haben wir uns eingelassen?‹ Diese Dinge sind so hochgradig aufeinander abgestimmt. Es ist einfach Glück.«

Doch nur wenige verheiratete Paare wirken »verheiratet«. Sie reden fast ständig miteinander, und sie haben etwas an sich, das man nur als rührend bezeichnen kann; auf den wenigen Partys, die sie besuchen, stehen sie gewöhnlich scheu in einer Ecke und halten sich an den Händen. Und nicht viele Väter bringen so viel Zeit mit ihren Kindern zu wie Woody: Er ist da, bevor sie morgens aufwachen, er sieht sie tagsüber und bringt sie abends ins Bett. Da Mia und Woody jeweils zwei Scheidungen hinter sich haben, wissen sie aus Erfahrung, daß eine Beziehung, wenn man sie legalisiert, nicht unbedingt dauerhaft wird. Beide scheinen genau das zu haben, was sie sich wünschen. Mia, die während ihrer Ehe mit Frank Sinatra und mit André Previn ermuntert wurde, nicht zu arbeiten, verfügt über eine uneingeschränkte Karriere und kann gleichzeitig eine hauptberufliche Mutter sein. Und Woody, der in seinen früheren Ehen und Beziehungen viel Energie darauf verwandte, seine Partnerin zu fördern, gleichzeitig aber ihrer Aufmerksamkeit bedurfte, hat Harmonie mit einer völlig in sich ruhenden Frau gefunden.

»Mein Leben mit Mia ist eine ganz neue Erfahrung für mich, denn das Beherrschende ist die Familie. Was sich seltsam anhört, weil sie dort wohnt und ich hier«, sagt Woody. Als sie begannen, sich zu treffen, winkten sie mit Handtüchern aus dem Fenster, während sie miteinander telefonierten, und freuten sich, weil sie einander sehen konnten. »Vor allem unterstützt sie mich sehr in meiner Arbeit. Aber sie hat mich auch in eine ganz andere Welt eingeführt. Wir haben zusammen ein Kind und gemeinsam eines adoptiert. Sie hat meinem Leben eine völlig neue, bedeutsame Dimension verliehen. Dabei haben wir beide so wenig gemeinsam, daß es mich immer wieder verblüfft. Wir staunen ständig darüber, daß wir uns zusammengetan haben und so lange zusammengeblieben sind.

Ich könnte mich endlos über die Gegensätze zwischen uns auslassen: Sie mag das Stadtleben nicht, und ich schwärme dafür. Sie liebt das Landleben, und ich kann es nicht ausstehen. Sie kann Sport nicht leiden, und ich liebe ihn. Sie ißt gern zu Hause, und zwar früh – um halb sechs oder sechs –, und ich esse gern in Restaurants, und zwar spät. Sie mag einfache, anspruchslose Restaurants, ich bevorzuge luxuriöse Restaurants. Sie kann nicht schlafen, wenn die Klimaanlage an ist, ich kann nur schlafen, wenn sie an ist. Sie liebt Tiere aller Art, ich hasse Tiere aller Art. Sie verbringt gern die meiste Zeit mit Kindern, ich verbringe die meiste Zeit lieber mit meiner Arbeit und nur einen begrenzten Teil davon mit Kindern. Sie wäre begeistert, wenn sie auf den Kilimandscharo klettern oder mit einem Boot den Amazonas hinunterfahren könnte, ich dagegen möchte nicht einmal in der Nähe dieser Orte sein. Sie hat eine optimistische, bejahende Einstellung zum Leben selbst, und ich habe eine völlig pessimistische, negative Einstellung. Sie hat ohne jedes Trauma mittlerweile neun Kinder aufgezogen und nie ein Thermometer besessen. Ich selbst messe meine Temperatur im Laufe des Tages alle zwei Stunden.«

»Meine einzige Erklärung ist, daß wir uns deshalb zusammengetan haben, weil wir einander etwas später im Leben begegneten und weil wir beide ein eigenes, von uns entwickeltes Leben haben – sie mit ihrer großen Familie und ich mit meiner Karriere – und weil wir uns nicht dieselbe Wohnung teilen. Ich kann mich damit abfinden, wenn sie für den Sommer aufs Land fährt. Sie kann sich damit abfinden, daß ich nicht mitkomme. Wir beide haben unser eigenes Leben, und es gibt gerade so viel Überschneidung, daß es Spaß macht und nicht erstickend wird.«

Wer dies für eine rationale Rechtfertigung der Umstände hält, irrt sich. »Vielleicht ist das, was er von Mia erhält, genau das für ihn nötige Maß an Liebe und Unterstützung, denn seine Arbeit erfüllt ihn viel stärker, als es bei einem Durchschnittsmenschen der Fall ist«, erläutert Woodys Freund Tony Roberts. »Der Normalverbraucher ist um fünf Uhr mit der Arbeit fertig, kommt nach Hause und möchte, daß jemand da ist. Woodys Geist dagegen ist so voll von Ideen und Fantasievorstellungen, daß er – wie jeder Künstler – die meiste Zeit seiner Arbeit widmet. Und sie ist die perfekte Frau, um ihn zu hegen und zu pflegen und um schön für ihn zu sein – schließlich ist sie eine der schönsten Frauen der Welt, dazu eine der nettesten und fähigsten. Es ist wunderbar, daß sie in ihrer Beziehung zu den neun Kindern findet, was sie benötigt, und trotzdem noch etwas für ihn übrigbehält. Er sagte einmal zu mir: ›Ich verbringe so viel Zeit mit ihr, wie es gut ist.‹«

Mias erster Film unter Woodys Regie war *Eine Sommernachts-Sexkomödie*, die im Sommer 1981 gedreht wurde. Während der Aufnahmen schrieb ein Zeitungskolumnist zu Woodys Entsetzen, der Film trage den Titel *Summer Nights* und sei eine Hommage an Bergmans *Das Lächeln einer Sommernacht*. Dieser Irrtum besteht bis heute fort; dabei war der Film, wie Woody sagt, »eine der sehr, sehr wenigen Arbeiten Bergmans, von denen ich nicht begeistert war«. Außerdem »ist es das Blödeste, was ich je gehört habe. Es gibt nicht die geringste Ähnlichkeit zwischen den beiden«. Er hatte gerade das Drehbuch für *Zelig* beendet und mußte zwei Wochen warten, während der Etat ausgearbeitet wurde. Dann dachte er sich: »Warum schreibe ich nicht etwas, während ich warte?« Ihm fiel etwas ein, was er »diese kleine Sommer-Pastiche« nennt. »Ich war der Meinung, es würde amüsant sein, ein paar Leute in einem Landhaus zusammenzubringen und einfach den Sommer zu feiern – in einer sehr hübschen Umgebung, mit Schmetterlingsnetzen und Badmintonplätzen und Picknicks.« Der Film war als eine Art Nebenprojekt konzipiert, das er parallel zu *Zelig* in Angriff nehmen wollte, aber das Nebenprojekt wurde infolge der Wetterbedingungen als erstes abgeschlossen.

Die Arbeit an der »kleinen Sommer-Pastiche« war schrecklich für Mia, die meinte, die Rolle nur deshalb bekommen zu haben, weil sie Woodys Freundin war; sie fühlte sich »wie gelähmt vor Unsicherheit. Ich kam kaum über die Runden und zog mir dabei ein Magengeschwür zu.« Sie gewann ihr Selbstbewußtsein rechtzeitig für *Zelig* zurück, doch bei der Arbeit an *Eine Sommernachts-Sexkomö-*

die wurde man an Katharine Hepburns und Spencer Tracys *Pat and Mike (Pat und Mike)* erinnert, wo Hepburn eine Spitzensportlerin spielt, die immer dann scheitert, wenn ihr Bräutigam zusieht. Das waren noch die guten Tage. »In meinen schlimmsten Momenten schien mir: Er ist so brillant, und ich kann überhaupt nichts. Ich glaubte, bei meiner früheren Arbeit als Schauspielerin nur gebluff und alle getäuscht zu haben.« Sie war so überzeugt, daß sie Woody enttäuschen würde, und so unglücklich, daß sie ihre Rolle aufgeben wollte. Wenn es überhaupt Zweck habe, mit ihm zusammenzuarbeiten, dann höchstens hinter den Kulissen.

Woody fehlte es an Verständnis für ihr Dilemma. »Ich neige vielleicht dazu, manchmal ein bißchen schroff zu sein«, sagte er nach Beendigung der Dreharbeiten. »Also beruhigte ich sie, aber ich war nicht einfühlsam genug, weil ich die Dimensionen, den Ernst nicht durchschaute. Ich wußte, daß sie großartig in dem Film sein würde. *Mir* fiel nie ein, daß sie mich enttäuschen könnte. Deshalb dachte ich nicht: ›Oh, mein Gott, Liebling, bist du durcheinander?‹ Es fiel mir einfach keine Sekunde lang ein.«

Mittlerweile ist Mias Gemütsruhe bei den Dreharbeiten jedoch an ihren unbefangenen Scherzen mit dem Team, das seinerseits dauernd zu Witzeleien aufgelegt ist, und mit Woody abzulesen. Am ersten Tag der Arbeit an *Eine andere Frau* hatte Mia ihren Platz eingenommen, um die erste Szene zu drehen. Woody saß auf einem Materialstapel an der Seite.

Er blickte zu Mia auf. »*Ich* habe das Gefühl, startbereit zu sein«, sagte er. »Es ist so lange her, daß ich als Schauspieler gearbeitet habe. Ich hoffe, ich verliere die Fähigkeit nicht.« Sie lächelte ihm zu. »Du siehst da oben aus wie eine Seejungfrau.« Er lachte.

»Die Seeleute mit ihrer Stimme auf die Klippen lockt.«

Dann, in dem Moment bevor die Kamera lief, blickte sie zu Jimmy Mazzola, dem Requisiteur, hinüber und sagte: »Ich brauche ein Huhn, ein lebendiges Huhn – in vier Sekunden.«

Später – nur zwei oder drei Wochen bevor sie Satchel zur Welt brachte – wurde eine dramatische Traumepisode mit Mia, John Houseman und Gena Rowlands in einem Apartment im unteren Manhattan gedreht. Aus Gründen der Wirklichkeitsnähe gibt Woody echten Räumen den Vorzug vor konstruierten Sets, doch der Nachteil in diesem Fall war, daß der Lärm des Straßenverkehrs immer wieder störte. Tonmeister James Sabat – der erste Film, den

MIA FARROW

»Apropos Blende« bei Woody zu Hause mit
Carlo Di Palma (links) und Sven Nykvist.

Einige Hauptdarsteller.
Oben: Tony Roberts.
Mitte: Michael Caine
in *Hannah und ihre
Schwestern.*
Unten: William Hurt
in *Alice.*

BRIAN HAMILL

BRIAN HAMILL

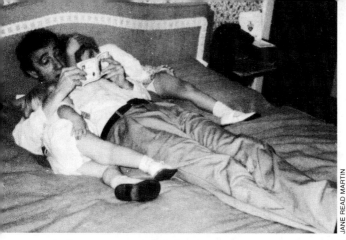

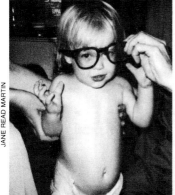

Oben: Mit Satchel und Dylan
in Salzburg 1989.
Mitte: Im Regen in Leningrad
1988; von links nach rechts,
Lark Previn, die Satchel auf
dem Arm hält, Woody mit
Dylan, Fletcher Previn, Dai-
sy Previn, Soon-Yi Previn,
Moses Farrow, Mia.
Links: Satchel Farrow 1989.

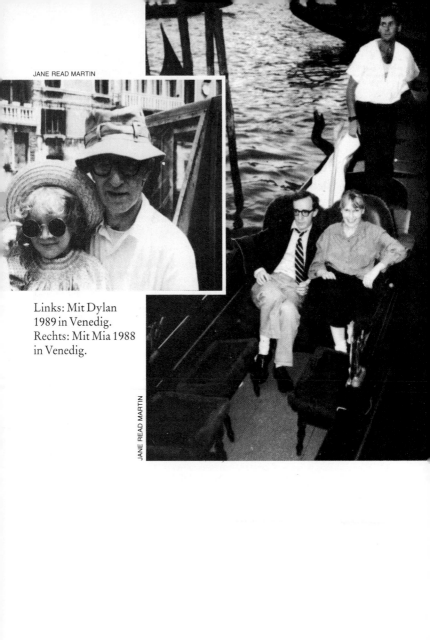

JANE READ MARTIN

JANE READ MARTIN

Links: Mit Dylan
1989 in Venedig.
Rechts: Mit Mia 1988
in Venedig.

er mit Woody drehte, war *Bananas*, und er hat seitdem an fast allen anderen mitgearbeitet – war verärgert über die Geräusche von Lastwagen und Bussen und Hupen, die in den Hintergrund des Dialogs einsickerten.

»Wir könnten ja gleich auf dem BQU [Brooklyn-Queens Expressway] drehen«, murmelte er und bat um eine kurze Pause, um hinauszugehen und sich zu überzeugen, ob es eine Möglichkeit gab, den Krach zu vermeiden. Regieassistent Reilly blickte sich um. »Wo ist Jimmy?« fragte er. »Er ist rausgegangen, um nachzusehen«, sagte irgend jemand. »Was denn?« erwiderte Reilly. »Ob er genug Öl hat?« Sabats Problem wurde nicht gemildert. Mit jeder Einstellung ließ er stummes Entsetzen erkennen; sein Gesicht rötete sich immer mehr, er kniff die Augen bei jedem Geräusch vor Schmerz zusammen, und seine Wut erinnerte an Edgar Kennedy, den Limonadeverkäufer, der von den Marx Brothers in *Duck Soup* (*Die Marx Brothers im Krieg*) zur Frustration getrieben wird. Sogar Kameramann Sven Nykvist – belustigt, aber mitfühlend – begann, nicht die Aktion, sondern Sabat zu beobachten.

»Es ist schrecklich«, beklagte sich Sabat bei Reilly.

Dieser schüttelte den Kopf. »Es gibt acht Millionen Geschichten in der nackten Stadt.«

»Und ich kriege die schlechteste.«

Mia, deren Ausgangspunkt für die Szene nicht weit entfernt war und die die Geschehnisse verfolgt hatte, wandte sich voller Mitleid an Sabat. »Der Lärm hier ist wirklich gräßlich«, sagte sie, und ihre Einfühlsamkeit schien durch ihr extrem schwangeres Aussehen verstärkt zu werden. Dann fuhr sie mit perfektem Timing fort: »Und du wirst eine so schlechte Figur machen.« Sie grinste spitzbübisch, während alle lachten.

Woodys Gefühle für Mia lassen sich mit den Worten des Erzählers wiedergeben, der mitteilt, wie Leonard Zelig von einem Chamäleon zu einer eigenständigen Persönlichkeit wurde: »›Er wollte nur, daß ihm Zuneigung entgegengebracht wurde, und dafür verrenkte er sich über alle Maßen‹, schrieb Scott Fitzgerald. Man fragt sich, was geschehen wäre, wenn er ganz am Anfang den Mut gehabt hätte, seine Meinung zu sagen und sich nicht zu verstellen. Letzten Endes war es aber nicht der Beifall der vielen, sondern die Liebe einer einzigen Frau, die sein Leben änderte.«

Eine kurze Skizze der Frau, die Woodys Leben änderte: Maria de

Lourdes Villiers Farrow wurde am 9. Februar 1945 als zweites von sieben Kindern geboren. Da sie als Kleinkind den Namen Maria nicht aussprechen konnte, nannte sie sich Mia. Den größten Teil ihrer Kindheit verbrachte sie in Beverly Hills, bis auf ein paar Jahre in England und Spanien. Unter ihren Nachbarn waren Hal Roa und Rosalind Russell; ihr Pate war Georg Cukor. Trotz allem Zauber des Hollywood-Lebens, in dem sie aufwuchs, war ihre Kindheit immer wieder von Tragödien überschattet. Ihr Bruder Michael, das erste Kind, starb, als sie dreizehn, und ihr Vater starb, als sie siebzehn Jahre alt war. Mit neun erkrankte Mia an Kinderlähmung. Sie fand sich tapfer damit ab, und bevor sie ins Krankenhaus kam, wickelte sie ihr gesamtes Spielzeug sorgfältig in Zeitungen ein, damit ihre Brüder und Schwestern es verschenken konnten, denn sie wußte nicht, daß die Sachen zur Vorbeugung gegen Infektion verbrannt werden mußten.

Ihre Familie war streng katholisch, und Mia besuchte eine Klosterschule. Sie spielte mit dem Gedanken, Nonne zu werden – eine Idee, die ihrer Mutter trotz deren Frömmigkeit überhaupt nicht gefiel. Sogar die Nonnen waren nicht begeistert davon. »Mia stellt beunruhigende Fragen über die Religion«, hieß es in einem ihrer Zeugnisse. Sie nahm an allen Schulaufführungen teil. »Mia ist nicht aufmerksam, außer wenn sie auf der Bühne steht«, stand in einem anderen Zeugnis. Zu Weihnachten schrieb und inszenierte Mia jedesmal ein Stück mit den Kindern aus der Nachbarschaft, die für das Privileg bezahlen mußten. Das Geld stiftete sie einer Wohltätigkeitsorganisation. Als sie älter wurde, gefiel ihr der Gedanke, Ärztin zu werden und Patienten in den Tropen zu behandeln. Am Ende ging sie jedoch nicht aufs College. Sie hatte sofort Erfolg als Schauspielerin. Vivien Leigh sah Mia Off-Broadway als Cecily in ihrer ersten Rolle in *The Importance of Being Earnest (Ernst sein ist alles)* und erklärte: »Das ist ein Star.« Im Jahre 1964 erhielt Mia die Rolle der Allison MacKenzie in der Fernsehserie *Glut unter der Asche*. Allison war eine poetische Träumerin, eine kleinstädtische Romantikerin mit wenig Erfahrung, die nach Liebe und dem Sinn des Lebens suchte; durch sie wurde Mia als Darstellerin von verwundbaren Frauen etabliert. »Ich denke immer noch gern an Allison zurück«, sagte sie einmal. »Vielleicht kam mir Cecila [die Träumerin, die sie in *The Purple Rose of Cairo* spielte] deshalb so vertraut vor.«

1966, im Alter von einundzwanzig Jahren, heiratete sie Frank Sinatra, einen Freund ihrer Eltern. Im Jahre 1967 spielte sie ihre wohl berühmteste Rolle, abgesehen von ihrer Mitwirkung in Woodys Filmen, in *Rosemary's Baby (Rosemaries Baby)*. Die Ehe mit Sinatra dauerte zwei Jahre. Sie verzichtete auf Unterhalt, und die beiden stehen immer noch auf freundschaftlichem Fuß. Mia zog eine Zeitlang durch Indien, um geistige Erleuchtung zu suchen. Später heiratete sie den Dirigenten und Komponisten André Previn, und die beiden ließen sich in London nieder. Wie es seinem Wunsch entsprach, machte sie sehr wenig Filmarbeit. Die beiden hatten drei Kinder und adoptierten drei weitere. Sie wurden im Januar 1979 geschieden. Mia verzichtete wieder auf jeglichen Unterhalt. 1979 besuchte sie Woodys Silvesterparty, und bald entstand die unwahrscheinlichste Beziehung, die sich beide hätten vorstellen können – es ging so weit, daß sie Schwierigkeiten mit dem Namen des anderen hatten. »Wie soll ich dich nennen?« fragte sie ihn.

»Ich würde mich freuen, wenn du mich Woody nennst«, erwiderte er.

»Zuerst war es mir peinlich«, berichtete sie. »Es ist ein so extremer Name. Ich weiß, daß es ihm schwerfällt, meinen Namen auszusprechen. Er nennt mich selten Mia. Ich höre, daß er sich auf mich als Mia bezieht, und manchmal, wenn er meine Aufmerksamkeit erregen will, ruft er meinen Namen, aber er spricht ihn nicht oft aus.«

Trotz der gewaltigen Unterschiede, was ihre Herkunft und Erziehung betrifft, mögen beide die Familie des anderen gern. Mias Mutter und ihre Schwestern erschienen in seinen Filmen. »Alle lieben Woodys Vater«, sagt Mia. »Sein Vater kommt überall in der Stadt herum. Er kennt so viele Leute. Eines Abends begegneten wir Kitty Hart. *Sie* kannte seinen Vater, aus dem Schmuckhandel. Woody war verblüfft. Seine Mutter hat einen üppigen Wortschatz, und es macht Spaß, ihr zuzuhören. Sie ist wirklich fesselnd. Seine ganze Familie kommt mir exotisch vor, weil ihre Welt mir so fremd ist. ›Exotisch?‹ fragt der Erzähler in Woodys Geschichte ›Die Vergeltung‹. Sie sollte nur mal die Grünblatts kennenlernen. Oder Mr. und Mrs. Scharfstein, die Freunde meines Vaters. Oder vielleicht auch meinen Vetter Tovah. Exotisch? Ich meine, sie sind nett, aber kaum exotisch mit ihrem endlosen Gezänk über die beste Art,

Verdauungsstörungen zu bekämpfen, oder drüber, wie weit weg vom Fernseher man sitzen solle.«

Nach Mias anfänglicher Unsicherheit haben sie sich zu einem eindrucksvollen Team entwickelt, und Mia spielt gern in Komödien mit ihm, weil »er im wirklichen Leben überhaupt nicht derb ist, und es bereitet Genuß, ihm zuzusehen, wenn er sich in einer Filmszene so gibt«. Allerdings kommt es gelegentlich zu Schwierigkeiten. »Ich glaube, es ist schwerer mit jemandem vor die Kamera zu treten, zu dem man eine intime Beziehung hat«, sagt sie. »Es ist schwerer, sich aus den Fesseln der nüchternen Realität zu befreien und sich mit jemandem in eine Szene hineinzuversetzen, den man intim kennt und – häufig ist nicht das richtige Wort – ständig sieht. Das hemmt, und man muß dagegen ankämpfen. Wenn Woody und ich für ein Stück probten, wäre es etwas anderes, als spontan Filmaufnahmen zu machen. Dann könnten wir eine von anderen getrennte Realität aufbauen, in die wir uns jederzeit zurückziehen könnten; man schafft sich eine Art Insel. Aber da wir dies in Filmen nicht tun, müssen wir ein wenig entschlossener sein, um uns von unserer persönlichen Beziehung zu lösen. Und noch etwas anderes: Woody ist gleichzeitig der Regisseur, und deshalb weiß ich, daß er meine Leistung bewertet, während er mit mir vor der Kamera steht – und das hat nichts mit unserer Beziehung zu tun. Und er ist ein Regisseur mit einem laserscharfen Blick – nicht nur für das, was ich tue, sondern auch für sein eigenes Spiel und alles, was in der Szene vor sich geht. Diese Tatsache muß ich verdrängen.«

Sie fährt fort: »Woody hat einen untrüglichen Instinkt für das, was angebracht ist. Manchmal läßt er einen nicht einmal den Satz beenden, wenn er ihn für unangebracht hält. Für ihn bewegt sich die Wahrheit auf einem sehr schmalen Pfad. Ab und zu braucht er vierzig Aufnahmen für eine Szene. Und ein andermal ist man erstaunt, weil er sich mit einer einzigen Aufnahme für eine sehr lange Szene zufriedengibt, und man denkt: ›Bist du sicher? Habe ich nichts vom Text vergessen?‹ Und wenn dies die einzige Szene ist, die man mit Woody dreht, könnte man ihn für schlampig halten. Ich habe andere Schauspieler fragen hören: ›Stimmt das wirklich?‹ Aber sie begreifen nicht, daß man ihm vertrauen muß. Er hat ein großartiges Gefühl für die Wahrheit.«

Vom Herbst 1986 bis zum Frühling 1990, also in einem Zeitraum von dreieinhalb Jahren, schrieb und inszenierte Woody Allen fünf Filme und wirkte zweimal als Schauspieler in ihnen mit: *September, Eine andere Frau, Ödipus ratlos, Verbrechen und andere Kleinigkeiten* und *Alice*. Sie wurden hintereinander und manchmal mit Überschneidungen hergestellt. Diese Zeit und diese Filme kennzeichnen die Vielfalt seiner Ideen und künstlerischen Stile, und sie deuten an, was er in Zukunft versuchen wird.

Es ist eine seltene Gelegenheit, jemandem bei der Arbeit an so vielen und so unterschiedlichen Projekten zuzusehen. Dadurch wird ein umfassenderer Blick auf seine Methode und ein Empfinden dafür ermöglicht, wie Persönlichkeit und Kunst miteinander verschmelzen. Es war besonders interessant, Woody um diese Zeit zu begleiten, weil in ihr zwei wichtige persönliche Ereignisse stattfanden: Er wurde Vater und er feierte seinen fünfzigsten Geburtstag. Dylan traf ein paar Monate vor seinem Geburtstag ein, und Satchel kam zur Welt, als er zweiundfünfzig Jahre alt war. Gewisse Aspekte dieser beiden Themen sind in *Eine andere Frau* zu beobachten, das im Herbst 1987 gedreht wurde, als Mia Farrow Satchel erwartete. Seine Familie und seine Arbeit bestimmen die Grenzen seines Lebens, und der Stoff seiner Tage wird aus den Ereignissen in beiden Bereichen gewoben.

Wie unterschiedlich die Filme auch sein mögen – vom ernstesten Drama in *September* zur unverfälschten Komödie in *Ödipus ratlos* –, Woodys Methode, mit der er sie auf die Leinwand bringt, ist unverändert. Während sich also jeder einzelne Film thematisch stark von den anderen abhob, waren sie austauschbar, was ihre Herstellung betraf. Die Art, wie er die Rollen besetzt und Regie führt, wie er schneidet und umschreibt und Nachaufnahmen macht, ändert sich nicht mit dem Filmtyp, und wenn man ihn auf so zahlreichen Gebieten arbeiten sieht, beginnt man, seinen künstlerischen und schöpferischen Prozeß zu verstehen.

Am ersten Tag der Dreharbeiten zu *Verbrechen und andere Kleinigkeiten*, im Herbst 1988, trug das Drehbuch noch den Titel *Brothers* (Brüder). Bald darauf sollte Woody erfahren, daß der Titel bereits von einer Fernsehserie mit Beschlag belegt worden war, doch im Moment war dies noch unwichtig. Da Woody die Titel seiner Filme erst kurz vor der Premiere bekanntgibt, benutzt man während der

Produktion einfach nur das Akronym für Woody Allen (Fall, Winter, Spring, Summer, je nach der Jahreszeit) Project, gefolgt von der Jahreszahl, um die Werke auseinanderzuhalten. Dies also war WAFP 88, ein Film, der – wie alle seine heutigen Filme – von Untitled Productions, Inc., hergestellt wurde.

Das Ensemble und das Team waren um acht Uhr morgens in Greenwich Village am (heute verschwundenen) Bleecker Street Cinema erschienen, um Woodys erste Szenen mit Jenny Nichols zu drehen, die seine Nichte spielte. Ein Tankwagen mit daran angebrachten Rohren zur Regenherstellung stand am Bordstein, aber man würde ihn nicht benötigen, denn es goß in Strömen. Im Foyer spuckte der Popcorn-Apparat vor sich hin, um der Nachfrage selbst zu so früher Stunde gerecht zu werden; später würde dies zu einer der Requisiten werden, denn Woody und Jenny brauchten Popcorn in einer ihrer Szenen. Im Kino selbst trafen die Teammitglieder ihre Vorbereitungen und begrüßten einander. Die meisten arbeiten seit zehn oder mehr Jahren an Woodys Filmen mit. »Es ist wie der erste Schultag, aber wir behalten in jedem Jahr denselben Lehrer«, sagte Maskenbildnerin Fern Buchner, die sechzehn seiner Filme bestritten hat.

Der erste Drehtag von Woodys Filmen bringt häufig kein brauchbares Material, und dieser Tag war, trotz des vielversprechenden Anfangs, keine Ausnahme. Die Kamera war auf die Gesichter von Woody und Jenny gerichtet, während sie sich einen Film ansahen und Popcorn kauten. Räucherkekse – so genannt, weil sie wie runde Haferkuchen aussehen und, wenn man sie ansteckt, einen dichten Nebel hervorbringen – wurden angezündet und herumgeschwenkt, damit sie den Lichtstrom vom Vorführraum zerstreuten und Atmosphäre schufen. Sie waberten bedrohlich im hinteren Teil des Kinos, und Regieassistent Reilly sagte zu den dort stehenden Komparsen, die den Zuschauerhintergrund bilden sollten: »Wer kein Testament gemacht hat, verschwindet jetzt am besten.«

Man begann zu drehen. »Dies dürfte ganz gut sein«, sagte Woody nach dem zweiten »Take«. »Das kommt der Sache näher«, meinte er nach einem weiteren. »Noch zwei«, verlangte er danach. Und schließlich: »Eine ganz rasche Aufnahme, und wir sind fertig.«

Aber keine dieser Aufnahmen erwies sich als schnell genug,

und Woody versuchte es später noch mehrere Male. Als die letzte Gelegenheit nach wochenlangen Dreharbeiten kam, hatte er alle Hoffnungen aufgegeben.

Während der Herstellung eines Films macht Woody gewöhnlich Phasen der Schwermut durch, doch zu Beginn von *Alice*, einem Film von besonderer Bedeutung, kannte sein Trübsinn keine Grenzen. Am Ende der ersten Drehwoche im Herbst 1989 gab er sich dem Wahn hin, den Film einzustellen und sich ins Krankenhaus einliefern zu lassen, was seiner Produktionsfirma gestattet hätte, sich Ausgaben von der Versicherung zurückzahlen zu lassen. Die Herstellung von Woodys Filmen kostet etwa 100 000 Dollar pro Tag, was nach heutigen Maßstäben sehr niedrig ist. Die allmähliche Entwicklung seiner Karriere entspricht dem systematischen Vorgehen, das seine Filmarbeiten kennzeichnet, und seiner Meinung nach war er bei diesem Film bisher zurück- und nicht vorangegangen. Nach sechstägigen Dreharbeiten besaß er praktisch kein brauchbares Material.

Alice ist die Geschichte von Alice Tait (Mia Farrow), einer in ihrer Kindheit gläubigen Katholikin, die seit vielen Jahren mit einem reichen New Yorker (William Hurt) verheiratet ist. Ihr Leben dreht sich um extravaganten Konsum und um die ständige Pflege ihrer körperlichen Sorgen und Beschwerden. Eines Tages fühlt sie sich zu ihrem Erstaunen zu dem Vater eines Schulkameraden ihrer Kinder hingezogen. Ungefähr zur gleichen Zeit wird sie von Freunden überredet, Dr. Yang (Keye Luke) aufzusuchen, einen Akupunkteur und, wie sich herausstellt, Experten in obskuren Praktiken. Er verschreibt ihr Kräuter mit magischer Wirkung: Diese machen sie unsichtbar, beschwören ihren alten Liebhaber (Alex Baldwin) herauf und haben zur Folge, daß sie sich auf ganz uncharakteristische Weise verhält. Sie beginnt ein Verhältnis mit dem von Joe Mantegna gespielten Vater, und sie begegnet ihrer seit langem verstorbenen Mutter (Gwen Verdon). Als sie sich wünscht, Schriftstellerin zu werden, trifft sie auf ihre Muse, eine aufsehenerregend spleenige Frau (Bernadette Peters), die wie eine Märchenfee gekleidet ist. Im Laufe dieser Erfahrungen entdeckt sie, daß ihr Mann sie seit Jahren immer wieder betrogen hat, und sie durchschaut die Oberflächlichkeit und Leere ihres Lebens. Dann, als sie gerade beschlossen hat, ihren Mann um ihres Liebhabers willen zu verlassen, teilt der Liebhaber ihr mit, er hänge immer noch an seiner früheren Frau. Obwohl ein weiteres von Dr. Yangs Kräutern dafür sorgt, daß sich jeder Mann, der sie erblickt, über beide Ohren in sie verliebt, wird ihr klar, daß sie weder mit dem Geliebten noch dem Ehemann wirklich zusammenleben will. Statt dessen erinnert sie sich an den Glauben ihrer Kindheit und an ihren damaligen Wunsch, anderen zu helfen; sie gibt das leere Wohlstandsleben auf und widmet sich der Arbeit für Obdachlose.

Die Art, wie die Gestalt im Drehbuch dargestellt wird und wie Mia sie spielt, läßt an Woodys aus dem Rahmen fallende Filmfiguren denken. Der Film – abwechselnd amüsant, rührend und satirisch – ist elegant und voll von Bildern, etwa einer Beichte auf dem Rasen des Hauses von Alices Kindheit, die zu Woodys besten gehören. Er verwendet viele seiner Lieblingstechniken – Rückblenden, Zauberei, Träume und Fantasien –, so daß *Alice* beides ist, eine realistische Satire und ein Märchen.

Auf das Titelblatt des ersten Drehbuchentwurfes, den die wichtigsten Teammitglieder erhielten (es hatte damals noch den Titel *The Magical Herbs of Dr. Yang*, doch Woody meinte später, daß dies zuviel von der Handlung verrate), schrieb er: »Anmerkung: Alles an diesem Film muß überaus stilvoll sein – Einstellungen, Außenaufnahmen, Kostüme, Besetzung. Vielleicht sollten wir erwägen, zahlreiche Farben statt der üblichen Herbsttöne zu verwenden. Das Endergebnis sollte eine nette, karikaturhafte Eigenschaft haben, in gewissem Maße wie *Radio Days*. Wir sollten die Möglichkeit einer Originalmusikbegleitung berücksichtigen. Mia wird Alice Tait spielen. Der Film beginnt mit dem üblichen VORSPANN, und die ERSTE SZENE wird ein Tagtraum sein, was wir zunächst jedoch nicht wissen.«

Stil ist eine schwer zu definierende Eigenschaft, zumal wenn die Vision eines einzelnen von mehreren anderen in Ensemble und Kostüme, Straßenszenen und Ausstattung, Beleuchtung und Fotografie umgesetzt werden muß. Und nun, sechs Tage nach Beginn der Dreharbeiten an *Alice*, hatte Woody kein brauchbares Material. »Das Problem mit diesem Film ist, daß er naturalistisch oder stilvoll und nicht zu realistisch ist«, meinte er. »Es ist schwierig, stilvoll zu sein, sogar auf der Madison Avenue. Was ich will, ist nicht Luxus, sondern bloß Stil. Leopardenmäntel und jemanden, der ein Hündchen hält – eine fast musikalische Qualität. Aber alle trafen knapp daneben. Ich hatte die Kamera am falschen Ort, oder jemand spielte nicht überzeugend. Es ist so schwer, das zu bekommen, was ich will. Theoretisch möchte ich alles noch einmal drehen, und wenn ich zwanzig Millionen Dollar hätte, könnte ich's schaffen. Aber der Film hat es nicht verdient, für zwanzig Millionen gemacht zu werden. Er ist es wert, für die zwölf gemacht zu werden, die zur Verfügung stehen.«

Kleinigkeiten trieben ihn zur Verzweiflung. Mia machte einen Spaziergang im Park, und ihr Mantel öffnete sich, wodurch man nicht nur den tiefroten Mantel, sondern auch etwas von dem weißen Kleid darunter sah. Das verdarb ihm die Ästhetik. »Ich weiß, es ist zwanghaft, aber es kommt eben alles zusammen«, sagte Woody. Er war deprimiert und erschöpft, weil er sich ständig auf Details konzentrieren mußte. »Ich habe nicht die Persönlichkeit, um alles zu organisieren«, fuhr er fort. »Wenn ich ein Haus umbaue oder einrichte, möchte ich, daß alles in streng logischer und chronologischer Folge vor sich geht.« Das gleiche gilt für das Filmemachen. Er geht nicht gern zur nächsten Etappe über, bevor das, woran er arbeitet, perfekt ist – ein Prozeß, der in Enttäuschung enden muß. Zum Beispiel drehte er die Szene mit Mia immer wieder neu, und als sie fertig war und auf den Schnitt wartete, wußte er, daß er genau das besaß, was er sich gewünscht hatte. Doch sehr häufig erscheint eine Einstellung, mit der er sich so abgeplagt hat, dann gar nicht im Film. Er weiß, daß er besser beraten wäre, Rohaufnahmen zu machen und später mit genauerer Kenntnis dessen, was benötigt wird, zu der Szene zurückzukehren. Aber wenn er am Ende des Tages meint, daß eine Einstellung seinen Ideen nicht gerecht wird, kann er nachts nicht schlafen.

»Diese Besessenheit – das ist kein Perfektionismus, sondern Zwangsverhalten –, ist nicht die geringste Garantie dafür, daß der Film auch nur eine Spur besser wird«, erklärte Woody. »Vor ein paar Nächten lag ich im Bett und drehte fünfzehn Minuten lang an der Fernsehwählscheibe. Ich war so müde, daß ich nicht lesen konnte. Der öffentliche Fernsehsender zeigte jede Woche einen Bergman-Film, und plötzlich war der Vorspann von *Das siebte Siegel* zu sehen. Ich drehte sofort weiter, denn es war so bedrohlich. Ich fürchtete, in der Arbeit an meinem eigenen Film unsicher zu werden. Während ich von einem Sender zum anderen schaltete, mußte ich jedesmal wegschauen, wenn ich auf diesen Kanal stieß. Bergman empfindet das gleiche. Er sieht sich nicht gern anständige

Filme an, während er selbst mit Dreharbeiten beschäftigt ist.« Woody seufzte. »Den ganzen Tag lang habe ich versucht, einen Spaziergang und einige Einstellungen auf der Madison Avenue zu drehen, und immer wieder sehe ich diese Einstellungen mit all ihren Fehlern und Unvollkommenheiten und nie habe ich das Gefühl, sie richtig hingekriegt zu haben. Dann schalte ich abends das Fernsehen an – und da ist diese fertige Arbeit mit dem Stempel eines Klassikers. Sie ist abgeschlossen, geschnitten, mit Musik versehen und auf gewisse Weise neu für mich, jedenfalls im Vergleich mit meinem eigenen Stoff... In der Woche davor hatte ich das gleiche Problem mit *Wilde Erdbeeren.*«

Die meisten Filme sind diffuse Gebilde. Gewöhnlich schreibt eine Person das Drehbuch, eine andere führt Regie, eine dritte spielt die Hauptrolle, und das ganze wird von einem Produzenten und/oder Studio beaufsichtigt, die unweigerlich auch beim Feinschnitt mit Hand anlegen (oder den Fuß in die Tür stellen). Woody selbst füllt in seinen Filmen all diese Funktionen aus, ohne irgend jemandem verpflichtet zu sein. Das Ergebnis sind Filme, die mit einem fünfundsiebzigköpfigen Team gedreht werden, sich jedoch auf das künstlerische Gefühl eines einzelnen stützen. Sogar die Orion läßt ihn in Ruhe und kürzt einfach nur seine Gage in dem Maße, wie er den Etat überzieht; im Gegensatz zu vielen anderen Produktionen hat auch kein Schauspieler in Woodys Filmen mehr Einfluß als er. Da es keine wirklichen Kontrollen für Woody gibt, abgesehen von seinem eigenen Verantwortungsgefühl und einem mehr oder weniger flexiblen Etat, werden die Persönlichkeiten des Regisseurs und des Produzenten, des Autors und des Stars, deren Zusammenarbeit den Fortschritt anderer Filme bestimmt, in Woodys Filmen von, na ja, einem Schmetterling mit rotem Haar abgelöst.

Woody hat sich mit Talenten umgeben, damit seine Sensibilität zum Leben erweckt werden kann. »Es gibt nichts zu produzieren als ihn selbst. Wenn er auftaucht, ist man praktisch schon dabei, einen Woody-Allen-Film herzustellen«, sagt Produzent Bobby Greenhut. »Er ist der Star, der Autor, der Regisseur. In den meisten Produktionen muß man verschiedene Elemente zusammenfügen, aber er ist ein Einmannbetrieb.: Greenhut, der sich mehr Sorgen macht als Woody selbst, nennt das Geld von Orion »den Kredit, wie in ›der Kredit kann auslaufen‹. Meine Aufgabe besteht nun zu neunzig Prozent aus Vorproduktionen – Einstellung des Teams, Verhandlungen mit Agenten von Schauspielern, Vorkehrungen für die Drehorte – und zu zehn Prozent daraus, der Verleihfirma das zu verschaffen, was sie benötigt, um den Film in die Kinos zu bringen. Früher war ich bei jeder Aufnahme dabei, aber wenn ich heute überhaupt nicht mehr käme, würde es wahrscheinlich gar nichts ausmachen. Er braucht niemanden. Nach all den Jahren hat sich ein System von Abkürzungen herausgebildet. In den ersten Tagen war ich vermutlich wertvoller für ihn als heute, denn jetzt weiß er viel besser, wie und wo man die Dinge erledigt und wie man an den Stoff herangeht. Als ich *Der Stadtneurotiker* produzierte, hatte ich wahrscheinlich schon an vierzig Filmen gearbeitet, während Woody nur fünf gemacht hatte. Folglich brachte ich all die Erfahrung mit, die er nicht besaß. Aber nun hat er mich um Lichtjahre überholt.« Eine von Greenhuts Aufgaben ist, Woody zu erklären, welche Filmideen innerhalb des Etats verwirklicht werden können. Er zögert auch nicht, Woody seine Meinung zu sagen, wenn er Teile eines Films für verbesserungsbedürftig hält (»Nicht deine gelungenste Arbeit«, kommentierte er nach der Rohschnittvorführung eines Streifens). Die beiden haben eine reibungslose Beziehung, doch manchmal treibt Woody Greenhut zur Raserei.

Während der Herstellung von *Ödipus ratlos*, im Frühjahr 1988, besuchte Greenhut den Drehort, als Woody eine Szene neu aufnahm, die er ein paar Tage zuvor gedreht hatte. Während einer Pause saßen die beiden zusammen und unterhielten sich. ›Du hast dein Wort mir gegenüber schon wieder gebrochen«, sagte Greenhut. »Du hattest doch versprochen, bei diesem Film keine Nachaufnahmen zu machen.«

»Nein, nein.« Woody schüttelte den Kopf. »Nachaufnahmen werden gemacht, wenn der ganze Film gedreht ist. Dies sind *Korrekturen*.«

Greenhut ließ den Kopf auf den Tisch sacken und vergrub ihn in den Händen.

Er hat eine Gruppe fähiger Techniker versammelt, die sich nach Woodys Drehplänen richten und seine Arbeitsweise und seinen Stil kennen. Im Verein mit Aufnahmeleiter Joe Hartwick versteht er sich darauf, hier und dort ein bißchen Geld zu sparen, um die Nachaufnahmen zu ermöglichen, die ein wesentlicher Bestandteil von Woodys Arbeit sind. Unter dem alten Hollywooder Studiosystem waren Nachaufnahmen sehr verbreitet, da man die Sets in den Tonateliers und die Schar von Autoren und Schauspielern einsetzen konnte, die unter Vertrag standen und deshalb immer verfügbar waren. Heute aber, da Schauspieler unabhängiger, Tonateliers von Geländen für Außenaufnahmen abgelöst wurden und die Kosten gestiegen sind, ist dieses Verfahren in finanzielle – und deshalb auch künstlerische – Ungnade gefallen. Erst die Wertschätzung, mit der man Woody in der Filmwelt betrachtet, hat Nachaufnahmen vom Makel des Unvermögens, sofort das gewünschte Resultat zu erzielen, befreit und zu einem wichtigen Faktor des schöpferischen Prozesses werden lassen. Heute sind sie in der Filmherstellung wiederum verbreitet, wenn auch nicht in dem Maße, wie Woody sich ihrer bedient. Er vergleicht sie mit den Manuskriptänderungen eines Romanautors.

Seine dauernden Nachaufnahmen verlangen, daß Greenhut und Hartwick kurzfristig Drehpläne ändern und ohne Zeitverlust Requisiten und Schauspieler herbeischaffen können, was sie mit erstaunlicher Meisterschaft tun. Allerdings nicht ohne persönliche Opfer. Hartwick ist besonders niedergeschlagen, wenn er sieht, wie ein Film, der im Rahmen des Etats zu bleiben schien, seinen besten Bemühungen zum Trotz plötzlich in die roten Zahlen abgleitet. Der Anruf Woodys, der ihm immer gerade dann mitteilt, welche Szenen neu gedreht werden müssen, wenn es den Anschein hatte, der Film sei innerhalb des Etats fertig geworden, läßt ihn jedesmal verzweifeln. »Hier ist die Liste«, verkündet Woody häufig.

Und Hartwick, der nur mit einer oder zwei neuen Szenen gerechnet hat, fragt: »*Die Liste?*«

»Joe«, erkundigt sich Woody, Überraschung heuchelnd, in solchen Fällen, »stimmt etwas nicht?«

Die Dreharbeiten für *Eine andere Frau* gingen im Januar 1988 zu Ende. Woody machte jedoch ein paar Nachaufnahmen, während er im Frühjahr an *Ödipus ratlos* arbeitete. Es war ein Film, den Greenhut und Hartwick nur durch Anwendung all ihrer Kunstgriffe im finanziellen Gleichgewicht hatten halten können. Dann, als die Arbeit beendet zu sein schien, beschloß Woody, eine Szene umzuschreiben, die er bereits gedreht hatte, und sie in einer neuen Umgebung, am Union Theological Seminary in Manhattan, neu aufzunehmen. Hatwick und Jonathan Filley, der die Orte für

Außenaufnahmen aufspürt, unterhielten sich in einem Hörsaal neben dem Zimmer, in dem Woody eine Szene, die letzten Endes herausgeschnitten wurde, drehte. Es war ein Dienstag, den man ursprünglich als letzten Drehtag vorgesehen hatte. Hartwick hatte so viel Geld aus dem Etat herausgeschunden, daß sie bis zum Freitag weiterarbeiten konnten; zwei weitere Szenen sollten ebenfalls neu aufgenommen werden. Ungefähr drei Meter über den beiden befanden sich zwei von Geländern umgebene Podien. »Ich bin wie immer optimistisch und glaube, daß wir es schaffen«, sagte Hartwick.

Filley zuckte die Achseln. »Wenn wir bis Freitag nicht fertig sind, können wir beide am Wochenende herkommen und uns an diesen Geländern aufhängen.«

Galgenhumor, im wörtlichen und im übertragenen Sinne, ist kein schlechtes Ventil für den Druck des Filmemachens. Ein Druck, den bei Woodys Filmen alle Beteiligten spüren. Woody erwartet von seinem Team eine ähnliche Spontaneität wie von seinen Schauspielern. »Ich mache das Produktionspersonal immer verrückt, weil ich nichts planen will, bevor ich mit den Dreharbeiten anfange«, sagte Woody im Winter 1989 bei den Aufnahmen zu *Alice*. Er ist das Gegenteil von Regisseuren wie Alfred Hitchcock, der mit einem ›Storyboard‹, auf dem jede Einstellung geplant war, zu den Dreharbeiten erschien. Woody kennt das Skript besser als jeder andere und hat zweifellos einen allgemeinen Drehplan. Aber die Details der täglichen Filmarbeit erahnt er höchstens: »In 99,9 Prozent der Fälle habe ich nicht die geringste Vorstellung, was ich mit der Kamera tun werde, wenn ich am Drehort eintreffe.«

Am Abend zuvor hatte es ein Problem gegeben, weil er erst dann fähig ist, die Art der Aufnahmen festzulegen, wenn er den fertigen Szenenaufbau vor sich sieht. Woody und das Produktionsteam hatten das Gelände zusammen mit Kameramann Carlo di Palma erkundet, und Woody hatte beiläufig bemerkt: »Oh, gut. Hier machen wir eine Aufnahme; wir stellen die Kamera dort drüben hin, und sie kommen raus. Es wird wahrscheinlich sehr gut aussehen.« Es war eine Nachtaufnahme, und um Zeit zu sparen, hatten die Techniker die Scheinwerfer im voraus so angebracht, daß sie die von Woody erwähnte Einstellung begünstigten. Doch als Woody eintraf, hatte er ein ganz anderes Gefühl – ebenso wie di Palma, der gleichfalls möglichst wenig plant. Woody weiß, daß dies manchmal ärgerlich für das Produktionsteam ist, »vor allem, wenn wir Spezialeffekte haben. Es gibt gewisse Dinge, die sie vorher erfahren müssen. Anders geht es nicht. Aber es ist sehr schwer für mich, so zu arbeiten.«

Häufig findet Woody nicht nur die Aufbauten ungeeignet, sondern er kommt sogar zu dem Schluß, daß der ganze Drehort nichts tauge. Bei den Dreharbeiten zu *Eine andere Frau* bereitete das Team die erste Einstellung von Marion (Gena Rowlands) vor, in der sie mit Pulverkaffee und ähnlichen Vorräten für ihr neues Büro aus einem Feinkostgeschäft kommen und dann die Straße entlanggehen sollte. Dies sollte von ihrem Voice-over begleitet werden, in dem sie sich vorstellte und ihre Arbeit erklärte. Auf dem Bürgersteig waren Schienen für einen Kamerawagen gelegt worden, damit alles von einer langen Totale erfaßt werden konnte. Es war ein kalter Tag; Woody, der mürrisch aussah, und Kameramann Sven Nykvist, der ernst wirkte, standen in dem Geschäft und schauten die Straße hinunter. Keiner von beiden sagte ein Wort. Als alles vorbereitet war, kletterte Woody auf den Kamerasitz und wurde durch die Einstellung gefahren. Darauf sagte er einfach: »Nein!«, und trat mit Nykvist und Regieassistent Tom Reilly beiseite. Die Gegend habe nicht das richtige Aussehen, und die Einstellung würde zuviel Filmzeit verbrauchen, um so wenig zu erklären. Es müsse eine bessere Methode geben, Marion vorzustellen. In dem Film sieht man sie dann zuerst in ihrer Wohnung, als sie gerade hinausgehen will. Die Einstellung zeigt Fotos ihrer Familie, über die sie in ihrem Voice-over spricht, das heißt, sie stellt nicht nur sich selbst und ihre Arbeit, sondern auch andere wichtige Gestalten vor.

»Das wär's«, rief Reilly dem Team zu. Ohne sich überrascht zu zeigen oder auch nur ein einziges Wort zu sagen, begannen die Männer, die Geräte abzubauen, für deren Aufbau sie zwei Stunden benötigt hatten.

Ein besonderes Merkmal von Woody-Allen-Filmen ist die Verwendung der Totalen. Die meisten Filme, besonders solche amerikanischer Regisseure, sind ein Gemisch von Halbtotalen, Nahaufnahmen und »Über-die-Schulter-Aufnahmen«, die zwischen den Schauspielern hin und her schwenken. Dies gestattet dem Regisseur, bei der Herstellung einer Szene zwischen einer Vielzahl von

Interpretationen und Kamerawinkeln zu wählen, doch das Ergebnis ist uneinheitlich, verglichen mit einer Totale. Woodys Filme bestehen aus einer Reihung von Szenen, in denen sich die Personen und die Kamera so bewegen, daß sie sämtliche von ihm gewünschten Winkel einfangen. Diese elegante und technisch schwierige Methode verlangt, daß Techniker und Schauspieler über einen Zeitraum von bis zu fünf Minuten hinweg jede Bewegung und jedes Wort exakt umsetzen. Roman Polanski ist ein weiterer Regisseur, der Totalen benutzt, wie zum Beispiel in *Rosemaries Baby*. Doch Mia Farrow erläutert: Während Polanski »die ganze Szene viele Male – mit zahlreichen ›Takes‹ – für die Kamera probte, verzichtet Woody auf Proben, sogar für die Kamera. Es gibt höchstens ein, zwei oberflächliche Kameraproben, bei denen er die halbe Zeit nicht einmal bei der Sache zu sein scheint. Und dann dreht man einfach. Seine wunderbaren Totalen sind eines der Dinge, die ich an seiner Regieführung wirklich schätze. Sie sehen großartig aus, es macht Spaß, sie zu drehen, und es kommt nie zu der Langeweile anderer Filmproduktionen, bei denen man die Szene dauernd wiederholt und die Gesten jedem Blickwinkel anpassen muß.«

Woody zögert auch nicht, Schauspieler im Off sprechen zu lassen, was in Hollywood fast beispiellos ist. Produzenten und Studiovertreter meinen, das Publikum bezahle dafür, die Stars zu sehen, weshalb Filme voll von Nahaufnahmen zu sein hätten. Woody jedoch dreht Szenen, bei denen Schauspieler im Bild auftauchen und wieder verschwinden. Damit ignoriert er die traditionelle Meinung, daß die Gags in einer Komödie stets bei guter Beleuchtung und mitten im Bild vorgetragen werden müßten und daß die Schauspieler immer sichtbar zu sein hätten. Er ist Kameramann Gordon Willis dankbar dafür, daß dieser ihm bei den Dreharbeiten zu *Der Stadtneurotiker* beibrachte, wie wirksam Schauspieler im Off sein können. In einer frühen Szene sitzt Annie lesend im Bett, nachdem Alvy und sie sich Marcel Ophül's *Le chagrin et la pitié* angesehen haben, die Chronik einer französischen Stadt während der deutschen Besatzung im Zweiten Weltkrieg.

ALVY

(off) Mein Gott, diese Leute von der französischen Résistance haben vielleicht was aushalten müssen. Stell dir vor: jeden Tag die Chansons von Maurice Chevalier.

ANNIE

I-ich weiß nicht, ich frag mich manchmal, ob ich unter der Folter durchhalten würde.

ALVY

(off) Du? Du Schäfchen? Wenn die (on) Gestapo sich deine Bloomingdale's Kundenkarte geschnappt hätte, hättest du ihnen schon alles gesteckt.

»Normalerweise weiß ich, wie ich Komödien drehen möchte«, erzählt Woody. »Zum Beispiel wußte ich bei *Der Stadtneurotiker*, daß Diane Keaton und ich bei unserer Begegnung Tennis spielen sollten, und zwar mit Weitwinkel-Objektiv aufgenommen. Meistens war es völlig logisch. Aber einmal sagte ich zu Gordon: ›He, wenn wir Keaton so aufnehmen, bin ich aus dem Bild, während ich meinen Witz mache.‹ Und er antwortete: ›Das ist in Ordnung, sie können dich *hören*.‹« Das war eine Offenbarung für Woody. In *Stardust Memories* kommt es einige Male vor, daß Personen aus dem Bild verschwinden und weitersprechen, während die statische Aufnahme einer weißen Wand auf der Leinwand erscheint.

Woody hat die meisten seiner Filme mit einem von drei Kameramännern gemacht, die zu den besten der Welt gehören: mit Willis, der unter anderem auch an den *Pate*-Filmen arbeitete, drehte er *Innenleben*, *Manhattan*, *Stardust Memories*, *Zelig*, *Broadway Danny Rose* und *The Purple Rose of Cairo*; mit Sven Nykvist, der an mehr als zwanzig Bergman-Filmen mitgearbeitet hat, *Eine andere Frau*, *Ödipus ratlos* und *Verbrechen und andere Kleinigkeiten*; sowie mit Carlo di Palma, der viele von Michelangelo Antonionis Filmen gedreht hat, *Hannah und ihre Schwestern*, *Radio Days*, *September* und *Alice*. Alle drei haben einen unterschiedlichen Stil.

Als Woody mit Willis zu arbeiten begann, hatte er erst fünf Filme gedreht. Er hatte versucht, während der Arbeit hinzuzulernen und das Aussehen des jeweiligen Films zu verbessern. *Was Sie schon immer über Sex wissen wollten . . .* war eine Steigerung gegenüber dem dynamischen, doch groben Äußeren seiner beiden ersten Filme, und *Der Schläfer* war ebenfalls eine Verbesserung, in beiden Fällen war David M. Walsh der verantwortliche Kameramann. *Die letzte Nacht des Boris Gruschenko*, in Frankreich mit dem belgischen Kameramann Ghislain Cloquet gedreht, stellte einen weiteren Fortschritt dar.

»Ich war immer daran interessiert, eine bildhafte Darstellung zu entwickeln und nicht bloß funktionell zu drehen«, berichtet Woody. »Gordon und ich kamen zum Drehort, und ich erklärte ihm, wie ich die Sache drehen wollte, und meistens stimmte er mir zu. Aber manchmal sagte er: ›Nein, es wäre sehr protzig, wenn wir das täten‹, oder: ›Das würde später sehr vulgär aussehen.‹ Dann nannte er mir seine Gründe, und gewöhnlich hatte er recht. Ganz selten, wenn mir seine Erklärung nicht einleuchtete, drehte ich die Szene entweder auf beide Arten oder nahm sie neu auf, nachdem ich die Muster gesehen hatte. Aber sein Instinkt ist so gut, daß es fast in jedem Fall, wenn er mich korrigierte, von Vorteil war. Ich hatte Glück, weil ich eine Menge von ihm und von [Cutter] Ralph Rosenblum lernte. Beide sind Meister ihres Faches.«

Willis und Nykvist bilden in vieler Hinsicht Gegensätze, deren Stärken Woody zu nutzen versteht. Willis konzentriert sich auf das Gesamtbild und kümmert sich nicht besonders um die Schauspieler. Nykvist ist durch seine lange Zusammenarbeit mit Bergman geprägt und hat wie dieser vor allem die Schauspieler im Blick. Jede Szene ist so gestaltet, daß ihre Gesichter beleuchtet werden – ein Stil, den Nykvist als »zwei Gesichter und eine Teetasse« bezeichnet. Willis hat einen anderen Ansatz als Nykvist und di Palma, zum Teil deshalb, weil europäische Filmemacher weniger Geld und weniger Zeit haben und ihre Aufnahmen folglich nicht so gründlich vorbereiten können.

»Gordon hat einen sehr amerikanischen Stil«, kommentiert Woody. »Einfach wunderbar. Es wäre sensationell gewesen, wenn er mit John Ford oder einem ähnlichen Regisseur hätte arbeiten können. Seine Einstellungen sind prächtig ausgeleuchtet, wie die Bilder Rembrandts. Er liebt es, mit Licht zu malen. Carlo dagegen möchte, daß sich die Kamera ständig bewegt. Sven bewegt die Kamera auch gern, aber er besteht weniger darauf. Carlo ist ein großartiger Stimmungsbeleuchter.« Di Palmas Stärke sind Farben. Seine Mutter war Blumenhändlerin, und er wuchs unter hellen Farben auf, wodurch seine Arbeit, wie er meint, beeinflußt wurde.

Woody ist natürlich auch an den Schauspielern interessiert, aber er hat ein größeres Interesse am Gesamtbild als Sven. Doch die beiden arbeiten mühelos und mit fast völligem gegenseitigen Verständnis zusammen. Der Kameramann mit seinem Gefühl für Lichtführung und Blickwinkel muß die Vision des Regisseurs in das umsetzen, was das Publikum sieht. Aber Woody hat gemerkt, daß er nicht viel Zeit für Gespräche mit so fähigen Männern wie Willis, di Palma und Nykvist aufzuwenden braucht. Vor den Dreharbeiten von *Eine andere Frau*, ihrem ersten gemeinsamen Film, führten Woody und Sven zwei mehrstündige, förmliche Diskussionen, bei denen sie das Skript Seite um Seite durchgingen, doch ihr Einvernehmen entwickelte sich gleichsam durch Osmose. Sie hielten gemeinsam Ausschau nach Drehorten, trafen sich zum Dinner und sahen sich einige Filme an. Bei manchen handelte es sich um Woodys Filme – etwa um *September* und *Radio Days*, die Nykvist bereits zusammen mit Bergman, der Woodys Arbeit bewundert, angeschaut hatte –, andere waren entweder Streifen, die Nykvist gedreht hatte, oder moderne Filme von visuellem Interesse, zum Beispiel *The Sacrifice (Das Opfer)*, *Fatal Attraction (Eine verhängnisvolle Affäre)*, *Someone to Watch Over Me (Der Mann im Hintergrund)* und *Orphans (Kellerkinder – Orphans)*. Und daraus entwickelten sich Gespräche darüber, was sie für filmisch wirksam hielten.

Es gab zwei Hauptprobleme, die sie zu lösen hatten. Eines hatte damit zu tun, ob die Träume und Rückblenden, die vielleicht ein Drittel von *Eine andere Frau* ausmachen, anders aufgenommen werden sollten als die eigentliche Geschichte. Die Antwort war nein. Eine einheitliche Methode würde einen fließenden Übergang ermöglichen – so unmerklich, wie Tagträume und Erinnerungen im normalen Leben auftauchen und wieder verschwinden.

Das zweite Problem war schwieriger: Sollte der Film in Schwarzweiß oder in Farbe gedreht werden? Schwarzweißfilme sind oft alles andere als Kassenschlager. Im Zeitalter des Farbfernsehens werden viele Filmbesucher von Schwarzweiß abgeschreckt, obwohl einige der eindrucksvollsten, klassischen Filme Schwarzweißfilme sind. Woody zögert jedoch nicht, darauf zurückzugreifen, wenn er es für angebracht hält; *Stardust Memories*, *Manhattan*, *Broadway Danny Rose* und *Zelig* sind schwarzweiß und wären in Farbe wohl kaum so wirksam, obgleich dies bedeutet, daß manche Leute einfach deshalb auf den Kinobesuch verzichten, weil es den Filmen an Farbe fehlt, jedenfalls im herkömmlichen Sinne. Die Schwarzweiß- und Grautöne von *Manhattan* verdeutlichen dem Betrachter, was der Begriff »silberne Leinwand« wirklich bedeutet. Woody reagiert gleichmütig: »Das sind ohnehin nicht die Zuschauer, die ich mir wünsche. Wahrscheinlich bin ich ohne sie besser dran. Sie könnten nichts Subtiles verstehen, wenn schon etwas so Simples ein Problem ist.« Doch da Woody sich über die geschäftlichen Nachteile von Schwarzweiß im klaren ist, setzt er es nur dann ein, wenn es seiner Meinung nach der Geschichte dient.

Deshalb beschloß er letzten Endes, *Eine andere Frau* in Farbe zu drehen. Nach einer Weile merkte er, daß viele der Gespräche, die er mit Nykvist auf der Suche nach Drehorten führte, mit Farbe zu tun hatten. »Keine gefährlichen Farben«, das heißt grelle Rot- und Blautöne, sagte Sven über eines der in Frage kommenden Gelände. Woody hatte erwogen, sich willkürlich für Schwarzweiß zu entscheiden, weil er so gern damit arbeitet. Der Vorteil war, daß manche der Traumszenen eine bessere, nicht ganz so nüchterne Stimmung haben würden. Andererseits kann Schwarzweiß ein Gefühl der Distanz schaffen, und dies waren Personen, mit denen das Publikum sich identifizieren sollte. Woody rang so lange mit der Entscheidung, bis eine Kleinigkeit den Ausschlag geben konnte. Schließlich konnte er sich die gesamte Geschichte besser in Farbe vorstellen, doch in erster Linie deshalb, weil Schwarzweiß heute selten ist. »Schwarzweiß lastet auf dem Material, weil es nun eine andere Bedeutung hat«, sagte er. »Ich möchte nicht, daß die Leute ins Kino kommen, sich hinsetzen und sich distanziert fühlen. Ich möchte, daß sie zusehen und nicht fragen: ›Warum das wohl in Schwarzweiß ist?‹«

Nachdem er sich für Farbe entschieden hatte, wollte Woody, daß der Film die Herbsttöne vieler seiner anderen Arbeiten hatte. Kräftige Farben erscheinen in den Filmen nur des Effektes halber – das rote Kleid, das Maureen Stapleton in ihrer ersten Szene in *Innenleben* trägt, gleicht einem visuellen Wirbelwind. Für *Eine andere Frau* wünschte er sich die Kostüme zunächst in neutralen Schattierungen, mit Ausnahme jener Marions, der Hauptperson. Ihre Kleider sollten schwarz sein, doch die Kostümproben zeigten die Schwierigkeit auf: Gena Rowlands sah hinreißend aus, während alle anderen bieder wirkten. Zudem war sie zu modisch für eine Professorin, deshalb nahmen ihre Kleider verhaltenere und neutralere Töne an. »Es ist schwer, einen Film ausschließlich in Schlammfarben zu drehen«, witzelte Kostümbildner Jeff Kurland während der Proben. Die meisten Kleider wiesen unterschiedliche Nuancen von Braungrau auf. »Fünfzig Personen mit Kostümwechseln. Ist das etwa eine Kleinigkeit? Ich verbrachte das Wochenende im Farbtopf.«

Die Wirkung von Kostümen und Requisiten auf die Atmosphäre eines Films wird vom Publikum im allgemeinen ignoriert, aber sie sind ein wesentlicher Teil der Planung und des Designs. Woody drehte fast zwei Stunden Kostümproben für *Eine andere Frau* – eine halbe Stunde mehr als die Länge des fertigen Films. Ein so spezifischer Stil, wie Woody es wünschte, ist innerhalb eines Studios leicht zu schaffen – *September*, zum Beispiel, hatte ein stilistisches Motiv, das sich mühelos kontrollieren ließ – doch sobald man auf der Straße oder in einem Restaurant dreht, ergeben sich Schwierigkeiten, weil es unmöglich ist, eine Stadt neu zu streichen.

»Man kann das Äußere eines Kostümfilms eher kontrollieren – mit Kerzenlicht und mit dem, was wir antike Möbel nennen«, sagte Woody, während er immer noch darüber nachdachte, ob er in Farbe drehen sollte. »Ein modernes Haus hat einen Fernsehapparat, Telefone, Konfekt auf den Tischen und so weiter. Ein Zimmer in einem Kostümfilm ist ganz anders: Tiffany-Lampen oder Kerosinlampen. Sie haben eine Poesie, die in modernen Räumen nicht zu finden ist. Aber hier bin ich in einer modernen Situation, deshalb bin ich mir nicht sicher, daß die Arbeit in Farbe einen effektiven Beitrag leistet – im Gegensatz zu Schwarzweiß.« Er hatte geplant, daß Gena Rowlands in ihrer ersten Szene in schwarzer und weißer Kleidung auftreten würde, aber dann sah er ein, daß die Wirkung, wenn sie ständig Schwarz trüge, »fesselnd, aber auch distanzierend« sein würde.

Bei den Vorbereitungen für den Film sprachen Woody und Sven immer wieder über die technischen Einzelheiten, wobei sie sich auf ihre Empfindungen und Erfahrungen stützten und selbst dann in filmischen Begriffen dachten, wenn sie sich nicht direkt auf *Eine andere Frau* konzentrierten. Eines Tages, als sie nach mehreren Stunden der Drehortbesichtigung durch den Central Park heimgefahren wurden, hielt ihr Wagen an einer Ampel hinter einem Taxi. Die Farben im Park hatten die satte Intensität eines klaren Spätnachmittags. Die Sonne war hell, doch von Orangetönen durchsetzt; die Blätter an den Bäumen glänzten grün; die Straße war so schwarz wie Lakritz; das Taxi vor ihnen von leuchtendem Gelb. Der Winkel der Sonnenstrahlen sorgte dafür, daß die Fenster des Taxis verdunkelt waren, und es schien, als sitze niemand im Inneren. Plötzlich, vom Licht eingefangen, hob sich der rechte Arm der Frau auf dem Rücksitz und legte sich auf ihren Kopf. Sie hatte braune Haut und rote Nägel, und die üppigen Töne wurden von dem leeren Fenster eingerahmt. »Sieh dir den Arm an!« rief Nykvist.

»Das Auto war leer, und plötzlich hatte es einen Passagier!« Woody lächelte. »Es ist Buñuels Arm.«

Trotz aller Ähnlichkeiten in ihrer Wahrnehmung haben die beiden gegensätzliche Empfindungen der Natur gegenüber. Während sie den ländlichen Drehort besichtigten, der als Familiensitz in *Eine andere Frau* diente, stapfte Nykvist durch wadenhohes Gras und Kletterpflanzen, die um einen Baum im Hof wuchsen. Er hat etwas robust Nordisches an sich, denn er ist über einen Meter achtzig groß, hat blaue Augen, silberblondes Haar und ein sanftes, von einem weißen Bart umrahmtes Gesicht. »Sucht Sven nach Blickwinkeln oder macht er nur einen Spaziergang?« fragte Woody, während er ihn beobachtete. »Sven ist ein Waldmensch, ihm gefällt so was. Er mag den Geruch von Heu«, fuhr Woody fort, wobei er keinen Zweifel an seiner Abneigung all diesen Dingen gegenüber ließ. Einen Moment später winkte Nykvist ihn zu sich herüber. »Blickwinkel. So ein Pech«, sagte Woody und stapfte rasch durch den Pflanzenwuchs. Sie berieten sich kurz über das Aussehen des Hauses aus dieser Perspektive, dann eilte Woody zurück und trampelte mit den Füßen, als sei er gerade in den Kot irgendeines wilden Tieres getreten. Ein weiterer Unterschied zwischen Nykvist und di Palma war deutlich geworden. »Carlo ist eher von der Via Veneto«, meinte Woody und wischte seine Kleidung immer noch ab. »Er wäre darum herumgegangen.«

Wie es bei jeder Zusammenarbeit fast unvermeidlich ist, haben Woody und Sven gelegentlich künstlerische Meinungsverschiedenheiten. Zum Beispiel gibt es in *Eine andere Frau* eine Szene mit Gene Hackman und Gena Rowlands neben einem Fenster am Ende eines Flurs. Erst als Woody sich die Muster ansah, merkte er, wie stark Nykvist die Szene beleuchtet hatte. »Es ist so hell, so strahlend«, sagte Woody. »Ich dachte, es würde dunkel im Flur sein, mit nur etwas Licht, das durch das Fenster am Ende einfällt. Deshalb habe ich den Flur ausgesucht.«

Nykvist wandte ein: »Wenn das die Beleuchtung wäre, hätten

wir die Gesichter der Schauspieler nicht sehen können. Es wäre ein sehr hübsches Bild gewesen, aber ohne ihre Gesichter.«

»Ich bin irgendwo in der Mitte zwischen Gordon [Willis] und Sven«, kommentierte Woody später. »Ich möchte die Gesichter der Schauspieler zwar auch erkennen, aber ich bin viel eher bereit, sie nicht zu sehen, als Sven oder Bergman es wären. Ich hätte überhaupt nichts dagegen, die Szene so zu drehen, daß man die Gesichter der Schauspieler nicht sieht, sondern nur das Licht, das durchs Fenster dringt. Dann, während die Kamera sich nähert, werden ihre Gesichter ein bißchen deutlicher.«

Trotz aller Unterschiede zwischen Willis, Nykvist und di Palma würde ein Betrachter von *The Purple Rose of Cairo*, *Verbrechen und andere Kleinigkeiten* und *Alice* schwerlich sagen können, wer welchen Film aufnahm. Die Lichtführung eines Films ist die Signatur dieser drei fähigen Männer, doch Woodys Stil hat sich in einem solchen Maße entwickelt, daß nun all seine Filme über lange Totalen und sehr viel Kamerabewegung verfügen und auf ähnliche Weise stark und subtil beleuchtet sind. Wer der Kameramann auch sein mag, Woody besteht darauf, keine Szenen bei direktem Sonnenlicht zu drehen, weil dies die Kontraste abschwächt. Das bedeutet, daß man manchmal stundenlang warten muß, bis sich der Himmel bewölkt. Bei den Dreharbeiten zu *Braodway Danny Rose* verbrachten Willis und er einen Morgen damit, eine witzige Szene aufzunehmen, in der Danny – wie in den alten Komödien – tolpatschig versucht, einen mit Hühnern beladenen Lastwagen zu überholen. Eine Dreiviertelmeile an einer Hauptstraße an einem Fluß in New Jersey war von der Polizei für die Aufnahmen abgesperrt worden. Es wurde Mittag. Woody und Gordon machten sich in ein Restaurant auf, und während der Pause kam die Sonne heraus. Da sie einen bedeckten Himmel benötigten, blieben sie bei einem Glas Wein sitzen, ohne sich zurückzumelden. Sie hatten niemandem mitgeteilt, wo sie sich aufhielten. Bobby Greenhut erschien am Drehort, als die Mittagspause hätte beendet sein sollen, und fand Polizisten, fünfundsiebzig auf Abruf bereitstehende Mitarbeiter und ein abgesperrtes Straßenstück vor, jedoch keinen Regisseur und keinen Kameramann. Er war nicht erfreut. Von diesem Zeitpunkt an hatte Regieassistent Reilly den Auftrag, Woody zum Lunch zu begleiten und zu melden, wo sie sich aufhalten würden. Dies tut er noch heute.

Woodys Entwicklung zeigt sich auch in den Änderungen, die er beim Schneiden eines Films vornimmt – Änderungen, die auf gewisse Weise auch die Evolution seiner Fertigkeit im Schneiden widerspiegeln. Jahrelang wurden Filme vom Regisseur gedreht, der Cutter stellte einen Rohschnitt zusammen und führte ihn dann dem Regisseur vor. Auch heute noch ist das häufig der Fall.

»Als ich mit Woody anfing, wußte er nicht, was in einem Schneideraum vor sich geht«, sagte Ralph Rosenblum, der seine ersten sechs Filme schnitt. »Aber er schenkte mir sehr viel Aufmerksamkeit. Er ist sehr intelligent und schaute konzentriert zu. Allerdings, wenn er bei *Bananas* im Schneideraum hätte sitzen müssen, wären wir immer noch dort. Er war nicht bereit, sich mit dem gesamten Film zu beschäftigen, den er aufgenommen hatte. Gott weiß, daß er etwas von Komik versteht. Aber er verstand nichts von den Nuancen des Schneidens, davon, was fallengelassen, was gekürzt, was umgestellt werden muß. Von allen Filmen, die wir zusammen machten, war *Bananas* in technischer Hinsicht am schwersten zu schneiden. Woody hatte weniger Kontrolle über das, was er als Filmemacher tat. Er drehte Sketche. Und er war weniger selbstbewußt. Es ging nicht darum, sich an die Story zu halten, denn sie war ohnehin unsinnig. Es ging darum, die verschiedenen Elemente einiger sehr witziger Sketche beizubehalten. Ich ärgerte mich, als ich manche nicht umsetzen konnte. Aber er lernte. Nun braucht er niemanden wie mich.«

Während des Schnitts von *Der Schläfer* saßen Woody und Rosenblum an jeweils einer Moviola-Schneidemaschine in Rosenblums Büro, sahen sich immer wieder Filmteile an und versuchten, diejenigen zu finden, die am besten zu den anderen paßten. Sie schnitten, fügten zusammen, fügten von neuem zusammen und hofften auf das Beste. Woody arbeitete an einer Episode, Rosenblum an der folgenden. Wenn der eine fertig war, zeigte er dem anderen, was er getan hatte, und sie nahmen gemeinsam Änderungen vor. »Woody ist das Gegenteil der meisten Autoren/Regisseure, denen es schwerfällt, etwas rauszuwerfen«, erklärt Rosenblum. »Er hat gar keinen Besitzerstolz als Autor. Er war brutal, was Eliminierungen betraf. Bei *Bananas* kämpfte ich darum, Material zu retten. Nach Vorführungen fragte er zum Beispiel: ›Was ist los mit dir? Die Zuschauer haben nicht gelacht. Es ist nicht witzig. Wirf's raus. Dir kann das doch egal sein.‹ Und ich antwortete: ›Aber es *ist* witzig.‹«

Woodys extremste Reaktion in dieser Hinsicht war bei der Herstellung von *Der Stadtneurotiker* zu beobachten. Am ersten Drehtag in Los Angeles sah er sich die Muster der Arbeit des letzten Tages in New York an, darunter eine Szene von Alvy auf dem Times Square. Alvy ist Annies wegen, die nach Kalifornien gereist ist, hin und her gerissen. Er blickt zu der Leuchtschrift auf, auf der Nachrichten an der Spitze des Allied Chemical Tower mitgeteilt werden. Anstelle von Nachrichten sieht man die Botschaft: »Was machst du bloß, Alvy? Flieg nach Kalifornien. Es ist in Ordnung. Sie liebt dich.« Er haßte die Szene so sehr, daß er zu einem Wasserreservoir fuhr und die Rollen hineinwarf.

Ganze Episoden der Handlung wurden herausgenommen, während man *Der Schläfer* so gestaltete, daß der Film sein hohes Tempo beibehielt. »Ein Grab auf einem Friedhof auszuheben ist lustiger, als zwei Männern zuzuschauen, die eine Komödie schneiden«, bemerkte Rosenblum eines Tages, als sie sich mit etwa 60 000 Filmmetern auf 240 Rollen, ungefähr 35 Stunden, abmühten, die auf rund neunzig Minuten reduziert werden mußten. Dies, sagte Woody einmal allen Ernstes, sei vielleicht die perfekte Länge für eine Komödie. Die meisten Filme verfügen über rund 50 000 Meter Material und laufen für 110 Minuten. Viele von Woodys Filmen haben eine Laufzeit von neunzig plus/minus fünf Minuten. Der kürzeste ist *Zelig* mit neunundsiebzig, der längste *Hannah und ihre Schwestern* mit hundertsieben Minuten.

Wie bei allem, was ihn interessiert, war Woody ein guter Schüler, was das Schneiden von Filmen betraf. »Ich glaube, seit *Woody – der Unglücksrabe* lernte er immer mehr über jeden Aspekt des Filmemachens, und das kann ich von niemandem behaupten, mit dem ich gearbeitet habe«, sagte Rosenblum. »Er lernte mehr über Fotografie, über Filmschauspielerei und zweifellos über den Schnitt. Bei *Der Schläfer* war es zum erstenmal so, daß er fast wie ein Profi arbeitete. Es ging um mehr Geld, und er war hinsichtlich des Themas und der Technik ehrgeiziger. *Bananas* und *Woody – der Unglücksrabe* können mit den frühen Filmen von Brian de Palma verglichen werden, das heißt, mit wenig aufwendigen ›New York‹-Filmen wie *Greetings [Grüße]* und *Hi, Mom*. Sie erhielten gute Kritiken, aber wahrscheinlich würde sie niemand mit einem Film verwechseln. *Der Schläfer* war Woodys erster wirklicher Film.«

Und *Innenleben* war seine erste wirkliche Prüfung. Es war der

Film nach *Der Stadtneurotiker*, der romantischen Komödie, die eine ganze Generation beeinflußte und mit Oscars für den besten Film und für das beste Drehbuch ausgezeichnet worden war. *Innenleben* war ein Sprung ins tiefe Meer der Tragödie, und Woody mußte sich abmühen, um über Wasser zu bleiben. Er schrieb das Drehbuch immer wieder um, machte ständig Nachaufnahmen und rackerte sich für den Film, der nicht zu Rosenblums Lieblingsstreifen gehört, ab. Aber es war, wie er wußte, ein Filmtyp, nach dem Woody sich gesehnt hatte.

»Schon bevor er seinen ersten Film drehte, hatte er diese an Bergman erinnernde Ader gehabt«, erzählt Rosenblum. »Später machte er dann witzige Filme und zog ganz am Ende den Boden weg. Ich war nicht schockiert über das ursprüngliche Ende von *Woody – der Unglücksrabe*, wo Virgil mit Maschinenpistolen niedergeschossen wird, doch ich hielt es für dumm. Aber das ist etwas, das er in all seinen Filmen durchgehalten hat, und er wird sein Leben mit ernsten Filmen beenden. Er meint, daß Komödienautoren am Katzentisch sitzen, und da hat er völlig recht. Woody möchte, daß man sich an ihn als einen ernsten Autor, einen ernsthaften Filmemacher erinnert. Es gelang ihm, *Innenleben* zu retten – was ihm hoch anzurechnen ist. Er stand mit dem Rücken zur Wand. Ich glaube, er hatte Angst. Er war gereizt und ein bißchen aufbrausend. Er machte sich Sorgen, weil er dachte, einen hoffnungslosen Fall vor sich zu haben. Aber er schaffte es, den Film durch seine eigene Arbeit zu retten. Am Tag, als die Besprechungen herauskamen, sagt er zu mir: ›Na, den haben wir in letzter Sekunde aus dem Sumpf gezogen, stimmt's?‹«

Im Endstadium der Fertigstellung des Films erklärte Woody allen Bekannten, nachdem sie sich eine besonders dramatische Szene angesehen hatten: »Meine größte Furcht war, zu glauben, ich schriebe *Eines langen Tages Reise in die Nacht* – und was herauskommt, ist *Nacht der Vergeltung*.« Trotz gemischter Rezensionen wurde Woody sowohl als Regisseur als auch als Drehbuchautor von *Innenleben* für den Oscar nominiert. Die unbeschwerten Scherze, von denen die ernsteren Elemente in *Der Stadtneurotiker* untermalt wurden, fehlten in *Innenleben*; in der Geschichte einer von Zwangsvorstellungen heimgesuchten, gehemmten Frau namens Eve sowie ihrer Familie wird bewußt auf jeden Witz und jede komische Nebenbemerkung verzichtet.

Man hat Woody dafür kritisiert, daß er in seinen ernstesten Filmen allzu gewichtig daherzukommen versuche. Er mag dieses Urteil nicht annehmen. Wenn er Komödien schreibt, ist der Dialog zügig, keck, idiomatisch und salopp. Mit *Innenleben, September* und *Eine andere Frau* hatte er eine besondere Art ernsten Dramas im Sinn, die sich etwa von *Verbrechen und andere Kleinigkeiten* unterscheidet. »Ich habe absichtlich einen großspurigen Dialog geschrieben, aber dies kommt eher durch die Regieführung als durch den Text zum Ausdruck. Es mag die falsche Entscheidung sein, aber es ist der Stil, den ich mir für diese Filme wünsche. Der Text ist nicht aufgeblasen oder feierlich, die Atmosphäre dieser Filme wird durch die Art und Weise geschaffen, wie ich sie inszeniere und die Schauspieler sprechen lasse. Ich hätte die drei wie *Verbrechen und andere Kleinigkeiten* inszenieren können, aber ich habe sie bewußt auf eine stilisiertere Art gedreht und versucht, dies durch das Drehbuch zu ergänzen.«

Während er beabsichtigte, diesen Dramen eine andere Stimmung und einen anderen Klang zu verleihen, räumt er ein, daß seine Vorbilder sein Gefühl für den Dialog verfälscht haben mögen. Er sah die russischen und schwedischen Filme, an denen er sich orientierte, mit englischen Untertiteln, und es ist der übersetzte Dialog, den er imitiert. Er hält es für denkbar, daß sie in ihrer Ausgangssprache idiomatischer waren, und daß er folglich falsche Stimmen hörte. »Man werfe einen Blick auf die letzte Rede in *Onkel Wanja*. Sie ist äußerst poetisch, und im Grunde spricht niemand so. Aber ich hatte versucht, den Text dieser Dramen genauso zu schreiben. Nachdem ich ihn zusammen mit Diane Keaton gesehen hatte, wurde er zu einem wichtigen Film in meinem Leben. Doch von all den Leuten, die ich im Filmgeschäft kenne – Regisseure und Schauspieler und New Yorker –, hat ihn keiner gesehen. Wenn ich also einen Film drehe, der wie *Onkel Wanja* sein soll, muß ich mir von Anfang an klarmachen, daß, selbst wenn ich seine Großartigkeit erreiche, dieser Dramenstil und diese Atmosphäre nur sehr wenige Menschen ansprechen.«

Als Woody *Innenleben* schnitt, war er an einem Punkt angelangt, da er Rosenblum, wie dieser selbst sagte, nicht mehr benötigte. Er war mittlerweile der Chefcutter. Eine Arbeitssituation, die Rosenblum nicht gewohnt war. Trotzdem brauchte und braucht Woody Hilfe beim Schneiden und ist für Ideen aufgeschlossen. Zum Beispiel war es Rosenblum, der vorschlug, *Die letzte Nacht des Boris Gruschenko* lieber mit der Musik Sergej Prokofjews als mit der von Woody bevorzugten Musik Strawinskis zu unterlegen, weil Rosenblum sie für zu kräftig hielt. Es war also eine andere Art Hilfe, die Woody nun benötigte. Damals wie heute konnte er von einem Stück Film besessen sein und war bereit, endlos daran zu arbeiten. »Ich wußte, daß er am Ende des Arbeitstages – gegen halb sechs oder sechs – nie aufhören wollte«, sagt Rosenblum. »Er wäre bis Mitternacht oder zwei Uhr morgens dort geblieben. Am Schluß eines dieser Filme verriet er mir: ›Ich liebe meine Arbeit. Ich könnte sieben Tage pro Woche arbeiten. Die Stunden sind mir egal. Wenn wir dieses Problem lösen, ob es nun fünf oder zehn Uhr abends ist, nehmen wir uns etwas anderes vor. Stunden oder Tage bedeuten nichts.‹«

In welchem Maße Woody seine künstlerischen Angelegenheiten kontrolliert – und von Anfang an kontrolliert hat –, zeigte sich eines Abends während des Schnitts von *Innenleben*. Ein Gewitter war im Gange, als Woody und ein Bekannter den Schneideraum zusammen mit Rosenblum und dessen Assistentin Susan Morse verließen. Woody bot an, alle nach Hause zu bringen, und stieg in den elfenbeinfarbenen Rolls-Royce, den er damals besaß. Die drei saßen hinten, und Woody, auf dem Beifahrersitz, nahm das damals noch unübliche Autotelefon und rief Arthur Krim an, der zu jener Zeit Vorsitzender von United Artists war. Der Widerspruch zwischen dem, was Woody darstellt und dem, was er ist, hat sich Rosenblum für immer eingeprägt. »Was für eine fantastische Szene«, erinnerte er sich Jahre später. »Da ist dieser Bursche im Armeedrillich und ruft den Chef von United Artists aus seiner Limousine an. Die Welt hält ihn für einen Trottel, der Probleme mit Frauen und Maschinen und allem möglichen hat, aber in Wirklichkeit sitzt da ein echter Industriemagnat.«

Tatsächlich war Woody schon damals ein echter Industriemagnat, der von der Kritik und vom Publikum gleichermaßen geschätzt wurde. Sein vorheriger Film, *Der Stadtneurotiker*, hatte ihm Oscar-Nominierungen als bester Regisseur, als bester Schauspieler und für das beste Originaldrehbuch eingebracht – ein Dreifacherfolg, der erst einmal – von Orson Welles für *Citizen Cane* – erzielt worden war. Er errang zwei der Auszeichnungen, nämlich als bester Regisseur und als bester Drehbuchautor. Diane Keaton bekam den Preis als beste Schauspielerin, und *Der Stadtneurotiker* wurde der beste Film des Jahres. Außerdem verdiente United Artists eine Menge Geld an dem Film, wie an den meisten von Woodys Arbeiten. Rollins und Joffe sowie sein Agent Sam Cohen, der als einflußreichster in der Branche gilt, hatten einen Vertrag für ihn ausgehandelt, der ihm Autonomie garantierte. Dies alles machte ihn nach nur fünf Filmen zu einem Faktor, mit dem sogar Konzernvorsitzende rechnen mußten. An jenem Tag rief Woody bei Arthur Krim an, um ihm mitzuteilen, daß er sich *Innenleben* bald ansehen könne. Woody hatte sich nach Krims Ansicht ein Recht zur Herstellung dieses Films erworben, obwohl ein solches Werk strenggenommen aus dem Rahmen ihrer Vereinbarung fiel.

In den seither verflossenen Jahren ist Woody noch einflußreicher geworden. Er hat Finanzierungsangebote für die unabhängige Produktion seiner Filme erhalten. Studios haben erhebliche Energie aufgewandt, um ihn Orion abspenstig zu machen, und ihm den Grad an Freiheit garantiert, den er fordert und zu nutzen weiß. Was für ein Filmmagnat er auch sein mag, er hat sich nahezu die Empfindungen eines Menschen bewahrt, der sein Geschäft in der eigenen Garage betreibt: glücklich mit seinen Projekten, durchorganisiert in seiner Arbeit, entfernt vom üblichen Getriebe des Marktes. Sein Erfolg und seine Verträge und Bündnisse verleihen ihm nicht nur Macht, sondern gewähren ihm auch Schutz.

Der Glamour des Filmgeschäfts fehlt fast immer bei den Dreharbeiten und stets beim Schnitt; dabei ist der letztere einer der entscheidenden Teile der Filmherstellung. Woodys Schneideraum ist ein in sich abgeschlossenes Filmproduktionsstudio. Dort stehen zwei Steenbeck-Schneidetische, die eine Bildspur und zwei Tonspuren aufnehmen; sie sind schneller und können größere Filmstücke bewältigen als die alten Moviolas. Daneben befindet sich im Schneideraum ein Magnatech-Recorder für den Transfer von Dialog, Musik und Toneffekten auf 35-mm-Bänder – Hunderte von Schallplatten und vierundfünfzig Tonrollen stehen zur Verfügung: für Innengeräusche, Autounfälle und so weiter. Ein Mischpult sorgt für den Klangausgleich, wenn eine Zeile von einem »Take« in die Mitte eines anderen übertragen wird. Woody legt Wert darauf, keine einzige Minute zu verschwenden, deshalb wird der zweite Steenbeck – sie kosteten 1981 jeweils 30 000 Dollar – verwendet, wenn zum Beispiel eine Szene auf der ersten Maschine geschnitten wird und er andere Einstellungen direkt miteinander vergleichen will; dies ist möglich, ohne daß man die gerade laufende Rolle entfernen müßte. Außerdem gestattet es den Assistentinnen von Cutterin Sandy Morse, die Tonspur der Bilder mit den Mustern zu synchronisieren, ohne ihre Arbeit zu unterbrechen.

Woody sitzt beim Schneiden neben Sandy. An der Wand über ihren Köpfen sind Dutzende von etwa zweieinhalb Zentimeter breiten und dreißig Zentimeter langen Karten, die von Schienen gehalten werden und in Säulen übereinandergestapelt sind. Jeder Szene entspricht eine farbkodierte Karte, so daß man den Handlungsfäden folgen kann, und sie kennzeichnet den Platz der Szene in der jeweiligen Anordnung des Films; eine für einen bestimmten Teil geschriebene Szene kann leicht in einem anderen Teil enden. Andere Säulen enthalten die Tilgungen, also Szenen, die man fallengelassen hat. Ein »R« am Anfang bedeutet, daß es sich bei der Szene um eine Nachaufnahme (reshoot) handelt. »RR« kennzeichnet eine doppelte Nachaufnahme. Jede Karte enthält ein paar Worte zur Beschreibung der Szene; davor steht die Szenennummer, wie bei diesen zwei Dutzend in der »Tilgungssäule«:

RR22A Ken and Marion. KG Sex. »Eine Art Hartholzboden.«

R32   Autoinneres. Marion und Laura diskutieren über Philosophie.

50   Marion und Peter in Bibliothek – Klatsch.

Da Woody kaum je einen Film beendet, bevor er den nächsten beginnt – und manchmal gleichzeitig an zweien arbeitet –, findet man zuweilen Karten für mehrere Filme vor. Eines Tages blickte Woody auf, um irgendeine Szenenfolge zu prüfen, und geriet an den falschen Film.

»Einen Moment«, sagte er zu Sandy. »Wo ist unserer?«

»Da oben sind drei, und *alle* sind unsere«, erinnerte sie ihn.

Woody arbeitete abends und an Wochenenden, um noch während der Aufnahmen von *Eine andere Frau* einen Rohschnitt vorzubereiten. An einem Sonntagnachmittag, während sich einige von Mias älteren Kindern und zwei ihrer Freunde *Roman Holiday (Ein Herz und eine Krone)* im Vorführraum ansahen, beschäftigten sich Woody, Sandy und ihre beiden Assistentinnen mit einer Szene, in der Marion (Gena Rowlands) Hope (Mia) folgt. Marion hat Hopes Gespräche mit deren Psychiater belauscht. Die Konfrontation mit

Hopes Ängsten, verstärkt durch ihre Schwangerschaft, haben seit langem unterdrückte Gefühle in Marion freigelegt. Die beiden Frauen sind sich nie begegnet, doch Marion hat einmal einen kurzen Blick auf Hope geworfen, als diese das Gebäude verließ. Dann bemerkt sie Hope eines Abends auf der Straße und folgt ihr. Woody hatte Sven Nykvist beide Frauen aus mehreren Perspektiven und mit unterschiedlichen Objektiven aufnehmen lassen, und nun versuchte er, die Szene zu einem dramatischen Ganzen zu gestalten. Woody saß neben Sandy, während sie sich die Aufnahmen ansahen, dann malte er auf einem Schreibblock vor sich hin, als sie neue Kombinationen zusammenfügte.

Woody an der Schneidemaschine ist wie ein Mann in einem emotionalen Lift: Er macht Höhen und Tiefen durch und bleibt selten an derselben Stelle. Seine Hochgefühle sind jedoch alles andere als überschwenglich. »Das ist nicht so schlecht«, ist sein ständiger Ausdruck für »gut«. »Wir werden keine Probleme haben, weil all diese Einstellungen mehr oder weniger zusammenpassen. Die Frage ist: Gibt es eine Kombination, die besser ist als die anderen? Die beiden ersten Einstellungen sind brauchbar. Bei der dritten müssen wir etwas tun. Man möchte die Entfernung zwischen ihnen sehen. Das einzige, was wir uns noch nicht angeguckt haben, ist die Weitwinkelaufnahme aus der letzten Woche. Vielleicht hat die etwas Bezauberndes?« Sie war geeignet, wenn auch nicht gerade bezaubernd, aber die nächste Einstellung ließ ihn kalt: »Sie ist nicht schön...« Nach zwei Minuten der Betrachtung sagte er: »Laß uns warten und darüber nachdenken.« Dann, resigniert: »Die geballte Weisheit des Skriptgirls, meiner Wenigkeit und Svens, und es klappt immer noch nicht.«

Während Sandy die Änderungen vornahm, meinte er mit einem Anflug von Staunen in der Stimme: »Sven sagt, als Ingmar und er *Szenen einer Ehe* drehten, mußten sie zwanzig brauchbare Filmminuten pro Tag aufnehmen. Sie fingen morgens an, probten, drehten zehn Minuten, gingen zum Essen, probten und drehten noch zehn Minuten. Sie hatten kein Geld und mußten an jedem einzelnen Tag zwanzig brauchbare Minuten schaffen.«

Der Gedanke an solche Beschränkungen und Belastungen ließ ihn das Gesicht verziehen – genau wie die neugeschnittene Fassung, nachdem Sandy Morse sie vorgeführt hatte.

Die beiden prüften jetzt eine Folge, in der Mia die Straße überquerte: Nach einem Schnitt, kurz bevor sie die Ecke erreichte, wurde sie auf dem Fußgängerübergang gezeigt.

»Das wird klappen. Ich spüre es«, sagte Woody, während Sandy die Maschine einstellte. »Das ist besser. Das Auge macht's fließend.« Er lächelte. »Damit bin ich einverstanden.« Aber dann betrachtete er die Szene von neuem, und sein Lächeln verschwand. »Es klappt nicht. Ich muß die Sache noch einmal drehen. Wir haben jede denkbare Möglichkeit ausprobiert, und es ist unelegant.«

»Wie wär's mit der Weitwinkelaufnahme und dann der hundert?«

»Mhm. Sehen wir uns es an. Was auch klappen könnte, obwohl ich nicht gern so schneide, ist ein doppelter Schnitt der Weitwinkelaufnahme. Falls das gelingt, dann stimmt die Logik und Gena sieht nicht wie eine Närrin aus, wenn sie die Ecke erreicht.«

Mittlerweile hatten sie schon zwei Stunden und zwanzig Minuten auf diese wenigen Filmsekunden verwendet. Sie betrachteten eine andere Version. Woody schüttelte den Kopf. »Es ist einfach keine gut geschnittene Aufnahme. Ich glaube nicht, daß es Zweck hat. Aber wir könnten es hier mit dem Schatten versuchen, um uns einen Eindruck zu verschaffen.« Sein Lächeln kehrte zurück, als sie sich die neueste Fassung ansahen. »Ich glaube, die geht in Ordnung. Wir hatten Glück mit der Wand – mit der Struktur und der Geometrie.« Er rieb sich die Hände. »Ich fange an, mich besser zu fühlen.« Er schob seinen Stuhl vom Schneidetisch weg. Später drehte er eine der Einstellungen dieser Szene neu.

Eine so penible Arbeit könnte einem derart erfolgreichen Mann als Schinderei erscheinen, doch Woodys Interesse am Schneiden trägt erheblich zur Qualität seiner Filme bei. Vor langer Zeit hatte er von Danny Simon gelernt, wie wichtig es ist, einen Text umzuschreiben, und er wendet diese Lektion nicht nur auf die Gestaltung des Drehbuches, sondern auch auf das Zusammenfügen der Filmbilder an. Bei kreativer Arbeit wird man auch durch den Erfolg keineswegs der Notwendigkeit enthoben, ein Stück umzuschreiben, neu zu schneiden und ständig zu polieren, bis es so einheitlich wie möglich ist.

Es war Zeit für eine kurze Pause. »Sehe ich ein Sandwich über den Hügel kommen? Oder vielleicht durch die Heide?« fragte Woody und bestellte »das gleiche Thunfisch-Sandwich, das ich seit fünfundvierzig Jahren esse, und ein Kakaobohnensteak [einen

Schokoladenriegel]«. Er schaute sich nach Jane Martin um, die verschwunden war, um eine rasche Besorgung zu machen. »Ich muß ein paar Anrufe beantworten«, sagte er ein wenig hilflos, denn dies waren Momente, in denen er nichts zu tun hatte. »Aber ich brauche Jane, und sie plaudert irgendwo.«

Woody hoffte, daß *Eine andere Frau* ihn schließlich bei einem breiten Publikum als Autor und Regisseur von dramatischen Filmen etablieren würde. Während der Dreharbeiten zeigte er vorsichtigen Optimismus über die Erreichbarkeit dieses Ziels. »Alles scheint richtig zu laufen«, sagte er zwei Wochen nach Beginn der Drehzeit. »Wir haben all die Elemente, die ich vermitteln möchte: einen ernsten, nicht zu sachlichen Film, einen Kameramann, den ich seit vielen Jahren so sehr schätze, und ein prächtiges Ensemble. Die Erfahrung mit *Hannah und ihre Schwestern* und *September* hat mit dafür gesorgt, daß die Dinge nun Form annehmen. Ich bin so zufrieden mit den frühen Mustern wie selten – und es könnte vielleicht einer der schlechtesten Filme werden, die ich je gemacht habe.«

Er fuhr fort: »Das hier ist eindeutig ein Film. *September* ist als ein verfilmtes Bühnenstück in vier Akten gedacht, das im Theater aufgeführt werden könnte. Ich habe seit *Innenleben* viel darüber gelernt, wie man ohne Komik unterhält. Dies ist ein Geschäft für ein Massenpublikum, und *Innenleben* hatte so viel Erfolg wie diese kleinen ausländischen Filme, die ich liebe, obwohl ich zugeben muß, daß etliches an der Dramaturgie nicht stimmte – zum Beispiel habe ich die von Maureen Stapleton gespielte Gestalt [die der Vater kurz nach der Scheidung von seiner ersten Frau heiratet] zu spät herangezogen. Aber dies ist ein großes Land, und um als erfolgreich zu gelten, muß man große Geschäfte machen.«

Die Idee zu *Eine andere Frau* gründet sich auf einem komischen Einfall, den Woody vor vielen Jahren hatte, als er daran interessiert war, einen chaplinesken Film zu drehen: Ein Mann wohnt in einem winzigen Zimmer mit dünnen Wänden und hört, wie eine Frau über ihre Probleme spricht. Er löst sie und wird zu ihrem Traummann, der fähig ist, all ihre Wünsche zu erfüllen. Dann bekam Woody Zweifel am guten Geschmack solcher Lauscherei; selbst aus der freundlichsten chaplinesken Sicht schien es unmoralisch. Deshalb legte er das Skript beiseite. Jahre später dachte er an einen neuen dramatischen Ansatz: Eine Frau hört etwas durch eine Wand hindurch. Er überlegte, was interessant sein würde; welche bedeutenden Dinge könnte sie hören? Sein erster Gedanke war, daß die Schwester und der Mann der belauschten Frau ein Verhältnis haben könnten. Die Lauscherin geht entsetzt nach Hause – nur, um zu entdecken, daß ihre eigene Schwester und ihr eigener Mann ein Verhältnis haben. Aber dies erinnerte zu sehr an Hitchcock, deshalb benutzte Woody das Schwesternmotiv in *Hannah und ihre Schwestern*.

Die Idee verfolgte ihn weiterhin, und er versuchte jahrelang, eine Lösung zu finden. Schließlich dachte er an jemanden mit einem in sich geschlossenen Leben, an eine Person, die eine Wand um sich errichtet hat, doch nun, da sie fünfzig Jahre alt geworden ist, die Emotionen nicht aussperren kann; Gefühle beginnen, überall in ihrer Umgebung durchzusickern und widerzuhallen.

»Vielleicht bedaure ich eines Tages, es nicht als Komödie gedreht zu haben«, sagt Woody. »Aber manche Menschen haben Schwierigkeiten, mit ihren Gefühlen fertig zu werden, und sind trotzdem äußerst tüchtig in ihrer intellektuellen Arbeit. Doch wenn es um ihre Emotionen geht, sind sie unfähig. Das gilt für mich wahrscheinlich nicht weniger als für jeden anderen.«

Wenn Woody und Sandy Morse Szenen geschnitten, zusammengefügt und neu arrangiert haben, sich aber über die beste Reihenfolge immer noch im unklaren sind, ziehen sie sich, sogar ohne ihre Assistenten, in den Vorführraum zurück und besprechen das weitere Verfahren. Mehrere Wochen später, als sie am Rohschnitt von *Eine andere Frau* arbeiteten, damit Woody entscheiden konnte, was neu aufgenommen werden mußte, hatten sie ständig Probleme mit den letzten fünfzehn Minuten des Films. Eines Freitags im Spätwinter 1988, als der Rohschnitt fast abgeschlossen war, saß Sandy bei einem Sandwich und einem Glas Milch, während Woody auf und ab ging und die Schwierigkeiten mit ihr erörterte. Jeder Änderungsvorschlag schien in eine Sackgasse zu führen oder jedenfalls keine Verbesserung zu bringen.

Sie schlug vor, ein paar Szenen umzustellen, und Woody zitierte die Reihenfolge, um sich zu vergewissern, ob dies ein Fortschritt war: »Marion streitet sich mit Ken, sie treffen sich zum Dinner mit den Banks, sie streiten sich von neuem, ganz im Gegensatz zu den Banks, die ein glückliches Paar sind. Sie steht mitten in der Nacht auf, erinnert sich an ihren ersten Mann – sie kauft die Maske als Geschenk für ihn, setzt sie auf, küßt sie... Herrlich, es schreibt sich von ganz allein... Sie geht in dieses Gebäude und trifft Mia Farrow, sie spricht über verpaßte Gelegenheiten, dann sieht sie Gatten Nummer zwei mit ihrer Freundin... Das ist genau so, wie es sein sollte... Sie geht niedergeschlagen zu ihrem Studio, Mia faßt alles zusammen, sie geht nach Hause zu Ken... Dies ist so, wie es gedacht war.«

Sandy war sich nicht so sicher und gab ihren Zweifeln Ausdruck. Woody stand da und schrieb mit dem Finger auf der Wand.

»Ich hoffe, daß es funktioniert«, fuhr er fort. »Es kommt der Sache nahe. Ich hasse es, das Handtuch zu werfen und zuzugeben, daß ich's nicht schaffen kann.« Er unterbrach sich. »Es könnte diesen Teil des Films lockerer und leichter machen. Ich weiß nicht, ob's mich wirklich überzeugt, aber ich glaube, es lohnt sich, wenn wir beide einen Blick darauf werfen.«

»Laß uns einen Versuch machen.«

»Ja. Es bedeutet noch mehr Umstellungen, aber wenn es auf dem Steenbeck nichts taugt, brauchen wir's nicht vorzuführen. Wir können es wieder zusammensetzen.« In tiefer Konzentration versunken, saßen die beiden nun zehn Zentimeter voneinander entfernt.

»Aber ich finde nicht, daß die lange Traumepisode im Flur plausibel ist«, sagte sie. (Marion sieht Hope im Flur vor ihrem ehelichen Schlafzimmer.)

»Nein?« Er unterbrach sich wieder. »Das ist meine Lieblingsszene. Manchmal wünsche ich mir, daß es eine Möglichkeit gäbe, sie am Ende aufzulösen.«

»Ich habe das Gefühl, plötzlich in einem anderen Film zu sein. Mir scheint, daß Mias Gestalt so gezeigt wird, wie sie ursprünglich konzipiert war, nicht so, wie sie ist. Außerdem habe ich Schwierigkeiten mit dem Traum – an der Stelle, wo Marion die Tür aufstößt und John Houseman dort steht.« (In der Mitte einer psychoanalytischen Sitzung mit seinem und Hopes Arzt.)

»Das ist auch eine von den Einstellungen, mit denen wir herumprobieren können. Hier spüre ich keine Schwäche. Sie öffnet die Tür und sieht Mia, und das ist schön. Es ist eine Aussage aus einer analytischen Sitzung, aus der man nichts wichtiges über ihre Rollengestalt ableiten kann. Was sie sagt, ist psychologisches Geschwätz, das man in einer Milliarde psychoanalytischer Sitzungen hören könnte.«

Sie diskutierten noch eine Weile, und Woody wurde immer weniger optimistisch. »Mein eigenes Gefühl ist, daß ich es nie hinkriegen werde«, meinte er schließlich. »Jetzt kommt es darauf an, die Sache so wenig peinlich wie möglich zu machen. Ich versuche herauszufinden, wie die Abtreibungsszene – in einer Rückblende ist zu sehen, wie Marion ihrem ersten Mann mitteilt, daß sie eine Abtreibung hatte – dorthin zurückversetzt werden kann, wo sie ursprünglich sein sollte.«

Sandy machte sich Notizen in einem Schnellhefter, der den Text und Hinweise auf die Schnitte enthielt. Dann schlug sie vor, die Szene mit einer anderen Textzeile zu beginnen. Die Idee gefiel Woody, und sie ging hinaus, um die Änderungen durchzuführen.

»Dies wird ein Experiment für Montag«, sagte Woody. »Wenn es nicht gelingt, schließen wir's auf die andere Art ab. Wie auch immer, am Montag oder Dienstag machen wir Schluß. Danach habe ich zwei Wochen Wartezeit bis zu den Nachaufnahmen. Ich kann mit dem neuen Drehbuch [das zu *Verbrechen und andere Kleinigkeiten* wurde] anfangen. Das wäre sehr nützlich.«

Im Laufe all dieser Arbeiten am Schnitt, an den Neufassungen des Drehbuchs und den Nachaufnahmen hegte Woody weiterhin die Hoffnung auf den dramatischen Durchbruch, die er bereits am Anfang der Produktion gehabt hatte. Als er im Frühjahr zusammen mit den Cuttern und einem Bekannten eine nahezu vollständige Version betrachtete, gefiel sie ihm so gut, daß er meinte, den Film in dieser Form fast schon freigeben zu können. Dann zeigte er ihn ausgewählten Freunden. Die schlimmste Vorführung, die Woody je erlebte, betraf *Zelig*. Er glaubte, fast fertig zu sein, aber »die Leute konnten ihn nicht ausstehen. Als ich [Mias Schwester] Stephanie Farrow erklärte, daß ich die Tanzszene und ein oder zwei andere neu drehen wollte, sagte sie« – er machte eine abschätzige Handbewegung –: »»Dies sind die *geringsten* deiner Probleme««.

Nach der ersten Vorführung von *Eine andere Frau* für verschiedene Freunde war Jean Doumanian der Ansicht, der Film sei ein wenig kalt. Woody nimmt sich nicht alles zu Herzen, was man ihm vorhält, doch irgend etwas an ihrer lauen Reaktion ließ ihn an seinem eigenen Urteil zweifeln. Kurz vor der nächsten Vorführung sagte er: »Wenn ich richtig vorgegangen wäre, hätte ich zwei Filme gedreht: diesen und einen komischen, in dem ich Keaton oder Mia belausche und alles tue, was sie wollen. Das wäre der Film gewesen, der Geld einbringt und Erfolg hat, und dies ist der Film, den man zerschneidet und zu Gitarrenplektren verarbeitet.«

Bei der zweiten Vorführung meinte ein anderer Freund, der Film sei kalt, und erklärte detaillierter, in welcher Hinsicht. Später am selben Abend, in einer Pause zwischen den Darbietungen seiner Band in Michael's Pub, saß Woody finster an seinem Tisch. »Diese Vorführung gefiel mir am besten, aber das änderte sich, sobald ich mir den Einwand anhörte. Wahrscheinlich hab ich's verpatzt. Ich glaube, der Film ist nicht fantasievoll genug; ich hätte ihn aufregender machen können. Auch wenn sämtliche Personen kühl sind, kann der Film heiß sein. Das Unterhaltsame an Bergmans Filmen ist, daß sie bedeutungsschwer sind, und dennoch passiert dauernd etwas.«

Seine Einstellung dem Film gegenüber verschärfte sich, und bald erhoffte er nichts mehr, wenn auch vielleicht in erster Linie deshalb, weil seine Enttäuschung darüber, sein persönliches Ziel verfehlt zu haben, so groß war. »Er ist kalt, langweilig, kraftlos. Eine Kur für Schlaflosigkeit«, sagte er, nachdem er den Film ein paar Wochen später vorgeführt hatte. »Ich war nach den ersten fünfzehn Minuten nahe dran einzuschlafen. Immer wieder dachte ich: ›Noch einen Moment, und dann kommt eine herrliche Szene.‹ Aber nein. Der Film ist wie die Titelmusik; dünn, verschwommen. Die Schauspieler sind gut, aber ich habe versagt. Er ist zu kalt. Ein besserer Regisseur hätte einen Erfolg daraus machen können. *Wilde Erdbeeren* handelt von einem kalten Mann, aber es ist ein heißer Film.« Er zögerte. Ein Beinaheerfolg bietet ihm keinen Trost. »Was soll's, es hat keinen Zweck, sich den Kopf zu zerbrechen. Es ist altes Zelluloid.«

Eine andere Frau hatte im Herbst 1988 Premiere und erhielt gemischte Kritiken. Richard Schickel von *Time*, der Woodys Arbeit von Anfang an schätzte und für den Woody seinerseits Sympathie empfindet, schwärmte: »Die Subtilität des Aufbaus und die zarte Ironie, mit der eine emotional zurückhaltende Frau betrachtet wird, die sich einer Konfrontation mit ihrer Vergangenheit ausgesetzt sieht, zeigen einen Grad an Klarheit und Mitgefühl, wie er im amerikanischen Film praktisch unbekannt ist.« Vincent Canby dagegen bedachte Woody mit einer so negativen Besprechung wie nie zuvor: ».... sein persönlichster, grüblerischster Film... Doch etwas Wesentliches fehlt, und ohne dieses Element verschlägt es einem den Atem – sowohl durch die Intensität der gewaltigen Ansprüche von *Eine andere Frau* als auch durch die Vollkommenheit des hohlen Scheiterns.«

Später sagte Canby über Woodys Porträtierung einer Philosophieprofessorin und des mit ihr verheirateten Arztes: »Ich glaube einfach nicht, daß er das Geringste über diese Menschen und ihre Welt wußte. Er scheint kein echtes Gefühl für das Leben zu haben, das diese Leute führen, oder auch nur zu wissen, wie sie leben: wie sie morgens aufstehen und um welche Zeit, ob sie sich als erstes die Zähne putzen und so weiter. Ich denke, er schoß genauso daneben wie Hitchcock, als dieser einen Kostümfilm zu drehen versuchte, denn er wollte wissen, wo die Leute zur Toilette gingen und ob sie Toilettenpapier hatten. Ich habe den Eindruck, diese Welt ist Woody genauso fremd, wie jede frühere Welt Hitchcock fremd war. Es ist fast so, als schäme er sich, die ganz besondere Person, die ganz besondere Begabung zu sein, die er nun einmal ist, und ein sehr individuelles Leben zu führen, das dem ganz weniger Menschen gleicht. Wenn er versucht, seine Sorgen mit Hilfe von Personen auszudrücken, die ein recht konventionelles Leben führen, dann stellt sich heraus, daß dieses Leben für ihn so fremd und in mancher Hinsicht so exotisch ist wie das der Bergbewohner von Neuguinea.«

Woody kommt Kritikern entweder entgegen oder geht ihnen aus dem Weg. Er ist mit einigen befreundet, korrespondiert mit anderen, liest jedoch fast nie ihre Besprechungen seiner Filme. Orion versorgt ihn mit allgemeinen Berichten darüber, welche Reaktion ein Film bei den Kritikern überregionaler Zeitungen und in einzelnen Städten auslöst. Außerdem erfährt er von Kellnern, wie seine Filme aufgenommen werden; sie teilen ihm immer sofort mit: »He, gute Kritiken.« Aber »es sind nicht die Kritiken, zu denen man beglückwünscht werden möchte«, sagt Woody. »Besser wäre: ›Meinen Glückwunsch zu deiner Leistung in dem Film.‹« Er ist sich des Einflusses von Kritikern durchaus bewußt und respektiert diejenigen, die sich ernsthaft mit Filmen befassen und anschaulich über sie schreiben, doch diese sind, wie er meint, in der Minderheit. »Wofür rackert man sich so ab? Damit irgendein Bursche im

Fernsehen einem drei Ananas oder so was ähnliches geben kann«, sagte Woody eines Tages, während er sich mühte, eine Szene zu schneiden.

Er weiß um die Freuden des Beifalls und noch mehr um die Notwendigkeit, heftiger Kritik standzuhalten. »Man braucht sehr viel Mut, um umfassenden negativen Reaktionen zu trotzen«, erläuterte er nach der Freigabe von *Eine andere Frau*. »Ich wußte zum Beispiel, daß *September* auf solche Reaktionen stoßen konnte. Trotzdem, als ich daran arbeitete, dachte ich: ›Und wen kümmert das? Dies ist eben das, was ich tun möchte.‹ Danach lief der Film an, und jeden Tag kamen Anrufe: ›Herrje, in Boston konnten sie den Film nicht leiden. Hier wird's auch nichts, er geht in Philadelphia unter, er geht in Washington unter.‹ Und in einer Besprechung nach der anderen wurde gefragt: ›Warum macht er so etwas bloß?‹«

Woody drehte sich jedoch um und machte das gleiche im Fall von *Eine andere Frau*, wobei er wußte, daß er eine wenigstens fünfzigprozentige Chance hatte, auch diesen Film weitgehend als Fehlschlag beurteilt zu sehen. »Man muß fähig sein, sich davon überhaupt nicht beeindrucken zu lassen«, fuhr er fort. »Denn die Verlockung ist, daß das Leben immer viel angenehmer ist, wenn man eine Reaktion wie bei *Hannah und ihre Schwestern* bekommt. Du bringst einen Film heraus, und dein Telefon steht nie still, und alle sagen: ›Einfach wunderbar‹; und Orion ruft an: ›Wir haben in St. Louis eröffnet, und du hast dort nie viel geschafft, aber dieser Film hat gerade jeden Rekord gebrochen.‹ Plötzlich widmet man dir ungeheure Aufmerksamkeit, der finanzielle und der kritische Erfolg stellen sich ein, und du mußt die Perspektive bewahren und darfst alledem nicht den geringsten Wert beimessen.« Er lachte. »Denn sonst fängst du an, für diese Dinge zu arbeiten. Du mußt bereit sein, den Erfolg aufzugeben. Bei *Eine andere Frau* mußte ich bereit sein, von meinem Produzenten Bobby Greenhut angerufen zu werden und zu erfahren: ›Sie haben den Film gesehen und wollen dir das Beekman Theater nicht geben. Nicht einmal das Tower East.‹ Ich bin es gewohnt, in New York alles zu kriegen, was ich will. Aber dann sehen sie einen solchen Film und denken: ›Nein, damit gehen wir unter. Den wollen wir nicht.‹ Darauf mußt du vorbereitet sein und erwidern: ›Okay, ich nehme ein kleineres Kino.‹ Beim nächstenmal darfst du dir nicht sagen: ›Also, das will ich nicht wieder durchmachen. Ich möchte ein gutes Kino haben, und ich möchte, daß der Film Erfolg hat. Ich will die Kritiker nicht vor den Kopf stoßen, ich will das Publikum nicht vor den Kopf stoßen.‹ Daran darf man einfach nicht denken. Sonst hat man nur nach fremden Maßstäben Erfolg.«

Eine seiner Methoden, sich seine eigenen Maßstäbe zu bewahren, besteht darin, daß er fast nie Dinge liest, die über ihn geschrieben werden, oder sich seine recht seltenen Fernsehinterviews anschaut. Allerdings las er in einem Moment der Neugier Canbys Kritik von *Eine andere Frau* – die erste Besprechung seit zwei Jahren, die er sich ansah. Es war nicht der richtige Moment, um neugierig zu sein, da die Kritik so unvorteilhaft war. Doch er reagierte mit nur milder Enttäuschung, und der Artikel gab ihm zu denken. »Was mir wirklich seltsam vorkam, war mein Mangel an Erregung. Ich hatte es mit einer Minikrise zu tun, dachte aber nur: ›Gott, ich habe mir diese Kritik von einem Mann geholt, den ich mag und respektiere und der immer so großartige Rezensionen über meine Sachen schreibt, und er konnte diesen Film nicht ausstehen.‹ Doch es bedeutete mir so wenig. Ich war weder anderer noch der gleichen Meinung wie er. Und ich fragte mich: ›Bin ich verantwortungslos Orion gegenüber, wenn ich mit deren Geld einen Film drehe und mich keine Sekunde lang um die Kritik schere, sie einfach an mir abgleiten laß? Verpasse ich im Leben etwas, da ich so unbeteiligt bin, daß ich nicht triumphiere, wenn ein Film ein Erfolg ist, und mir nichts daraus mache, wenn er keiner ist?‹«

Seine Antwort lautete, daß diese Ereignisse nur ein kleiner Teil des größeren Ganzen seiner Karriere waren. Er hat über einen so langen Zeitraum hinweg Erfolg gehabt, daß er Einzelerfolge aus einer anderen Perspektive sieht als jemand, der weniger produziert und weniger Ehrerbietung erfährt. Im Rückblick auf die gewaltigen Erfolge von *Manhattan* und *Hannah und ihre Schwestern* sagte er: »Du stehst an dem Tag auf, und in den Zeitungen heißt es, der Film sei herrlich und die Leute bildeten Schlangen vor dem Kino, was man natürlich nicht sieht, es sei denn, man macht sich die Mühe, sich selbst davon zu überzeugen. Das tat ich am Anfang meiner Karriere, aber nicht mehr seit *Der Schläfer*. In Wirklichkeit geschieht überhaupt nichts. Ich bin hier bei Mia und spiele mit Dylan oder tue sonst was, und der Film wird in verschiedenen Kinos gezeigt, und die Leute sehen ihn sich an. Aber ich muß immer noch nach Hause gehen und auf der Klarinette üben.

Es ist nicht so, wie du es dir als Kind vorstelltest, als du in *Act One* [Moss Harts Autobiographie] vom Leben im Showbusineß last. Er dachte: ›Wenn ich je aus dieser Umgebung in Brooklyn rauskomme, werde ich eine Premiere am Broadway haben. Das wird ein Hit, und am nächsten Tag lädt man mich zum Dinner ein, und ich gehe zu Cocktailpartys.‹ Natürlich geschieht dies normalerweise nicht, und in den wenigen Fällen, in denen es doch geschieht, hat es nichts zu bedeuten, und man versucht, sich aus der Teilnahme herauszuwinden«, sagte Woody belustigt. »Dadurch ändert sich das Leben nicht. Es ändert sich nur in professioneller Hinsicht mit dem ersten oder zweiten Kassenschlager, aber ich weiß, daß ich, wenn *Eine andere Frau* ein so großer Hit wie *Hannah und ihre Schwestern* oder ein so großer finanzieller Fehlschlag wie *September* wird, trotzdem immer noch meinen nächsten Film machen werde. Ich bin nicht in einer Position, in der plötzlich alles zugrunde geht.«

Einer der Vorteile von Woodys Arbeitstempo besteht darin, daß er wenig Zeit hat, über alten Projekten zu brüten, weil das nächste bereits wartet. Im Falle von *Eine andere Frau* war es der Schnitt seiner Episode der *New Yorker Geschichten*, die etwa gleichzeitig mit den Nachaufnahmen zu *Eine andere Frau* gedreht worden war. Eines Tages stand er neben dem Plattenteller im Schneideraum und versuchte, ein Stück Klaviermusik zu finden, das Frankie Carls »If You Were the Only Girl in the World«, zu dem die Rechte nicht verfügbar waren, ersetzen konnte. Neben ihm war ein Stapel von etwa zwanzig Platten, die er aus den Regalen unter mehreren hundert Alben – hauptsächlich Musik der zwanziger bis zu den frühen fünfziger Jahren – hervorgezogen hatte. Wiederholt setzte er den Tonarm auf Platten von Erroll Garner, Earl »Fatha« Hines, George Shearing und anderen, doch vergebens. Die eine war »zu barock«, die andere »zu süßlich«, die dritte erinnerte ihn an »eine Cocktailbar«. Er benötigte »ein Stück des richtigen Alters, nicht zu alt, nicht Fats Waller. Ich brauche eine unkomplizierte Melodie«, sagte er und legte eine weitere Platte auf.

Gerade in diesem Moment kam Mia mit Satchel herein, und er ging hinaus, um sie in der kleinen Vorhalle zu begrüßen, die gleichzeitig als Büro dient. Dylan war bereits da und hatte sich vorher den Spaß gemacht, Woody im Vorführraum hin und her rennen zu lassen. (»Ich laufe hin und her, während der Film in den Orkus geht«, klagte er, obwohl die Jagd ihm ebenfalls Spaß machte.) Auch Sandy Morses neugeborener Sohn Dwight war in der Nähe. Noch kurz zuvor wäre dies ein höchst unwahrscheinlicher Ort für eine solche Kinderversammlung gewesen, doch nun meldete Jane Martin sich bereits am Telefon mit den Worten »Kinderhort Manhattan«.

Seit mehreren Tagen lag ein gelber Zettel, von Woody mit »Oedipus Wrecks« beschrieben, auf dem Schreibtisch. Er hielt ihn Mia hin.

»Was hältst du davon als Titel?«

Sie lächelte. »Es ist witzig.«

»Ich möchte nicht wissen, ob es witzig ist, Liebling, ich möchte wissen, ob es ein guter Titel ist.«

»Ja, aber es könnte für die meisten Zuschauer etwas zu abgehoben sein, besonders als Titel.«

»Es macht mir nichts aus, abgehoben zu sein – nicht, daß es wirklich so wäre.« Er verschwand im Schneideraum. »Außerdem fühle ich mich nie wohl, wenn ein zu großes Publikum weiß, wovon ich rede.«

Woody benutzt Mia als »Resonanzboden«, nicht nur was Titel, sondern auch was die Nuancen der Rollen betrifft, die er für sie schreibt. Er spricht über alle Personen, die er sich jeweils ausdenkt und bittet sie um ihre Reaktion. Häufig macht sie hilfreiche Vorschläge. Zum Beispiel geht es auf ihre Anregung zurück, daß Marions Handlungen direkt von Hopes durch die Wand zu hörenden Worten ausgelöst werden sollten. Ihre professionelle Beziehung ist so sehr mit ihrem persönlichen Leben verflochten, daß Mia ihre Karriere auf ganz andere Voraussetzungen stützt, als sie es vor der Verbindung mit Woody tat. Ihre Erfahrung war die einer Schauspielerin, die den Launen Hollywoods ausgesetzt ist. Nun weiß sie, daß sie alljährlich eine interessante Rolle haben wird. Zudem ist Woodys Arbeitsweise ganz anders, da seine Filme unabhängig, seine Etats geringer als üblich sind und da er behutsam mit Publizität umgeht. Er ist nicht bereit, im Frühstücksfernsehen – eine begehrte Werbemöglichkeit nach den meisten Maßstäben – Reklame für seine Filme zu machen, und er erwartet nicht, daß Mia (oder andere an seinen Filmen Mitwirkende, wenn sie es nicht unbedingt wollen) Werbung für sie treibt. Auf der Leinwand ist Mia, wie Woody sagt, »so filmstarhaft. Die Kamera verschlingt sie geradezu«, doch in ihrer Karriere ist sie keineswegs filmstarhaft. Man bietet ihr regelmäßig Rollen in anderen Filmen an, und sie wäre bereit, einen wirklich spektakulären Auftrag anzunehmen, aber sie ist zufrieden, wenn sie einen Film pro Jahr mit Woody – manchmal in einer großen, manchmal in einer kleinen Rolle – drehen kann. Abgesehen von einer einträglichen Arbeitswoche in London für *Supergirl* (1983) hat sie seit dem Beginn ihrer Beziehung keinen Film für einen anderen Regisseur gemacht.

Kurz nachdem Dylan geboren wurde, schlossen Mia und Woody bei einer von Kitty Carlisle Hart gegebenen Dinnerparty Bekanntschaft mit Vladimir Horowitz und dessen Frau. Wanda Horowitz ist sehr direkt: »Mr. Woody Allen«, sagte sie, als sie einander vorgestellt wurden. »Sie sehen genauso aus wie in Ihren Filmen. Nicht schlechter, nicht besser.« (Sie hatte eine kleine Sprechrolle in *Verbrechen und andere Kleinigkeiten*.) Horowitz' Tod 1989 im Alter von vierundachtzig Jahren bedeutete den Verlust eines Freundes für sie und war eine unbequeme Mahnung für Woody. Als sie die Nachricht im Fernsehen hörten, waren sie Horowitz' Alter wegen »nicht besonders verblüfft, aber Mia und ich waren traurig. Innerhalb einer Minute einigten wir uns darauf, Wanda anzurufen. Dann rannte eines von Mias Kindern ins Zimmer. Die Katze war auf den Küchentisch gesprungen. Wir beeilten uns, die Katze fortzujagen, während die anderen Kinder hereinmarschierten und ihr Essen verlangten. Plötzlich war das ungeheuerliche Hinscheiden eines Menschen Vergangenheit geworden. Die drängenderen Trivialitäten des Lebens kamen dazwischen. Mia war sofort die eifrige Mutter, packte die Katze und tischte die Nudeln auf. ›Siehst du, wie das Leben weitergeht?‹ sagte sie zu mir. Es ist eine Idee, die mir großes Unbehagen bereitet, wenn ich darüber nachdenke, was häufig geschieht. Wie zart und flüchtig das Leben im schonungslosen Strom der unbedeutenden Notwendigkeiten ist, die die alltägliche Existenz ausmachen.«

Woody war endlich in der Lage, Denholm Elliott eine Rolle in *September* zu geben, dem finanziell am wenigsten erfolgreichen seiner Filme, der 1987 anlief. Von einem technischen Standpunkt aus war er jedoch sehr erfolgreich, was die Verfilmung eines Bühnenstücks betraf, denn es gelang ihm, die üblichen Probleme wiederholter Nachaufnahmen und einer statischen Kamera zu vermeiden. »Ich glaube nicht, daß ich je ein Stück mit unverändertem Szenenaufbau gesehen habe, das so elegant verfilmt wurde«, schreibt Vincent Canby, der vom Drehbuch weniger begeistert ist. »Er gestattet uns, zu jedem Zeitpunkt zu spüren, wo sich sämtliche Personen im Raum aufhalten.« Der Film liefert jedoch ein gutes Beispiel dafür, wie Woody seine Werke umarbeitet, wie er Rollen, wenn nötig, neu besetzt und wie er von neuen Herausforderungen angezogen wird. Er konzentriert sich auf sechs Personen in einem Sommerhaus und ihre Wunsch- oder tatsächlichen Beziehungen: eine Mutter (Elaine Stritch) und ihre Tochter (Mia Farrow) mit einer traumatischen Vergangenheit, die starke Bitterkeit hervorruft; die beste Freundin (Dianne Wiest) der Tochter, deren eigenes Leben völlig konfus ist und die sich zu einem Besuch eingefunden hat; einen Werbetexter (Sam Waterston), der ein Buch schreiben möchte und das Gästehaus auf dem Grundstück gemietet hat; einen älteren Nachbarn (Denholm Elliott), der sich nach der Tochter verzehrt; und den gegenwärtigen Ehemann der Mutter, einen derben Physiker (Jack Warden). Die Handlung spielt sich ausschließlich im Haus ab.

Woody hatte sich seit langem gewünscht, einen Kammerspielfilm mit kleiner Besetzung an einem einzigen Ort zu drehen. Eine Möglichkeit ist, sich für die Form eines Bühnenstücks zu entscheiden. Im Unterschied zu Dramen, die für die Bühne geschrieben und dann für den Film adaptiert werden, häufig mit wenig zufriedenstellenden Ergebnissen, ist *September* in jedem Sinne ein Drehbuch. »Es war für den Film geplant«, sagte Woody vor der Freigabe. »Es wurde wie ein Film gedreht und ist deshalb, wie ich hoffe, nicht theatralisch. Die Perspektive des Publikums ändert sich dauernd, was in einem Bühnenstück unmöglich ist, und die Kamera kann sehr dicht heranfahren und innerhalb derselben Einstellung mehrere Male variieren. Daneben braucht dieser Film nicht einen etwaigen Bühnenerfolg oder irgendwelchen praktischen Anforderungen einer Bühne gerecht zu werden.«

Es handelt sich um ein Drama mit komischen Momenten, die sich aus den Persönlichkeiten der Akteure ergeben. Wenn dies und die ländliche Szenerie an Tschechow oder Turgenjew erinnern, dann nicht ohne Absicht. Obwohl ein Sommerhaus, wenn man Woodys Haltung zur Natur bedenkt, kaum geeignet ist, seine

Aufmerksamkeit zu wecken. In Wirklichkeit wurde der Film in einem für Tonaufnahmen eingerichteten Atelier gedreht.

Zunächst hatte es jedoch einen anderen Plan gegeben. Als ursprünglicher Drehort war Mias Landhaus in Connecticut vorgesehen. Sie versucht dauernd, ihn dorthinzuschleppen, damit er die Freuden der freien Natur genießen kann (bei einem Eignungstest stellte sich einmal heraus, daß Mia Försterin hätte werden sollen), und er hat stets Schwierigkeiten, ihren Wunsch zu erfüllen (kein Eignungstest würde für Woody je zu einem ähnlichen Ergebnis führen). Eines Tages, als sie in der Umgebung ihres Hauses spazierengingen, bemerkte Mia: »Dies wäre eine wunderbare Szenerie für ein kleines russisches Stück. Es ist so vollkommen, und es würde Spaß machen, hier zu drehen. Die Kinder wären hingerissen, und du hättest dauernd etwas zu tun.«

Woody biß an. »Ich dachte: ›Was für eine Tschechowsche Atmosphäre‹«, erzählt er später. »Es ist ein Haus auf vielen Morgen Land, abgeschieden an einem kleinen See. Hier und da gibt es Bäume, ein Feld, eine Schaukel. Es erinnerte mich sofort an den Schauplatz der Geschichten von Turgenjew und Tschechow, die ein gewisses Maß an Komik enthalten. Der Film ist keine echte Komödie, aber vielleicht eine Komödie der Verzweiflung und der Angst.«

Mias Landhaus lieferte die Inspiration für den Schauplatz, doch die Handlung hatte Woody seit Jahren beschäftigt. Wenn es im Leben zu einem traumatischen Ereignis kommt, werden manche davon zugrundegerichtet, während andere praktisch unberührt bleiben. Das Interessante war für Woody nicht das Ereignis selbst – der viele Jahre zurückliegende Mord am Liebhaber der Mutter, den anscheinend die damals noch sehr junge Tochter verübt hat –, weshalb er es in keiner Rückblende zeigte. Was ihn interessierte, waren die langfristigen Reaktionen.

Nachdem es Mia fast gelungen war, Woody zu einem längeren Aufenthalt auf dem Lande zu verlocken, wurde ihr Plan ausgerechnet von der Natur selbst vereitelt. Der Terminkalender machte es notwendig, den Film im Winter zu drehen, aber die kahlen Bäume und die Kälte schufen eine von Woody nicht gewünschte Atmosphäre. Deshalb entwarf Santo Loquasto, Woodys früherer Kostümbildner und heutiger Production Designer, einen Set, der den Aufbau der Räume eines Sommerhauses im Atelier zuließ. Die freie

Natur ist nie zu sehen, sondern sie wird nur durch Licht oder Dunkel hinter geschlossenen Jalousien, durch Klangeffekte und Hinweise im Dialog angedeutet. Das ursprüngliche Design sah vor, die Natur durch die Fenster hindurch zu simulieren, und man brachte Bäume ins Studio. Aber Woody meinte, daß das Stück durch sie etwas Künstliches erhielt – nicht in fotografischer, sondern in atmosphärischer Hinsicht. Er wollte die Aufmerksamkeit nach innen lenken und vermeiden, daß das Publikum durch einen prächtigen Sonnenuntergang oder das Rascheln der Blätter von den Beziehungen der Personen abgelenkt wurde. Je stärker der Schauplatz »verinnerlicht« wurde, desto zufriedener war er. Letzten Endes beschloß man, keine Aufnahmen durch das Fenster hindurch zu machen, auf eine Simulierung der Natur zu verzichten und völlig im Inneren zu bleiben.

Das Ensemble hatte sich noch nicht ganz herausgebildet. Zunächst sollten Mia die Tochter, Maureen O'Sullivan die Mutter, Dianne Wiest die Freundin, Denholm Elliott den Physiker und Charles Durning den Nachbarn spielen. Den angehenden Schriftsteller verkörperte Christopher Walken, den Woody als »einen meiner Lieblingsschauspieler« bezeichnet: »Ich setzte ihn in *Der Stadtneurotiker* ein und brannte darauf, wieder mit ihm zusammenzuarbeiten. Ich halte ihn für einen großartigen, glänzenden Schauspieler.« Aber nach ein paar Wochen Dreharbeit kam es zu Meinungsverschiedenheiten, wie sie sich manchmal zwischen Regisseuren und Schauspielern einstellen. Woody sagte: »Wir konnten uns nicht einigen, und statt einander dauernd Zugeständnisse zu machen, beschlossen wir, von vorn anzufangen.« Also wurde Sam Shepard engagiert, und der Film war innerhalb von zehn Wochen fertig. Mehr oder weniger.

Nachdem Woody mit dem Schnitt begonnen hatte, merkte er, daß eine Reihe von Dialogen zu gekünstelt und zu lang waren; daß die Handlung durch viele Konstruktionsprobleme verlangsamt wurde; und daß die Spannung, die er sich wünschte, zu spät entstand. Dies alles ist nicht ungewöhnlich; er schreibt häufig nicht weniger als die Hälfte eines Drehbuches um, wie etwa im Falle von *The Purple Rose of Cairo*. Es sind unter anderem Woodys lange Totalen, die so umfassende Überarbeitungen nötig machen. Wenn eine Szene fünf Minuten lang ist, doch eine Einstellung von drei Sekunden nicht stimmt, kann nicht einmal der kunstvollste Schnitt die ganze Szene retten. Außerdem wurde der gesamte Film durch den Set und die Bühnenqualität definiert. Die Probleme, die Woody entdeckte – etwa im Zusammenhang mit der Konzeption der Gestalten –, hätten genausogut auf der Bühne wie in einem Film auftreten können. Als er die erste Version sah, wurde ihm deutlich, daß manche Textaussagen überflüssig waren, während anderes unbedingt ausgesprochen werden mußte. Die Situation ist die gleiche wie bei einem Dramatiker, dessen Stück in Philadelphia läuft und der gewisse Szenen in seinem Hotelzimmer umschreibt – mit dem einzigen Unterschied, daß so etwas im Film umständlicher und teurer ist. Da der Set immer noch in den Astoria Studios stand, beschloß Woody, nicht an den Teilen herumzubasteln, sondern das Ganze lieber noch einmal zu drehen. Heute würde er den Film gern ein drittes Mal drehen, »um ein paar Experimente zu machen und um einfach zu sehen, wie sich andere Beziehungen entwickeln können. Aber das ist natürlich ein reines Hirngespinst.«

Schon die erste Neuaufnahme wirkte sich verheerend auf das Ensemble aus. Mittlerweile lag Maureen O'Sullivan mit einer Lungenentzündung im Krankenhaus, und Charles Durning war durch ein anderes, seit langem geplantes Projekt gebunden. Woody und Shepard hatten sich ebenfalls nicht über die Rolle des Schriftstellers einigen können, und als Woody ihn ersetzte, führte dies zu der schärfsten öffentlichen Einschätzung seiner Talente durch einen Schauspieler. Kurz darauf äußerte Shepard im *Esquire:* »[Woody Allen und Robert Altman] verstehen nicht das geringste von Schauspielern. Sie sind saumäßig als Regisseure, wenn es um den Umgang mit Schauspielern geht. Die beiden mögen große Filmemacher sein, aber sie haben keinen Respekt vor Schauspielern. Sie haben keine Ahnung von der Schauspielerei. Allen weiß sogar noch weniger als Altman, nämlich nichts.«

Sam Waterston übernahm Sam Shepards Rolle, und Elaine Stritch löste Maureen O'Sullivan ab. Die beiden Schauspielerinnen hatten einen unterschiedlichen Hintergrund – Stritch kam von der Bühne, O'Sullivan vom Film –, und sie gaben unterschiedliche Interpretationen der Rolle. »Weil Maureen älter ist, war sie verletzlicher, während Elaine stärker über den Dingen steht«, sagte Woody nach den Aufnahmen. »Aber beide waren gut, und deshalb könnte dies auf unterschiedliche Weise auf die Bühne gebracht werden.« Die Rolle der Mutter verlangte kaum Änderungen, wohingegen die des Werbetexters und hoffnungsvollen Schriftstellers erheblich umgeschrieben werden mußte, denn, mit Woodys Worten, »Sam Shepard erweckt den Eindruck eines mundfaulen, attraktiven Einzelgängers aus der Prärie, während Sam Waterston wie jemand aus dem östlichen Teil des Landes, vielleicht aus Boston, wirkt«.

September, Hannah und ihre Schwestern und *Innenleben* mögen verwandt sein, doch eher durch eine gedankliche Verbindung als durch geradlinige Abstammung. »Alle waren als ernste Filme gedacht, in denen Familienbeziehungen untersucht werden«, erläutert Woody. »*September* ist weniger intellektuell und viel, viel warmherziger als *Innenleben*, aber nicht so warmherzig und ungezwungen wie *Hannah und ihre Schwestern*, ein amüsanterer Film, weil ich mitwirke und eine komische Gestalt in einer komischen Notlage spiele, und auch Michael Caines Dilemma eines Mannes, der sich in die Schwester seiner Frau vernarrt hat, ist auf seine Weise komisch.«

Acht von Woodys Filmskripten – von *Der Stadtneurotiker* bis hin zu *The Purple Rose of Cairo* – sind in Buchformat herausgekommen und bieten sich als Texte für die Ausbildung von Drehbuchautoren an. Man macht ihm immer wieder Komplimente, weil seine Skripte so straff seien, und dieses Lob muß ihn belustigen, denn er weiß, daß die Text stärker durch Umschriften und Nachaufnahmen gestaltet wurden als durch die ursprüngliche Niederschrift. Einige Filme erhielten durch glückliche Zufälle eine bemerkenswerte Note. Die fast drei Dutzend typischen New Yorker Bilder, mit denen *Manhattan* beginnt – rasche Aufnahmen der Skyline, der Brooklyn Bridge, des Broadway, von Joggern im Park, überfüllten Bürgersteigen, der Park Avenue, des Fulton Fish Market und so weiter –, schließen mit einem hinreißenden Feuerwerk über dem Central Park. Alle vorherigen Bilder waren sorgfältig ausgewählt und speziell aufgenommen worden. Dann, als der Film fast beendet war, erfuhr Woody von dem bevorstehenden Feuerwerk; Willis, eine Crew und er begaben sich zum Apartment der Eltern eines der Produktionsmitarbeiter am Central Park West, und der Kameramann lehnte sich aus einem Badezimmerfenster, um das Spektakel aufzunehmen. Gewöhnlich sind die Ummodelungen und Ergänzungen planvoller, doch wie sie auch zustande kommen, sämtliche Filme Woodys machen vom Drehbuch bis zur Freigabe einen beträchtlichen Wandel durch. Manche, etwa *Der Stadtneurotiker*, haben kaum noch Ähnlichkeit mit der ersten Vision.

Manhattan hatte ein ernstes Problem im dritten Teil, da sich viele Beziehungen zuspitzten, ohne daß es zu einer Konfrontation zwischen den beiden Freunden kam, die sich in dieselbe Frau verliebt hatten. Marshall Brickman, der zusammen mit Woody an dem Skript arbeitete, drängte ihn, eine Szene zu schreiben, in der die Freunde aufeinanderprallen. Zunächst hatten sie nur eine flüchtige Auseinandersetzung am Telefon, doch dies ließ auf der Leinwand den gewünschten Effekt vermissen. Es ist schwierig, beim Verfassen eines Drehbuches genau das Gleichgewicht zu finden, damit man dem Publikum so knapp voraus ist, daß sein Interesse gewahrt bleibt, doch nicht so weit voraus, daß es sich verloren fühlt; natürlich darf man auch nicht hinter ihm zurückbleiben, damit es das, was die Bilder zeigen, noch nicht weiß oder empfindet. Nachdem Woody und Marshall sich den Film zum erstenmal angesehen hatten, war ihnen klar, daß etwas Neues hinzukommen mußte, doch eine Schwierigkeit bei der von Brickman gewünschten Szene war, daß Woody auf der Leinwand etwas tun sollte, was er im Leben niemals täte: einen Freund anbrüllen und wütend über ihn werden.

Brickman setzte sich durch. Die Szene, die Woody schrieb – die Zusammenfassung könnte einem schwülstigen Roman entstammen –, folgt einer anderen, in der Mary (Diane Keaton) Ike (Woody) mitteilt, daß sie Yale (Michael Murphy) immer noch liebe. Unterdessen hat Ike seine Beziehung zu Tracy (Mariel Hemingway) abgebrochen, und zwar aufgrund seiner neuentdeckten Gefühle für Mary, die er zu treffen begann, nachdem Yale ihn vom Ende des Verhältnisses mit ihr unterrichtet hatte. Mary versucht, sich auf die peinliche und klägliche Art, die für solche Ereignisse kennzeichnend ist, zu entschuldigen, doch Ike will nichts davon hören. »Ich brauch ein bißchen frische Luft«, sagte er und geht hinaus auf die Straße.

Innen. Universität. Tag.
(Zwei Mädchen betrachten das Schwarze Brett. Ike kommt herein und stürmt den Flur entlang zu Yales Hörsaal. Ike bleibt stehen und schaut durch das Flurfenster zu Yale und den

Studenten hinein. Ike klopft an die Tür. Yale schaut ihn an. Ike
bedeutet Yale herauszukommen und klopft noch einmal an die
Tür. Yale geht zur Tür und öffnet sie.)

YALE

Wie bist du überhaupt durch die Sicherheitskontrolle gekommen?

IKE

Wieso? Ich bin einfach vorbeigegangen.

Innen. Ein leerer Hörsaal. Tag.

(Yale und Ike kommen in den Hörsaal. Yale schließt die Tür.)

IKE

(seufzt) Was erzählst du mir da, daß du, du, du... Emily
verlassen willst... ist das wahr... und... und mit dieser, dieser, dieser Hauptgewinnerin des Zelda-Fitzgerald-Preises für
besondere Gefühlsreife durchbrennen willst?

YALE

Hör zu, ich liebe sie. Ich habe sie immer geliebt.

IKE

(seufzt) Oh, was für 'ne Sorte beknackter Freund bist du überhaupt.

YALE

Ich bin ein guter Freund. Ich habe euch beide bekannt gemacht,
wenn du dich bitte mal erinnern würdest.

IKE

Warum? Wo ist der Witz? (kichert) Ich verstehe überhaupt
nichts.

YALE

Nun, ich dachte, sie gefällt dir.

IKE

Ja, sie gefällt mir. Jetzt gefällt sie uns beiden.

YALE

Ja, aber mir gefiel sie zuerst.

IKE

»Mir gefiel sie zuerst.« Wie alt bist du... bist du sechs Jahre alt?
Lieber Gott!

YALE

Hör mal... Ich dachte, es wäre vorbei. Weißt du, ich meine,
hätte ich dir denn zugeredet, mit ihr auszugehen, wenn ich sie
immer noch gemocht hätte?

(Ike steht neben einem Skelett und schaut Yale an.)

IKE

Also, was nun! Du mochtest sie. Jetzt magst du sie nicht mehr.
Dann mochtest du sie wieder. Weißt du, du, du, äh, ich, es ist
noch nicht zu spät. Du kannst vor dem Abendessen noch mal
deine Meinung ändern.

YALE

Werd jetzt bitte nicht sarkastisch! Meinst du, mir macht das
Spaß?

IKE

Wie... wie lange wolltest du dich denn dauernd mit ihr treffen,
ohne mir was davon zu sagen?

YALE

Jetzt mach nicht wieder eine deiner großen moralischen Kisten
draus.

IKE

Du hättest es mir sagen... aber du, du... du hättest mich nur,
verstehst du, nur anzurufen brauchen, und mit mir darüber
reden. Mehr nicht. Ich hätte »Nein« gesagt, aber du wärst dir
wie ein anständiger Mensch vorgekommen.

YALE

Ich wollt's dir ja erzählen. Ich habe gewußt, daß du sauer sein
würdest. Ich, äh, ich, wir haben uns ein paarmal in aller Un-
schuld getroffen.

IKE

Ein paarmal. Sie hat gesagt, einmal! Ihr beiden, ihr solltet euch
erstmal auf eine Version einigen, weißt du. Habt ihr's denn nicht
geprobt?

YALE

Wir waren zweimal zusammen Kaffee trinken.

IKE

He, mach mal halblang. Sie trinkt überhaupt keinen Kaffee. Was
habt ihr wirklich gemacht? Euch zu Kaffee Hag getroffen? Das
ist nicht gerade romantisch. Weißt du, das klingt eher 'n bißchen
nach Altenpflege.

YALE

Also, ich bin schließlich kein Heiliger, okay?

IKE

Aber du... du machst es dir ziemlich leicht mit dir... siehst du das denn gar nicht? Weißt du, du... du, das ist dein Problem, das ist dein eigentliches Problem. Du rationalisierst alles. Du bist nicht ehrlich mit dir selbst. Du redest davon... daß du... daß du ein Buch schreiben willst, aber... aber, am Ende kaufst du dir lieber den Porsche, weißt du, oder... du, du betrügst Emily ein bißchen und du druckst mir gegenüber ein bißchen mit der Wahrheit herum... und als nächstes, weißt du, stehst du vor einem Senatsausschuß und nennst Namen und denunzierst deine Freunde!

YALE

Du bist so selbstgerecht, weißt du. Ich meine, wir sind auch nur Menschen, auch nur ganz normale Leute. Aber du denkst, du bist Gott.

IKE

Ich muß ja schließlich irgend 'n Vorbild haben.

YALE

Also, man kann einfach nicht so leben, wie du lebst, verstehst du. So perfektionistisch.

IKE

Himmel, was werden künftige Generationen über uns sagen. O Gott! Weißt du, eines Tages...

(Ike zeigt auf das Skelett.)

.... werden wir so wie er hier sein. Ich meine, daß d-d-du, äh, er war wahrscheinlich einer von den schicken Leuten. Er hat wahrscheinlich getanzt und Tennis gespielt und all so was. Und, und, und jetzt? Also, so wird's uns auch gehen.

(Ike zeigt wieder auf das Skelett.)

Weißt du, äh, es ist sehr wichtig, irgendwie ein Stück persönlicher Integrität zu bewahren. Weißt du, eines Tages werde ich, werde ich auch so in einem Hörsaal herumhängen. Und... und ich will sichergehen, daß man... wenn ich mich dünn gemacht habe, gut von mir denkt.

(Ike geht hinaus.)

Woody meint heute, daß er »die Szene verpatzte. Ich brauchte etwas, aber ich überkompensierte. Es wurde zu salbadernd«. Selbst wenn dies zutrifft, so war der Dialog doch hervorragend. Er ist anschaulich und witzig und verrät uns ungeheuer viel über die beiden Personen. Er könnte genauso gut in einem Roman wie in einem Film erscheinen; es ist seine literarische, nicht seine filmische Stärke, die den Zuschauer mitreißt, und dies war Woodys Absicht. Er wurde in erster Linie deshalb zum Regisseur, um seine literarische Produktion vor filmischen Entstellungen zu schützen. Und dies gelingt ihm, indem er seine minimale Regie führt, die das geschriebene Wort verständlich macht. »Ich habe nie beabsichtigt, das Publikum durch Hindernisse oder einen pompösen Stil vom Verständnis des Stoffes abzuhalten.« Er merkt an, daß er *Citizen Kane* niemals in dem barocken von Orson Welles benutzten Stil gedreht hätte. Allerdings möchte er die Waffen eines Filmemachers mittlerweile gern intensiver einsetzen und von der Kamera geschaffene, emotionale Effekte verwenden, um eine Geschichte mit den Mitteln zu erzählen, die nur dem Film vorbehalten sind.

»Es ist unmöglich, die Wirkung von [Bergmans] *Persona* oder [Fellinis] *Amarcord* mit Hilfe eines Romans zu vermitteln«, sagte er einmal. »Sie entsteht aus einer Kombination von Musik, Rollenverteilung, Kamerablickwinkel und Make-up. Es klingt prätentiös, aber diese Filme erreichen, daß man spürt wie die Filme auf den Zuschauer wirken; die Erfahrung dessen, was durch den Film selbst geschaffen wird, bringt eine Emotion hervor, die man beim Zuschauen verspürt.«

Dies hat er am umfassendsten in *Radio Days* erreicht, wo es viele Momente gibt, die nur mit Hilfe einer Kamera dargestellt werden können. Der Film besteht weniger aus Handlung und Personen als aus einer Reihe miteinander verflochtener Episoden. Jede hat einen Beginn, eine Mitte und ein Ende, doch der Zuschauer hat bei keiner das Gefühl, vor einem neuen Anfang zu stehen. In *Stardust Memories* benutzt er eine extreme Rollenbesetzung und Nüchternheit, um die subjektive, übertriebene und verzerrte Weltsicht einer Person sichtbar werden zu lassen. Auch *Alice* verfügt über Träume und Bilder, die spektakuläre Besonderheiten der Filmkunst sind. Aber *The Purple Rose of Cairo, Hannah und ihre Schwestern* und *Verbrechen und andere Kleinigkeiten* hätten alle unzweifelhaft als Romane geschrieben werden können, ebenso wie *Der Stadtneurotiker*. Dieses Gefühl stellt sich bei Akira-Kurosawa-Filmen wie *Die sieben Samurai* oder *RAN* nicht ein, ebensowenig wie bei Bergmans *Schreie und Flüstern*, einem fast wortlosen Drama. Und wenn Woody zwanzig Filme gedreht hat, hat er bisher nicht alle Mittel der Regie ausgeschöpft. Zuerst hat er sich auf Komik, die seine

Stärke war, verlassen. Dann stützte er sich auf literarische Qualität, eine weitere seiner Stärken. Bisher ist er nicht bereit, in sich geschlossene Drehbücher aufzugeben und sich mehr auf die Regiekunst zu verlassen, um Werke herzustellen, die allein durch den Gebrauch filmischer Mittel und der Kamera ihre *Moments* gewinnen. »Ich glaube, es ist nicht wichtig für mich, dies zu tun«, sagt er.

Woody hat keinen Film während der Dreharbeiten stärker verändert als *Verbrechen und andere Kleinigkeiten*. Nachdem er den Rohschnitt gesehen hatte, ließ er nicht weniger als ein Drittel der Handlung fallen und schrieb das Skript praktisch von Anfang an um. In der Originalfassung arbeitete Halley (Mia) als Altenpflegerin, nicht wie später im Film als Fernsehproduzentin; sie war mit einem Zeitschriftenredakteur verheiratet, der dem Publikum vorgestellt wird, und hatte eine Affäre mit einem Mann, den die Zuschauer flüchtig sehen, als Cliff (Woody) und seine Nichte Jenny (Jenny Nichols) ihr heimlich durch den Central Park folgen; der Dokumentarfilm, den Cliff dreht, damit er mehr Zeit mit Halley verbringen kann, in die er sich verliebt hat, handelte von einstigen Varietékünstlern, die als Patienten in ihrem Pflegeheim leben, hatte also nichts mit dem witzigen und vernichtenden Film im Film zu tun, den er über seinen Schwager Lester (Alan Alda) macht; und am Ende gab Cliff sich bei der als Höhepunkt dienenden Hochzeit als Fernsehproduzent aus, um ein Verhältnis mit einer von Sean Young gespielten hoffnungsvollen Schauspielerin anzuknüpfen, mit der man ihn in einer heiklen Situation ertappt, als ein Vorhang im Ballsaal versehentlich geöffnet wird. Die letzte Szene zeigt ihn mit Jenny, seiner einzigen wirklichen Freundin, die ihm erklärt, daß kleine Mädchen die Hoffnung der Welt seien. Zudem war der Cliff und Jenny betreffende Handlungsstrang viel stärker, ebenso wie der seiner nach Romantik dürstenden Schwester Babs. Die Geschichte Judahs (Martin Landau), der fürchtet, daß sein Leben zerstört werden wird, wenn seine frühere Geliebte Del (Anjelica Huston) ihre Affäre und seine zwielichtigen Finanzgeschäfte mit einer Wohltätigkeitsorganisation enthüllt, hatte mehr Nachdruck als die anderen. Judah stand im Mittelpunkt des Films: Judah und sein Tun beleuchten profunde Fragen von Glauben und Moral.

Als Woody sich Ende März 1989 den ersten Rohschnitt des Films angeschaut hatte, sagte er: »Tja, die gute Nachricht ist, der Film ist besser, als ich dachte, abgesehen von den unerläßlichen Schnitten und Kürzungen. Die schlechte Nachricht ist, daß Mia und meine Geschichte nicht überzeugt.« Trotzdem war er nicht deprimiert. »In diesem Stadium habe ich mich vielleicht nie besser gefühlt. Wenigstens habe ich nicht den Drang, alles in die Luft zu jagen.«

Wie es ihrem Standardvorgehen entspricht, kamen Woody und Sandy Morse im Vorführraum zusammen, wo sie mehrere Stunden lang über die Neugestaltung des Films diskutierten. Woody begann mit dem Ende: »Wir könnten von meiner Verzweiflung zu Esther Williams auf der Leinwand überblenden, dann zu einem Gespräch zwischen mir und Jenny – ich sage etwas in der Art von ›Mein Leben geht weiter‹, und wir haben die Andeutung eines Happy-Ends. Danach ›Ende‹ in dem Film auf der Leinwand. Nicht gerade allzu optimistisch, aber jedenfalls wird's nicht schlimmer. Wir könnten auch *Yankee Doodle Dandy* oder *It's a Wonderful Life [Ist das Leben nicht schön?]* benutzen, obwohl ich Zweifel hätte, das am Ende zu verwenden. Es ist eine solche Kalenderkunst, und viele Leute könnten verärgert sein, weil es ein so ehrwürdiger Film ist.« Nun wandte er sich Judahs Geschichte zu. »Waren wir zu schnell?«

»Zuviel Expositionsmaterial würde die Dinge nur verlangsamen.«

»Richtig. Die Frage ist, ob wir den religiösen Aspekt am Anfang genug betonen. Anders ausgedrückt, eine klarere Darlegung des Filmthemas: Keine höhere Macht wird uns für unsere Missetaten bestrafen, wenn wir nicht erwischt werden. Wenn man das weiß, muß man sich für ein gerechtes Leben entscheiden, oder es herrscht Chaos, aber so viele Menschen entscheiden sich nicht dafür, so daß schon *jetzt* Chaos herrscht – und dies ist zu beweisen oder zu widerlegen.«

Woody dachte weiter laut nach. Ihm mißfiel, daß Del in den beiden ersten Szenen mit Judah hysterisch ist. Er beschloß, die beiden Szenen zu einer einzigen umzuschreiben. Dann betrachtete er eine Szene mit Judah und dessen Bruder Jack (Jerry Orbach), der Dels Ermordung arrangiert. Er hielt nichts mehr davon, daß der von Schuld gequälte Judah fragt: »Wie sind wir das geworden, was wir sind?« und wollte die Szene noch einmal drehen.

»Judah ist ein weltlicher Mensch, aber er hat noch einen Funken von Religion aus der Zeit, in der sie ihm als Kind eingepaukt wurde«, sagte Woody. »Mir scheint, daß wir am Anfang zwei

Informationsblöcke erhalten: Judah und sein Geheimnis [die Affäre mit Del] und das religiöse Zeug. Ich möchte alles am Anfang vereinheitlichen. Geht sie ihm durch den Kopf, während er seine Rede hält?« (Der Film beginnt damit, daß Judah für seine karitative Arbeit geehrt wird.)

Nach etwa anderthalb Stunden ließen sie sich das Mittagessen zustellen und gingen dann zu Mia über. Woody schritt beim Sprechen hin und her.

»Was wir in Mias Fall brauchen, ist im wesentlichen: Wir begegnen uns, ich verliebe mich. Daß sie verheiratet ist, scheint lästig, aber damit läßt sich leben.« Er überlegte. »Es ist ein künstlich eingeführtes Hindernis; ihr Mann, von dem ich nichts weiß. Ich treffe ein Mädchen, das zu reif und realistisch für Lester wirkt, doch sie bleibt an ihm hängen. Dann bemerke ich ihren Ehering bequemerweise mindestens eine Woche lang nicht. Die Geschichte mit Mia hat, davon abgesehen, keinen Gehalt. Es ist nichts anderes als die langsame Darstellung willkürlicher Informationen.«

»Meiner Meinung nach braucht man nur eine gewisse Empfindung, daß sie zu dir kommen könnte«, erklärte Sandy Morse. »Ich wünschte, du hättest mehr Grund zur Hoffnung. Ich wünsche mir mehr Intimität in der Champagnerszene [nachdem Halley Cliff in dessen Schneideraum mitteilt, daß Public Television an dem Film über Professor Levy interessiert ist, an dem er seit Jahren arbeitet] und im Jazzklub [den Cliff und seine Frau sowie Halley und ihr Mann eines Abends besuchen. In der Endfassung des Films treten Cliff, seine Frau, Halley und Lester in der Szene auf].«

Woody schüttelte den Kopf. »Es gibt hier keine spezielle Handlung für Mia. Alles ist nur Wühlerei – ein Versuch, Material zu finden.« Er suchte vergeblich nach einem Ausweg. »Die ursprüngliche Idee war, daß sie verheiratet ist und eine Affäre hat. Warum? Und was haben wir davon? Ist das interessanter als unser jetziger Stoff? Ich öffne eine Flasche Champagner, wir trinken, sie sagt: ›Meinen Glückwunsch, ich habe mit meinem Mann über Ihren Film [über den Professor] gesprochen.‹ Ich frage: ›Was ist er von Beruf?‹, und man sieht meine Enttäuschung darüber, daß sie verheiratet ist. Oder soll ich noch eine Szene mit Jenny drehen, in der ich sage: »Sie ist die erste Frau seit Jahren, die mich interessiert, aber sie ist verheiratet.‹ Bloß, wenn wir dazu zurückkehren, daß sie eine Affäre hat, ergibt sich ein Problem, daß ihre Gestalt nicht so sympathisch ist. Wenn ich die Sache also radikal umschreibe – wozu ich bereit bin –, und sie und ihr Mann am Tisch im Jazzklub Streit haben...« Er unterbrach sich mitten im Satz und schüttelte den Kopf. »Ich habe eine Szene verlängert, die nur einen Schnitt benötigt, und nun hat sie keinen Wert mehr.«

Er dachte kurz nach. »Sie könnte zum Telefon gehen, mir könnte schlecht sein und ich gehe zur Toilette, und dann geschieht etwas zwischen mir und Mia an der Telefonzelle, aber was? Ursprünglich war da die Information über ihre Affäre, und dies brachte die Auflösung.« Er trank aus einem Pappbecher, der Hühnersuppe mit Nudeln enthielt, und überlegte weiter. »Warum sagt sie nicht zu mir: ›Ich bin verheiratet, aber nicht glücklich verheiratet‹? Etwas muß an dieser Stelle Klarheit bringen. Es bricht mir das Herz, daß ich ihr nicht folgen kann.« Die Szene, in der Cliff und Jenny Halley durch den Central Park folgen und entdecken, daß sie den Mann trifft, mit dem sie eine Affäre hat, war sowohl amüsant wie glänzend fotografiert. Woody nahm ein allzu üppig gefülltes Puter-Sandwich und legte ein bißchen von dem Fleisch beiseite. Dann begann er, die Szenen laut umzuarbeiten.

»Judah findet Dels Leiche – das ist der düstere Teil. Dann filme ich Lester, und er macht sich auf spielerische Art an Halley ran.« Woody übernahm Lesters und Halleys Rollen.

»›Ich reise wieder nach Barbados.‹

Sie sagt: ›Ich kriege nicht nur Sommersprossen, sondern Ausschlag.‹

Ich warne Lester: ›Sie ist verheiratet und keines von den Dummchen, hinter denen du immer her bist. Sie ist intelligent und nicht dein Typ.‹

Er sagt: ›Sie ist nicht glücklich. Ich kam am Büro vorbei und hörte sie am Telefon, und die beiden brüllten sich an, und später weinte sie – die Anzeichen kenne ich.‹«

Woody sprach mit seiner eigenen Stimme weiter. »Dann blendest du zum Jazzklub über, der nun eine besondere Bedeutung hat. Ich weiß zufällig, daß ihr Mann eine Affäre hat, und ich bin über den Streit unterrichtet. Meine Blicke fragen Mia: ›Was ist los?‹

Oder vielleicht war Lester nicht so deutlich.« Wieder spielte er seine eigene Rolle und die Lesters.

»›Sie ist kein Flittchen‹, sage ich.

[zeigt auf seine Brust] ›Ich spüre hier so was. Ich weiß, diese Frau ist nicht glücklich. Sie sucht etwas.‹

›Das ist reines Wunschdenken, Lester.‹« Er redete wieder mit seiner eigenen Stimme. »Es gibt Lester mehr Resonanz, wenn sie sich mit ihm davonmacht.«

Sandy schüttelte den Kopf. »Ich weiß nicht, weshalb ich mich unwohl dabei fühle. Vielleicht ist es zu langweilig.«

Woody nickte. »Ja. Noch mehr zusätzliches Material. Die Überraschung muß sein, daß sie sich für ihn entscheidet. Im Vergleich mit Judahs Geschichte schaffe ich's hier nicht, genug wichtige Dinge passieren zu lassen.« Er setzte sich. Langes Schweigen. Er probierte zwei mögliche Szenen mit Lester und dem Professor aus, aber ohne Erfolg, und wandte sich dann den Szenen mit Cliffs Schwester zu.

»Ich halte nichts davon, an der Stelle im Film auf dieses Thema einzugehen«, erklärte Sandy. »Mia und du, ihr steht am Ende eines Sprungbretts, und die Frage ist, ob ihr es wagt oder nicht.«

»Wir müssen Babs heranziehen«, sagte Woody. »Ich brauche sie irgendwo. Vielleicht als meine Vertraute, nicht wegen ihrer eigenen Probleme. Wir benötigten eine Episode, in der Halley in den Schneideraum kommt, um mich aufzumuntern; ich erfahre vom Tod des Professors; am Anfang muß etwas Erregendes geschehen, und meine Schwester und meine Nichte sollten auch dabei sein.

Und dann ist da der Spaziergang im Park mit Mia (in dessen Verlauf sie sagt, sie wolle für ein paar Monate fortgehen, um ihr Leben ins Lot zu bringen, und seinen Heiratsantrag ausschlägt). Die Wahrheit ist, daß die Stelle nicht genug Gefühl hat. Es könnte sein, daß es besser gewesen wäre, die Sache länger hinzuziehen. Vielleicht habe ich diese Version zu schnell aufgegeben.«

Er biß in sein Sandwich und widmete sich dann ein paar Szenen bei der Hochzeit, bevor er zu Cliff und Halley zurückkehrte.

»Wie wär's hiermit?« Er schlug eine neue Richtung ein. »Ich bin verheiratet und verliebe mich in Halley, weil meine Ehe nicht sehr glücklich ist. Sie ist ledig, ich verknalle mich in sie, Lester macht sich halbherzig an sie ran, und schließlich sagt sie zu mir: ›Du bist verheiratet.‹ Und ich glaube, daß dies für sie das Haupthindernis ist, dabei will sie nur höflich sein. Dann fliegt sie nach London, um eine Sendung über Ausländer zu machen…« Er hob die Hände.

»Das hat keinen Zweck. Es ist zu masochistisch, wie ein deutscher Film aus den Zwanzigern.«

Nachdem sie lange von einer Szene zur anderen gesprungen waren, kehrten sie zum Ende zurück. Sandy schlug vor: »Wie wär's, wenn Jenny reinkäme und sagte: ›Laß uns abhauen. Es gibt einen tollen Mitternachtsfilm‹?«

Woody wurde heiterer. »Das ist schon besser. Es paßt nicht, wenn ich sage: ›Die Zukunft der Welt liegt bei kleinen Mädchen.‹ Ich bin gerade von Mia verraten und von Sean Young in Verlegenheit gesetzt worden. Mir gefällt die Idee einer überspannten Esther-Williams-Technikolorszene. Menschen singen und tanzen, dann blendest du zum Publikum über, und ich bin da. Ich sage ein, zwei Sätze – etwas Positives. Wir brauchen ein Ende wie in *Annie Get Your Gun (Duell in der Manege)*, ›There's No Business Like Show Business‹, Cowboys und Indianer. Da wäre *Yankee Doodle Dandy*, aber der ist schwarzweiß.«

»Wir könnten uns ja die kolorierte Fassung besorgen«, stichelte Sandy. Woody zwang sich zu einem Lächeln.

Als die Hälfte des Nachmittags vergangen war, hatte er eine recht klare Vorstellung von dem, was er tun mußte. »Dies könnte eine neurotische Grübelei sein, aber ich quetsche gern alles bis zum letzten aus. Es wäre selbstmörderisch, es nicht zu tun.« Er zuckte die Achseln. »Das Schlimmste, was passieren kann, ist, daß sie sich über mich ärgern und daß es mich Geld kostet.«

Zehn Szenen mußten umgeschrieben und neu gedreht werden, und es galt, die Verfügbarkeit von Schauspielern und Drehorten zu prüfen. »Wir brauchen nur ein paar kleine Finessen«, sagte Woody. Er grinste. »Finessen im Wert von einer Million Dollar.«

Woody hat nicht nur Mühe, ein angemessenes Ende für seine Filme zu finden, sondern es fällt ihm auch fast immer schwer, den richtigen Titel aufzuspüren. Manche, wie *Hannah und ihre Schwestern* und *Broadway Danny Rose*, bereiteten keine Schwierigkeiten, doch *Annie Hall (Der Stadtneurotiker)* stellte sich erst im letzten Moment ein und *Zelig* war ein großes Problem. Aber keiner dieser Filme war so schwer zu betiteln wie *Crimes and Misdemeanors (Verbrechen und andere Kleinigkeiten)*. Woodys ursprüngliche Wahl, *Brothers*, faßte die Beziehungen der Charaktere prägnant zusammen, und als er erfuhr, daß der Titel besetzt war, wußte er nicht weiter.

Nach Monaten der Titelsuche saß Woody eines Tages am Schreibtisch in seinem Schneideraum. Man hatte nicht mehr viel Zeit, eine Entscheidung zu treffen. Sandy Morse saß auf einem Stuhl in der Nähe, und sie verwarfen alles, was ihnen einfiel. *Crimes and Misdemeanors* und die Variante *High Crimes and Misdemeanors* waren frühe Vorschläge gewesen, doch der erste Titel setzte nicht die von Woody gewünschten Schwerpunkte und der zweite erinnerte an eine komische Oper. Schließlich schrieb er denkbare Titel, eingeteilt in vier Kategorien, auf einen Notizblock:

GUT UND BÖSE	AUGENGRUPPE
Acts of Good and Evil	The Eyes of God
Moments of Good and Evil	Windows of the Soul
Scenes of Good and Evil	Visions of the Soul
	Dark Vision
	The Sight of God
HOFFNUNG	WAHL
Glimmer of Hope	A Matter of Choice
Hope and Darkness	Choices in the Dark
Faint Hope	Decisive Points

Er kritzelte den unteren Teil der Seite voll, während die fruchtlose Diskussion weiterging.

Noch ein anderes Problem mußte rasch gelöst werden. Am Ende des Films tanzt Ben, der von Sam Waterston gespielte blinde Rabbi, auf der Hochzeit seiner Tochter mit ihr, während die Musik in den Beginn des Nachspanns hineinspielt. Woody hatte geplant, »Always« zu benutzen, doch als er hörte, daß Steven Spielberg einen Film mit diesem Titel drehte, erkundigte er sich, ob Spielberg das Lied verwenden wolle. Dies war der Fall, und Woody erklärte sich bereit, etwas anderes zu suchen – ein großzügiger Akt, den er nun bedauerte, da er nichts Geeignetes finden konnte. Ein zusätzliches Problem war, daß ein Song, in dem »Augen« vorkamen, etwa in »I Only Have Eyes for You«, eine unbeabsichtigte und unangemessene Anspielung auf Bens Blindheit zu enthalten schien. Letzten Endes mußte er jedoch »I'll Be Seeing You« verwenden, da er nichts Besseres finden konnte. Woody und Sandy schlugen einander

Songs vor, wobei sie gelegentlich aufstanden, um sich die Rückseiten von Alben anzusehen, die auf den Regalen eines großen Wandschranks stehen, oder um das Titelverzeichnis der ASCAP (American Society of Composers, Authors and Publishers) durchzublättern. Er kennt praktisch jedes brauchbare Lied, das zwischen 1900 und 1950 geschrieben wurde, und hat Hunderte von ihnen in seinen Filmen verwendet. Außerdem hat er sich Tausende von Filmen mehr als einmal angesehen und sich ihre Kennzeichen fast genauso klar eingeprägt wie ein Schachgroßmeister, der sich an Tausende von Zügen erinnert.

»Wir haben ›Make Believe‹ schon mal benutzt, in *September*, sagte Woody. »»We'll Meet Again‹ käme in Frage, aber Kubrick verwendete es in *Dr. Strangelove (Dr. Seltsam)*. Es hat den schmalzigen Klang, den wir brauchen. ›Speak to Me of Love.‹ ›If I Loved You.‹ ›I Only Have Eyes for You.‹« Er lachte. »Es passiert mir immer wieder, aus Versehen. Zu schade. Es ist ein so hübscher, schmalziger Song. ›As Time Goes By‹ geht nicht. ›I Dream Too Much‹ hatten wir schon. Gershwin möchte ich wegen *Manhattan* vermeiden. Cole Porter paßt für dieses Ende nicht. ›Falling in Love Is Wonderful‹, aber ein Irving-Berlin-Song kann nicht über den Film hinausgehen (und in den Nachspann hineinspielen). Wie wär's mit ›I'm Confessin'‹?«

»Das ist schon im *September*«, erinnerte Sandy ihn.

»Okay.« Er überlegte. »Ich möchte etwas mit der Stimmung von ›Laras Melodie‹ – das ist ein Walzer.« Er überlegte wieder. »›I'll Be Seeing You‹ ist in *Ödipus ratlos*. ›You Are Too Beautiful‹ hatten wir schon. ›Bewitched‹ auch. ›Isn't It Romantic‹ . . .«

»Du glaubst doch nicht, daß wir *das* übersehen hätten.« (Es ist in *Hannah und ihre Schwestern*.)

»Nichts von Vernon Duke? Bestimmt nichts von Duke Ellington. Zu jazzig. Porter ist zu sexy, eher ein lateinamerikanischer Beat. Das paßt nicht. Etwas von Leonard Bernstein? ›On the Town.‹ ›My Sister Eileen.‹ Es gibt eine so große Auswahl.«

Überall war die Auswahl so groß: bei den Songs, den Titeln, den Filmmetern. Zu dem Zeitpunkt, als Woody eine Filmfassung besaß, die ihm gefiel, standen fünfzehn große Pappkartons mit ausgemusterten Filmrollen an einer Wand des Vorführraums: die erste Version der Geschichte mit Woody und Mia; sein Film über die Menschen in dem Altenheim, wo sie in jener »Inkarnation« arbeitete; Personen und Szenen, die geschnitten werden mußten, um das schonungslose, für die Handlung notwendige Tempo des Films einzuhalten.

Was das Ende des Films betrifft, hatte Woody Glück gehabt, da er – fast nur zum Spaß – eine Nahaufnahme von Judah gemacht hatte, der im Gespräch mit Cliff auf einer Klavierbank sitzt. Zunächst war eine mehrere Minuten lange Totale von Judah, der mit seiner Schuld ringt (und siegreich bleibt), geplant gewesen, doch Woody hielt die Szene nach dem ersten Schnitt des Films für zu lang. Da er die zusätzliche Einstellung besaß, konnte er zum Ballsaal überblenden und dann zu der Nahaufnahme Judahs zurückkehren, während die beiden Männer über moralische Verantwortung selbst angesichts eines nicht existierenden Gottes diskutieren. Es war deshalb Glück, weil man ohne die Nahaufnahme zwei Männer gesehen, sich einer anderen Handlung zugewandt hätte und dann zu den beiden an derselben Stelle zurückgekehrt wäre, als sei der Zuhörer dort von unsichtbaren Händen an seinen Aufschlägen festgehalten worden.

Eine von Woodys Bekannten, die mehrere Versionen des Films gesehen hatte, betrachtete die vollgestopften Kartons nach der letzten Vorführung. »Ich habe diese Menschen so gut kennengelernt«, meinte sie. »Es ist, als sei ihr Leben ausgelöscht worden.«

»Mir tut es auch leid, sie zu verlieren«, antwortete Woody, »besonders den zweiten Exkurs mit meiner Schwester [darin hatte sie eine Verabredung mit einem scheinbar geeigneten, doch, wie sich herausstellt, verrückten Mann], aber die Erfordernisse des Kinos setzten sich durch. Ich kann mir keine weitere Abschweifung leisten, wie's in einem Roman möglich wäre. Es ist zu schade. Ich wollte mehr Handlungsstränge haben. Und ich versuchte, das Ende nicht zu glücklich zu machen. Das war's, was mir an *Hannah und ihre Schwestern* nicht gefiel. Ich ließ mich von meinem ursprünglichen Ende abbringen, weil *niemand* es mochte.«

Dann fuhr er fort: »Wenn ich nur einen einzigen Tag länger mit den Leuten drehen könnte, die ich brauche.« Seine Träumerei wurde von dem wissenden Gelächter aller Anwesenden unterbrochen. Woody schaute sie mit aufgerissenen Augen an. »Aber ich meine es ernst.« Das tut er immer. Bei jedem Film, der für die Freigabe vorbereitet wird, stellt er die gleiche rhetorische Frage: »Haben wir keine Zeit mehr?«

Kurz nach Woodys vierundfünfzigstem Geburtstag sagte er zu einem Bekannten: »Es ist schwer, mir vorzustellen, daß dies mein Alter ist. Ich war immer das sechzehnjährige Wunderkind.« In den fast vierzig Jahren, seit sein erster Witz veröffentlich wurde, war sein Schaffen gewaltig und vielfältig, doch seine Ziele sind auf eine grundlegende Weise unverändert geblieben: Sein Ehrgeiz kann durch den jeweiligen Erfolg nicht gestillt werden. Seine Unzufriedenheit verschafft ihm große künstlerische Befriedigung; seine Genugtuung beruht darauf, daß er die originellste ihm mögliche Arbeit macht und gleichzeitig höher zielt. Seine komischen Filme haben ihm dem vorhersehbaren Beifall eingetragen. Seine ernsten Filme haben ebenfalls Lob erhalten, gleichzeitig aber zu der vorhersehbaren Kritik geführt, daß ein Sohn Brooklyns sich affektiert verhalte, wenn er sich in die europäische Filmkunst versenke. Woody hält solche Gedanken für unbegründet.

»Ich habe nicht das Gefühl, meine Muse zu verraten oder das Gewand eines ausländischen Filmemachers anzulegen«, erklärte er. Zudem sei das Vorbild europäischer Filmemacher für ihn nicht »fremder« als das amerikanischer Künstler. Er ist überzeugt, daß jeder kreative Mensch, der sich für den Weg des geringsten Widerstandes entscheidet, eine zu bequeme Wahl treffe; dies führe dazu, daß man einen sicheren Platz findet und sich dort niederläßt – eine, wie er meint, künstlerisch ungesunde Möglichkeit. Die meisten Autoren und Regisseure, die er bewundert, sind Ausländer, und wenn er von Werken, die er liebt, inspiriert wird, so sieht er dies als einen gesunden Einfluß an.

Seit den frühesten Tagen seiner Karriere, als er sich mit Gene Shefrin darüber stritt, was für Witze er schreiben sollte, hat Woody Allen sich nicht von seinem Publikum führen lassen. »Die Vision des Publikums ist nie so stark wie die Vision des beteiligten Künstlers. Die Zuschauer sind immer bereit, sich mit weniger zufriedenzugeben als du selbst.« Das lernte er am Beginn seiner Karriere als Filmemacher. Als er von Streifen wie *Woody – der Unglücksrabe* und *Bananas* zu *Der Stadtneurotiker* überging, wurde er sofort kritisiert. Manche Leute fragten ihn: »Was hast du denn davon, solche Filme zu machen?« Und sie fuhren fort: »Meinen Freunden gefiel er, aber die andere Art gefiel ihnen besser.« Woody ignoriert solche Reden stets, und er weiß, daß er sich dadurch auf doppelte Weise distanziert hat: erstens, weil er sich nicht von einem gerade aktuellen Stil oder den Ideen anderer umstimmen läßt; zweitens, weil er sich immer weiter von dem Markt für Teenager und junge Erwachsene entfernt, auf den die meisten Filme abzielen. Eine der wenigen Erwartungen, mit denen ein Zuschauer an einen Woody-Allen-Film herangehen kann, ist die, daß die Widersprüche der Altersgruppe des Regisseurs behandelt werden; deshalb haben seine Filme heute mit Menschen in den späten Vierzigern und frühen Fünfzigern zu tun.

»Ich habe mich in persönlicher und kreativer Hinsicht isoliert«, erläutert Woody. »Ich lese wirklich nicht, was über mich geschrieben wird. Je weniger ich über mich höre, desto besser. Ich arbeite in New York ruhig mit meinen Leuten zusammen und bin insofern isoliert, als meine Filme nicht schick oder modisch sind. Ich möchte Filme drehen, und das ist alles. Aber es ist immer ein großes Problem, wenn man etwas Neues, etwas Anderes machen will. Meiner Meinung nach bleibt einem jedoch nichts anderes übrig. Außerdem glaube ich, daß sogar Zuschauer, die zum Beispiel nichts von *Eine andere Frau* halten, im Unterbewußtsein wissen, daß sich der Versuch gelohnt hat. Ich weiß, daß ich schon eine gewisse Achtung erworben habe – wegen der positiven Reaktionen, die ich für einen großen Teil meiner Arbeit ernte. Außerdem werde ich von Schauspielern und Schauspielerinnen belagert, die mit mir arbeiten wollen. Juliet Taylor muß dauernd Leute abwehren, die in meinen Filmen auftreten möchten und bereit sind – oder es jedenfalls behaupten –, ihre Honorare zu senken. Dies ist wahrscheinlich der Fall, weil man die künstlerischen Ziele zu schätzen weiß.«

Woody hat natürlich nicht auf große Erfolge verzichten müssen. *Der Stadtneurotiker*, *Manhattan*, *Hannah und ihre Schwestern* und *Verbrechen und andere Kleinigkeiten* wurden nicht nur von der Kritik gepriesen, sondern waren auch Kassenschlager. Aber sie leuchteten die menschliche Natur Woodys Ansicht nach nicht gründlich genug aus. Neben weiteren Komödien und einem Musical, über das er seit ein paar Jahren nachdenkt, möchte er Filme machen, die »die höchste Sensibilität ansprechen. Ich habe es mit *Innenleben* versucht und danebengeschossen, weil ich der Sache nicht gewachsen war. Aber vielleicht werde ich's beim nächstenmal sein, oder vielleicht brauche ich noch fünf weitere Versuche. Auf das Ziel kommt es an. Bei solchen Filmen geht es um die höchsten Leistungen – wie die O'Neills, Tschechows, Bergmans.« Er lächelt bei diesen Worten schwach. »Ich weiß, daß ich mir ein hohes Ziel gesteckt habe, aber es wäre wohl nicht sehr befriedigend für mich, wenn ich mir ein bescheideneres Ziel steckte und es erreichte.«

Die Tatsache, daß er nie völlig mit einer seiner Arbeiten zufrieden gewesen ist, bedeutet nicht, daß dies unmöglich wäre – bei aller Strenge seines Urteils sich selbst gegenüber. Seine »größte Freude wäre, einen Film zu machen, an dessen Ende ich sagen kann: ›Dieser Film steht in einer Reihe mit Buñuels und Bergmans und Kurosawas besten Arbeiten.‹ Das würde mir ein angenehmes Gefühl der Wärme geben. Bis jetzt bin ich dem nicht einmal nahegekommen. Ich glaube, ich habe ein paar anständige Filme und eine größere Zahl von annehmbaren Filmen gedreht, aber noch keinen großartigen. Großartige Filme sind für mich (Jean Renoirs) *Die große Illusion* oder *Citizen Kane* oder (Vittorio de Sicas) *Fahrraddiebe* oder *Persona*«. Er hält *The Purple Rose of Cairo* für seinen bisher besten Film und stuft *Zelig* ebenfalls sehr weit vorn ein. Er hat von Anfang an an *Stardust Memories*, einen sehr unpopulären Film, geglaubt, und auch seine New Yorker Trilogie romantischer Komödien – *Der Stadtneurotiker, Manhattan, Hannah und ihre Schwestern* – erfüllt ihn mit einiger Befriedigung. Diese sechs und *Radio Days* seien seine besten Filme, und sie ermutigten ihn, in Zukunft auf noch bessere Arbeiten zu hoffen. Gewiß, sie seien anständig, aber einfach nicht gut genug, um seinen Ehrgeiz auf ihn ruhen zu lassen.

»Es sind keine A-, sondern B-Filme, wenn auch nicht in dem Sinne, wie man gewöhnlich über B-Filme als Lückenfüller spricht; sie alle sind solide Arbeiten, sie erfüllen ihren Zweck und manche enthalten eine gewisse Inspiration. Aber ich habe keine *Wilden Erdbeeren* oder *Die große Illusion*. Bevor mein Leben vorbei ist, werde ich versuchen, den Anforderungen gerecht zu werden und ein oder zwei zu drehen, die nach allen denkbaren Maßstäben als hervorragend gelten: Aufgeblasene Langweiler im Kabelfernsehen sprechen über den Film und halten ihn für großartig, sogar die aggressivsten Kritiker sind der Meinung, und auch der Mann auf der Straße schließt sich an. Es würde die Gesamtheit meiner Arbeiten auf eine neue Stufe heben. Jeder Künstler – Fellini, Bergman – ist in der gleichen Situation. Sie haben eine große Zahl von Filmen gedreht, und nicht immer *Amarcord* oder *Schreie und Flüstern*. Manche sind wirklich großartig, wie *Das siebte Siegel*, andere sind überdurchschnittlich, wie *Licht im Winter*, und die übrigen sind anständig, aber die Gesamtheit der Arbeiten wird durch diese glänzenden kleinen Sterne angehoben. Was mir in der Gruppe meiner Filme fehlt, sind solche kleinen Lichtfunken. Vielleicht kann ich, da ich nun über fünfzig und selbstbewußter bin, ein oder zwei hervorbringen, die wahre Literatur sind.«

Am Ende brauchte Woody sich während der Dreharbeiten an *Alice* nicht in ein Krankenhaus einliefern zu lassen. Am Ende gelang es ihm wie immer, den gewünschten Gesamteindruck und die gewünschten schauspielerischen Leistungen zu erzielen. Während er den Film machte, drehte er, wie es häufig der Fall ist, vielleicht die Hälfte neu, und nachdem er den ersten Rohschnitt gesehen hatte, schrieb er den Beginn und das Ende um. Am Anfang wurden Alices ichbezogene, ungezügelte Konsumhaltung sowie die Unterströmung des Katholizismus nicht rasch genug deutlich gemacht, die sie veranlaßt, ihren extravaganten, doch hohlen Lebensstil aufzugeben. Am Ende arbeitete sie in Kalkutta in einem ähnlichen Krankenhaus wie Mutter Theresa – zuerst auf einer Station, die so stilisiert war, daß sie, wie jemand bemerkte, »dem Donald-Trump-Pavillon glich«, dann auf einer realistischen Station, die aber immer noch nicht den von Woody gewünschten Effekt hatte. Er fügte ein Voice-over von Alice hinzu, in dem sie einen Brief las, der mitteilte, sie und die Kinder würden bald nach New York zurückkehren, aber dadurch konnte die Kluft, die sie hinter sich gelassen hatte, nicht überwunden werden. Am Ende ließ er sie für die Obdachlosen in New York arbeiten – immer noch innerhalb der Stadt, wo ihre Kinder zur Schule gingen, doch weit von der Welt entfernt, in der sie gelebt hatte.

An einem Mittag im Mai 1990 beendete Woody die letzte der Schneidearbeiten für *Alice*, die seine ständige Anwesenheit im Schneideraum verlangten. Er ging zu Mia hinüber, um sich mit ihr und den Kindern zu treffen und Mittag zu essen, dann kehrte er durch den Park zu seinem Apartment zurück. Einen Monat später würde er eine seiner seltenen Arbeiten ausschließlich als Schauspieler beginnen, in der Hauptrolle neben Bette Midler in Paul Mazurskys *Scenes from a Mall (Ein ganz normaler Hochzeitstag)*, geschrieben von Roger Simon und Mazursky; vorher mußte die erste Fassung des Woody-Allen-Herbstprojektes für 1990 beendet werden, da seine Filme stets ineinander übergehen. Dieser unerwartete freie Nachmittag bot eine gute Gelegenheit, das Drehbuch in Angriff zu nehmen, denn ihm ist der Gedanke fremd, eine Pause zu machen und den Abschluß einer einjährigen Arbeit zu genießen.

Er ging in das Zimmer, wo seine Schreibmaschine auf einem Tisch an einem Fenster steht, das auf den Park hinausblickt, und nahm einen Stift und einen Notizblock. Dann ging er weiter, an den mit Büchern über Zauberei vollgestellten Regalen vorbei, durch einen kleinen Raum mit Etagenbetten und einer Tretmühle darin, in das Gästezimmer, wo nun neben dem großen Messingbett, auf dem er seit Jahren seine Texte schreibt, ein Einzelbett steht und wo der Schrank mit Babysachen gefüllt ist. In den nächsten Stunden lag er, das Gesicht dicht am Notizblock, auf dem Messingbett und brachte sein nächstes Filmskript zu Papier.

Danksagung

Woody Allen brauchte nur wenige Sekunden, um sich mit diesem Buch und seiner Form einverstanden zu erklären, doch es dauerte fast vier Jahre, bis er die letzte meiner Fragen beantwortet hatte. Ich bin ihm aus sehr vielen Gründen dankbar, auch für seine Nachsicht, denn wir hatten ursprünglich geglaubt, daß das Projekt nur ein Jahr in Anspruch nehmen würde. Er war in diesem Zeitraum immer wieder klaglos zur Kooperation bereit, während wir tiefer in seine Vergangenheit eindrangen und seine Arbeit umfassender prüften, als wir beide vorgehabt hatten. Man sollte sich wünschen, daß die Recherchen zu allen Büchern so interessant und angenehm wären.

Mia Farrow stellte die ihr eigene Zurückhaltung großzügig hintan und eröffnete dadurch viele Ausblicke auf Woody. Dieses Buch wäre ohne ihr Einfühlungsvermögen stark geschmälert.

Wenn man das Leben eines Menschen rekonstruiert und seinen Stellenwert herausarbeitet, benötigt man zahlreiche Standpunkte, und mehr als hundert Personen ließen mich an ihren teilhaben. Unter anderen bin ich Letty Aronson, Irene Weinstein Aronson, Judi Swiller Davidson, Marion Drayson Holmes, Elliott Mills, Mikkey Rose und Jack Victor dafür verpflichtet, daß sie ihre und Woodys Kindheit wiederaufleben ließen; Tad Danielewski, Coleman Jacoby, Mike Merrick, Gene Shefrin und Danny Simon dafür, daß sie über die Abfassung von Gags und Fernsehtexten in den fünfziger Jahren berichteten; Mitchel Levitas und Len Maxwell dafür, daß sie Tamiment lebendig werden ließen; Norma Lee Clark, Charles Joffe und Jack Rollins dafür, daß sie mir zeigten, wie sich Woody als Bühnenkomiker entwickelte, und für ihr jahrelanges Entgegenkommen; Art D'Lugoff, Jan Wallman und Fred Weintraub für einen Eindruck von der Kabarettszene in den sechziger Jahren; Dick Cavett, Jean Doumanian und Tony Roberts dafür, daß sie mir einen Freund beschrieben; Walter Bernstein und Marshall Brickman dafür, daß sie mir ein Gefühl von der gemeinschaftlichen Arbeit mit Woody vermittelten; Sandy Morse und Ralph Rosenblum für den Zugang zu ihren Schneideräumen; Stu Hample dafür, daß er sich an alles erinnerte und mir alles erzählte; Richard O'Brien für alle Zeitungsausschnitte, die er mit mir teilte; Alan Alda, Karen Ludwig, Elaine Stritch und Sam Waterston für den Standpunkt der Schauspieler und Ulu Grosbard für den eines Regisseurs; Sven Nykvist für zwei Gesichter und eine Teetasse; und Bobby Greenhut, nicht zuletzt für eine nette Pokerpartie.

Jane Read Martin gestattete mir nicht nur, viele ihrer lebendigen Fotos zu benutzen, sondern beantwortete im Laufe von drei Jahren auch mehr Anrufe als eine Telefonauskunftdame. Sie reagierte so zügig und gutgelaunt, daß meine Arbeit beträchtlich erleichtert wurde. Amy Johnson sprang mehrere Monate lang für sie ein. Vielen Dank. Brian Hamill und Kerry Hayes überließen mir freundlicherweise einige ihrer Fotos, und ich bin ihnen dankbar. Außerdem gilt mein Dank Fern Buchner, Michael Caracciolo, Kay Chapin, Carlo di Palma, Jonathan Filley, Mike Green, Romaine Green, Joe Hartwick, Bill Kruzykowski, Jeff Kurland, Mark Livolsi, Santo Loquasto, Jimmy Mazzola, Dick Mingalone, Ray Quinlan, Tom Reilly, Helen Robin, James Sabat, Juliet Taylor, Carl Turnquest jr. und allen anderen in Woodys Team, die mich bei ihrer Arbeit umherstreifen ließen und mich so freundschaftlich behandelten.

Wenn eine Tatsache oder sogar eine Person ausfindig gemacht werden muß, erledigt das niemand rascher oder besser als Linda Amster. Die Zahl meiner Dankesworte an sie wird nur von der meiner Anrufe bei ihr übertroffen. Eine Tatsache, die ich nicht nachzuschlagen brauchte, besteht darin, daß es nützlich ist, gute Freunde zu haben, die auch gute Schriftsteller sind. Jamie und David Wolf und David Freeman lasen mein Manuskript und machten viele hilfreiche Vorschläge, ebenso wie Joseph G. Perpich. Sie verdienen meinen allerherzlichsten Dank, genau wie Jane Clapperton Cushman, meine Agentin und Freundin, die stets den richtigen Rat erteilt, sowie Judy und Don Simon, die vorzügliche Starthilfe erteilen.

Jonathan Segal vom Verlag Alfred A. Knopf versteht sich meisterhaft darauf, ein Kapitel, wenn nötig, in ein Stück Origami zu verwandeln, damit es sich besser liest, und er demonstrierte wieder einmal, daß Lektoratsarbeit, die diesen Namen verdient, nicht mit dem Hinscheiden von Maxwell Perkins endete. Seine rigorose Kritik und freundschaftliche Unterstützung sorgten dafür, daß meine Gedankengänge und ihre schriftstellerische Umsetzung klarer wurden. Unter anderen bei Knopf danke ich auch Ida Giragossian, Karen Mugler, Iris Weinstein sowie Carol Devine Carson und Chip Kidd.

Es ist keine Übertreibung zu sagen, daß Arthur Gelb für meine Arbeit an diesem Buch verantwortlich ist. Jahrelang drängte er mich dazu, und jahrelang sträubte ich mich mit dem Argument, daß ich bereits über Woody geschrieben hätte und es nicht darauf anlegte, eine Karriere auf diesem Thema aufzubauen. »Woody hat sich verändert, und du hast dich verändert«, sagte er immer wieder, »eine solche Gelegenheit bietet sich nur selten.« Er hat in einer Stunde mehr gute Ideen als viele Menschen in einem Monat. Ich hoffe, er meint immer noch, daß dies eine seiner guten Ideen war. Ich bin sehr dankbar für seine Beharrlichkeit.

Carol und Arthur Sulzberger gaben mir einen Schlüssel zu ihrem Apartment in New York, wohin ich, wie ich zunächst dachte, nur ein paar Abstecher zu Recherchierarbeiten machen wollte, aus denen im Laufe von fast vier Jahren dann jedoch fünfzig Reisen wurden. Sie behandelten mich bei jedem Besuch, als sei es der erste, und empfingen mich mit offenen Armen und wunderbaren Dinners. Bei ihnen fühlte ich mich wie zu Hause.

Meine Frau Karen Sulzberger half gern mit, unser Baby und etliche Habseligkeiten einzupacken, damit wir zu Beginn dieses Projekts mehrere Monate in New York verbringen konnten; dann, nachdem wir heimgekehrt waren, hielt sie alles in Lot (einschließlich, am Ende, eines zweiten Kindes), während ich die erwähnten fünfzig Reisen machte. Ihre stets hilfreichen Kommentare zu meinen Entwürfen ließen mich vieles klarstellen, was ich wußte, der Leser jedoch nicht. Dies sind nur drei der vielen Dutzend Gründe, weshalb das Buch ihr gewidmet ist.

REGISTER

427

Grosse Regisseure des internationalen Films

Wilhelm Heyne Verlag
München

Der internationale Film: Genres, Titel, Hintergründe

Wilhelm Heyne Verlag
München